Venedig als Bühne

Münchener Studien zur literarischen Kultur in Deutschland

Herausgegeben von
Oliver Jahraus

Gegründet von Renate von Heydebrand
Georg Jäger
Jürgen Scharfschwerdt

Band 49

Friederike Schlemmer

Venedig als Bühne

Seine Theatralität in der Literatur

Bibliografische Information der Deutschen Nationalbibliothek
Die Deutsche Nationalbibliothek verzeichnet diese Publikation
in der DeutschenNationalbibliografie; detaillierte bibliografische
Daten sind im Internet über http://dnb.d-nb.de abrufbar.

Zugl.: München, Univ., Diss., 2014

Umschlagabbildung:
„Palazzo Ca d'Oro"
Abdruck mit freundlicher Genehmigung von Claus Cres.

Gedruckt auf alterungsbeständigem,
säurefreiem Papier.

D 19
ISSN 0178-7640
ISBN 978-3-631-66242-7 (Print)
E-ISBN 978-3-653-05302-9 (E-Book)
DOI 10.3726/978-3-653-05302-9

© Peter Lang GmbH
Internationaler Verlag der Wissenschaften
Frankfurt am Main 2015
Alle Rechte vorbehalten.
Peter Lang Edition ist ein Imprint der Peter Lang GmbH.
Peter Lang – Frankfurt am Main · Bern · Bruxelles · New York ·
Oxford · Warszawa · Wien

Das Werk einschließlich aller seiner Teile ist urheberrechtlich
geschützt. Jede Verwertung außerhalb der engen Grenzen des
Urheberrechtsgesetzes ist ohne Zustimmung des Verlages
unzulässig und strafbar. Das gilt insbesondere für
Vervielfältigungen, Übersetzungen, Mikroverfilmungen und die
Einspeicherung und Verarbeitung in elektronischen Systemen.

Diese Publikation wurde begutachtet.

www.peterlang.de

Vorwort

An dieser Stelle möchte ich mich zuallererst bei meinem Doktorvater, Herr Prof. Oliver Jahraus (Inhaber des Lehrstuhls für Neuere deutsche Literatur und Medien an der LMU München) ganz herzlich bedanken, der mich bei der Durchführung meiner Dissertation so lange begleitet hat. Stets hat er mich gefördert und ermutigt. Seiner Hilfe und großen Geduld verdanke ich es im Wesentlichen, dass diese Arbeit in der Form überhaupt entstanden und dieses Vorhaben auch nicht ins Stocken geraten ist.

Mein herzlicher Dank gilt außerdem Herrn Prof. Waldemar Fromm (LMU München), dass er sich bereit erklärt hatte, ein Zweitgutachten meiner Arbeit zu erstellen und mich bei meiner Disputation zu prüfen, und Herrn Prof. Ulrich Söding (LMU München), der mich für mein Nebenfach Kunstgeschichte prüfte.

Das wunderschöne Titelbild auf dem Cover dieses Buches stammt von dem Künstler Klaus Cres, dem ich ebenfalls meinen besonderen Dank aussprechen will dafür, dass er zu meiner großen Freude so überaus hilfsbereit und großzügig gewesen ist, mir die Genehmigung zum Druck seines Werkes zu erteilen.

Meinen beiden ehemaligen Mitdoktorandinnen Dr. Kristina Kargl und Dr. Katja Lintz möchte ich aufrichtig dafür danken, dass sie mir während der Arbeit an meiner Dissertation in Zeiten größter Anspannung mit Rat und Tat beigestanden sind.

Ebenfalls meinen ganz herzlichen Dank aussprechen möchte ich den Mitarbeitern und Mitarbeiterinnen in den Bibliotheken für ihre Hilfe und ihren Einsatz, was insbesondere für Herrn Michael Lenhard von der Fernleihestelle der Bayerischen Staatsbibliothek gilt.

Als sehr wichtig habe ich den Rückhalt empfunden, den ich von meinen Eltern erfahren habe. Ihnen ist dieses Buch in großer Dankbarkeit gewidmet.

Besonders danken möchte ich auch meinen beiden Freundinnen Dr. Julia Happ und Andrea Böhnke für ihre intensive emotionale und intellektuelle Unterstützung.

Ganz herzlich danken möchte ich zudem Herrn Michael Rücker und Frau Kathrin Kummer vom Peter Lang Verlag für ihre redaktionelle Arbeit, welche zur Veröffentlichung meiner Dissertation geführt hat.

Außerdem gilt mein herzlicher Dank all meinen Freunden, Verwandten und Bekannten die mich während meines Dissertations-Projektes unterstützt und ermutigt haben. Insbesondere gilt dies für Dorothee Siedentopf, Alexander Berning, Rudolf Winter, Klaus Koppe, Julia Iyi, Christian Schulte, Florian Höpfl,

Annette Bolte, Barbara Correns sowie meinen Patenonkel und meine Patentante, das Ehepaar Brigitte und Manfred Braun.

Friederike Schlemmer
München, Januar 2015

Inhaltsverzeichnis

I. Einleitung 13

II. Die Theatralität Venedigs im historischen Kontext 25
1. Der Fall der Republik und die Konstituierung
   Venedigs als theatrale Stadt 25
2. Geschichtliche Hintergründe und theatrale Disposition 29

III. Methodischer Teil 39
1. Theatralität: Bestimmung und Bedeutung des Begriffs 39
2. Theatralität in Literatur und Sprache 48
3. Die Theatralität des Raumes 57
4. Inszenierungen und ihre Strategien 67
5. Ästhetische und philosophische Krise am
   Ende des 18. Jahrhunderts und deren Auswirkung auf
   das Theatralitäts-Modell 80
6. Die „Abständigkeit des Menschen zu sich".
   Theatralität als anthropologische Konstante 82
7. Theatralität in der Mimesis 95
8. Theatralisierung von „cultural performances" 102
9. Theatralität im Ritual 113
10. Die Theatralität der Maske 116

IV. Inhaltlicher Teil 127
1. Die Theatralität des „traumhaften" Venedig 127
2. Die Theatralität der Melancholie und des Verfalls:
   Das Venedig Lord Byrons und August von Platens 132
3. Die Theatralität der Décadence 136
4. Einsamer ‚Liebestod' eines ‚Leistungsethikers':
   Thomas Manns „Tod in Venedig" 144
4.1 Die Theatralität des Liebestods 144
4.2 Der theatrale Raum 145
4.2.1 Venedig als Bühne 145
4.2.2 Die Kulisse Venedig: Theatralische Charakteristik der Maske ... 146

7

4.3	Die Theatralisierung und ihre Auswirkungen	150
4.3.1	Der Gottesdienst im Markusdom: Theatralisierung im Genre der „cultural performances"	150
4.3.2	Dekonstruktive Theatralität. Unausweichliche Konsequenz des theatralen Prozesses	152
4.4	Venedigs theatralische Attribute	155
4.4.1	Die Verkörperung der Todesgestalten in ihrer Maskenhaftigkeit	155
4.4.2	Die venezianische Gondel als konstituierendes Element „theatraler" Räume	159
4.5	Die Décadence im theatralen Venedig	161
4.5.1	Aschenbach als Décadent	161
4.5.2	Die Décadence und ihr theatraler Ausdruck in der Maske	163
4.6	Venedig und der Lido als dramaturgische und sich ergänzende Gegensätze	165
4.7	Ein Vertreter des „bürgerlich-apollinischen Künstlertums" und seine theatralische Konstituierung	166
4.7.1	Das Wesen Aschenbachs in der „strukturalen" Theatralität	166
4.7.2	Die Fremdbestimmung Aschenbachs als „virtueller Zuschauer seiner selbst"	169
4.8	Die Theatralität des kommunikativen Ausdrucks	170
4.8.1	„Stumme" Theatralität zwischen Aschenbach und Tadzio	170
4.8.2	Die Theatralität des „grand acteur utopique" bzw. „grand acteur hétérotopique"	173
5.	Theatralität und Sinnenfreude in Hugo von Hofmannsthals „Der Abenteurer und die Sängerin" oder „Die Geschenke des Lebens"	174
5.1	Hofmannsthal und die Memoiren des Casanova	174
5.2	Der „Abenteurer" und die „Sängerin" als theatrale Figuren in der theatralen Stadt Venedig	175
5.2.1	Baron Weidenstamm als poetisch-theatralische Umgestaltung der Person Casanovas	175
5.2.2	Vittorias Auftritt: Die Opernbühne als semantische Bühne und theatraler Raum	176
5.2.3	Theatralität der Tragik: Die Vergänglichkeit des „Abenteurers"	178
5.2.4	Theatralische Metaphorik in der Sprache des „Abenteurers"	180
5.2.5	Die Verschmelzung Vittorias und ihres Gesangs mit dem theatralen Venedig	182
5.3	Venedig, die Stadt des „Abenteurers"	186
5.3.1	Der „zehnfache Venezianer"	186

5.3.2	Der theatralische Mythos vom Ursprung Venedigs in der Erzählung Weidenstamms	189
5.3.3	Sinnliche Theatralität. Venedig als personifizierte „Geliebte" und märchenhaft-theatrale Kunststadt	190
5.3.4	Düstere Theatralität. Der „Abenteurer" als ehemaliger Gefangener in den Bleikammern	192
5.4	Theatralisch konnotierte Spiegelungen	194
6.	Hofmannsthals theatrales Venedigbild in seinem Romanfragment „Andreas oder die Vereinigten"	196
6.1	Der theatralische Symbolwert Venedigs	196
6.2	Maskenhaftigkeit in der ehemaligen Stadt Casanovas	199
6.3	Die Theatralität des Kulissenwechsels: Venedig und der Finazzerhof	202
6.3.1	Die theatrale Doppelbödigkeit Venedigs und ihre Konsequenz für Andreas' Charakter	202
6.3.2	Die theatrale Stadt zwischen Wirklichkeit und Unwirklichkeit	204
6.4	Die Theatralität des negativen Bildungsromans	205
6.5	Die Theatralität der bröckelnden Fassade eines „realistischen" Venedig: Vergleich mit anderen Werken der Venedigliteratur	205
7.	Die vielschichtige Theatralität der Venedig-Gedichte Rainer Maria Rilkes	207
7.1	Die Theatralität der Totenstadt: „Venedig I–IV"	209
7.2	Die Theatralität der „willensstarken" Stadt. „Spätherbst in Venedig" und „San Marco"	212
7.3	Die theatrale Personifizierung Venedigs als verführerische Frau: „Die Kurtisane", „Venezianischer Morgen" und „Die Laute"	214
7.4	Venezianisch-theatralische Casanova-Figur im Totenreich. „Der Abenteurer"	221
8.	Die Theatralität Venedigs und der „Einbruch der modernen Welt" in den Romanen „Die Rote" von Alfred Andersch, „Wer war Edgar Allan?" von Peter Rosei und „Mistlers Abschied" von Louis Begley	225
9.	Die theatrale Bühne Venedig in Anbetracht der Nachwirkungen des Zweiten Weltkriegs. Alfred Andersch' Roman „Die Rote"	227
9.1	Trügerische Illusion und existentielle Bedrohung in der theatralen Lagunenstadt	227
9.2	Venedig als Falle: Marginalität und „theatrale" Heterotopie	229
9.3	Der theatrale „Zauber" Venedigs	231
9.4	Apokalyptische Vision und Endzeitgedanken. Venedig als Bühne für Auschwitz	233

9.5	Die Theatralität der „Roten"	234
9.6	Theatrales Doppelgängerspiel: Eine zweite Rothaarige	237
9.7	Die theatralisch-verbrecherische Maske Kramers	240
9.7.1	Die Maske Kramers als Pendant zur venezianischen Maske	240
9.7.2	Die Maske Kramers in Kohärenz zur theatralen Maskenhaftigkeit Venedigs	242
9.8	O'Malley, Franziska und Kramer im dramaturgisch-theatralen Kontext	243
9.9	Zwischen Illusion und Desillusion: Fabio Crepaz und die Theatralität des Theaters La Fenice	244
9.10	Illusionistische Theatralität: Das nächtliche und musikalische Venedig	245
10.	Die Theatralität des „schönen" und „verwahrlosten" Venedig in Peter Roseis Roman „Wer war Edgar Allan?"	247
10.1	Das Labyrinth der Gassen als theatrale Ursache für den Ich-Verlust des namenlosen Helden	247
10.2	Verwirrendes theatrales Maskenspiel. Edgar Allan als „Alter Ego"?	252
11.	Ein Todkranker in der theatralen ‚Nekropole': „Mistlers Abschied" von Louis Begley	257
11.1	Mistlers „Lieblingsstadt". Intertextuelle und theatrale Referenzen zu Thomas Manns „Tod in Venedig"	257
11.2	Gescheiterte Konstituierung des Selbst durch Inszenierung. Mistler als „tragische Gestalt"	260
11.3	Die Theatralität zermürbender Märtyrer-Assoziationen	262
11.3.1	Theatralische Identifikation mit der Darstellung des Tizian-Gemäldes „Die Leiden des heiligen Laurentius"	262
11.3.2	Anklage und Blasphemie: Theatralische Entsprechungen	263
11.4	Inszenierung des Todes auf der Toteninsel San Michele	266
11.5	Theatralische Todessymbolik im Bucintore-Ruderclub	268
11.6	Die Theatralität der Vergänglichkeit in der ehemals glanzvollen Stadt Venedig	270
V.	Schlussbetrachtung	273

VI. Bibliographie ... 277
Literatur zu den Theatralitätstheorien ... 277
Quellen- und Forschungsliteratur des methodischen Teils ... 278
Radiovortrag ... 280
Quellenliteratur des historischen und inhaltlichen Teils ... 281
Forschungsliteratur des inhaltlichen Teils ... 284
Zur Venedigliteratur im Allgemeinen ... 287
Literatur zu historischen und kunsthistorischen Fragen ... 287

I. Einleitung

> „(...) Venedig (...), es sitzt am Ufer des Meeres wie eine schöne Frau, die mit dem Tage erlischt; der Abendwind weht durch ihr duftendes Haar; sie stirbt, berührt von aller Anmut und allem Lächeln der Natur (...)."[1]
>
> *François-René Vicomte de Chateaubriand: «Mémoires d'outre-tombre»*

Das aus der Spätromantik stammende Zitat Chateaubriands lässt erahnen, was Venedig auch heute noch nachgesagt wird: Dass es sich bei der geheimnisvollen Lagnenstadt um eine zutiefst „theatrale" handelt, welche mit ihrer märchenhaften orientalischen Schönheit, ihren verfallenden Palästen und in ihrer Eigenschaft als Wasserstadt, die im Meer zu versinken droht, ein Faszinosum von unwiderstehlicher Anziehungskraft darstellt. Das Stadtbild Venedigs lädt zu theatralen Assoziationen regelrecht ein, wie beim Anblick der berühmten Bauwerke am Canal Grande und der Piazza San Marco wohl kaum jemand bestreiten wird. Wie sehr aber auch die abgelegenen und einfachen Gegenden Venedigs von Theatralität geprägt sind, soll unter anderem in dieser Untersuchung geklärt werden. Daraus lässt sich schon erahnen, dass es sich bei dem Phänomen der Theatralität um ein ausgesprochen komplexes handelt, dessen Reiz aber gerade auf einer oft nur schwer fassbaren Vielfältigkeit beruht, die wiederum den Charakter der Stadt im wesentlichen bestimmt. Diesen Umstand machte sich die fiktionale Literatur insbesondere seit der Romantik über das Fin de siècle bis annähernd zur Gegenwart zunutze. Warum dies so ist und auf welche Weise Theatralität dabei eine Rolle spielt, sowie was diese innerhalb der fiktionalen Venedigliteratur bewirkt und inwieweit die Lagunenstadt sich dabei als Bühne konstituiert, soll in dieser Untersuchung unter Einbeziehung ausgewählter Beispiele an epochen- und genreübergreifender Literatur von europäischen, wie zum Beipiel deutschen, aber auch amerikanischen Werken geklärt werden.

Seit 1996 wird in einer Kooperation von verschiedenen deutschen Universitäten im Rahmen der Deutschen Forschungsgemeinschaft ein umfassendes Schwerpunktprogramm mit dem Thema *Theatralität als kulturelles Modell für die*

---

1 François-René Vicomte de Chateaubriand: „Mémoires d'outre-tombre". Zitiert aus: Jochen Reichel (Hrsg. und Kommentator): *Der Tod von Venedig. Ein Lesebuch zur literarischen Geschichte einer Stadt*, Berlin 1991, S. 53.

Kulturwissenschaften durchgeführt. An ihm sind ca. 30 Projekte aus mehr als 15 Disziplinen und Universitäten beteiligt[2] Die aus diesen Forschungen gewonnenen Erkenntnisse und Ergebnisse finden insofern Eingang in diese Arbeit, als damit der Theatralität in der Venedigliteratur auf den Grund gegangen werden soll, mit dem gleichzeitigen Bestreben, den Begriff der Theatralität innerhalb dieses Kontextes einzuordnen und zu definieren. Dabei werden folgende, im Rahmen des Schwerpunktprogramms entstandene Abhandlungen berücksichtigt, welche, wie sämtliche der in dieser Reihe inzwischen zwölf erschienenen Bände, von Erika Fischer-Lichte herausgegeben wurden: *Inszenierung von Authentizität* (2000), *Verkörperung* (2001), *Theatralität als Modell in den Kulturwissenschaften* (2004) und *Diskurse des Theatralen* (2005). Der ebenfalls von Fischer-Lichte herausgegebene Band *Theatralität und die Krisen der Repräsentation* (2001) hingegen ist nicht in der Reihe des Schwerpunktprogramms erschienen, sondern im Rahmen der „Germanistischen Symposien", welche im Auftrag der Deutschen Forschungsgemeinschaft und in Verbindung mit der „Deutschen Vierteljahresschrift für Literaturwissenschaft und Geistesgeschichte" ins Leben gerufen wurden, während wiederum die von der gleichen Herausgeberin stammende Abhandlung *Theater im Prozeß der Zivilisation* (2000) zwar nicht primär den Gegenstand der Theatralität, sondern lediglich den des Theaters beinhaltet, jedoch die von Fischer-Lichte verfasste Einleitung „Theatergeschichte als Körpergeschichte" den in dieser Arbeit vertretenen theatralen Grundgedanken, welcher als solcher nach Ansicht von Roland Barthes eben nicht in einer unmittelbaren Affinität mit einer institutionalisierten Form von Theater steht, gleichfalls vertritt. Zusätzlich zu den genannten Werken werden in diese Arbeit noch weitere Untersuchungen anderer Autoren zum theatralen Phänomen mit einbezogen, welche hierbei einen massgeblichen Stellenwert einnehmen und wiederum im Rahmen des Forschungsprogramms Theatralität entstanden sind, allerdings nicht unter der Herausgeberreihe Fischer-Lichtes. Dabei handelt es sich um folgende Abhandlungen: *Szenographien* (2000), herausgegeben von Gerhard Neumann, sowie *Inszenierte Welt. Theatralität als Argument literarischer Texte* (2003), herausgegeben von Ethel Matala de Mazza und Clemens Pornschlegel. Der Band *Theatralität und Räumlichkeit. Raumordnungen und Raumpraktiken im theatralen*

---

2 Siehe dazu: Erika Fischer-Lichte: *Das DFG-Schwerpunktprogramm „Theatralität"*. In: *Inszenierung von Authentizität*, hg. von Erika Fischer-Lichte und Isabel Pflug (Theatralität, Bd. 1), Tübingen und Basel 2000, S. 9–26, hier S. 9–11. Siehe außerdem von Fischer-Lichte: *Theatralität und die Krisen der Repräsentation*, Germanistische Symposien, Berichtsbände, XXII, gedruckt mit Unterstützung der Deutschen Forschungsgemeinschaft, Stuttgart 2001, Einleitung, S. 1–19, hier S. 2.

Mediendispositiv (2009) hingegen, herausgegeben von Kirsten Kramer und Jörg Dünne, siedelt sich genau am Schnittpunkt zweier Forschungsbereiche an mit dem Ziel, diese miteinander zu verknüpfen und in einen übergreifenden Untersuchungszusammenhang zu stellen, wobei es, unter der Einbeziehung verschiedener Aspekte von Theatralität, um eine Neu-Perspektivierung raumtheoretischer Positionen, einschließlich medienwissenschaftlicher Fragen, geht.[3]

In Anbetracht des komplexen und vielfältigen Angebots des in dieser Arbeit verwendeten Materials zum Thema Theatralität und den sich daraus ergebenden verschiedenen Interpretationsansätzen zu den Begrifflichkeiten sowie dem breiten Spektrum an Möglichkeiten, diesem von mehreren Ebenen aus zu begegnen, erweist sich eine knappe, konkrete Definition als ausgeschlossen. Vielmehr zeigt sich die Notwendigkeit, dass der Begriff der Theatralität in einem wesentlich weitläufigeren Zusammenhang betrachtet werden muss. Aus diesem Grund ist es sinnvoll, die in Frage kommenden Definitionen zu bündeln und davon ausgehend deren Bedeutungen und die daraus sich ergebenden Konsequenzen zu bestimmen und jeweils in einen entsprechenden Bezug zur Venedigliteratur zu setzen. Hierbei kommt auch der Konstituierung Venedigs als Bühne eine entsprechende Funktion zu, da die Lagunenstadt als solche innerhalb des theatralen Kontextes in der Venedigliteratur unwillkürlich einzuordnen ist.

Während der fortschreitenden Arbeit an dieser Untersuchung hat es sich herausgestellt, dass, neben den unter anderem im Rahmen des Schwerpunktprogramms entwickelten Theorien, welche dazu dienen, die Theatralität in der Venedigliteratur zu ergründen, diese einer gewissermaßen persönlichen Betrachtungsweise gleichfalls bedarf. Dies mag zum einen an einer grundsätzlich theatralen Disposition der geheimnisvollen und mythenumrankten Lagunenstadt Venedig liegen, welche dieser bereits seit jeher anhaftet, aber zum anderen

---

3 Kirsten Kramer, Jörg Dünne, Sabine Friedrich: „Vorwort" von *Theatralität und Räumlichkeit. Raumordnungen und Raumpraktiken im theatralen Mediendispositiv*, hrsg. von Dünne, Friedrich, Kramer, Würzburg 2009, S. 9–14, hier S. 9. Was die Erarbeitung der Ergebnisse des Bandes betrifft, gründen sich diese zum einen auf dem Engagement der Arbeitsgruppe „Raum – Körper – Medium", welche im Jahr 2002 an der Ludwig-Maximilians-Universität in München gegründet wurde und zum anderen auf der Arbeitsgruppe „Theatralität aus mediengeschichtlicher Perspektive", welche 2003 an der Universität zu Köln entstand. Zu einem Austausch beider Forschungsbereiche kam es schließlich im Rahmen der Tagung „Theatralität und Räumlichkeit", die vom 20.– 22. Februar 2006 an der Friedrich-Alexander-Universität Erlangen-Nürnberg stattfand, und deren Resultate in dem gleichnamigen Band zusammengefasst sind. Siehe dazu S. 9/10.

auf der Tatsache beruhen, dass die Idee einer Verknüpfung der Venedigliteratur mit dem Phänomen der Theatralität eine rein analytische Einschätzung nicht mehr ausreichend erscheinen lässt. Vielmehr muss Venedig eine genuine, theatrale Wirkung, als eine in der Dichtung häufig thematisierte, ihrem Wesen nach nicht konkretisierbare, jedoch immer faszinierende Irrealität, zugestanden werden. Insofern kann Theatralität hier also nicht separat von Venedig, wie es auch in der entsprechenden fiktionalen Literatur zum Ausdruck kommt, betrachtet werden, sondern als eines durch die theatrale Lagunenstadt sich vermittelndes, stets variierendes und vor allem auch nicht fassbares Element, welches ständig Imaginationen unterworfen ist und diese ebenso hervorruft.

Gleichzeitig jedoch wird darauf Wert gelegt, die in diese Arbeit eingeflossenen Erkenntnisse zum Phänomen der Theatralität in einen sinnvollen Kontext zur Venedigliteratur zu stellen und die theatralen Theorien bewusst in der Hinsicht einzusetzen, um die außergewöhnliche poetische Bedeutung des Schauplatzes Venedig zu erklären und dem Faszinosum der theatralen Lagunenstadt ein Stück näher zu kommen.

Neben den Forschungsergebnissen, unter anderem zum Schwerpunktprogramm Theatralität, werden zur Erhellung des theoretischen Konzepts in der vorliegenden Arbeit noch weitere Theorien hinzugezogen, die für eine weiterführende Untersuchung zur Theatralität Venedigs ebenfalls von wesentlicher Bedeutung sind. Zum einen handelt es sich um das Konzept der Heterotopie von Foucault, das sich vor allem im Sinne einer theatralen Raumkonstitution der Lagunenstadt als relevant herausstellt. Zum anderen erweisen sich Elemente aus Gilles Deleuze' *Differenz und Wiederholung*, welche auf dem Prinzip der Maskenhaftigkeit beruhen, als entscheidend für die Erforschung von Theatralität in der Venedigliteratur, und dies insbesondere auch deshalb, als der Lagunenstadt bekanntermaßen ein Hang zum Maskenwesen inhärent ist. Zudem wird in diesem Zusammenhang der in der allgemeinen Forschung zur Venedigliteratur sehr häufig erörterte philosophische Aufsatz „Venedig" von Georg Simmel aus seinem Band *Zur Philosophie der Kunst. Philosophische und kunstphilosophische Aufsätze* herangezogen, da Simmel hier seine persönliche Vorstellung zur Masken- bzw. Kulissenhaftigkeit Venedigs artikuliert und insofern, wie auch Deleuze, mit seiner Argumentation einer weiteren Erklärung zur Theatralität Venedigs durchaus dienlich ist. Der Aspekt der Maskenhaftigkeit steht mit dem der Theatralität in einem unmittelbaren Bezug, was sich anhand verschiedener Anhaltspunkte in der Venedigliteratur nachweisen lässt und sich im Laufe dieser Untersuchung erhärtet.

Was die Forschungsergebnisse des Schwerpunktprogramms und weitere theoretische Untersuchungen zum Thema Theatralität betrifft, erscheint es sinnvoll, vor allem die Abhandlungen zu berücksichtigen, die speziell für die Erforschung der Theatralität in der fiktionalen Venedigliteratur, bzw. eine dazu in dieser Arbeit getroffenen literarischen Auswahl, besonders geeignet sind. Unter anderem handelt es sich hierbei um mehrere Beiträge Fischer-Lichtes, so z. B. um ihren Aufsatz „Theatralität – Theater als kulturelles Modell in den Kulturwissenschaften" in dem von ihr herausgegebenen Band *Theatralität und die Krisen der Repräsentation*. Einen weiteren wesentlichen Aspekt zur Erläuterung der Theatralitätstheorien stellen die Beiträge von Neumann in seinem Band *Szenographien* dar, der sich bei seiner Konzeption wiederum auf theoretische Entwürfe von Barthes beruft. Was die von Neumann vertretene Position vor allem auszeichnet, ist, dass er sich überwiegend auf eine Theatralität der Sprache bezieht. Ferner ist auch der Beitrag von Matala de Mazza und Pornschlegel in ihrem Band *Inszenierte Welt* von Wichtigkeit, als die beiden Autoren sich darin mit dem von Aristoteles in seiner *Poetik* entwickelten Konzept der Mimesis auseinandersetzen und daraus ihre Vorstellung einer gewissermaßen „strukturalen" Theatralität begründen, die sich auf die entstehenden Zeichen einer fiktionalen Wirklichkeit beruft.

Was die „räumliche" Theatralität betrifft, ist wiederum der Beitrag von Dünne und Kramer in dem von ihnen herausgegebenen Band *Theatralität und Räumlichkeit* evident, denn gerade in Bezug auf Venedig, in seiner speziellen Eigenschaft als Wasserstadt und in Anbetracht seines beeindruckenden geschichtlichen Hintergrundes, ist eine nähere Untersuchung der theatralen Räumlichkeit sowohl auf topologischer als auch auf semantischer Ebene unabdinglich. Zudem birgt diese die Möglichkeit, die Theatralität der Lagunenstadt als eine speziell venezianische aufgrund ihres räumlichen Charakters in ihrer poetischen Auswirkung zu erkennen.

Ein weiterer wichtiger Akzent sind die Gedanken Hans-Georg Soeffners in seinem Aufsatz „Die Wirklichkeit der Theatralität" in dem von Fischer-Lichte herausgegebenen Band *Theatralität als Modell in den Kulturwissenschaften*. Soeffner geht von einer grundsätzlichen Inszenierung des eigenen Selbst aus, wobei er sich auf die von Helmuth Plessner entwickelten Theorien stützt. Da die in dieser Arbeit verwendeten Werke von fiktionaler Venedigliteratur wiederholt das Schicksal von Figuren erzählen, die sich in einer persönlichen oder existentiellen Krise befinden – so zum Beispiel Gustav von Aschenbach in Thomas Manns *Tod in Venedig* – und die sich in der Lagunenstadt, als einem imaginären bzw. theatralen Raum, offenbart, dient Soeffners Konzept dazu, das komplexe und gefährdete Wesen des jeweiligen Protagonisten besser nachvollziehen zu können.

Wie in dem Kapitel *Die Theatralität Venedigs im historischen Kontext zum Fall der Republik und die Konstituierung Venedigs als theatrale Stadt* ausführlich erläutert wird, wurde die Entwicklung der Venedigliteratur durch den Untergang der einst mächtigen venezianischen Metropole im Jahre 1797 in einer Weise begünstigt, dass geradezu von einer „Initialzündung" die Rede sein kann. Die verfallende und verlassene Lagunenstadt eröffnete, nach mehr als tausend Jahren glanzvoller Geschichte, nun in unnachahmlicher Weise einen Raum für poetische Imaginationen, so dass die fiktionale Venedigliteratur sich von da an unaufhaltsam zu entwickeln begann. Ein Prozess, der sich von den Anfängen in der Romantik über die Zeit des Fin de siècle bis in die Literatur der Nachkriegszeit bis zur Gegenwart fortsetzte. Aus diesem Grund konzentriert sich die Auswahl der in dieser Arbeit verwendeten fiktionalen Venedigliteratur auch annähernd auf diese gesamte Zeitspanne. Dies bringt die Herausforderung mit sich, dass einige Werke nicht mit einbezogen werden können, was, aufgrund einer geradezu unerschöpflichen Fülle an Material, allerdings auch dann kaum möglich wäre, wenn diese Arbeit weniger epochenübergreifend ausgerichtet wäre. Die literarische Auswahl erfolgte jedoch nach Gesichtspunkten, nach denen die Theatralität Venedigs und die Funktion der Stadt als Bühne möglichst präzise in ihren Eigenarten und komplexen Auswirkungen nachgewiesen und untersucht werden soll, wobei insbesondere auch auf epochenspezifische Merkmale geachtet wird.

Zunächst sind es die beiden Dichter August von Platen und Lord Byron, deren von der Lagunenstadt inspirierte, spätromantische Lyrik Gegenstand der Untersuchung ist. In ihren Gedichten tritt Venedigs Disposition sowohl als theatrale als auch als Totenstadt hervor, wobei beide Aspekte einander entsprechen, wie dies anhand der Theorien zur Theatralität und Maskenhaftigkeit in dieser Arbeit entsprechend verdeutlicht werden soll. Diese Tendenz zeigt sich in exemplarischer Weise auch in den Briefen und Schriften des regelmäßig in Venedig weilenden Komponisten Richard Wagner sowie in den Briefen und in dem der Lagunenstadt gewidmeten ‚Gondellied' des Venedig-Liebhabers Friedrich Nietzsche, und setzt sich im Fin de siècle in fast noch intensiverer Weise fort, so vor allem in der wohl berühmtesten Novelle der Venedigliteratur, Manns *Tod in Venedig*, aber auch in Hugo von Hofmannsthals Romanfragment *Andreas* und in modifizierter Form gar in seinem Drama *Der Abenteurer und die Sängerin*. Speziell in jenem tritt eine Casanova-Gestalt in Erscheinung, welche von einer erheblich theatralischen Konnotation grundsätzlich nicht zu trennen ist. Genauso manifestieren sich Züge und Kennzeichen einer Casanova-Gestalt im *Andreas*-Roman, worauf in dieser Untersuchung ebenfalls eingegangen wird. Das zweiteilige Gedicht *Der Abenteurer* von Rainer Maria Rilke hingegen hebt die Casanova-Gestalt ganz explizit hervor. In weiteren Gedichten wiederum, *Venedig I–IV*, thematisiert der Dichter, noch ganz in der Tradition Byrons, die theatrale Totenstadt, während er in seiner etwa zehn Jahre später entstandenen Venediglyrik aus seinen *Neuen Gedichten* bzw. *Der neuen Gedichte anderer Teil* mit der Thematisierung eines wieder erstarkten Venedig ein Gegenbild zu der von Lethargie und Melancholie geprägten Lagunenstadt entwirft, wobei er diese in äußerst theatralischer Weise als schöne Frau personifiziert. Bei diesen Gedichten genauso wie bei der Venedigliteratur im Fin de siècle im allgemeinen spielt dabei eine grosse Rolle, dass die Lagunenstadt in jener Epoche ein „Symbol der Décadence" darstellt, was diese nicht nur in ihrer Verbundenheit mit dem Tod – was Rilke eben auch zu dem Entwurf eines Pedants herausfordert – sondern zugleich in ihrer theatralischen Disposition bestätigt und sogar darin bestärkt.

Von diesem Standpunkt aus gesehen ist es nicht verwunderlich, dass die Todesthematik sowie massive Bedrohungs- und Existenzproblematiken auch die Venedigliteratur von der Nachkriegszeit bis zur Gegenwart durchziehen, wobei jene in teils apokalyptischen Ausmassen auf die Lagunenstadt projiziert werden. Dies hängt demzufolge mit den beiden Weltkriegen und dem beispiellos erschütternden Ereignis des Holocaust zusammen, aber auch den allgemeinen zivilisatorischen Bedrohungen seit dem Ende des Zweiten Weltkriegs sowie mit der sich vermittelnden Kälte und dem Egoismus einer modernen Gesellschaft und der daraus resultierenden Vereinzelung des Menschen. Bei der Wahl Venedigs als literarische Projektionsfläche gerade in der „zeitgenössischen" Venedigliteratur dürfte aber auch eine nicht unerhebliche Rolle spielen, dass die Existenz der Lagunenstadt vor allem in der jüngeren Zeit immer mehr gefährdet ist und dies nicht nur deshalb, weil trotz vieler Renovierungs- und Reparaturmassnahmen, ihr Verfall immer mehr fortschreitet, sondern ebenso wegen der unabsehbaren Folgen des Massentourismus sowie dem damit verbundenen rücksichtslosen Vorgehen der Schifffahrtsgesellschaften, die mit viel zu großen Ozeanriesen unmittelbar an die Stadt heranfahren und diese in ihren längst maroden Grundfesten erschüttern. Jene Gefahr erhält noch weitere Brisanz aufgrund der Tatsache, dass immer wieder Pläne kursieren, die Lagune auszubaggern, um den überdimensionalen Kreuzfahrtschiffen den erforderlichen Tiefgang zu verschaffen. Die schlimmen Folgen eines solch rücksichtslosen Vorgehens für die Stadt lassen sich leicht absehen. Ähnlich verhält es sich mit den Auswirkungen industrieller Gifte von der benachbarten Stadt Mestre, mit welchen Venedig konfrontiert wird, so dass, abgesehen von der Verschandelung durch hässliche Fabrikanlagen, welche der Lagunenstadt daraus ebenfalls erwächst, jener, nach dem politischen Untergang der Republik vor über 200 Jahren, ein ähnliches Schicksal noch einmal, aber mit erheblich katastrophaleren Konsequenzen droht. Diese Tendenz kristallisiert sich seit dem Ende des Zweiten Weltkriegs verstärkt heraus, falls es nicht noch gelingt, jene verhängnisvolle Entwicklung mit energischen Massnahmen aufzuhalten.[4]

In Alfred Andersch' Ende der fünfziger Jahre entstandenem Roman *Die Rote* zeichnet sich der Einfluss der Schrecken des vergangenen Krieges ganz direkt ab, indem dieser sich durch die Theatralität der Lagunenstadt auf beklemmende Weise offenbart. Hingegen bewirkt in Peter Roseis Anfang der neunziger Jahre erschienenem Roman *Wer war Edgar Allan?* die Theatralität Venedigs den Niedergang eines namenlosen Helden, wobei die Lagunenstadt als solche kaum noch mit den für sie typischen Kennzeichen hervortritt und größtenteils nur aufgrund der von ihrem theatralen Charakter ausgehenden, überaus verhängnisvollen Sogwirkung zu verorten ist. In dem Roman des amerikanischen Autors Louis Begley, *Mistlers Abschied*, wiederum geht es um einen nach aussen hin stark wirkenden Geschäftsmann, der jedoch unheilbar an Krebs erkrankt ist und sich für die letzte Zeit seines Lebens nach Venedig flüchtet.

Um das komplexe Phänomen der Theatralität Venedigs in der Literatur in seiner ganzen Bandbreite erfassen zu können, erschien es sinnvoll, die Arbeit in drei Teile zu gliedern. Am Anfang steht die Historie Venedigs, anhand derer, ausgehend vom Zeitpunkt des Unterganges der Republik im Jahre 1797 als Startschuss für die Entwicklung der fikionalen Venedigliteratur, diese hinsichtlich ihrer Theatralität und der Eigenschaft Venedigs als Bühne untersucht werden soll. Ferner ist es ein Anliegen des historischen Teils dieser Arbeit, mit einer Rekapitulation der venezianischen Geschichte von ihren Anfängen bis zum Fall der Republik, einer grundsätzlich theatralen Disposition der Lagunenstadt nachzugehen, um deren spätere Theatralisierung in der Literatur, nach der Entmachtung der Republik, aus dieser Position heraus besser nachvollziehen zu können.

Der zweite, methodische Teil hingegen befasst sich mit den Theatralitätstheorien, die unter anderem im Rahmen des Schwerpunktprogramms entwickelt worden waren, wobei darauf geachtet wird, diese soweit wie möglich auf die Venedigliteratur zu beziehen, und so die Konzeption einer spezifisch venezianischen Theatralität zu ermöglichen. Dazu dienen auch die von Simmel und Deleuze vertretenen Vorstellungen von Masken- bzw. Kulissenhaftigkeit, aufgrund

---

4 Informationen diesbezüglich finden sich in dem originellen kleinen Buch Herbert Rosendorfers: *Venedig. Eine Einladung*, München 1999.

derer eine theatrale Konstituierung Venedigs in diesem Sinne ebenfalls festgestellt werden kann, und die sich zudem mit den Theatralitätstheorien des Schwerpunktprogramms und daran sich anknüpfenden Positionen verbinden lassen.

Anhand der im methodischen Teil erarbeiteten Konzeptionen von Theatralität und deren Konsequenzen für das literarische Venedig werden jene im darauffolgenden inhaltlichen Teil zu den in dieser Arbeit ausgewählten fiktionalen Werken von der Romantik bis annähernd zur Gegenwart in Beziehung gesetzt in der Absicht, auf diese Weise deren Theatralität zu bestimmen. Neben den im Schwerpunktprogramm entwickelten Theatralitätstheorien und weiteren Abhandlungen zu diesem Thema sowie den Konzeptionen von Deleuze und Simmel wird dabei auch Foucaults Konzept der Heterotopie mit einbezogen.

In der Forschung existiert eine unübersichtliche Fülle an Studien zur Venedigliteratur in verschiedener Form. Diese erstrecken sich zum einen über zahlreiche Aufsätze und Monographien, sowie einzelne Kapitel in Untersuchungen, die sich je nachdem mit bestimmten Autoren, Texten, Nationalliteraturen und Epochen auseinandersetzen. Zum anderen gibt es auch umfangreiche Abhandlungen, welche sich mit dem Phänomen Venedig in der Literatur spezifisch befassen. Dabei erweist sich vor allem die von Angelika Corbineau-Hoffmann im Jahre 1993 veröffentlichte, komparatistische Habilitationsschrift *Paradoxie der Fiktion. Literarische Venedig-Bilder 1797–1984* als sehr bezeichnend für diese Untersuchung. Die Autorin vermittelt in ihrer Arbeit nicht nur ein sehr vielschichtiges Bild Venedigs in der Literatur, sondern es gelingt ihr ebenso, die Bedeutung der Lagunenstadt als poetisches Subjekt begreiflich zu machen. Dies ist insbesondere auch deshalb interessant, als die Autorin epochenübergreifend arbeitet, indem sie die seit dem Fall der Republik im Jahre 1797 entstandene Venedigliteratur bis annähernd in die Gegenwart mit einbezieht.

Eine weitere ausführliche Untersuchung ist die von Bernard Dieterle im Jahre 1995 erschienene komparatistische Habilitationsschrift *Die versunkene Stadt. Sechs Kapitel aus dem literarischen Venedig-Mythos*. Es handelt sich hier ebenfalls um eine sehr eindrucksvolle Arbeit, in der sich der Autor mit dem Mythos der Stadt auseinandersetzt und diesen anhand einer überaus gründlichen Analyse des jeweiligen Textes veranschaulicht, wobei Dieterle dem Untergang der Republik für die Entwicklung der Venedigliteratur allerdings nicht jenen entscheidenden Stellenwert zumisst, wie dies bei Corbineau-Hoffmann der Fall ist.

Thea von Seuffert hingegen befasst sich in ihrer Dissertation aus dem Jahre 1937, *Venedig im Erlebnis deutscher Dichter*, ganz im Gegensatz zu Dieterle und Corbineau-Hoffmann, vorwiegend mit deutscher Venedigliteratur, indem sie diese in einem historischen Zusammenhang betrachtet, wobei die Autorin einzelne Texte auch etwas gründlicher analysiert. Diese Arbeit zeichnet aus, dass sie Venedig anhand verschiedener motivischer und topographischer Merkmale des jeweiligen Textes als Ort eines erlebenden Ich thematisiert, womit dieser sich bereits als „Kulisse" herauskristallisiert. Die Herangehensweise lässt jedoch eine an der Thematik ausgerichtete Methode vermissen, welche die Zielsetzung der Arbeit konkreter herausstellen würde.

Mit ihrer Dissertation *Venedig im Spiegel der Décadence-Literatur im Fin de siècle* aus dem Jahr 1987 konzentriert sich Christiane Schenk fast ausschließlich auf die Venedigliteratur jener Zeit und dies vor allem unter dem Gesichtspunkt, dass sich Venedig im Fin de siècle zur „Hauptstadt der Décadence" entwickelte. Die Autorin erarbeitet in ihrer Untersuchung zwar sehr gründlich sämtliche Bereiche der Décadence-Venedigliteratur, lässt aber keine Intention erkennen, die Rolle Venedigs im Bezug zum Subjekt zu diskutieren, was wiederum der Analyse der Texte eine größere Tiefe verleihen würde.

André Koeniguer wiederum überzeugt mit seiner Pariser Dissertation *Le thème de Venise dans la lettérature allemande – Etude comparative d'une mode littéraire* aus dem Jahr 1976 sowohl methodisch als auch inhaltlich, indem er gezielt venezianische Motive, Kennzeichen, sowie bestimmte topographische Bereiche und Epochen der Stadt herausarbeitet, um diese anschließend zu verschiedenen Schriftstellern in Beziehung zu setzen. Diese Herangehensweise Koeniguers lässt das theatralische Potential Venedigs deutlich erahnen.

Der von Carlo Pellegrini herausgegebene Band des ersten komparatistischen Symposiums zum Thema des literarischen Venedig, *Venezia nelle letterature Moderne. Atti del Primo Congresso dell' Associazione Internazionale di Letteratura Comparata*, welches in Venedig vom 25. bis zum 30. September 1955 stattgefunden hatte, und dessen Vorträge in dem Band zusammengefasst sind, verfolgt hingegen, seinem Aufbau gemäß, gar nicht erst das Ziel einer konkreten poetologischen Fragestellung, welche sich auch mit der Theatralität Venedigs verknüpfen ließe, trotz der unbezweifelbaren Qualitäten der verschiedenen Einzelstudien, was den Einfluss und die Wirkung der Lagunenstadt auf Schriftsteller verschiedener europäischer Nationalitäten betrifft.

Was die Theatralität Venedigs im allgemeinen betrifft, findet dieser Aspekt in der Forschungsliteratur zwar Erwähnung, jedoch immer nur marginal. So spezifisch sich die eben genannten Abhandlungen, jede auf ihre Weise, mit der wissenschaftlichen Erforschung verschiedener Elemente der Venedigliteratur auseinandersetzen, so konzentriert sich doch keine von ihnen dezidiert auf deren Theatralität. Erst in dieser Arbeit wird der Theatralität Venedigs in der Literatur anhand einer an diesem Thema ausgerichteten und darauf abgestimmten Methodik nachgegangen, wobei die Entscheidung, das theatrale Sujet „Venedig als Bühne" eingehender zu untersuchen, allerdings dadurch erheblich beeinflusst wird, als jenes Phänomen des Theatralen seit Mitte der neunziger Jahre verstärkt in den Fokus nicht nur der theaterwissenschaftlichen, sondern auch der literatur- und kulturwissenschaftlichen Forschung gerückt ist, was eine weitergehende wissenschaftliche Auseinandersetzung mit Theatralität in Verbindung zur Venedigliteratur wesentlich begünstigt.

II. Die Theatralität Venedigs im historischen Kontext

1. Der Fall der Republik und die Konstituierung Venedigs als theatrale Stadt

Die vorliegende Untersuchung konzentriert sich auf die Theatralität in der fiktionalen Venedigliteratur, die sich, aufgrund ihres imaginären Gehalts, zugleich in theatraler Weise konstituiert. Inwiefern dies der Fall ist, lässt sich anhand der im Rahmen des Schwerpunktprogramms entwickelten Theatralitätstheorien, aber auch mit dem von Deleuze entworfenen, auf dem Prinzip der Wiederholung beruhenden Konzept der Maskenhaftigkeit im Vergleich mit der Position Simmels zur Maskenhaftigkeit Venedigs nachvollziehen.[5] Da sich jedoch der Fokus dieser literarischen Untersuchung speziell auf die Theatralität Venedigs bezieht, muss hierbei noch ein weiterer wichtiger Aspekt bedacht werden, welcher in der Forschung implizit zwar meist vorausgesetzt wird, jedoch erst von Corbineau-Hoffmann in ihrer umfangreichen Abhandlung *Paradoxie der Fiktion* in seinen auswirkenden Konsequenzen konkret untersucht wurde.[6] Dabei beruft sich die Autorin auf ein für die Lagunenstadt äußerst einschneidendes, historisches Ereignis des Jahres 1797, welches das endgültige Ende der Republik Venedig markierte, als Napoleon diese mit seinen Truppen besetzte.[7] Die über tausend Jahre währende Herrschaft der ehrwürdigen *Serenissima* gehörte damit für immer der Vergangenheit an.[8] Jedoch bedeutete das tragische Ende der einstmals mächtigen Republik für die fiktionale Venedigliteratur eine „Initialzündung", indem die nun größtenteils verlassene und allmählich verfallende Stadt in einzigartiger

---

5 Vgl. hierzu in dem theoretischen Teil dieser Untersuchung. S. 116–125.
6 Angelika Corbineau-Hoffmann: *Paradoxie der Fiktion. Literarische Venedig-Bilder 1797–1984*, Berlin, New York 1993.
7 Ebd. S. 5.
8 Philipp Longworth: *Aufstieg und Fall der Republik Venedig*, Wiesbaden 1976, S. 9. Venedig wurde oft *La Serenissima* bzw. *La Serenissima Signoria* („Die Allerdurchlauchteste", von lat. serenus-heiter, ruhig, gelassen) genannt. Mit diesem Ausdruck ist aber auch, laut Longworth, die „kollektive Führerschaft von Venedigs Hauptstaatsbeamten" gemeint. Siehe S. 143.

Weise imaginäre und somit auch theatrale Räume eröffnete, wie dies zu Zeiten der Republik gar nicht möglich gewesen wäre.[9]

Corbineau-Hoffmann begründet dies damit, dass „die Darstellung Venedigs in fiktionalen Texten bis zum Ende der Republik unter der Autorität der Reiseliteratur" gelitten hätte.[10] „Da diese das Thema gleichsam vereinnahmt und bis zur Erschöpfung beschrieben hatte, erscheinen die Darstellungen Venedigs in fiktionalen Texten blass und konturenlos, bleiben sie ohne inneren Bezug zur Besonderheit des Ortes."[11] Ferner erklärt Corbineau-Hoffmann, dass Venedig in Dramen und Romanen aus der Zeit vor dem Fall der Republik zwar Schauplatz sei, „doch als solcher zumeist nur flüchtige Station in einem Geschehen, das räumlich weiter ausgreift und auch andere Orte umfasst".[12] Venedig reduziere sich dabei bestenfalls „auf eine Exempelfunktion, mit deren Hilfe allgemeine Einsichten, etwa von der Schein- und Lügenhaftigkeit menschlichen Verhaltens, vermittelt werden".[13] Insofern, so die Autorin, wirke Venedig, verglichen mit seiner „konkreten Präsenz" in den Reiseberichten, „in fiktionalen Texten wie ein schwacher Abglanz seiner selbst".[14] Allerdings vollziehe sich nach dem Ende der Republik, „dem Gesetz der Paradoxie gehorchend ein Paradigmenwechsel".[15] Denn von diesem Zeitpunkt an beginnt die Lagunenstadt „ein poetisch relevantes Thema der Literatur zu werden".[16] Ein Aspekt, der sich als durchaus nachhaltig erwiesen hat. „Venedig stiftet eine bis heute andauernde literarische Tradition",[17] resümiert Corbineau-Hoffmann.

Venedig erscheine in der Literatur seit dem Fall der Republik „aus ‚sentimentalischer' Perspektive im Modus des ‚Nicht-Mehr'".[18] Insofern verstehe die fiktionale Venedigliteratur das nun entstandene „Macht- und Bedeutungsvakuum" als eine Herausforderung. „Zum ersten Mal in der Geschichte fiktionaler Venedigliteratur gewinnt der Schauplatz direkten Bezug zur Handlung, bildet

---

9 Vgl. Corbineau-Hoffmann a. a. O.; dieser von der Autorin entwickelte Gedanke stellt die Ausgangsbasis ihrer Untersuchung dar und sie kommt darin häufig auf ihn zurück.
10 Ebd., S. 567.
11 Ebd.
12 Ebd.
13 Ebd.
14 Ebd.
15 Ebd., S. 5.
16 Ebd.
17 Ebd.
18 Ebd., S. 568.

die Geschichte der Stadt den prägenden Faktor für das Geschehen in narrativen Texten",[19] argumentiert die Autorin. Jene Poetik verfahre „nach dem Gesetz der Analogie" und kombiniere „die fiktive Handlung, auch die innere Befindlichkeit von Personen, mit der Atmosphäre der Stadt; das im Text entworfene ‚Bild' Venedigs" entspreche „dem fiktiven Geschehen".[20] Ausgehend von dem von Corbineau-Hoffmann konstatierten „Paradigmenwechsel" in der Entwicklung der Venedigliteratur ab dem Fall der Republik 1797 stellt die Autorin jeweils epochenspezifische Besonderheiten fest.

Insbesondere für die Theatralität des literarischen Venedig ist dabei wesentlich, dass die Lagunenstadt nach dem Fall der Republik als eine „Kulisse" erscheint und somit ihrer ursprünglichen Funktion beraubt.[21] Aber eben diese wurde für die Literatur zu einem Ort der Imagination, und erst das entmachtete Venedig zu einem „poetisch relevanten Thema".[22] Die Autorin erklärt, dass in der Romantik „die verlorene Geschichte" der Lagunenstadt „in eine neue, fiktionale Geschichtlichkeit eingebunden" werde, „in der die glorreiche Vergangenheit schon auf die dekadente Gegenwart, diese umgekehrt auf jene hinweist".[23] Insofern stimme „die poetische Präsenz Venedigs mit der historischen Zeit nicht überein, und der dem Leser angesonnene Verstehensakt" bestehe darin, „verschiedene Zeitebenen miteinander zu kombinieren".[24]

Während sich so die romantische Venedigliteratur mit dem „Geschichtsverlust Venedigs und der Wiedergewinnung der Geschichtlichkeit im Medium der Fiktion"[25] befasst habe, setzte die Jahrhundertwende andere Schwerpunkte. Im Fin de siècle scheint das Venedig „großer historischer Entwürfe" ausgereizt.[26] Die Venedigliteratur jener Zeit zeichnet sich vor allem durch die Konstituierung von Räumlichkeit aus, entdeckt in der Lagunenstadt neue äußere und innere Räume, „wobei sich gerade durch die vielfältigen Beziehungen zwischen Innen und Außen innovatorische Perspektiven" eröffnen.[27] Wie sich im Laufe der Untersuchung herausstellen wird, ist es eben gerade diese im Fin de siècle geschaffene neue Räumlichkeit, in der sich die Theatralität Venedigs in auffälliger Weise

---

19 Ebd., S. 569.
20 Ebd.
21 Vgl. ebd., S. 233.
22 Vgl. ebd., S. 5.
23 Ebd., S. 570.
24 Ebd.
25 Ebd., S. 314.
26 Ebd.
27 Ebd., S. 325.

konstituiert. Eine besondere Rolle spielen dabei die abseitigen und oft ärmlichen Viertel der Lagunenstadt, die in der Regel von Touristen gemieden werden, und in denen sich, so Corbineau-Hoffmann, der Ich-Instanz „in Analogie zur Stadt" bisher „unbekannte Tiefendimensionen" erschließen.[28] Davon ausgehend führe der Weg zum entlegenen Venedig „unversehens nach innen, zu verborgenen Wünschen und in unentdeckte Tiefen".[29] Indem die Autorin diesbezüglich „ein zweifaches Labyrinth" feststellt, „eines in der wahrnehmbaren, in Venedig lokalisierten *Oberfläche*, ein anderes darunter, im Innenraum der Subjektivität",[30] verweist dieser Gedanke, neben der vielfach konstatierten „Zweideutigkeit" der Stadt, zugleich auf eine sich verhängnisvoll auswirkende Maskenhaftigkeit bzw. Kulissenhaftigkeit Venedigs, welche in dieser Untersuchung, im Zusammenhang mit den Theatralitätstheorien, ebenfalls ausführlich besprochen werden wird.

In der Venedigliteratur seit der Romantik, über Fin de siècle und Nachkriegszeit bis zur Gegenwart, wird die Lagunenstadt häufig zu einem Symbol des Todes stilisiert, ein, aufgrund des fortschreitenden Verfalls und des drohenden endgültigen Untergangs der Stadt, naheliegender Aspekt, welcher sich bereits mit dem Ende der Republik angekündigt hatte und sich in der Romantik vor allem in der Dichtung Byrons und Platens zeigt, aber fast noch stärker im Fin de siècle – als berühmtestes Beispiel sei Manns *Tod in Venedig* erwähnt – hervortritt. In der Venedigliteratur von der Nachkriegszeit bis zur Gegenwart fällt allerdings auf, dass diese primär für eine allgemein-existenzielle Bedrohung steht.[31] Corbineau-Hoffmann argumentiert, „der Vernichtung Venedigs, die eher eine latente Gefahr als ein schon konkretes Faktum ist", entspreche „die generelle Bedrohung der modernen Welt".[32] Doch gewinne die Venedigliteratur auf diese Weise wiederum „neue, aus der Imagination entstehende poetische Möglichkeiten".[33] Konkret heißt das, dass „vorhandene Gefahrenmomente den Anstoß für die Entstehung fast apokalyptischer Untergangsvisionen" bilden würden, „deren Eindringlichkeit selbst von dem Wissen um ihren imaginären Charakter nicht eingeschränkt" werden würde.[34] Es fände eine Zerstörung der „Relikte des Idyllischen" statt und somit übertrage sich „die Gewissheit der Gefahr sogar auf einen

---

28 Ebd., S. 341.
29 Ebd.
30 Ebd.
31 Siehe Corbineau-Hoffmann a. a.O., Kap. IV, 1.
32 Ebd., S. 574.
33 Ebd.
34 Ebd., S. 574/575.

Ort, der wegen seiner Marginalität den Bedrohungen der modernen Welt entzogen zu sein schien".[35]

Die bereits im Fin de siècle sich ankündigende reduzierte Venedigdarstellung, die aus einer literarischen Übersättigung des Themas resultiert, erscheint in der Venedigliteratur von der Nachkriegszeit bis zur Gegenwart noch einmal radikaler, und hat insofern gleichfalls Anteil an den sich eröffnenden neuen Möglichkeiten einer poetologischen Darstellung Venedigs und somit auch an der Theatralität der Stadt.[36]

2. Geschichtliche Hintergründe und theatrale Disposition

Wann genau Venedig gegründet wurde, lässt sich nicht mehr feststellen, und die von venezianischen Chronisten verbreitete Vorstellung, wonach die Gründung der Stadt am 25. März 421 stattgefunden haben soll, erscheint nach heutiger Auffassung zweifelhaft.[37] Was aber feststeht, ist, dass eine erste größere Besiedlung der Lagune aufgrund der Invasion der Hunnen in Norditalien im fünften Jahrhundert stattfand. Die Küstenbevölkerung suchte auf den morastigen Inseln Schutz.[38] Da der Einfall der Hunnen jedoch nicht von langer Dauer war, verließen viele der Flüchtlinge die Lagune wieder, nachdem die Feinde abgezogen waren.[39] Die nun verbliebene venezianische Urbevölkerung führte zunächst ein entbehrungsreiches Leben. Dennoch verstand sie es schon damals, aus ihrer schwierigen Lage im Meer Kapital zu schlagen, denn sie lebte nicht nur vom Fischfang, sondern betrieb schon bald lebhaften Handel mit Salz.[40] Als im Jahre 568 von Istrien aus eine weitere Invasion in Norditalien, diesmal durch die Langobarden stattfand, flüchteten sich die Menschen wieder an die Küste und in die Lagune und diesmal blieben die meisten.[41] Die Lebensbedingungen verbesserten sich nun zusehends. Es wurden Sümpfe trockengelegt, Häuser und Kirchen gebaut und auch die Besiedlung von benachbarten Inseln, wie Malamocco, Torcello und Murano schritt voran.[42] Je mehr sich Venedig entwickelte, umso mehr begann auch der Handel zu wachsen, der auf dem Wasserweg stattfand und die

---

35 Ebd., S. 575.
36 Siehe ebd., Kap. IV, 2.
37 Longworth a. a. O., S. 12.
38 Ebd., S. 13.
39 Ebd.
40 Ebd. S. 16.
41 Ebd., S. 16/17.
42 Ebd., S. 17.

venezianischen Schiffe zunächst nach Ravenna, Istrien und Byzanz führte.[43] Bald aber wurden auch Syrien und Ägypten angefahren.[44] Neben Gewürzen, wie Pfeffer, Zimt und Ingwer, wurde, unter anderem, mit kostbaren Stoffen, Eisen und Holz, aber auch mit Sklaven gehandelt.[45] Die Geschäfte der Venezianer wuchsen rasant weiter, bis Venedig schließlich im zwölften Jahrhundert zur führenden Handelsmetropole im gesamten Mittelmeerraum aufgestiegen war.[46] Aufgrund ihrer geschäftlichen Beziehungen waren es die venezianischen Händler gewohnt, in ferne Länder zu reisen, niemand aber wagte sich so weit vor wie Marco Polo, der in der zweiten Hälfte des 13. Jahrhunderts bis nach Indonesien und China gekommen war und dort in höfischen Diensten für mehrere Jahre verweilte.[47] Von seinen – für damalige Zeiten – sehr ungewöhnlichen Erlebnissen in der Ferne berichtet er ausführlich in seinen Reisererinnerungen *Il Milione*.[48]

Jahrhunderte lang war Byzanz der Souverän Venedigs. Diesen Umstand wussten die Venezianer meist mit Vorteil für sich zu nutzen, indem sie sich so vor allem wichtige Handelsprivilegien mit Konstantinopel sicherten.[49] Allerdings kam es zu einer radikalen Änderung der Machtverhältnisse zugunsten Venedigs, als der greise und halbblinde Doge Enrico Dandolo mit Hilfe eines Kreuzzugsheeres im Jahr 1204 Konstantinopel eroberte. Venedig befand sich damit auf dem Höhepunkt seiner politischen und wirtschaftlichen Macht und besaß die unbestrittene Vorherrschaft über das Mittelmeer.[50] Damit dies so blieb, investierte die Republik Unsummen in den Bau einer riesigen Flotte, die in dieser Zeit einzigartig war.[51] Dies war unter anderem auch wegen der angespannten Beziehung zu Genua nötig, mit dem sich die *Serenissima* im 13. Jahrhundert immer wieder im Krieg befand.[52]

Der wirtschaftliche Aufschwung Venedigs schlug sich in prächtigen Bauwerken nieder. Besonders am Canal Grande entstanden phantastische Paläste, welche durch ihren reizvoll-byzantinischen Baustil bald in ganz Europa berühmt wurden; und natürlich blühte auch die Kunst. Ganz besonders trifft dies für die

---

43 Ebd., S. 20.
44 Vgl. ebd., S. 28.
45 Vgl. ebd., S. 38.
46 Vgl. ebd., S. 46/47.
47 Siehe ebd.; in dem Kapitel „Marco Polos Venedig".
48 Siehe: Marco Polo: *Il milione*, Milano 1992.
49 Vgl. ebd., S. 36.
50 Vgl. ebd., S. 71–75.
51 Vgl. ebd., S. 102/103.
52 Vgl. ebd., S. 90.

auf der Insel Murano entstandenen Glaskunstwerke zu, aber auch für die Malerei. So schuf unter anderem der Künstler Vittore Carpaccio seine farbenprächtigen Gemälde.[53] Vor ihm hatten bereits sein Kollege Jacobo Bellini und seine beiden noch berühmteren Söhne Gentile und Giovanni prächtige Renaissance-Szenerien entworfen, mit denen sie sich von der bisher vorherrschenden Konvention religiöser Bilder in byzantinischer und gotischer Tradition distanzierten.[54]

Doch gegen Ende des fünfzehnten Jahrhunderts kündigte sich mit der Entdeckung Amerikas durch Kolumbus und des Seeweges nach Indien durch die Portugiesen unter Vasco da Gamas auch das Ende der glanzvollen Jahre Venedigs an.[55] Denn nun brach der Handel ein und die Portugiesen liefen den Venezianern im Gewürzhandel den Rang ab. Es gelang ihnen jedoch, sich von ihren Verlusten vorerst zu erholen, indem sie nun verstärkt in die Textilindustrie und in die Landwirtschaft investierten.[56]

Was Venedig in dieser Zeit außerdem zusetzte, waren immer wieder kriegerische Auseinandersetzungen, vor allem mit den Türken, die sich zu einer ernsthaften Bedrohung aus dem Osten entwickelten.[57] Zudem hatten die Mailänder Kriege im 15. Jahrhundert, in die Venedig auf der *terra ferma* verwickelt gewesen war, ihre Spuren hinterlassen.[58]

Angst und Schrecken hingegen verbreiteten die wiederholt auftretende Pestepidemien, von denen die Lagunenstadt besonders betroffen war, da die Krankheit im allgemeinen durch Handelsschiffe aus dem Orient und Afrika eingeschleppt wurde. In den Jahren 1575–77 wütete die Seuche ein weiteres Mal, welcher diesmal etwa 46000 Menschen, mehr als ein Drittel der Stadtbevölkerung, zum Opfer fiel.[59] Die Regierung stand dem Ausbruch der tödlichen

---

53 Siehe ebd., Gemälde von Vittore Carpaccio: „Das Wunder des heiligen Kreuzes". Zur Kunst Carpaccios und der anderer berühmter venezianischer Maler siehe: Roberto Longhi: *Venezianische Malerei*, aus dem Italienischen von Heinz Georg Held, Klaus Wagenbach Verlag, Berlin 1995. Italienische Originalausgabe: *Viatico per cinque secoli pittura Veneziana*, Florenz 1975.
54 Vgl. ebd., S. 164/165.
55 Siehe ebd., S. 199–203.
56 Vgl. ebd., S. 210/211.
57 Siehe ebd., Kap. 9.
58 Siehe dazu: Franz Kurowski: *Venedig. Das tausendjährige Weltreich im Mittelmeer*, München/Berlin 1981, Kapitel: „Francesco Foscari und die vier Mailänder Kriege", S. 181–188. Der Ausdruck *terra ferma* bezeichnet das venezianische Festland.
59 Siehe Ernst Rodenwaldt: *Pest in Venedig 1575–1577*, Heidelberg 1953. Der Autor geht bei der durchschnittlichen Bevölkerungszahl Venedigs von 160000 Einwohnern aus. Siehe S. 172.

Krankheit hilflos gegenüber und auch die Kasernierung der Todkranken auf der berüchtigten Pest-Insel *Lazaretto vecchio* und der unter Quarantäne stehenden Pestverdächtigen in dem *Lazaretto nuovo* besserte die Lage nicht und brachte den Handel und das geschäftige Treiben in der Stadt zum Stillstand.[60]

Dennoch blieb der Reiz Venedigs, sobald das Wüten der Pest vorüber war, für ausländische Besucher ungebrochen, und trotz des politischen und wirtschaftlichen Verlustes im 16. Jahrhundert blühte die Kunst weiter. Unter anderem brachte die Stadt in dieser Zeit die berühmten Maler Tiziano Vecellio – kurz Tizian genannt – Jacobo Tintoretto und Paolo Veronese hervor, die für die Malerei nicht nur in Venedig und Italien wegweisend wurden. Zudem schufen bedeutende Architekten wie Jacobo Sansovino, Baldassare Longhena und Andrea Palladio zahlreiche, beeindruckende Paläste und Kirchen, welche das Bild Venedigs bis heute prägen.

Es ist auffällig, dass die Lagunenstadt keine Gelegenheit versäumte, sich selbst im großen, theatralischen Stil zu inszenieren. So dienten festliche Empfänge, Bälle und Prozessionen dazu, bei hochgestellten ausländischen Besuchern Eindruck zu machen. Ganz besonders trifft dies für den Besuch des Königs von Frankreich, Heinrich III., zu, der im Jahre 1574 zehn Tage in der Lagunenstadt verbrachte. Es existiert eine Fülle von Chroniken über das Ereignis.[61] Hermann Schreiber schildert dieses in seinem Buch *Das Schiff aus Stein. Venedig und die Venezianer*, wobei er auch einen zeitgenössischen venezianischen Nuntiaturbericht zitiert.[62]

> (…) für Venedig wird der Aufenthalt Heinrich III. als eines der glanzvollsten Ereignisse in der Stadtgeschichte angesehen (…). Palladio entwarf zum Empfang des Königs Triumphbogen, die von Tintoretto und Veronese dekoriert wurden. Heinrich III. wurde in einem, von vierhundert Rudersklaven fortbewegten Schiff von vierzehn Galeeren eskortiert, über die Lagune gefahren. Auf einem Floß, das neben dem Prunkschiff herfuhr, stellten die Glasbläser aus Murano zur Unterhaltung des Königs bunte Glasfiguren- und -geräte her. Der Ofen hatte die Gestalt eines riesigen Seeungeheuers, das Flammen aus dem Rachen spie. Dem Zug fuhr eine Flotte von seltsam dekorierten Schiffen entgegen, die von Delphinen und Meeresgöttern bevölkert schienen. Die Zimmer im Palazzo Foscari am Canal Grande waren mit Orientteppichen und Gemälden von Bellini, Tizian, Paris Bordone und Veronese ausgeschmückt. Im großen Ballsaal des Dogenpalastes fand ein Bankett statt: Die schönsten Mädchen Venedigs erschienen in weißen

---

60 Siehe ebd., S. 50.
61 Vgl. dazu die sehr gründlich recherchierten Forschungsergebnisse in Evelyn Korschs Dissertation: *Bilder der Macht. Venezianische Repräsentationsstrategien beim Staatsbesuch Heinrich III (1574),* Berlin 2013, S. 11–14.
62 Hermann Schreiber: *Das Schiff aus Stein*, München 1992, S. 228/229. Die von dem Autor zitierte Textstelle aus dem Nuntiaturbericht ist in Kursivschrift wiedergegeben.

Seidenkleidern und geschmückt *mit Juwelen und Perlen von erstaunlicher Größe, nicht nur an Schnüren um den Hals, sondern auch die Haartracht bedeckend und die Umhänge auf ihren Schultern.* 1200 Gerichte verzeichnete die Speisekarte. Dreitausend Gäste waren geladen, die alle von silbernem Geschirr aßen, und die Tafeln waren mit Zuckerfiguren von Päpsten, Dogen, Tugenden, Göttern, Tieren und Bäumen auf das kunstvollste dekoriert. Als der König seine Serviette vom Teller nahm und sie entfalten wollte, merkte er, dass auch sie ein kleines Meisterwerk aus Zucker war. Dreihundert verschiedene Sorten von Desserts beendeten das Mahl. Danach sah der König die erste Oper, die je in Italien aufgeführt wurde. Als er dann den Dogenpalast verließ, ankerte am Quai eine Galeere, deren Bestandteile ihm vorher im Arsenal gezeigt worden waren. Das Schiff war bestückt mit einer heißen Kanone, die man während des Banketts, zwischen Suppe und Souffle gegossen hatte.[63]

Schreibers hier zitierte Details sind im Rahmen dieser Untersuchung insofern von Bedeutung, als daraus ersichtlich wird, dass den Venezianern mit der Organisation ihrer Feste daran gelegen war, den Ruf einer sagenhaft reichen, aber auch theatralen Märchenstadt zu festigen.

Im 17. und 18. Jahrhundert setzte sich die künstlerische Blüte Venedigs, welche eine theatrale Konnotation grundsätzlich impliziert, weiter fort, so zum Beispiel in den berühmten musikalischen Werken der Komponisten Claudio Monteverdi und Antonio Vivaldi oder in den eindrucksvollen Schöpfungen der Maler Antonio Canaletto, Gianbattista Tiepolo und Francesco Guardi.

Auch die Theater in Venedig erlebten einen bisher nicht da gewesenen Aufschwung, was vor allem an den beiden Dichtern Carlo Gozzi und Carlo Coldoni lag.[64] Denn im Gegensatz zum 16. Jahrhundert, als das Theater in Europa erst am Anfang stand, sah dies zweihundert Jahre später ganz anders aus.[65] Goethe berichtet in seiner *Italienischen Reise* von zahlreichen Aufführungen, die er während seines Venedig-Aufenthaltes besuchte. Seine Beobachtung über das lebhafte Verhalten des Publikums während der Aufführungen, das eine starke Affinität zum Theater erkennen lässt, scheint Venedigs Anlage als theatrale Stadt wiederum zu bestätigen.

---

63 Ebd., S. 228/229.
64 Vgl. Christiane Schenk: *Venedig im Spiegel der Décadence-Literatur im Fin de siècle*, Frankfurt am Main 1987, S. 102.
65 Siehe zum Theater in Venedig des 18. Jahrhunderts: Schreiber a. a. O., S. 276/277, Kurowski a. a. O., S. 308/309, Pompeo Molmenti: *Die Venetianer*, autorisierte Übersetzung von M. Bernardi, Dritter Teil, Hamburg 1886, Kapitel „Theater und Conservatorien", S. 508–517.

(…), die Zuschauer spielen mit und die Menge verschmilzt mit dem Theater in ein Ganzes. Den Tag über auf dem Platz und am Ufer, auf den Gondeln und im Palast, der Käufer und Verkäufer, der Bettler, der Schiffer, die Nachbarin, der Advokat und sein Gegner, alles lebt und treibt und läßt es sich angelegen sein, spricht und beteuert, schreit und bietet aus, singt und spielt, flucht und lärmt. Und abends gehen sie ins Theater und sehen und hören das Leben ihres Tages, künstlich zusammengestellt, artiger aufgestutzt, mit Märchen durchflochten, durch Masken von der Wirklichkeit abgerückt, durch Sitten genähert. Hierüber freuen sie sich kindisch, schreien wieder, klatschen und lärmen. Von Tag zu Nacht, ja von Mitternacht zu Mittag ist immer alles ebendasselbe.[66]

Neben der Blüte des Theaters im Venedig des 18. Jahrhunderts, wovon, als unbestrittener Höhepunkt, auch die Erbauung des glanzvollen Opernhauses La Fenice zeugt, offenbart sich die zunehmend theatrale Konstituierung Venedigs auch in jener, vor allem in der Lagunenstadt dieser Zeit paradigmatischen Tradition, dass bei vielen Gelegenheiten, nicht nur während des Karnevals, Masken

---

66 Johann Wolfgang Goethe: *Italienische Reise*, Hamburger Ausgabe, herausgegeben und kommentiert von Herbert von Einem, München 1988, S. 78. Schreiber weist auf die bemerkenswerte Tatsache hin, dass in Venedig neu komponierte Opern gerade mal eine Saison gespielt wurden: „Es war eine frenetisch bejubelte Eintagskunst, wie es sie nirgendwo sonst auf Opernbühnen gab." Siehe Schreiber a. a. O., S. 277. Die Beschreibung Carlo Goldonis in seinen Memoiren über Venedig bei Nacht lässt, ähnlich wie bei Goethe, eine theatralische Disposition in den alltäglichen Gewohnheiten des venezianischen Volkes erkennen:
„Man sieht in Venedig um Mitternacht so gut als am hellen Mittag alle möglichen Lebensmittel zum Verkauf ausgelegt, alle Wirtshäuser und Gasthöfe offen, und ganze Mahlzeiten in Bereitschaft. Gesellschaftsdinees und Soupees sind in Venedig nicht sehr gewöhnlich, da Lustpartien und Pikeniks, die sich im Augenblick machen, die Leute mit mehr Freyheit und Fröhlichkeit zusammen bringen. Im Sommer wird der St. Markusplatz und die benachbarten Plätze und Straßen bey Nacht so häufig besucht, als bei Tage. Die schöne Welt, Männer und Frauenzimmer von aller Art versammeln sich dann in den Kaffeehäusern. Man singt auf den öffentlichen Plätzen, in den Straßen, und auf den Kanälen. Die Kaufleute singen, wenn sie ihre Waren losschlagen, die Arbeitsleute singen, wenn sie von ihrer Arbeit gehen, und die Gondoliere singen, wenn sie ihre Herren erwarten. Der Hauptzug im Charakter der Nation ist Munterkeit, und Laune das charakteristische Merkmal ihrer Sprache." Die von Goldoni auf Französisch verfassten Memoiren erschienen erstmals noch zu Lebzeiten des Autors im Jahre 1787 in Paris. Sie werden hier nach der ersten deutschen Übersetzung zitiert: *Goldoni über sich selbst und die Geschichte seines Theaters*, aus dem Französischen übersetzt von G. Schaz. 3 Teile. Leipzig im Verlage der Dykischen Buchhandlung, 1788. Ausschnitte davon in: Lothar Müller, *Casanovas Venedig*, Klaus Wagenbach Verlag, Berlin 1998, S. 73/74.

getragen wurden. So schreibt Julius von Schlosser in seinem Buch *Venedig. Ferrara. Zwei Kapitel aus der Biographie einer Stadt*:

> Nicht nur an den Faschingswochen, sondern auch an gewissen Festen, besonders der Sensa, sogar bei den Wahlen war es gestattet, sich der Maske zu bedienen. Mehr noch, die Maske war in Venedig eine Art offizielles Kleid, in dem sich der Patrizier, die vornehme Dame, ja die Inquisitoren und der Doge selbst – denen anders als im Amtskleide zu erscheinen unmöglich war – in das dichteste Volksgewühl mischen konnten, (...). Jene offizielle Maske war übrigens ganz eigentümlicher Art. Sie bestand aus dem tabarro, einem weiten Überwurf, und der bautta, einem Mäntelchen aus schwarzer Seide mit Halbmaske, das Kopf und Schultern vollständig bedeckte und über dem zu größerer Vermummung von Männern und Frauen noch ein dreispitziger Hut tief in die Stirne gedrückt wurde – an der Art Mantel und Hut zu tragen, war der Einheimische sofort von dem Fremden zu unterscheiden.[67]

Eines der wichtigsten Feste, das an Himmelfahrt in Venedig mit aufwendigem, theatralen Pomp gefeiert wurde, war die *Sensa*. Anlässlich dieses Ereignisses ließ sich der Doge in dem großen venezianischen Staatsschiff, dem *Bucintoro*, auf die Lagune bis vor den Lido hinausrudern und vermählte sich dort symbolisch mit dem Meer, indem er seinen Ring ins Wasser warf.[68] Begleitet wurde der *Bucintoro* während des jährlich wiederkehrenden Rituals, bei dem allerdings der kostbare Ring unter Wasser unauffällig wieder aufgefangen wurde, von einer Unmenge kleinerer und größerer geschmückter Schiffe, Barken und Gondeln.[69]

Auch das im Venedig des 18. Jahrhunderts in große Mode gekommene Amt des *Cicisbeo* bestätigt die Lagunenstadt in ihrer theatralen Disposition. Der *Cicisbeo* stellte den Begleiter und Gesellschafter der verheirateten und meist adeligen Frau dar und hätte, so Longworth, „zu den weichlichsten Männern auf der venezianischen Bühne gehört".[70] Ferner erklärt der Autor, dass „der übertrieben charmante, sorgfältig hergerichtete venezianische Kavalier sich wohl ganz gewaltig von dem Edelmann früherer Zeiten mit kurzem Haar und ernstem Verhalten", unterschieden hätte.[71] In seinem Buch, *Venedig im achtzehnten Jahrhundert*, beschreibt Philipp Monnier den *Cicisbeo* und dessen Funktion in der Damenwelt: „(...) herausgeputzt und herausstaffiert und (...) aus lauter Negationen zusammengesetzt: er ist weder Liebhaber noch Freund, noch Kammerdiener,

---

67 Julius von Schlosser: *Venedig, Ferrara. Zwei Kapitel aus der Biographie einer Stadt*, Darmstadt 1958, S. 66/67.
68 Vgl. Kurowski a. a. O., S. 313.
69 Vgl. Rosendorfer a. a. O., S. 47.
70 Longworth a. a. O., S. 300.
71 ebd., S. 301.

aber er hat von jedem etwas."[72] Es ist anzunehmen, dass der in seiner Geckenhaftigkeit theatralisch wirkende *Cicisbeo* in Begleitung seiner verheirateten Dame auf Fremde in der Lagunenstadt durchaus befremdlich wirken musste. Der englische Dichter Lord Byron, der sich in den Jahren von 1816 bis 1819 in Venedig aufhielt, thematisiert den *Cicisbeo* – er verwendet für ihn den ebenfalls geläufigen Begriff *Cavalier servente* – in seinem satirischen Gedicht *Beppo*.

> Doch *Cavalier servente* ist der Name,
> Mit dem man in der feinen Welt benennt
> Den armen Sklaven, der von seiner Dame
> Gleich einem Kleidungsstück sich niemals trennt.
> Glaubt nicht, dass er im Dienste je erlahme;
> Ihr Wort ist ihm Gesetz, das er erkennt:
> Er muss die Diener holen, Gondeln, Wagen
> Und ihren Fächer, Schal und Handschuhe tragen.[73]

Byron spielt auch auf das in seinen Augen stets sexuell-anzügliche Verhältnis zwischen einem *Cicisbeo* und der ihm anvertrauten Dame an.

> Shakespeare beschreibt die Fraun in Desdemona
> Als äußerst schön, jedoch von Ruf gebrechlich,
> Und heute noch, von Venedig bis Verona,
> Steht's wohl in diesem Punkte ziemlich schwächlich;
> Nur geht es heute einem Gatten so nah
> Wohl nie, dass er aus Argwohn ganz gemächlich
> Sein Weib erwürgen würd in ihrem Bette,
> Weil sie' nen *Cavalier servente* hätte.[74]

Was die theatrale Disposition Venedigs im 18. Jahrhundert betrifft, fand diese jedoch vor allem und in ganz besonderer Weise Ausdruck im venezianischen Karneval und seinen berühmten rauschenden Maskenfesten. Da die *Serenissima* zu diesem Zeitpunkt kaum noch politische Macht besaß und sich der endgültige Untergang der Republik nur allzu deutlich abzeichnete, dienten die üppigen Feste in prunkvollen Palästen dazu, vor ausländischen Besuchern von der Misere

---

72 Philipp Monnier: *Venedig im achtzehnten Jahrhundert*, München 1928, S. 66. Monnier beruft sich bei seinem Kommentar auf Ugo Foscolo: *Il viaggio sentimentale di Lorenzo Sterne*, S. 143.
73 George Gordon Lord Byron: „Beppo", in: *Sämtliche Werke*, Bd. I, in der Übersetzung von Otto Gildemeister und Alexander Neidhardt, überarbeitet, nach der historisch-kritischen Ausgabe ergänzt und mit Anmerkungen herausgegeben von Siegfried Schmitz, o. J, Strophe 40, S. 449.
74 Ebd., Strophe 17, S. 443.

abzulenken.⁷⁵ Dazu kommt, dass es sich um das Zeitalter Casanovas handelte, einer vor allem in der Venedigliteratur des Fin de siècle äußerst theatralen Figur, wie im Laufe dieser Untersuchung noch verschiedentlich angesprochen werden wird.⁷⁶ Zurückführen lässt sich dies darauf, dass Casanova sich in seinen Memoiren *Histoire de ma vie*, in welchen das glanzvolle Rokoko-Venedig als Hintergrund seines aufregenden Lebens dient, selbst bereits als theatralische Figur auf der „Bühne" Venedig inszeniert.⁷⁷ Lothar Müller bemerkt dazu in seinem Buch *Casanovas Venedig*, dieser entwerfe sich in seinen Erinnerungen als „literarische Figur, in der sich der Geist der Masken und der Komödie, des Spiels und der Liebesabenteuer verkörpert".⁷⁸ Der Leser finde „das strahlende Selbstportrait des Abenteurers als junger Mann, der die Kanäle und Gassen, die Paläste und Plätze, die Theater und Cafés seiner Heimatstadt zur Bühne seiner Raufhändel und Liebesintrigen werden lässt".⁷⁹ Mehr als je zuvor in seiner Geschichte stellt somit das Venedig des Rokoko, die Stadt Casanovas, eine hochgradig theatralische Metapher für Liebesabenteuer, aber auch Geheimnis und, aufgrund seiner oft undurchdringlichen Gassen und Kanäle und seiner berüchtigten Bleikammern, in denen Casanova gefangengehalten wurde, auch Gefahr dar.

Allerdings war zu Zeiten der Republik für eine entsprechend theatralische Konstituierung Venedigs in der Literatur die Zeit noch nicht gekommen, sondern jene ereignete sich erst nach dem Fall der Republik Venedigs im Jahre 1797. Dies allerdings unter dem Aspekt, dass die in der Vergangenheit stattgefundenen bedeutsamen geschichtlichen, politischen und gesellschaftlichen Ereignisse in der Lagunenstadt, neben ihrer einzigartigen Architektur und ihrer außergewöhnlichen Lage im Meer, für deren theatrale Disposition in der fiktionalen Literatur wesentlich verantwortlich sind.

---

75 Vgl. Schenk a. a. O., S. 115/116 und Monnier a. a. O., S. 9/10. Zum dem Ausdruck *La Serenissima*, mit welchem Venedig zu Zeiten der Republik häufig bezeichnet wurde, siehe in dem ersten Teil dieses Kapitels: „Der Fall der Republik und die Konstituierung Venedigs als theatrale Stadt".
76 Siehe Hartmut Scheible: *Giacomo Casanova. Ein Venezianer in Europa*, Würzburg 2009, Kap. VIII, „Mythos Casanova und Wiener Fin de siècle".
77 Siehe dazu: Giacomo Girolamo Casanova: *Histoire de man vie*, 3 Bände, Paris 1993 und die deutsche Übersetzung: *Geschichte meines Lebens*, hg. von Heinz von Sauter und Erich Loos, erstmals nach der Urfassung ins Deutsche übersetzt von Heinz von Sauter, Berlin 1985.
78 Müller a. a. O., S. 14.
79 Ebd., S. 8.

III. Methodischer Teil

1. Theatralität: Bestimmung und Bedeutung des Begriffs

Was die allgemeine Erforschung von Theatralität betrifft, erweist sich dieses Vorhaben aufgrund der vielen verschiedenen Ansätze innerhalb der dazu in dieser Arbeit erörterten Theorien als ein so komplexes Vorhaben, dass jenes nur durch eine konsequente Strukturierung von den jeweils relevanten Aspekten umgesetzt werden kann. Dabei geht es aber nicht nur um eine grundlegende Erklärung der in den einzelnen Kapiteln des methodischen Teils zu bearbeitenden Bereiche und Bezugspunkte innerhalb der sich offenbarenden Phänomene von Theatralität, sondern auch darum, dass diese in unterschiedlicher Weise betrachtet werden müssen und zwar je nachdem als ein im Sinne der Verkörperung verstandenes, ein der Sprache innewohnendes oder ein raumkonstituierendes Prinzip. In diesem Sinne wird darauf geachtet, sich ergebende Überschneidungen bewusst hervorzuheben mit dem Zweck, diese auf eine spezifisch venezianische Theatralität zu beziehen und entsprechend zu transformieren. Um jener Absicht möglichst umfassend gerecht zu werden, ist es zunächst notwendig, sich auf zahlreiche Forschungspositionen zu berufen, anhand derer sich mehr oder weniger verschiedene Definitionen des Begriffs von Theatralität, aber auch Übereinstimmungen ergeben, wobei hier mit den Gedanken Neumanns zu einer theatralen Immanenz der Sprache der Anfang gemacht wird.

Dieser erklärt in seiner Einleitung zu dem Band *Szenographien*[80], dass Barthes eben jenen Begriff, welcher bis auf die Antike zurückgeht, dem der Theatralität vorzuziehen scheint, weil er sich zum einen „mit dem Wortfeld der Schrift (…) verknüpft erweist und zugleich den Gestus einer ‚In-Szene-Setzung' in sich enthält, weil er aber andererseits der inszenierenden Instanz im Akt der Darstellung eine größere Bedeutung zumisst, als dem Schauspieler, der ja seit dem 17. Jahrhundert das traditionelle französische Theater beherrscht".[81] Die Argumentation, welche die Ausgangsthese des Bandes *Szenographien* darstellt, ist diejenige einer „immanenten und ursprünglichen Theatralität, welche das Erkenntnisgeschehen im Sprechakt und in der Sprachproduktion" bestimme. „Denn jene Metaphorizität in der Begriffsverwendung, welche Theater als Modell und Bild"

---

80 Gerhard Neumann, Caroline Pross, Gerald Wildgruber (Hrsg.): *Szenographien*, Freiburg im Breisgau 2000, „Einleitung", S. 11–32. Neumann hat die Einleitung verfasst.
81 Ebd., S. 11/12.

fasse, „um sprachliche und symbolische Prozesse zu beschreiben", rekurriere „ja bereits auf die genuine Rethorizität, auf die symbolische Strukturiertheit von Erkennen und Wissen".[82] Neumann stellt die Forschungsansätze verschiedener Autoren seines Bandes vor, ausgehend von einer „Instanz der Szene im Denken der Sprache", wobei er gar auf die Berücksichtigung des Nachweises von Theatralität auf der Ebene von semiotischen Minimaleinheiten verweist, wie zum Beispiel dem ‚Satz' als „drame en miniature", sowie dem „Schema" als ‚Trope', als ‚Metapher' oder ‚Hypotypose'.[83] Aufgrund dieser linguistischen und texttheoretischen Einsichten, so Neumann, sei es möglich, „Theatralität als Szenographie (…) auch im weiteren literarischen und kulturellen Feld zu fassen".[84]

Im Jahre 1972 erschien ein Interview mit Barthes in der Zeitschrift *Le lettres frances*, welches Jean Ristat mit ihm geführt hatte.[85] Dieses Interview bringt einen Paradigmenwechsel zum Ausdruck in der Auffassung dessen, was Theater und Theatralität in der Kultur bedeutet. Denn bisher hatte eine Opposition bestanden, „zwischen einer literarischen Kultur von Texten und Monumenten und einer theatralen, der Bewegung des Körpers geschuldeten Kultur des Performativen. Diese neue Betrachtung des Problems der Theatralität, als einer Bindung des inszenatorischen Aktes auch an die Schrift, nicht nur an den Körper des Schauspielers" habe denn auch, wie sich laut Neumann inzwischen herausgestellt habe, Folgen gezeigt.[86] Er erklärt, dass es zuerst die Theaterwissenschaft war, welche mit dem Argument aus dem Verbund der Philologien austrat, Theater sei mehr als nur der durch Schauspieler aufgeführte dramatische Text.[87] Mit dem in seinem Band *Szenographien* entworfenen Konzept einer der Sprache immanenten Theatralität stellt er einen Forschungsansatz vor, welchen er von der

---

82 Ebd., S. 17/18.
83 Ebd., S. 17. Der Autor bezieht sich bei der Bezeichnung „drame en miniature" auf Theorien von Lucien Tesnière und auf das Aktantenmodell von Algirdas J. Greimas. Siehe Gerald Wildgruber: „Die Instanz der Szene im Denken der Sprache". In: *Szenographien*, a. a. O., S. 35–63 Wildgruber befasst sich in seinem Aufsatz näher mit den Theorien von Tesnière und Greimas und beruft sich dabei auf deren folgenden Abhandlungen: Lucien Tesnière: *Eléments de syntaxe structurale*, Paris 1959 und Algirdas Julian Greimas: *Sémantique structurale. Recherche de méthode*, Paris 1972.
84 Ebd., S. 17.
85 Ebd., S. 11 Interview mit Jean Ristat vom 9. Februar 1972. Roland Barthes : „Le lettres frances". In: *Œuvres complètes*, Édition établi et présentée par Éric Marty. Tome II 1966–1973, Paris 1993–95, S. 1485.
86 Ebd., S. 12.
87 Ebd.

Theaterwissenschaft bewusst absetzt. Es gehe nicht darum, „von den Parametern der Wahrnehmung und der Korporalität (…) von der Lebenswirklichkeit und deren Ästhetisierung ausgehend zu konzipieren, sondern zu zeigen, dass immer und überall im Text selbst ‚Zeichen von Zeichen' im Spiel sind, mithin eine allenthalben ‚interne' Argumentation über Zeichenprozesse stattfindet – ein auf verschiedenen Ebenen sich abspielendes ‚Bedeutungstheater'".[88]

Matala de Mazza und Pornschlegel bemerken in der von ihnen verfassten Einleitung in dem Band *Inszenierte Welt*, von Theatralität als Kategorie der Literaturwissenschaft auszugehen, erscheine zunächst paradox, „denn damit werde ja die ‚Anschlussfähigkeit' der Literaturtheorie an eine Kategorie vorausgesetzt, die ihr Profil aus der *Abgrenzung* von Literatur, Sprache und Text" gewinne, „um das anschaulich Gegebene, das der Sprache (angeblich) Vorausliegende und Zuvorkommende zu akzentuieren: die unmittelbare Gegenwart von Körpern, den faktischen Vollzug von Handlungen, das präsentische Zusammenspiel von Bewegungen, Wahrnehmungen und Medien".[89] In den letzten Jahrzehnten habe dann aber eine geradezu inflationäre Übernahme von theaterwissenschaftlichen Begriffen und Konzepten – wie Bühne, Rolle, Inszenierung und Performativität – in andere sozial- und kulturwissenschaftliche Bereiche stattgefunden, eine „begriffliche und thematische Umbesetzung", aufgrund dessen sich die Frage nach den „Dynamiken des Theatralen auch jenseits der Institution Theater an Prozesse sozialer Kommunikation und kultureller Identitätsstiftung zu stellen begann".[90] Theatralität wurde also auch für andere Disziplinen interessant, und zwar insofern, als sie einerseits im Feld von „Aktionen und Institutionen" Verwendung fand und außerdem noch „als ein inneres Dispositiv anderer gründender Verhaltensweisen in der Kultur wirksam" sei; „dass sie als ein dynamisches Muster von anthropologischer Qualität, als ein performativer Gestus aufgefasst werden" könne, „welcher als impliziter Habitus des Denkens, Sprechens, Schreibens und Phantasierens seine Wirkung" entfalte.[91] Diese Entwicklung forderte natürlich auch die Literaturwissenschaften heraus, welche sich ihre Kompetenzen kulturwissenschaftlich erweiterte, indem sie die Theatralität als Theorie für sich entdeckte.[92]

---

88 Ebd., S. 15.
89 Ethel Matala de Mazza, Clemens Pornschlegel (Hrsg.): *Inszenierte Welt. Theatralität als Argument literarischer Texte*, Freiburg im Breisgau 2003, Einleitung, S. 9–23, hier S. 10. Matala de Mazza und Pornschlegel schrieben die Einleitung zu diesem Band.
90 Neumann: *Szenographien*, „Einleitung", a. a. O., S. 12.
91 Ebd.
92 Ebd.

Fischer-Lichte argumentiert in der von ihr verfassten Einleitung „Theatralität – Theater als kulturelles Modell in den Kulturwissenschaften" zu dem von ihr herausgegebenen Buch *Theatralität und die Krisen der Repräsentation*, der Begriff der Theatralität sei in vielen europäischen Staaten erst um die Wende vom 19. zum 20. Jahrhundert eingeführt worden. Dabei unterscheidet sie zwischen zwei prinzipiell differenten Varianten des Begriffes der Theatralität. Die erste Variante ziele „auf klare Kriterien, nach denen sich Theater als eine besondere Kunstform von anderen Kunstformen abgrenzen" lasse. Theatralität meine „hier entsprechend die Gesamtheit aller Materialien bzw. Zeichensysteme, die in einer Aufführung Verwendung finden und ihre Eigenart als Theateraufführung ausmachen, also die je spezifische Organisation von Körperbewegungen, Stimmen, Lauten, Tönen, Licht, Farbe, Rhythmus etc., wie sie von der Inszenierung" vorgenommen werde.[93] In einer „späteren Einengung des Begriffs" meine diese Variante „auch die besondere Theaterkonzeption eines Regisseurs".[94] Die zweite Variante definiere Theatralität, so Fischer-Lichte, „außerhalb des Rahmens und der Reichweite von Theater als autonomer Kunst oder auch als sozialer Institution".[95] Theatralität werde hier, um mit Nikolaj Evreinov zu sprechen, „als *das allgemein verbindliche Gesetz der schöpferischen Transformation der von uns wahrgenommenen Welt* begriffen";[96] sie werde „als *prä-ästhetischer Instinkt* des Menschen definiert, der, als Kultur erzeugendes und Kulturgeschichte vorantreibendes Prinzip, nicht nur der Kunst, sondern auch Religion, Recht, Sitte und Politik als Bedingung ihrer Möglichkeit zugrunde" liege.[97] Die erste Variante des Begriffs ziele ganz klar „auf die Eigenart von Theater als eigenständiger Kunstform", während die zweite „ein allgemeines kulturerzeugendes Prinzip" intendiere. Die erste, so Fischer-Lichte, bestimme den Begriff „als einen im engen Sinne ästhetischen", also „ausschließlich auf die Kunstform Theater bezogenen",

---

93 Erika Fischer-Lichte (Hrsg.): „Theatralität – Theater als kulturelles Modell in den Kulturwissenschaften". In: *Theatralität und die Krisen der Repräsentation*, Stuttgart 2001, Einleitung, S. 1–19, hier: S. 2. Die Herausgeberin hat die Einleitung zu diesem Band verfasst.
94 Ebd.
95 Ebd.
96 Ebd.; die Autorin zitiert hier aus folgendem Werk von Nikolaj Evreinov: *Teatr dlja sebja* (Theater für sich selbst). Teil I, St. Petersburg 1915.
97 Ebd.; dieses von der Autorin verwendete Zitat stammt aus folgender Abhandlung Nikolaj Evreinovs: „Apologija teatral'nosti" (1908). In: ders., *Teatr kak takavoj* (Theater als solches), St. Petersburg 1912, S. 15–24.

die zweite konzipiere ihn „als eine anthropologische Kategorie".[98] Neuere Theorien zur Theatralität stellten entweder „Modifikationen und Weiterführungen der ersten Variante dar" oder sie versuchten, „das zweite Konzept Evreinovs hinsichtlich einzelner Aspekte zu konkretisieren und zu präzisieren". Für Theatralität als ein kulturwissenschaftliches Paradigma, argumentiert Fischer-Lichte, seien vor allem die Theorien der zweiten Art interessant.[99]

Fischer-Lichte erwähnt noch weitere Definitionen von Theatralität. So sehe Elizabeth Burns „Theatralität als von einem bestimmten Blickwinkel bestimmt".[100] Sie definiere sich demnach, so Fischer-Lichte, als ein „Wahrnehmungsmodus". Nach dieser Theorie hänge es „von der jeweiligen Perspektive ab, ob eine Situation als theatral oder nicht-theatral betrachtet" werde. Theatralität erscheine hier „als eine rezeptionsästhetische Kategorie".[101]

Joachim Fiebach wiederum bestimme „Theatralität als je spezifische, historisch und kulturell bedingte ‚Art der Körperverwendung' in kommunikativen Prozessen".[102] Er verwende „den Begriff entsprechend als eine handlungstheoretische und darstellungs- bzw. materialästhetische Kategorie".[103] Fischer-Lichte selbst hingegen, die bei der Bestimmung des Begriffes der Theatralität, wie gesagt, von zwei Deutungsmöglichkeiten ausgeht, wobei die eine sich auf die Kunstform Theater bezieht und die andere als anthropologische Konstante anzusehen ist, definiert in ihrer Abhandlung, *Semiotik des Theaters*, Theatralität konkret „als einen spezifischen Modus der Zeichenverwendung durch Produzenten und Rezipienten",[104] der menschliche Körper und die Objekte ihrer Umwelt „nach den Prinzipien der Mobilität und Polyfunktionalität in theatrale

---

98 Ebd.
99 Ebd., S. 2/3.
100 Ebd., S. 3. Fischer-Lichte bezieht sich auf folgendes Werk von Elizabeth Burns: *Theatricality. A study in convention in theatre and everyday life*, London 1972.
101 Ebd.
102 Ebd.; Joachim Fiebach bezieht sich bei seiner von Fischer-Lichte vorgebrachten Theorie sowohl auf das Theater Brechts als auch auf das auf einem Totenkult beruhenden Theater in Afrika. Bei den von Fischer-Lichte herangezogenen Werken handelt es sich um: Joachim Fiebach: „Brechts *Straßenszene*. Versuch über die Reichweite eines Theatermodells". In: *Weimarer Beiträge*. Heft 2, 1978, S. 123–147, sowie ders.: *Die Toten als die Macht der Lebenden. Zur Theorie und Geschichte von Theater in Afrika*, Berlin 1986.
103 Ebd.
104 Ebd., die Autorin beruft sich in dem oben ausgeführten Zusammenhang auf die von ihr verfasste und herausgegebene Abhandlung: *Semiotik des Theaters*. Drei Bände, Tübingen 1983.

Zeichen" verwandle. Entsprechend bestimmt sie Theatralität „als eine semiotische Kategorie".[105]

In all den von Fischer-Lichte vorgestellten Fällen werde Theatralität, resümiert die Autorin, „unter Rekurs auf allgemeine kulturgeschichtliche Faktoren wie Wahrnehmung, Körperverwendung und Bedeutungsproduktion definiert", was bedeute, dass die Begriffsbestimmungen „über diese Faktoren implizit zugleich eine Beziehung zwischen Theater und theatralen Prozessen außerhalb des Theaters" herstellten.[106] An dieses Konzept schließt auch die Theatralitäts-Definition Helmar Schramms an, der die Faktoren in einen spezifischen Zusammenhang bringt.[107] Er gehe davon aus, so Fischer-Lichte, dass Theater „geradezu modellhaft als ambivalentes Zusammenspiel von Wahrnehmung, Bewegung und Sprache" funktioniere. Er sehe Theatralität dadurch definiert, dass sie „drei entscheidende Faktoren kultureller Energie auf besondere Weise in sich bündele: Aisthesis, Kinesis, Semiosis".[108]

Fischer-Lichte leitet, anhand der von ihr vorgestellten Theorien zur Theatralität, vier Aspekte ab, „welche den weit über das Theater hinausgehenden und generell auf Kultur zielenden Begriff der Theatralität bei Evreinov konkretisieren und zugleich modifizieren". Demnach seien die vier Aspekte, mit denen der Begriff der Theatralität sich ausdifferenzieren lasse: Aufführung/Performance, Inszenierung, Korporalität und Wahrnehmung.[109] Fischer-Lichte weist darauf hin, dass es sich bei der Aufführung/Performance „um das Zusammenspiel der anderen drei Faktoren" handle, wobei sich Theatralität auch „als je spezifische Inszenierung von Körpern im Hinblick auf eine je besondere Art der Wahrnehmung" bestimmen lasse, „die einerseits aufgeführt, andererseits jedoch auch in Texten, Bildern, Filmen und anderen Medien" vorgenommen werden könnte.[110]

In ihrem Aufsatz „Theatralität als kulturelles Modell" betont Fischer-Lichte, dass im Rahmen des Forschungsprojekts dann von Theatralität die Rede gewesen sei,

---

105 Ebd.; Fischer-Lichte beruft sich hier ebenfalls auf ihr Werk *Semiotik des Theaters*.
106 Ebd.
107 Ebd.; Fischer-Lichte bezieht sich auf folgendes Werk von Helmar Schramm: *Theatralität und Denkstil. Studien zur Entfaltung theatralischer Perspektiven in philosophischen Texten des 16. und 17. Jahrhunderts*, Berlin 1995.
108 Ebd.
109 Ebd., S. 3/4.
110 Ebd., S. 4.

„wenn die im Hinblick auf eine spezifische Wahrnehmung vorgenommene Inszenierung von Körperlichkeit zur Aufführung gelangt" sei.[111]

In Kirsten Kramers und Jörg Dünnes Abhandlung „Theatralität und Räumlichkeit", welche die Einleitung zu dem gleichnamigen von ihnen herausgegebenen Band darstellt, berufen sich die beiden Autoren ebenfalls auf das von Fischer-Lichte in ihrem Band *Theatralität und die Krisen der Repräsentation* vorgestellte Modell mit den vier Aspekten, durch das sich, laut Fischer-Lichte, Theatralität bestimmen lasse, wobei sie in diesem Fall allerdings den Begriff der Performance bzw. Aufführung durch den der Performanz ersetzen und wie dieser ist er als Oberbegriff für die übrigen Kategorien aufzufassen. Kramer und Dünne betonen dabei, dass „jede konkrete Aktualisierung theatraler Performanz", welche „über das besondere Zusammenwirken der genannten drei Aspekte", zustande komme – also über die im Rahmen der Inszenierung stattfindende Bühnengestaltung, dem aus der Korporalität sich ergebenden Spiel der Akteure und den Wahrnehmungsmodi der Zuschauer – nur auf diese Weise „von anderen Formen kultureller Performanz abgrenzbar" sei.[112] Theatralität erscheine demnach „als ein komplexes mediales Dispositiv, ein relationales Gefüge, das nur durch die Interferenz von Körperpraktiken und technisch-materiell gestützten Inszenierungs-, Interaktions- und Wahrnehmungsformen beschreibbar" sei, wobei sich „je nach historischem und kulturellem Kontext divergierende Relationierungen der genannten Teilaspekte theatraler Performanz ergeben" würden.[113] Daraus dann wiederum folgern Kramer und Dünne, dass Theatralität erst aufgrund einer „Praxis des Spiels" und eines „raumsetzenden Rahmens" entstehen könne.

Um zu Neumanns Theatralitäts-Konzeption in seinem Band *Szenographien* zurückzukehren, bemerkt dieser, dass sich diesbezüglich im Rahmen einer aufarbeitenden Neuorientierung gezeigt hätte, dass, parallel zum Aufkommen von ‚inszenatorischen' Konzepten in anderen Geisteswissenschaften, wie Sozial- und Geschichtswissenschaften, in der neueren Text- und Literaturwissenschaft „eine eigenständige argumentative Modellierung von Theatralität als produktivem

---

111 Erika Fischer-Lichte: „Einleitung: Theatralität als kulturelles Modell". In: *Theatralität als Modell in den Kulturwissenschaften*, hg. von Erika Fischer-Lichte und Christian Horn (Theatralität, Bd. 6), Tübingen und Basel 2004, S. 7–26, hier S. 10.
112 Kirsten Kramer, Jörg Dünne: „Einleitung. Theatralität und Räumlichkeit". In: *Theatralität und Räumlichkeit. Raumordnungen und Raumpraktiken im theatralen Mediendispositiv*, hg. von Jörg Dünne, Sabine Friedrich und Kirsten Kramer, Würzburg 2009, S. 15–29, hier S. 15/16.
113 Ebd., S. 17.

Argument" stattgefunden habe.[114] Theatralität sei demnach „ein dem Textgeschehen eingefaltetes generatives Element, das den Stil von Wahrnehmung, Darstellung und Erkenntnis prägt, wie er sich in Texten" äußere.[115] Ausgehend davon, dass bei der Kategorie der Theatralität nicht nur Argumente der Literaturtheorie und der Sprachphilosophie, sondern auch der Kulturtheorie und der Anthropologie eine Rolle spielten, sei Theatralität, so Neumann „aus dieser Perspektive aufgefasst, als eine Praxis der Bedeutungsproduktion zu verstehen, die als ein dynamisches Muster der Sprache selbst innewohnt. Theatralität als generatives Element von Bedeutungsproduktion, so lautet die These, kann nicht losgelöst von Sprachlichkeit und Textualität konzipiert werden".[116] Sie entfalte nicht nur, um mit Anselm Haverkamp zu sprechen, „in der ‚Auswendigkeit'[117] kultureller Vorgänge repräsentierende Kraft, sondern erweise sich zugleich a priori in die Voraussetzungen von Wahrheit, Darstellung und Erkenntnis impliziert: also in die Bedeutung produzierende Tätigkeit, als welche der Prozess der Kultur zu definieren" sei.[118] Theatralität äußere sich demnach also nicht nur in den Körpern und „ihrer materialen Dynamik der Repräsentation", sondern eben auch in Texten, in denen „inszenatorische Antriebs- und Bewegungsmuster" wirksam seien.[119]

In Neumanns Abhandlung, „Theatralität der Zeichen. Roland Barthes' Theorie einer szenischen Semiotik" aus dem Band *Szenographien*[120] erklärt dieser Barthes' Interesse an dem Theater Baudelaires und zwar in dem Sinne, wie dieser versuche, an den Texten des ‚Lyrikers' und ‚Prosaisten' deren genuine Theatralität zu bestimmen, wie sie sich „jenseits der Bühne und gerade aus der Verweigerung oder Verkennung des Institutionellen zu erkennen" gebe, „als das reine und bühnenlose Imaginäre".[121]

---

114 Neumann: *Szenographien*, „Einleitung", a. a. O., S. 14.
115 Ebd., S. 13.
116 Ebd., S. 12/13.
117 Ebd., S. 13. Gerhard Neumann bezieht sich bei dem Begriff der „Auswendigkeit" auf Anselm Haverkamp: „Auswendigkeit, das Gedächtnis der Rethorik". In: *Gedächtniskunst. Raum –Bild – Schrift. Studien zur Menmotechnik*, hg. von ders./Renate Lachmann, Frankfurt a. M. 1991, S. 25–52.
118 Ebd.
119 Ebd.
120 Gerhard Neumann: „Theatraliät der Zeichen. Roland Barthes' Theorie einer szenischen Semiotik". In: *Szenographien*, hg. von Gerhard Neumann, Freiburg im Breisgau 2000, S. 65–112.
121 Ebd., S. 74.

Dieses aus einer genuinen Theatralität sich ergebende Potential des Imaginären ist es auch, was dem topographischen Ort Venedig auf der semantischen Ebene Sinn verleiht und wodurch eine Entwicklung der fiktionalen Venedigliteratur seit dem Fall der Republik im Jahre 1797 überhaupt erst in der dann verlaufenen Weise möglich wurde.[122]

Barthes' Bestimmung von Theatralität anhand von Texten Baudelaires unterscheidet sich von der Fischer-Lichtes aber auch Kramers und Dünnes in dem Punkt, dass er Theatralität von allen Faktoren des Theaters strikt trennt, ja die Entstehung und ‚das zur Geltung kommen' von Theatralität eben von der kompletten Abwesenheit des Institutionellen im Sinne der Aufführung auf einer Theaterbühne, beziehungsweise von der Verweigerung desselben, abhängig macht, so dass sich auf diese Weise das von ihm propagierte reine und bühnenlose Imaginäre entwickeln kann. Neumann erklärt die Theatralitäts-Bestimmung Barthes' noch einmal detaillierter, indem er auf dessen Untersuchung einer „Dichte der Zeichen" in Texten Baudelaires eingeht, deren imaginäres Potential demnach zu dem Paradox führe, dass gerade seinen Theaterstücken Theatralität fehle, während das übrige Werk „von dieser förmlich durchtränkt sich erweist".[123] Neumann konstatiert, dass „der in einem inszenatorischen Akt selbst ‚ausgestellte' Sinn", ohne Bühne, ohne Rahmung und ohne Fokus für Barthes das eigentliche Konzept von Theatralität darstelle.[124] In diesem Zusammenhang ist auch Barthes' These in seinem Werk *Le plaisir du texte* interessant, in welcher dieser sich auf den Text als sinnliche Abstraktion des Körpers beruft. Entscheidendes Modell eines solchen Geschehens, so Neumann, sei für Barthes „eine Bühne der Sprache, die kein Subjekt und kein Objekt der sprachlichen Performanz" mehr kenne, „sondern selbst zum Körper" werde, „zum Wahrnehmungsorgan, zum Schauraum".[125]

---

122 Siehe Corbineau-Hoffmann a. a. O.; Einleitung und insbesondere Kap. II. „Venedig zur Zeit der Romantik – Ecriture der Geschichte und Kunstcharakter des Ortes". Die Autorin befasst sich in ihrer Abhandlung sehr ausführlich mit der Konstituierung Venedigs als Subjekt der poetischen Imagination, wobei sie diese Entwicklung konkret von der Entmachtung Venedigs im Jahr 1797 abhängig macht. Siehe dazu auch in dem folgenden Kapitel dieser Arbeit „Die Theatralität Venedigs im historischen Kontext" dessen ersten Teil „Der Fall der Republik und die Konstituierung Venedigs als theatrale Stadt".
123 Neumann: „Theatralität der Zeichen", a. a. O., S. 74/75.
124 Ebd., S. 75.
125 Ebd., S. 108. Neumann bezieht sich hier auf folgendes Werk von Roland Barthes: „Le plaisir du texte". In: ders. *Œuvres complètes*, Tome II 1966–1973, a. a. O.

Die von Barthes entwickelte These, auf welche Neumann verweist, der zufolge Theatralität sich in einem inszenierenden Akt selbst „ausstelle" und die Abwesenheit einer in diesem Sinne traditionell rahmensetzenden Bühne geradezu eine Vorraussetzung für diesen Vorgang darstellt, betrifft auch die Venedigliteratur. Denn auch wenn in dem Titel dieser Untersuchung Venedig eine Bühne genannt wird, ist dies transformativ in erster Linie nicht im Sinne einer institutionalisierten Theaterbühne, welche einen mehr oder weniger eng begrenzten Raum einnimmt, gemeint, sondern Venedig ist vor allem insofern als Bühne anzusehen, als sich auf ihr, im semantischen Sinne, vom Zeitpunkt der Entmachtung der Stadt im Jahre 1797, ein Imaginationsraum zu entwickeln beginnt, welcher wiederum auf einer entgrenzenden Theatralität beruht.[126] Von Entgrenzung ist hier deshalb die Rede, weil Barthes sein Konzept der Theatralität eben durch die Abwesenheit von Bühne, Rahmen oder Fokus bestimmt. Dabei darf aber nicht vergessen werden, dass die Konstituierung der Bühne Venedig auf der semantischen Ebene eines Bezuges zur empirisch-begrenzten Wirklichkeit des topographischen Ortes bedarf, die ja in diesem Fall auch gegeben ist.

2. Theatralität in Literatur und Sprache

Um abermals im Sinne Neumanns zu sprechen, beruft sich dieser auf die „These vom Text als ‚Bühne' sprachlicher Performanz", welche insofern relevant ist, als er mit ihr in der Einleitung seines Bandes *Szenographien* „die Einsicht der Notwendigkeit der Literatur für die alltäglichen theatralen Prozesse der Kultur" begründet.[127] Literarische Texte würden „gewissermaßen als ‚Texte im Text' die ‚Instanz der Szene' im Feld der Kultur bilden".[128] Wie Neumann weiterführend erklärt, sei „Literatur gewissermaßen der ‚andere Ort', die ‚andere Szene' des kulturellen Prozesses, seine ‚Utopie'. Das Funktionieren literarischer Texte als ‚Dramen der Bedeutungsproduktion', als ‚Szenographien'" bilde „die Brücke zwischen beiden für eine Kultur relevanten Orten, dem sozialen und dem ästhetischen".[129] Aus dieser Perspektive empfiehlt Neumann auch „die strikte Trennung zwischen einer ‚literarischen' Kultur von Texten und Monumenten und einer ‚theatralen' Kultur der sogenannten ‚zweiten Oralität' oder des ‚neuen Performativen'" zu überdenken und zugleich „auf neue Weise auf den ‚kulturellen Text' zu beziehen".[130] Den

---

126 Siehe oben: Corbineau-Hoffmann a. a. O.; Einleitung und Kap. II.
127 Neumann: *Szenographien*, „Einleitung", a. a. O., S. 15.
128 Ebd.
129 Ebd.
130 Ebd., S. 15/16.

schließlich sei „Theatralität ein grundsätzlicher Bestandteil auch einer ‚Kultur des Textes'" und außerdem lasse sich nachweisen, „dass auch die Kultur einer so verstandenen ‚zweiten Oralität' durchgängig von Texten geprägt" sei, „welche die Muster ihrer Theatralisierungen jetzt und auch historisch vorgegeben" hätten.[131] „Fiktion, und zwar in privilegierter Weise literarische Fiktion, wird so zum Austragungsort der Modellierung von Subjektivität",[132] argumentiert Neumann.

Fischer-Lichte wiederum sieht das Problem eines solchermaßen an der Literatur ausgerichteten „Dramas der Bedeutungsproduktion" insofern, dass die Kulturwissenschaften Kultur bisher vor allem als Text verstanden und versäumt hätten, ihren Aufführungscharakter zu berücksichtigen.[133] Zwar hätten die Kulturwissenschaften registriert, dass „auch in Aufführungen eine Kultur" sich konstituiere, „und nicht nur in Texten und Monumenten, allerdings unter der Prämisse, dass es in ihnen primär um die Übermittlung bestimmter Bedeutungen" gehe.[134] Insofern hätten die Kulturwissenschaften Kultur in diesem Sinne auch weiterhin als Text verstanden. Allerdings sei dabei die besondere Ereignishaftigkeit von Aufführungen nicht wahrgenommen worden.[135] Zusammenfassend erklärt Fischer-Lichte die Notwendigkeit, den Blick der Kulturwissenschaften, die sich so lange am Text-Paradigma orientiert hätten, auf die Theatralität von Kultur zu lenken, was bedeute, sie für den Aufführungscharakter der Kultur zu sensibilisieren. Nicht die Überlieferung von in Texten niedergelegten Ideen, Vorstellungen, Werten, usw. stehe dabei im Mittelpunkt des Interesses, „sondern der Prozess des gemeinsamen Hervorbringens von Ideen, Vorstellungen, Werten, etc., nicht die kognitive Durchdringung, sondern das Erleben in leiblicher Teilhabe".[136] Zudem habe sich die Auffassung durchgesetzt, „dass sich die Relevanz des Begriffes Theatralität keineswegs auf ästhetische Zusammenhänge" beschränke, „sondern ganz allgemein auf menschliches Handeln und Verhalten" erstrecke.[137] Wie Fischer-Lichte weiterhin ausführt, müsste es ein Anliegen der Kulturwissenschaften sein, „den spezifischen Aufführungscharakter von Kultur in den Blick zu bringen". Dabei betont sie, dass „der Begriff der Theatralität in diesem Sinne den Aufführungscharakter kultureller Handlungen" meine, ob dies nun „Sprechakte, Verhaltensnormen, Interaktionen, Rituale,

---

131 Ebd., S. 16.
132 Ebd., S. 26.
133 Fischer-Lichte: „Theatralität als kulturelles Modell", a. a. O., S. 9.
134 Ebd.
135 Ebd.
136 Ebd., S. 25.
137 Ebd., S. 25.

Zeremonien, Feste, Spiele, politische Veranstaltungen, Sportwettkämpfe oder Aufführungen der Künste" seien.[138]

Trotz des Appells von Fischer-Lichte zum Aufführungscharakter der Kultur und dass die Kulturwissenschaften sich in dieser Hinsicht zu sehr am Text-Paradigma orientiert hätten, ist allerdings der in den Theorien von Barthes und Neumann sich konstituierende, theatrale Aspekt in literarischen Texten von großer Relevanz, wie im Laufe dieser Untersuchung noch in verschiedener Hinsicht erläutert werden wird.

Um zur Theatralität in literarischen Texten zurückzukehren, knüpfen Matala de Mazza und Pornschlegel in der Einleitung zu dem Band *Inszenierte Welt* an die in dem Band *Szenographien* niedergelegten Untersuchungsergebnisse an – und damit also auch an die Theorien Neumanns und Barthes'. Matala De Mazza und Pornschlegel berufen sich zunächst auf den in den *Szenographien* erbrachten Nachweis „einer spezifischen Theatralität der Literatur, die dann relevant" werde, „wenn Texte sich *Rechenschaft über ihre eigene mimetische Kraft* geben und auf den Status *ihrer Zeichenhaftigkeit* reflektieren: auf ihren Status als indirekte oder direkte, als zudiktierte oder selbstverantwortete Rede; auf ihr Eingebundensein in ein System von Relationen zwischen Personen und Gegebenheiten; auf die Bedingungen und Möglichkeiten einer durch Schrift oder simulierte Mündlichkeit zu leistenden Authentifikation".[139] Matala de Mazza und Pornschlegel konstatieren, es seien „diese für die literarische Rede konstitutiven Momente der Rahmung, der Verteilung der Sprecherinstanzen, der Beglaubigungsstrategien, die in den Texten jeweils *szenisch* gestaltet" würden. Literarische Texte sollten „daher als *Szenen* ernst genommen werden, als theatrale Momente des Sprechens, die es erlauben, die dargestellte Welt *als dargestellte* wahrzunehmen und zu reflektieren".[140] Diese Gedanken betreffen selbstverständlich auch die Venedigliteratur, wobei die in ihr sich manifestierende Theatralität insofern eine Rolle spielt, als sich Literatur, laut der beiden Autoren, als inszenatorische Praxis mithin auch dort offenbare, „wo sie der Theaterbühne und ihrer suggestiven Präsenz zu entkommen" suche.[141] In diesem Zusammenhang bringen Matala de Mazza und Pornschlegel die bezüglich einer Definierung und Einordnung von Theatralität bereits von Neumann und Fischer-Lichte verwendete Bezeichnung der „Bedeutungsproduktion" ins Spiel. In deren Verfahren stelle sich demnach Literatur dar, wobei dieses adressiert sei und sich an eine Öffentlichkeit wende,

---

138 Ebd., S. 10.
139 Matala de Mazza, Pornschlegel a. a. O., S. 15.
140 Ebd.
141 Ebd.

also „an ein (Lese)-Publikum, *für das* und *durch das* allein sich das Erzählte Geltung verschaffen" könne.[142]

Dass die Leserschaft die Rolle des Publikums übernimmt, betrifft insofern wiederum die Venedigliteratur, wobei sich hierbei allerdings die Frage stellt, ob im Rahmen des theatralen Grundgedankens, die fiktionalen Venedigfiguren nicht auch „Darsteller" und „Publikum" zugleich sein können. Um dieser widersprüchlich erscheinenden These auf den Grund zu gehen, ist es unter Umständen angebracht, ein Publikum auf zwei Ebenen zu konstituieren: Zum einen der mit der fiktionalen Venedigfigur identische „Zuschauer" und zum anderen das sich aus der Leserschaft bestimmende „Publikum". Hinsichtlich des Aspekts einer Verschmelzung zwischen Darsteller und Publikum und dessen theatralische Transformation auf die Literatur wird später unter anderem noch zu den Ausführungen im Zuge der Entwicklung eines neuen Theater-Begriffes die Rede sein.

Bezüglich der Theatralität in literarischen Texten ist auch die These Kramers und Dünnes interessant, die sich in ihrer Einleitung „Theatralität und Räumlichkeit" zu dem gleichnamigen Band die Frage stellen, inwiefern sich Theatralität in literarischen Texten entfalten könne und auch auf welcher Ebene sich dieser Theatralisierungsprozess vollziehe. Die beiden Autoren konstatieren, dass dies einerseits „als inhaltliche Thematisierung des Theaters bzw. theatralen Momenten" möglich sei und andererseits „über die metapoetische Reflexion auf Theatralität als Modell literarischer Poetik".[143] Dabei sei „freilich aus medienwissenschaftlicher Sicht zu bedenken, dass die Einschreibung von Theatralität in die Literatur keineswegs über metaphorische Gleichsetzungen des Theatralen mit der Sprache (etwa verstanden als Schauplatz einer Inszenierung o.ä.) zu beschreiben" sei, „sondern stets die (…) dispositiven Strukturen des Theaters, d. h. die Ebenen der Inszenierung, der Verkörperung sowie der Wahrnehmung zu berücksichtigen" habe, „und zudem eine wie auch immer geartete Rückbindung an die fundierenden Rahmenbedingungen der theatralen Aufführungssituation aufweisen" müsse.[144] In dieser Perspektive sei dann auch die Literatur als ein Ort anzusehen, „an dem die dispositiven Relationen des Theaters sichtbar gemacht und reflexiv verarbeitet werden" könnten.[145]

Darüber hinaus stelle sich die Frage, so Kramer und Dünne, „ob bzw. bis zu welchem Grad es so etwas wie eine sich in Schrift auf medialer Ebene

---

142 Ebd.
143 Kramer, Dünne: „Einleitung. Theatralität und Räumlichkeit", a. a. O., S. 27/28.
144 Ebd., S. 28.
145 Ebd.

manifestierende Theatralität geben kann".[146] Dafür sei es jedoch notwendig, „die Schrift als ein mehrschichtiges Dispositiv oder relationales Gefüge" aufzufassen, welches „auf unterschiedlichen Ebenen" operiere. „Vor diesem Hintergrund ließe sich die Theatralität des Schriftmediums in der Kombination jener Dimensionen aufweisen, die die Referenzseite oder Repräsentationsfunktion der Schrift suspendieren und entweder den Aspekt aisthetischer Präsenz oder aber den Aspekt der Operationalität akzentuieren", argumentieren Kramer und Dünne. „Die Betonung visueller Präsenz wäre in dieser Perspektive im Sinne des Aufbaus eines schriftspezifischen Schauraums zu deuten, wohingegen der ‚operative Schrifttyp' auf eine Form der Performanz zu beziehen wäre, die im Modus der Interaktivität die für den theatralen Schauraum konstitutive Grenze zwischen Beobachter und Beobachtetem gleichermaßen voraussetzt wie auch aufhebt".[147]

Dieser Gedanke lässt an die vorhin propagierte These anschließen, wonach die fiktionalen Venediggestalten als ‚Darsteller' und gleichzeitig als ‚Zuschauer' fungieren. Die Aufhebung der vorausgesetzten konstitutiven Grenze zwischen Beobachter und Beobachtetem ist insofern also auch hinsichtlich der Venedigliteratur relevant, wonach die fiktionalen, literarischen Gestalten stets diese Doppelfunktion erfüllen. An späterer Stelle wird, wie gesagt, noch einmal ausführlicher davon die Rede sein.

Neumann erklärt, dass Barthes in seiner Kulturtheorie davon ausgehe, „dass Literatur als Ethnologie, als Erkundungsmuster einer Kultur und ihrer Zeichen zu begreifen" sei.[148] Wie er im zweiten Teil seiner *Mythologies* ausführe, sei da zum einen „die These von der Schichtenstruktur der Sprache", anschließend dann die Frage, „wer in solcher *doppelten Zunge* des Textes" spreche, daraus folgernd dann wiederum „die Idee der Intertextualität, des Textes im Text, des Textes aus Text" und schließlich das von Barthes „so genannte Prinzip der

---

146 Ebd.
147 Ebd.; hinsichtlich der Schrift als mehrschichtiges Dispositiv auf unterschiedlichen Ebenen werde diese Sichtweise, so Kramer und Dünne, „in neueren Untersuchungen vertreten, die innerhalb des Konzepts von Schriftlichkeit die Dimensionen der *Referenz*, der *aisthetischen Präsenz* und der *Operationalität* unterscheiden und aus der Dominanz jeweils eines Aspekts divergierende Schrifttypen ableiten". Kramer und Dünne bezeichnen mit dem Aspekt der *aisthetischen Präsenz* die Eigenschaft der Schrift als „visuelle notationale Gestaltformation" und mit dem Aspekt der *Operationalität* die Aufforderung an die Schrift zur „Interaktivität bzw. zur Aktualisierung von Handlungen". Siehe S. 28.
148 Gerhard Neumann: „Theatralität der Zeichen", a. a. O., S. 86.

‚déconstruction'".[149] Daran lasse sich zu guter Letzt „anknüpfbar an den Vorgang der Dynamik von Dekomposition und Rekomposition", auf die in diesem Fragezusammenhang wesentliche Vorstellung schließen, „dass es sich bei dem Prozess der Pluralisierung von Sinn, der vielschichtigen Bedeutungsproduktion, um ein szenisches Geschehen, um den Vorgang einer Theatralisierung" handle, „die Errichtung einer Wahrnehmungsbühne oder eines Erkenntnistheaters als ‚Spiel im Spiel', als ‚Text im Text'".[150]

In seiner Einleitung zu dem Band *Szenographien* bemerkt Neumann hinsichtlich der ‚Szene' und der sprachlichen Theatralität: „Sprache, so könnte die leitende These lauten, hat ihre eigene Szene in sich selbst. ‚Szene' und ‚Sprache' erweisen sich damit als untrennbar miteinander verknüpft".[151] Insofern wird „das theatrale Muster (...) – um im Sinne Barthes' einen aus der Antike bezogenen Begriff neu zu modellieren – als ‚Szeno-Graphie' verstehbar: und zwar, indem sie Sprachproduktion selbst als Zeichentheater installiert. Sprache wird also, wenn man diese theoretischen Vorgaben in Rechnung stellt, nicht erst auf Schaubühnen ‚theatral', sondern ist, als sie selbst, immer schon theatrales Geschehen (...)".[152] Wie Neumann konstatiert, wirke sich diese inszenatorische Praxis „einer Herstellung von sozialem Sinn" nicht nur in den fiktiven Rollenspielen der Literatur aus, sondern auch auf „die Rituale und Institutionen des öffentlichen Lebens, als die in jeder Gesellschaft konsolidierend wirksamen Zeremonien".[153] Neumann betrachtet die Theatralität der Sprache auch in Anbetracht des basalen Sprechaktes selbst, demzufolge es sich sozusagen erwiesen habe, dass „Kulturtheorie, Anthropologie und Ethnologie ihrerseits schon seit langem auf die ‚immanente' Sprachlichkeit ihres Gegenstandes und dessen implizite Theatralität" rekurriert hätten; „auf das Inszenatorische aller aus dessen sprachlicher Verfassung erwachsenden, in den kulturellen Text einwirkenden, symbolischen Produktion".[154]

Davon ausgehend wiederum beruft sich Neumann auf den Linguisten Lucien Tesnière, welcher den Satz als „petit drame" bezeichnet und auf das Aktantenmodell von Algirdas Julian Greimas, „welches die Unterordnung der grammatischen Person unter den Prozess" postuliere, den das Verb zum Ausdruck

---

149 Ebd.; Neumann bezieht sich auf den zweiten, eher „theoretisch" orientierten Teil von Roland Barthes' Werk „Mythologies". In: Œuvres complètes, a. a. O., Tome I 1942–1965.
150 Ebd., S. 86/87.
151 Neumann: *Szenographien*, „Einleitung", a. a. O., S. 14.
152 Ebd.
153 Ebd.
154 Ebd., S. 14/15.

bringe.[155] Greimas' Aktantenmodell übertrage „dieses Strukturmuster von der Ebene der Syntax auf diejenige der Semantik", womit sich „die kulturelle Bedeutungsproduktion gleichsam als ‚implikatives' Geschehen im sprachlichen Satz selbst" erweise. Sie werde somit „a priori als ‚theatral' oder ‚inszenatorisch' aufgefasst".[156] Neumann macht auf die Folgen aufmerksam, welche „der Aufweis dieses elementaren Grundmusters" habe, „denn die theatralen Modi der Sinnproduktion, die sich schon auf der Ebene des Satzes äußern, steigen von hier aus, (…) in höhere und höchste Diskursformationen auf".[157] Hinsichtlich der Entwicklung einer systematischen „Theorie von der Sprache und ihrer impliziten Theatralität", welche „sich gegen das Prinzip herkömmlicher Repräsentation richtet", konzentriere Barthes, wie Neumann wiederum in seiner Abhandlung „Theatralität der Zeichen" erwähnt – und dies wohl offensichtlich in Bezug auf Greimas' Aktantenmodell – in diesem Sinne sein ganzes Interesse darauf, „das Moment einer theatralen Dynamik der Sprache aus der strukturalen Syntax in die Semantik, aus der Semantik" dann aber in die „strukturale Erzählanalyse hinüberzuführen und aus dieser schließlich in die (…) ‚pratique du texte'".[158] Diese These führe Barthes noch weiter, indem er darauf verweise, dass der Text „die Sprache der Kommunikation, der Repräsentation und der Expression" sogar „dekonstruiere" und „eine andere Sprache" herstelle, „eine Sprache der Fülle, ohne Tiefe oder Oberfläche; denn deren Raum", so erläutert Neumann Barthes' Theorie, sei „nicht jener der Figur, des Bildes, des ‚Tableaus', des Rahmens, der klassischen Bühne und ihrer Bedeutungs-Rampe, sondern derjenige eines kombinatorischen Spiels, dass sich stenographisch, als ein gewissermaßen ‚einräumendes Theater' der Bedeutungen" entfalte.[159]

Der dekonstruktive Aspekt von Barthes Theorie kann durchaus auch auf die ‚Bühne' Venedig bezogen werden, die sich demnach über ein ‚stenographisch' ausgerichtetes „Theater der Bedeutungen" konstituiert. Inwiefern noch weiterhin eine in diesem Sinne dekonstruktive Theatralität innerhalb der Venediglitteratur auszumachen ist, wird an späterer Stelle anhand der von Neumann vorgestellten Theoriepositionen erklärt, welche eine Abwendung des repräsentativen Theaters

---

155   Ebd., S. 17. Zu den Theorien von Tesnière und Greimas siehe oben die Anmerkungen in Fußnote 74.
156   Ebd.
157   Ebd.
158   Neumann: „Theatralität der Zeichen", a. a. O., S. 93. Diese Theorie Barthes' ist nachzulesen in seinem Artikel „Théorie du Texte", erschienen 1973 in der „Encyclopaedia Universalis". In: Œuvres complètes, Tome II, 1966–1973, S. 1677–1689.
159   Ebd., S. 93/94.

und eine gleichzeitige Hinwendung an die Theater-Avantgarde beinhalten und so eine dekonstruktive Ausrichtung erkennen lassen.

In seiner Einleitung des Bandes *Szenographien* wiederum erklärt Neumann, Barthes' semiologische Arbeit habe darin bestanden, „mit dem aus der strukturalen Sprachwissenschaft bezogenen Konzept eines ‚Drama des Satzes' die implikativen, ‚szenographischen' Bedingungen des theatralen Musters insgesamt zu erkunden".[160] Diesbezüglich weite Barthes sein Konzept einer theatralen Dynamik der Sprache noch weiter aus, indem er nicht mehr zwischen einer wissenschaftlichen und künstlerischen ‚Inszenierung von Bedeutung' unterscheide, oder indem er, „linguistisch gesprochen – die Extrapolation der Metasprache aus dem wissenschaftlichen Diskurs und – theatertheoretisch gesprochen – die Extrapolation des Zuschauers aus der Szene definitiv negiert" habe.[161] Auch in diesem Fall lasse Barthes das von ihm konstituierte theatrale Muster einer ‚Instanz der Szene' in seinen theoretischen Überlegungen „aus der strukturalen Syntax in die Semantik", von dieser wiederum „in die strukturale Erzählanalyse" und dann in die „‚théorie du texte' oder ‚pratique du texte'" wandern.[162] Wie Neumann zu Barthes' Theorie erklärt, ereigne sich diese Übertragung eines theatralen Strukturmusters „nicht nur in wissenschaftlichen wie literarischen Sprechakten", sondern auch „in der Wahrnehmungs- und Erkennungs-Szene individueller Kommunikation und zuletzt auch in ausgezeichneter Weise in den performativen Strukturen einer radikal fremden Kultur".[163]

Neumann verweist auch auf Jacques Derrida, welcher wiederum das Konzept von Roland Barthes in seinem Essay „La double séance"[164] präzisiert habe.[165] Ein Konzept, so Neumann, „in welchem dieser produktive Konflikt zwischen der Auslagerung des Zuschauers aus dem theatralen Ereignis und seiner Einlagerung in dieses mit der Auflösung des Begriffs einer Metasprache erkauft"

---

160 Neumann: *Szenographien*, „Einleitung", a. a. O., S. 24.
161 Ebd.
162 Ebd., S. 24/25.
163 Ebd.
164 Ebd., S. 25. Wie Neumann erläutert, bezieht sich Derrida in seinem Essay „La double séance" auf Mallarmés Konzept der ‚mimique', d. h. der Pantomime, wie dieser es in seinen Theaterstudien *crayonné au théâtre* entwickelt hatte. Siehe Jacques Derrida: „La double séance". In: ders., *La dissemination*, Paris 1972, S. 199–317, und Stéphane Mallarmé: „Divagations" (1897). In: ders., *Igitur, Divagations, Un coup de dés*. Hg. von Y. Bonnefoy, Paris 1976, S. 67–340.
165 Ebd.

werde.¹⁶⁶ Neumann verfolgt den Gedanken Derridas, dessen doppeltes Anliegen berücksichtigend, weiter, indem er auf dessen „Kritik am traditionellen Begriff der Repräsentation auf zwei Ebenen" verweist. Dabei rekonstruiere Derrida thematisch „Mallarmés Modifikation des Konzepts der Literatur durch die Versenkung in die Pantomime als Elementarform szenischer Darstellung";¹⁶⁷ praktisch hingegen entfalte er „das Konzept der impliziten Theatralität auf der Ebene seiner eigenen Darstellung, nämlich als Szenographie der Argumentation, des wissenschaftlichen Schreibakts, ja der Theorie".¹⁶⁸ Diese doppelte Strategie, also sowohl auf der Ebene der Literatur als auch auf der Ebene der wissenschaftlichen Sprache, habe zur Folge, konstatiert Neumann, dass „Beobachter und Beobachtetes, Zuschauer und Bühne, Objektsprache und Metasprache von nun an in ihrem implikativen Verhältnis" berücksichtigt werden müssten.¹⁶⁹

Gleichzeitig aber sei zu bedenken, dass sich „das ‚konflikuelle Spiel' zwischen Repräsentation und Implikation im Schreibakt ebenfalls auf zwei Ebenen" fortsetze: Zum einen auf einer Ebene „des ‚zur Bühne des Bedeutens bringens'", wie es „im herkömmlichen wissenschaftlichen Diskurs und im traditionellen Theaterkonzept" zur Geltung komme, und zum anderen auf der Ebene „einer ‚implikativen' Performanz, wie sie das Konzept der Dekonstruktion und die nach innen gewendete ‚Theatralität' der griechischen Tragödie", aber auch die „Mallarmésche mimique" präge.¹⁷⁰ Im Zusammenhang mit der Frage nach „der Möglichkeit oder Unmöglichkeit der Metasprache", so Neumann, erweise sich diese hiermit „als Schnittpunkt zwischen der Theorie des Textes einerseits und dem Argument der Theatralität als ‚Drama der Bedeutungsproduktion' andererseits".¹⁷¹ Vor dem Hintergrund dieses „radikal-antirepräsentativen Konzepts", so Neumann weiter, könne auch „der Anspruch nicht mehr erhoben werden, dass eine scharfe Trennung zwischen teilnehmender, beobachtender und den Beobachter beobachtender Perspektive vorzunehmen und theoretisch fruchtbar zu machen sei".¹⁷²

Aufgrund dieser von Neumann dargelegten Theorie Derridas ist der bereits thematisierte Gedanke, wonach fiktive Venediggestalten Beobachtende und Beobachtete zugleich sind, umso mehr relevant.

---

166 Ebd.
167 Ebd.
168 Ebd.
169 Ebd.
170 Ebd.; in diesem Zusammenhang verweist Neumann auf die von Antonin Artaud vertretene Auffassung einer Annullierung der Trennung von *salle et scène*.
171 Ebd., S. 25/26.
172 Ebd., S. 26.

Infolge „der theatralen Modi der Sinnproduktion", welche „sich schon auf der Ebene des Satzes äußern" und von dort aus „in höhere und höchste Diskursformationen" aufsteigen, wie bereits erläutert wurde, konstatiert Neumann, dass „die Produktion von Sinn, die Herstellung von Ordnungsmustern, überhaupt nicht anders als theatral denkbar" sei.[173] „Kulturelle Sinnproduktion" erfolge „nicht ‚spontan'", sondern habe „schon ursprünglich inszenatorischen, ‚konstruktiven' Charakter.[174] Diese These steht auch im unmittelbaren Zusammenhang mit den Gedanken Fischer-Lichtes in ihrem Aufsatz „Diskurse des Theatralen" aus ihrem gleichnamigen Band. Sie schreibt darin, dass sich in den Studien zur Performance-Kunst gezeigt habe, dass Authentizität keineswegs „als Gegenkonzept zum Begriff der Inszenierung" fungiere. Authentizität erscheine vielmehr, so Fischer-Lichte, „als Resultat ästhetischer Theatralisation".[175]

3. Die Theatralität des Raumes

Dem Titel des von Kramer und Dünne herausgegebenen Bandes *Theatralität und Räumlichkeit* entsprechend geht es darin im weitesten Sinne um den Bezug der beiden Aspekte zueinander. Während sich die Beiträge des ersten Teils des Buches mit der Konstitution bzw. Nutzung von Räumen des Theaters auseinandersetzen, ist der zweite Teil der Theatralität von Räumen gewidmet, welche über Theaterräume im engeren Sinn hinausgehen, gleichzeitig jedoch auf diese bezogen bleiben. Es wird also eine Überschreitung des Theaterraumes untersucht, wobei sich, so Kramer und Dünne in ihrer Einleitung, „Räumlichkeit als Oszillieren zwischen gegebener Raumordnung und performativer Raumpraxis" ansiedelt.[176] Mit der Überschreitung des Theaterraumes findet ein Prozess der Entgrenzung statt, wie dies vorhin schon im Zusammenhang mit den Ausführungen Neumanns zur Theatralitäts-Konzeption von Barthes zur Sprache kam. Fischer-Lichte macht ebenfalls in ihrem Band *Diskurse des Theatralen* darauf aufmerksam, dass sich für Roland Barthes in einem Prozess der Entgrenzung Theatralität konstituiere.[177] Dieser entgrenzende Aspekt des Theatralen, welcher sich in der Überschreitung von Theaterräumen oder auch einer bewussten

---

173 Ebd., S. 17.
174 Ebd.
175 Erika Fischer-Lichte: „Diskurse des Theatralen". In: *Diskurse des Theatralen*, hg. von Erika Fischer-Lichte, Christian Horn, Sandra Umathum und Matthias Warstat (Theatralität, Bd. 7), Tübingen 2005, „Einleitung" S. 11–30, hier S. 14.
176 Kramer, Dünne: „Einleitung. Theatralität und Räumlichkeit", a. a. O., S. 13.
177 Fischer-Lichte: „Diskurse des Theatralen", a. a. O., S. 27.

Abwendung von diesen zeigt, wie vorhin bei den Ausführungen von Neumann zu Barthes' Theorie bereits erläutert, verweist auch auf die bereits thematisierten, konstituierenden Bedeutungen des Begriffes der Theatralität sowohl als allgemein kulturerzeugendes Prinzip bzw. als anthropologische Kategorie oder auch, nach Barthes' Theorie, auf eine Praxis der Bedeutungsproduktion, als einem der Sprache inhärentem, dynamischem Muster. Dieses an allgemeinen kulturwissenschaftlichen Kategorien sich ausrichtende Theatralitäts-Konzept bezieht wiederum verschiedene Raumpraktiken mit ein, wie dies, laut der Feststellung Kirsten Kramers, Jörg Dünnes und Sabine Friedrichs, in dem von ihnen verfassten Vorwort des Bandes *Theatralität und Räumlichkeit*,[178] unweigerlich der Fall ist, und worauf, nach dem folgenden Abschnitt über die Raumkonstitution Venedigs, weiterhin eingegangen wird.

Der Aspekt einer durch Überschreitung und Entgrenzung sich auszeichnenden Räumlichkeit ist auch für die Venedigliteratur hochgradig signifikant. Denn deren Theatralität konstituiert sich dieser These zufolge eben aufgrund der entgrenzenden Räumlichkeit und bewirkt zugleich die Bildung imaginärer Räume. Dies wiederum ist eine Vorraussetzung für die Entstehung der fiktionalen Venedigliteratur, welche sich nach dem Fall der Lagunenrepublik im Jahre 1797 entwickelte, wobei der Verlust der politischen Macht, und die daraus entstehende politische Bedeutungslosigkeit der Stadt, diese Entwicklung überhaupt erst ermöglichte.[179] Die aufgrund der Entmachtung und Verlassenheit Venedigs entstehenden imaginären Räume bedeuten also gleichzeitig deren Theatralisierung, so dass auch von „theatralen Räumen"[180] gesprochen werden kann. Somit ist die imaginäre Raumkonstitution in der Venedigliteratur aufs engste mit Theatralität verknüpft, wobei beide Komponenten in einem korrelativen Verhältnis zueinander stehen. Mit der Entstehung der imaginären Räume wird zudem Venedig unwillkürlich zur Bühne, welche sich durch diese gleichfalls entscheidend konstituiert. Eine besondere Rolle innerhalb dieser Konstellation kommt dabei den fiktionalen Gestalten zu, die ihrerseits der Bildung imaginärer Räume die Relevanz verleihen, um diese auf der Bühne Venedig durch ihre Präsenz zu situieren und erkenntlich zu machen und gleichzeitig damit die Bühne Venedig als solche überhaupt in den Fokus der Wahrnehmung zu rücken.

---

178 Kramer, Dünne, Friedrich: „Vorwort" zu *Theatralität und Räumlichkeit*, a. a. O., S. 9–14.
179 Siehe oben: Corbineau-Hoffmann a. a. O, insbesondere Einleitung und Kap. II.
180 Auf die Funktion und die Eigenschaft „theatraler Räume" wird an späterer Stelle anhand der Überlegungen von Kramer und Dünne zur Einleitung von *Theatralität und Räumlichkeit* noch einmal genauer eingegangen.

In dem von Kramer, Dünne und Friedrich verfassten Vorwort des Bandes *Theatralität und Räumlichkeit* – zu dem die beiden ersteren, wie schon erwähnt, auch die Einleitung verfasst haben – , weisen die Autoren darauf hin, dass im Rahmen des sogenannten *performative turn*, welcher in den letzten Jahren stattgefunden habe, „das Konzept der Theatralität zu einer Leitkategorie der Kulturwissenschaften avanciert" sei, und „als umfassendes kulturerzeugendes Prinzip bzw. als übergreifendes Modell menschlicher Interaktion begriffen" werde, welches „nicht nur dem Theater im engeren Sinne, sondern auch anderen Bereichen der Kultur zugrunde" liege und „in engem Zusammenhang mit sozialen Praktiken wie politischen oder religiösen Festen, Spielen, Zeremonien oder Ritualen" stehe.[181] Eine derartige kulturwissenschaftliche Herangehensweise bilde „die Grundlage für eine weiterführende medienwissenschaftliche Perspektivierung, die von der Grundannahme" ausgehe, „dass Theatralität als ein komplexes mediales Dispositiv aufzufassen" sei, „das auf unterschiedlichen Ebenen historisch variable Ordnungen und Praktiken des Raums" implementiere und „darin je besondere kulturgeschichtliche Modelle und Konzepte theatraler Performanz" generiere.[182]

Hinsichtlich der Geschichte des frühneuzeitlichen Theaters verweisen Kramer und Dünne in der Einleitung zu dem Band *Theatralität und Räumlichkeit* darauf, dass „bereits verschiedentlich dargestellt" wurde, „wie sich das Theater als mehr oder weniger stabiles Dispositiv, das sich vor allem durch die Etablierung eines klar abgegrenzten Bühnenraums" auszeichne, „aus wenig institutionalisierten Inszenierungsformen vor allem im Rahmen höfischer und religiöser Festkultur herausgebildet" habe.[183] Jedoch sei „auch in Aufführungssituationen vor der Institutionalisierung eines eigenen Spielortes zumindest ansatzweise eine Grenzziehung vonnöten, die ein theatrales Geschehen aus dem Zusammenhang", in dem es stattfinde, heraushebe „und somit als Inszenierung deutlich werden" lasse. Theatralität sei „demnach nicht einfach ein Residuum von vorinstitutionellem theatralen Spiel, das auch am instituiertem Theater erhalten" bleibe, sondern sie entstehe erst, „wenn Praxis des Spiels und ein raumsetzender Rahmen zusammenkommen, der das theatrale Spiel in wie rudimentärer Form auch immer als solches" markiere.[184]

---

181 Kramer, Dünne, Friedrich: „Vorwort" zu *Theatralität und Räumlichkeit*, a. a. O., S. 9/10.
182 Ebd., S. 10.
183 Kramer, Dünne: „Einleitung. Theatralität und Räumlichkeit", a. a. O., S. 20.
184 Ebd.

Bezüglich der Theatralität in der Venedigliteratur erscheint der Gedanke eines zumindest ansatzweise grenzsetzenden Rahmens, welcher eine Inszenierung als solche erst erkenntlich macht, aufgrund der entgrenzenden Eigenschaften der Theatralität, in einem gewissen Widerspruch. Dieser lässt sich jedoch auflösen, wenn erstens in Betracht gezogen wird, dass der imaginäre Raum Venedig sich auch in irgendeiner Weise auf das ‚reale' Venedig und seine konstituierenden Grenzen bezieht, während aber gleichzeitig der imaginäre Raum über keinerlei Grenzen verfügt, was wiederum der Theatralität ‚unbegrenzte' Möglichkeiten eröffnet. Aus dieser also nur scheinbar widersprüchlichen These des Zusammenwirkens eines begrenzten Raumes auf der empirischen Ebene und eines unbegrenzten auf der semantischen lässt sich auch die Konzeption der Bühne Venedig definieren, wobei, sowohl hinsichtlich des semantischen als auch des begrenzten empirischen Raumes einer nur sehr unvollständig begrenzbaren Stadt, diese als Metapher einer Theaterbühne betrachtet werden kann.

Ausgehend von einer „spezifischen Räumlichkeit des Theaters im engeren Sinne, die an die Institutionalisierung des Theaterdispositivs rückgebunden"[185] sei, verweisen Kramer und Dünne auch auf die darin enthaltene Bedingung der „Emergenz divergierender kulturhistorischer Ausprägungsformen von Theatralität im weiteren Sinne", welche „sich auf allen Ebenen des relationalen Mediengefüges verfolgen" lasse.[186] Insofern berufen sich die beiden Autoren auf die Bildung eines theatralen *Praxisraums*, „insbesondere im Rahmen der räumlichen Bewegungen der Akteure, die im Zuge des fiktiven Spiels spezifische Handlungsräume aktualisieren und semantisieren".[187] Dabei sei „aus systematischer und historischer Perspektive zu unterscheiden, ob die Körper der Schauspieler aufgrund ihrer phänomenalen Materialität und Leiblichkeit, also gleichsam *sui generis*, die semantischen bzw. fiktiven Räume" erzeugten „oder ob diese erst aus der bewussten ‚Verkörperung' einer zeichenhaften Rolle" hervorgingen, „welche die parallele Semiotisierung des Körpers bzw. dessen Funktionalisierung im Hinblick auf die Umsetzung eines geschriebenen Textes" voraussetze.[188] „Die an den Kategorien der Performanz bzw. Performativität orientierte kulturwissenschaftliche Theatertheorie" hebe, wie Kramer und Dünne betonen, „insbesondere die Bedeutung der physischen Körperpräsenz für die theatrale Raumkonstitution im Rahmen der Aufführungssituation hervor".[189]

---

185 Ebd., S. 21.
186 Ebd.
187 Ebd.
188 Ebd.
189 Ebd.

Bezüglich der semantischen bzw. imaginären Räume, welche sich innerhalb der Venedigliteratur konstituieren, ist diese These, aufgrund der darin sich offenbarenden Funktion des ‚Schauspielers', d. h. in diesem Fall der fiktionalen literarischen Figur, sowohl in seiner phänomenalen als auch in seiner semiotischen Körperlichkeit relevant. Denn bei einer Übertragung des Modells des theatralen Praxisraums und der darin stattfindenden phänomenalen oder semiotischen Körperlichkeit des Schauspielers auf das ebenfalls als theatralen Praxisraum anzusehende ‚literarische' Venedig und seine fiktionalen Gestalten ist diese Unterscheidung hinfällig, d. h. die fiktionalen Figuren erscheinen gleichzeitig sowohl in einer phänomenalen als auch in einer semiotischen Körperlichkeit, wodurch sie die semantischen oder imaginären Räume Venedigs erzeugen und dieses wiederum in seiner Funktion als Bühne bestätigen. Gleichzeitig gilt jedoch auch umgekehrt, dass die durch phänomenale oder semiotische Körperlichkeit erzeugten semantischen oder imaginären Räume wiederum erst durch die Bühne „Venedig" Bestätigung erlangen.

Im Sinne einer Präzisierung ihrer theatralen Raumkonzeption unterteilen Kramer und Dünne diese in drei Kategorien.[190] Doch um dies zu verdeutlichen, halten es die beiden Autoren zunächst für angebracht, die wissenschaftlichen Theorien Isaak Newtons und Gottfried Wilhelm Leibnitz' in Opposition zueinander zu betrachten.[191] Kramer und Dünne unterscheiden dabei zum einen die von Newton im 17. Jahrhundert entwickelte Konzeption „eines *absoluten* Raums, ‚in' dem jeder nur denkbare Gegenstand anzusiedeln sei". Damit denke Newton „zum ersten Mal die Vorstellung eines leeren Raums, der zum ‚Behälter' für Objekte" werde, die sich in ihm ansiedelten.[192] Zum anderen stehe im Gegensatz zu Newtons physikalischem Modell Leibnitz' „mathematisch-topologisches Modell von Räumlichkeit, das nicht von der Vorstellung eines Gesamtraumes" ausgehe, „sondern Räumlichkeit allein aufgrund der Lagebeziehung von Objekten" bestimme.[193] Kramer und Dünne verweisen darauf, dass „die Auseinandersetzung um die absolute bzw. relationale Beschaffenheit des Raums in der Naturwissenschaft durch die Relativitätstheorie aufgelöst" worden sei, „die zwar einerseits

---

190 Ebd., S. 18. Die beiden Autoren beziehen sich auf einen Vergleich mit folgenden Texten: Stephan Günzel: „Einleitung" [Teil I: Physik und Metaphysik des Raums] und Jörg Dünne: „Einleitung" [Teil IV: Soziale Räume]. In: Jörg Dünne, Stephan Günzel (Hg.): *Raumtheorie. Grundlagentexte aus Philosophie und Kulturwissenschaften*, Frankfurt am Main 2006, S. 19–43 und S. 289–303.
191 Ebd.
192 Ebd.
193 Ebd.

von einem umfassenden physikalischen Raumbegriff" ausgehe, „diesen aber gegen die Annahme eines absoluten Raums abhängig von Zeit und Energie und somit zwar als *alleinigen Träger der Realität*, jedoch als selbst veränderbar" denke.[194] Doch „trotz der Tatsache einer Entschärfung der Opposition zwischen absolutem und relationalem Raum", so Kramer und Dünne weiter, behalte „diese Opposition für die Beschreibung kultureller Formen von Raumkonstitution einen heuristischen Wert": Sie ermögliche es „nämlich allererst, eine Spannung zwischen einem in einer bestimmten Situation als Bezugsrahmen vorgegebenen und einem sich situativ konstituierenden Raum oder, anders ausgedrückt, zwischen *Raumordnung* und *Raumpraxis* zu denken": ‚Ordnung' sei „hierbei nicht in einem physikalischen Sinn zu verstehen, sondern als jeweiliger kultureller Rahmen der Raumorganisation, für den Medialität eine entscheidende organisierende Rolle" spiele.[195] Kramer und Dünne konstatieren, dass sich „kulturanthropologische Medientheorien des Raums mit den Techniken beschäftigen, welche zur Ordnungserzeugung notwendig" seien, „aber auch mit Raumpraktiken, die durch diese Ordnungen ermöglicht" würden „und sie gleichzeitig" überschritten.[196] Die Ordnung scheine „dabei tendenziell ein Effekt von Medientechniken und die Praxis eher eine Sache der Interaktion" zu sein, wobei „keine solche wahrnehmbare Körperpraxis ohne den medientechnischen Raum" existiere, in dem sie sich konstituiere und von dem sie sich absetze, „wie umgekehrt auch kein Rahmen ohne die Praktiken zustande" kommen könne, die ihn hervorbrächten.[197] Kramer und Dünne resümieren, dass „die Funktionsweise jedes Mediums als eines raumgebenden Dispositivs demnach notwendig auf der konstitutiven Wechselwirkung bzw. der Gleichursprünglichkeit von Ordnungsraum und körperbezogener Raumpraxis" beruhe.[198] Ausgehend von „dem gleichermaßen technisch wie auch kulturell bedingten Zusammenspiel von Praxisraum und Ordnungsraum" verweisen Kramer und Dünne noch auf eine dritte Kategorie

---

194 Ebd.; Die beiden Autoren beziehen sich auf: Dünne, Günzel a. a. O., Text 5, Albert Einstein: „Raum, Äther und Feld in der Physik (1930), S. 94–101, hier: S. 101.
195 Ebd., S. 18/19. Bezüglich der *Raumordnung* und *Raumpraxis* verweisen die Autoren auf die Auseinandersetzung von Michel de Certeaus' Praxistheorie des Raums mit Foucaults Machtanalyse, die Certeau als eine Ordnungstheorie des Raums versteht. Siehe: Michel de Certeau: „Pratiques d'espace". In: ders., *L'invention du quotidien 1*, hrsg. von Luce Giard, Paris 1990, S. 139–191, und Michel Foucault: *Surveiller et punir*, Paris 1976.
196 Ebd., S. 19.
197 Ebd.
198 Ebd., S. 20.

theatraler Räume, wobei es sich um – die bereits angesprochenen – semantischen, semiotischen oder fiktionalen Räume handle, „die in ein je besonderes Verhältnis zu den hier skizzierten Raumkonkretisationen treten, insofern sie sich innerhalb des Theaters als gespielte Räume manifestieren", und „die neben dem ‚bespielten' Raum der physischen Bühne auch das körperbezogene Rollenspiel der Akteure voraussetzen".[199]

Aus dem kulturellen Zusammenspiel von Praxisraum und Ordnungsraum bzw. aus einem in bestimmten Situationen als Bezugsrahmen vorgegebenen und einem sich situativ konstituierenden Raum bilden sich also semantische oder fiktionale Räume, in welchen sich auch die theatrale Raumkonstitution Venedigs offenbart, die sich aufgrund dieser Theorie entsprechend präzisiert.

Matala de Mazza und Pornschlegel erklären in ihrem Band *Inszenierte Welt* die Bedeutung und Funktion der *Szene* und inwiefern diese innerhalb eines ‚theatralen' Prozesses involviert sei. So sei die Szene „zuallererst ein Zeit-Raum des Entzugs, aber auch ein Zeit-Raum der Zäsur und der Leere, mit dem die Welt *als genuin durch Re-Präsentation zugängliche Welt* erkennbar" werde und „durch den sie als Bedeutungsstruktur" entstehe. Als Szene – im Sinne der Zäsur – könne „die leere Bühne ebenso wie das weiße Blatt" fungieren, „das leere Stadion ebenso wie die verlassene Straße".[200] In der Weise würde sie „als leere Rahmung" fungieren, „als dem Wirklichen entrissener Zeit-Raum der Repräsentation, der symbolische Prozesse" ermögliche.[201]

Dieses Konzept der *Szene* passt geradezu exemplarisch zu der entmachteten und von den ehemals Mächtigen verlassenen Stadt Venedig, wobei insbesondere deren Bühnencharakter hervorgehoben wird. Insofern wird also auch die Bühne Venedig, aufgrund ihrer Leere und Verlassenheit, für eine symbolische Welt erkennbar und charakterisiert sich somit als ursprünglich „*durch Re-Präsentation zugängliche Welt*" in der Venedigliteratur. Der Zugang zur symbolischen Welt auf der verlassenen Bühne Venedig aber ist gleichzusetzen mit der Entstehung der imaginären Räume, welche die Entmachtung und Verlassenheit der Stadt voraussetzen und diese erst zu einem poetisch relevanten Objekt in der Literatur werden lassen.[202] Eine Entwicklung, die, wie gesagt, im Jahre 1797 ihren Anfang nahm und welche den Beginn der fiktionalen Venedigliteratur markierte.[203]

---

199 Ebd., S. 21. Anmerkung in Fußnote 20.
200 Matala de Mazza, Pornschlegel a. a. O., S. 13.
201 Ebd.
202 Siehe oben: Corbineau-Hoffmann a. a. O., Einleitung und Kapitel II.
203 Siehe ebd.

Hinsichtlich dieser Gedanken ist auch das Konzept der „Heterotopie" relevant, welches von Foucault entwickelt wurde und der dieses in zwei Radiovorträgen im Jahre 1966 vorstellte.[204] Ursprünglich kam der Begriff aus der Medizin und bedeutete quasi die Entstehung von Gewebe an einem falschen Ort. Foucault aber generierte die Verwendung dieses Begriffes neu und gebrauchte ihn für die allgemeine Bedeutung ‚anderer Räume', wobei er mit anders „auf uns vertraute räumliche Organisationen wie Serien, Baumdiagramme oder Vernetzungen" anspielt.[205] Bei den Räumen, die Foucault mit dem Konzept der Heterotopie erfasst, handelt es sich zum einen um den ‚Raum des Innen', den „espace du dedans". Von diesem unterscheidet sich der ‚Raum des Außen', der „espace du dehors", und hier finden sich eben auch die ‚anderen Räume', die „espaces autres".[206] Diese ‚anderen Räume', diese *heteroi topoie* werden aber dadurch zu Außenräumen, „dass sie sich aus den *emplacements*, aus den ‚Platzierungen', die den Innenraum konstituieren, in spezifischer Weise ausgrenzen".[207] Zugleich lässt sich darauf schließen, dass die ‚anderen Räume' auch über ein „reales räumliches Substrat" verfügen. Die Heterotopie ist demnach zwar keine Utopie, aber nähert sich doch an diese an, wie Foucault in seiner zentralen Definition betont.[208] Heterotopien seien, wie er argumentiert, im Gesamt einer instituierten Gesellschaft „sozusagen Gegenplatzierungen oder Widerlager, tatsächlich realisierte Utopien, in denen die wirklichen Plätze innerhalb der Kultur gleichzeitig repräsentiert, bestritten und gewendet sind, gewissermaßen Orte außerhalb aller Orte, wiewohl sie tatsächlich geortet werden können".[209]

---

204 Michel Foucault hielt den ersten Radio-Vortrag „Les hétérotopies" am 7. Dezember 1966 und den zweiten „Le corps utopique" am 21. Dezember 1966 jeweils über den Kulturkanal „France Culture".
205 Rainer Warning: „Heterotopie und Epiphanie". In: *Heterotopien als Räume ästhetischer Erfahrung*, München 2009, S. 11–41, hier: S. 12.
206 Ebd.
207 Ebd.
208 Ebd.
209 Ebd.; Warning zitiert aus dem folgenden Text von W. Seitter und M. Foucault: „Andere Räume". In: *Aisthesis. Wahrnehmung heute oder die Perspektiven einer anderen Ästhetik*, hg. K. Barck u. a., Leipzig 1990, S. 34–46, hier S. 39. Der Originaltext von Foucault befindet sich in: *Dits et écrits 1954–1968*, hg. D. Defert/ F. Ewald, 4 Bände, Paris 1954, Bd. IV, S. 752–762, dieser Textteil: S. 755. „des sortes de contre-emplacements, sortes d'utopies effectivement réalisées, dans lesquelles les emplacements réels, tous les autres emplacements réels que l'on peut trouver à l'intérieur de la culture sont à la fois représentés, contestés et inversés, sortes de lieux qui sont hors

Die „Ausgangsdefinition der Heterotopologie" benenne Foucault, so Warning, als eine „contestasion à la fois mythique et réele de l'espace où nous vivons".[210] Diese Definition verdeutliche Foucault, am Bild des Spiegels – als einem Leitbild heteroper Inversion –, indem er auf die Eigenschaft des Spiegelbildes verweist, welches in einem unwirklichen, virtuellen Raum hinter dem Glas erscheint. Dieser unwirkliche Raum ist eine Utopie, welche aber nicht den Ort aufhebt, von dem der Betrachter in den Spiegel blickt.[211] Foucault beschreibt dies so: „Der Spiegel funktioniert als eine Heterotopie in dem Sinn, dass er den Platz, den ich einnehme, während ich mich in dem Glas erblicke, ganz wirklich macht und mit dem ganzen Umraum verbindet, und dass er ihn zugleich ganz unwirklich macht, da er nur über den virtuellen Punkt dort wahrzunehmen ist."[212] Dies ist also unter einer „heterotopen Inversion" zu verstehen; eine „Reflexionsfigur" konstituiert eine „Außenperspektive", welche sich in die Tiefe „des virtuellen Raums" hinter dem Glas auszudehnen scheint.[213] Dieser virtuelle Raum wiederum kann auch als ein „noch gestaltloses Imaginäres" gesehen werden, aus welchem eine Perspektive entspringt, durch die eben dieses Imaginäre Gestalt annimmt. Indem sich der Betrachter in der „inversen Perspektive" als Spiegelbild konstituiert, ist er zugleich Fiktion und zwar an dem realen Ort, von dem aus er in den Spiegel blickt.[214]

Aufgrund der Verdeutlichung eines Zusammenwirkens von Utopie bzw. einem utopischen Ort und einem realen Ort weist dieser Aspekt des Heterotopie-Konzeptes von Foucault interessante Parallelen zu dem Modell Venedigs als Bühne auf, welche, als ein Ort symbolischer Prozesse, gleichzeitig des realen Bezuges bedarf. Das Konzept der Heterotopie greift aber auch in der Hinsicht, als sich sowohl der semantische als auch der topologische Ort Venedig in der

---

de tous de lieux, bien que pourtant ils soient effectivement localisables." Zitiert aus: Warning a. a. O., S. 12.

210 Ebd., S. 14. Warning zitiert hier aus: „Des espaces autres". In: *Dits et écrits 1954–1968*, S. 756, Übersetzung Seitter in *Aisthesis*.
211 Vgl. ebd.
212 Ebd. Übernahme eines Zitates von Foucault. Warning zitiert aus dem Text von W. Seitter und M. Foucault: „Andere Räume". In: *Aisthesis* a. a. O., S. 39. Originaltext von Foucault: „Des espaces autres", a. a. O., S. 756: „Le miroir fonctionne comme une hétérotopie en ce sens qu'il rend cette place que j'occupe au moment où je me regarde dans la glace, à la fois absolument réelle, en liaison avec tout l'espace qui l'entoure, et absolument irréelle, puisqu'elle est obligée, pour être perçue, de passer par ce point virtuel qui est là-bas." Zitiert aus: Warning a. a. O., S. 14.
213 Ebd.
214 Vgl. ebd.

Literatur als „andere Räume", also als „heteroi topoie", konstituieren, was wiederum darauf zurückzuführen ist, dass Venedig aufgrund seiner Entmachtung und Verlassenheit, die der Stadt erst die imaginären Räume eröffnete, in einzigartiger Weise zu einem poetisch relevanten Subjekt werden konnte.[215] Dabei ist zudem zu bedenken, wie in Bezug auf die Einleitung von Kramer und Dünne zu *Theatralität und Räumlichkeit* bereits erwähnt, dass imaginäre Räume durchaus einer Entsprechung in der empirischen Wirklichkeit bedürfen, was auf das literarische Venedig in ganz besonderer Weise zutrifft. Das ‚reale' Venedig zeichnet aus, dass es sich von seiner unmittelbaren Umgebung nicht nur aufgrund seiner besonderen Beschaffenheit und Lage als Wasserstadt in vielerlei Hinsicht abgrenzt, sondern auch im Vergleich mit anderen Städten eine unvergleichliche Sonderstellung einnimmt.[216] Zu guter Letzt aber ist es auch der Mythos der Stadt, welcher dafür verantwortlich ist, dass das ‚reale' empirische Venedig immer nur unter dem Schleier der Illusion erscheint, also stets etwas Unwirkliches hat, und so wiederum dessen Besonderheit betont. Insofern ist Venedig in paradigmatischer Weise eine Heterotopie, was den semantischen als auch den topologischen Ort betrifft, dies aber insbesondere unter dem Gesichtspunkt, dass das unwirklich-reale Venedig als „realisierte Utopie" wie prädestiniert erscheint.

Allerdings besteht auch die Möglichkeit von Heterotopien innerhalb Venedigs, wie dies im Fin de siècle bis hin zur zeitgenössischen Venedigliteratur zu beobachten ist. Speziell im Fin de siècle wird häufig das abseitige, ärmliche Venedig thematisiert, wie zum Beispiel in Rilkes *Szene aus dem Ghetto in Venedig* oder Arthur Schnitzlers *Casanovas Heimfahrt*. Auch in Manns *Tod in Venedig* kommt an einigen Stellen eine abseitige und arme Lagunenstadt vor, wobei der Autor es allerdings vermeidet, das Elend wesentlich in den Vordergrund treten zu lassen. In seiner Novelle ist vor allem das abseitige ‚reiche' Venedig mit dem Bäderhotel am Lido präsent, in welchem der wohlhabende Gustav von Aschenbach wohnt.

Das abseitige ärmliche Venedig taucht in modifizierter Form aber auch in der Venedigliteratur von der Nachkriegszeit bis zur Gegenwart auf, wobei sich durch dieses in exemplarischer Weise die allgemein-existentielle Bedrohung und Endzeitstimmung des modernen Menschen und seine Verlorenheit in einer kalten und erbarmungslosen Welt ausdrückt.[217]

---

215 Vgl. Corbineau-Hoffmann a. a. O., Einleitung und Kap. II.
216 Siehe ebd.; Einleitung S. 3/4.
217 Siehe ebd., Kapitel IV.

4. Inszenierungen und ihre Strategien

In ihrem Aufsatz „Theatergeschichte als Körpergeschichte", der die Einleitung zu dem von ihr herausgegebenen Band *Theater im Prozess der Zivilisation* darstellt, thematisiert Fischer-Lichte die Bedeutung des Körpers in einer Inszenierung, indem sie auf die Notwendigkeit hinweist, „den Körper nicht nur als Objekt oder als Ursprungsort und Medium von Selbstbildungsprozessen zu betrachten, nicht nur als Oberfläche für und das Produkt von kulturellen Einschreibungen", sondern, dass es auch wichtig sei, ihm *agency* zuzusprechen, da der Körper „als Agens, wenn nicht gar als ‚Akteur' produktiver Körper-Inszenierungen berücksichtigt werden" müsse.[218] Fischer-Lichte unterscheidet dabei zwischen zwei Arten von Inszenierungen:[219] Und zwar zwischen solchen, „die als solche wahrgenommen werden wollen und sollen, und Inszenierungen, deren Wirkung darunter leidet, wenn sie als solche wahrgenommen werden".[220] Davon ausgehend konstatiert Fischer-Lichte, dass, „wenn ein Gesprächspartner ein sorgfältig inszeniertes Verhalten als natürlich" empfinde, „er es wohl den Inszenierungsstrategien entsprechend wahrgenommen" habe, „jedoch nicht als Inszenierung".[221] Das heiße, so Fischer-Lichte weiter, „Inszenierung vermag hier gerade deshalb zu wirken, weil sie nicht als solche wahrgenommen" werde. Im umgekehrten Fall wiederum könnten „bestimmte Arten von Körper-Inszenierungen nur dann ihre volle Wirkung entfalten, wenn sie als Inszenierungen wahrgenommen" würden.[222]

In der Venedigliteratur verhält es sich so, dass, im Rahmen der ‚literarischen' Inszenierung, ein häufig spezifisches Erkennungsmerkmal der fiktionalen Venedig-Gestalten ab dem Fin de siècle zu bedenken ist, das darin besteht, dass sie quasi ein Opfer der Inszenierung werden, in welcher sich Venedig, aufgrund seiner Theatralität, wie in einem Dauerzustand befindet und der die fiktiven Gestalten ausgeliefert sind. Manchmal kann nicht mal mehr der Leser die Inszenierung des literarischen Venedig wahrnehmen, bzw. wird über die Grenze von inszenierter Täuschung und einer fiktiven Wirklichkeit im Unklaren gelassen, was insbesondere in Roseis Roman *Wer war Edgar Allan?* zur Geltung kommt. In diesem Werk wird der Leser in die aus dem verwirrenden Spiel zwischen dem namenlosen Helden und seinem Alter Ego entstehenden Gedankenassoziationen

---

218 Erika Fischer-Lichte: „Theatergeschichte als Körpergeschichte". In: *Theater im Prozess der Zivilisation*, Tübingen, Basel 2000, S. 9–21, hier S. 10.
219 Ebd.
220 Ebd.
221 Ebd.
222 Ebd., S. 10/11.

hineingezogen und muss feststellen, dass er, genauso wenig wie der Held selbst, eine Klärung des Sachverhaltes erwarten kann. Dies geschieht jedoch in der Intention, nach der die nicht wahrnehmbare Inszenierung auch für den Leser, eben Teil einer beabsichtigen Inszenierung des Autors darstellt.

Fischer-Lichte unterscheidet ganz klar zwischen dem Begriff der Inszenierung und dem der Aufführung.[223] So schreibt sie in ihrem Aufsatz „Theatralität als kulturelles Modell", unter den Begriff der Inszenierung falle demnach „die intentionale Planung der performativen Hervorbringung von Materialität, wie sie in der Aufführung vollzogen werden" solle, unter den der Aufführung hingegen „die tatsächliche Hervorbringung von Materialität, an der auch Zuschauer sich beteiligen können, ohne dass dies geplant gewesen wäre, oder, wenn es geplant war, auf eine vorher nicht voraussagbare Weise".[224] Der Begriff der Inszenierung weise „insofern immer schon auf die Grenzen von Inszenierungen hin".[225] In ihrem Aufsatz „Diskurse des Theatralen" wiederum argumentiert Fischer-Lichte, dass „Aufführungen immer nur einmalig und nicht wiederholbar" seien, „eine Inszenierung hingegen" könne wiederholt gezeigt werden. Eine Aufführung ereigne sich „genauso so aber immer nur ein einziges Mal".[226] Bezüglich von Aufführungen jeder Art sei aber zu bedenken, dass diese „sich erst durch ein spezifisches Publikum" konstituierten.[227] Aufführungen, wozu im Übrigen auch sogenannte *cultural performances* zählten, müssten als solche also auch im Hinblick auf die Wahrnehmungen betrachtet werden.[228]

Fischer-Lichte betont, dass „der Begriff der Inszenierung gegenwärtig Hochkonjunktur" habe. Seit den achtziger Jahren fände er „in nahezu allen Kulturwissenschaften üppig Verwendung".[229] Wie die Autorin erklärt, träten „unter den verschiedenen hier zu konstatierenden Begriffsverwendungen zwei als dominant hervor".[230] Zum einen werde mit dem Begriff „auf die Scheinhaftigkeit,

---

223 Fischer-Lichte: „Theatralität als kulturelles Modell", a. a. O., S. 14.
224 Ebd., S. 16.
225 Ebd.
226 Fischer-Lichte: „Diskurse des Theatralen", a. a. O., S. 21.
227 Ebd., S. 27.
228 Ebd.; Der Ethnologe Elton Singer führte den Begriff der *cultural performances* in den fünfziger Jahren ein: Dazu zählen Feste, Spiele, Umzüge, Prozessionen, Krönungen, Begräbnisse, Hinrichtungen, alle Arten von Zeremonien und Rituale und natürlich Theateraufführungen aller Genres. Nachzulesen in: Erika Fischer-Lichte: „Theatralität – Theater als kulturelles Modell in den Kulturwissenschaften". In: *Theatralität und die Krisen der Repräsentation*, a. a. O., S. 15/16.
229 Fischer-Lichte: „Einleitung: Theatralität als kulturelles Modell", a. a. O., S. 17.
230 Ebd.

Lügenhaftigkeit, Verstellung unserer Kultur abgehoben, auf das Nicht-Natürliche, das künstlich Hergestellte, kurz: das Unauthentische der gegenwärtigen Kultur oder auch vergangener Kulturen (…)".[231] Es werde wortreich beklagt, „dass alles nur noch Inszenierung" sei. In diesem Sinne handle es sich, so Fischer-Lichte, „um einen kulturkritischen Begriff".[232] Zum anderen herrsche „in der Verwendung des Begriffs der Bezug auf die Produzenten vor, wie dies bei Artefakten der Fall" sei, „der Bezug auf die geheimen oder offen agierenden Inszenatoren, auf die Manipulatoren in Politik, Wirtschaft, Medien".[233] Hier werde der Begriff der Inszenierung, folgert Fischer-Lichte, „vorwiegend als ein gesellschaftskritischer" verwendet. Wie sie diesbezüglich beider Begriffverwendungen feststellt, intendierten diese „implizit den Aufführungscharakter solcherart geschmähter Prozesse, ohne freilich eine klare Erkenntnis über ihn erahnen zu lassen".[234] Fischer-Lichte verweist in diesem Kontext auch darauf, dass es sich „in beiden Fällen um einen wertenden Begriff" handle. Hingegen stelle der Begriff der Inszenierung, wie er im Schwerpunktprogramm entwickelt worden sei, einen „rein deskriptiven Begriff" dar.[235] In seiner Verwendung als solcher sei es auch Erfolg versprechend gewesen, ihn „bei der Lösung von Problemen und Widersprüchen einzusetzen, die sich bei den anderen Verwendungsweisen der Begriffe Inszenierung und Aufführung" voraussichtlich ergeben hätten.[236] Ganz abgesehen davon werde so der Begriff, da er nicht als Synonym zu dem der Aufführung verwendet werde, nicht inflationär.[237]

Hinsichtlich der von Fischer-Lichte vorgebrachten kulturkritischen und gesellschaftskritischen Bedeutungen des Begriffes der Inszenierung lässt sich wiederum an die vorhin bereits thematisierte entgrenzende Theatralität, welche die Inszenierung, laut der Autorin, ja als einen Teilaspekt beinhaltet, in der Venedigliteratur anschließen. Dies ist insofern relevant, als aus der Unbegrenztheit der Theatralität unwillkürlich eine Unberechenbarkeit resultiert, welche wiederum auf den von Fischer-Lichte konstatierten Eigenschaften in der Begriffsverwendung von Inszenierung, wie Scheinhaftigkeit und Lügenhaftigkeit im Sinne einer kulturkritischen Bedeutung, bzw. den geheim oder offen agierenden Inszenatoren im Sinne einer gesellschaftskritischen Bedeutung, beruht. Insofern generiert sich

---

231 Ebd.
232 Ebd.
233 Ebd.
234 Ebd.
235 Ebd.
236 Ebd.
237 Ebd.

Venedig auch, aufgrund seiner Theatralität, in der fiktionalen Venedigliteratur vor allem ab dem Fin de siècle überwiegend als eine ‚inszenierte' Stadt der Lüge, des Scheins, der Doppeldeutigkeit und der Manipulation.

In seinem Aufsatz „Die Wirklichkeit der Theatralität" schreibt Soeffner, dass man sich hüten solle, die Ausdrücke ‚Darsteller' bzw. ‚Darstellung' und ‚Inszenierung' gleichzusetzen.[238] Denn der Ausdruck ‚Darstellung' verführe „allzu leicht dazu, dass man ihm beinahe gewohnheitsmäßig den Ausdruck ‚Inszenierung'" beigeselle: „So als sei Darstellung ohne Inszenierung, ohne ein ‚sich-in-Szene-setzen', gar nicht denkbar."[239] Dementsprechend habe „der inflationäre Gebrauch des Wortes ‚Inszenierung' auch außerhalb der Sphären von Theater und Medien, dazu geführt", dass man meine, Menschen seien, sobald sie einander begegneten, „immer schon und unweigerlich dabei, etwas zu inszenieren".[240] So verschwimme „die Grenze zwischen einer bewusst einstudierten, sorgfältig erarbeiteten, oft künstlerischen Gestaltung einer Inszenierung einerseits und der uns andererseits immer schon abgeforderten, sowohl in uns angelegten als auch von Kindheit an geschulten und daher routinemäßig erbrachten Darstellung eines ‚Selbstes' für andere".[241]

Diese These Soeffners spielt, wie noch zu sehen sein wird, im Zusammenhang mit den folgenden, hier zu erläuternden Gedanken Fischer-Lichtes, eine wichtige Rolle.

Die Autorin beruft sich in ihrem Aufsatz „Theatralität als kulturelles Modell" auf die Diagnose des Schwerpunktprogramms Theatralität, welche laute, dass es sich bei unserer zeitgenössischen Kultur um „eine Kultur der Inszenierung oder auch um Kultur als Inszenierung" handle[242] und auch in ihrem Band *Diskurse des Theatralen* äußert sich die Autorin diesbezüglich. „In allen gesellschaftlichen Bereichen wetteifern einzelne und gesellschaftliche Gruppen in der ‚Kunst', sich selbst und ihre Lebenswelt wirkungsvoll in Szene zu setzen. Stadtplanung, Architektur und Design inszenieren unsere Umwelt als kulissenartige ‚Environments', in denen mit wechselnden ‚Outfits' kostümierte Individuen und Gruppen sich selbst und ihren eigenen ‚Lifestyle' mit Effekt zur Schau stellen. (…) Man konsumiert nicht nur, sondern stellt den Konsum zugleich aus und dar. Theatralität

---

238 Hans-Georg Soeffner: „Die Wirklichkeit der Theatralität". In: Erika Fischer-Lichte (Hg.), *Theatralität als Modell in den Kulturwissenschaften* (Theatralität, Bd. 6), Tübingen und Basel 2004, S. 235–246, hier: S. 239.
239 Ebd.
240 Ebd.
241 Ebd.
242 Fischer-Lichte: „Theatralität als kulturelles Modell", a. a. O., S. 7.

adressiert performative Prozesse nicht nur in- und außerhalb der Kunst, sondern in allen Teilen der Gesellschaft und zwar überall dort, wo Aufführungen inszeniert und wahrgenommen werden. Insofern ist das Theatralitäts-Konzept geeignet, die Ästhetisierung der Lebenswelt, die neue Dominanz ästhetischer Vorgänge auch in originär kunstfremden Bereichen, analytisch zu begleiten."[243]

Der Aspekt einer sich inszenierenden Gesellschaft ist auch ein wesentlicher Bestandteil des philosophischen „Venedig"-Aufsatzes von Simmel,[244] indem er bei den Venezianern eine Art von Selbstinszenierung feststellt, die, wie er eigens betont, auf der ‚Bühne' Venedig stattfindet. Dabei handelt es sich allerdings um eine Selbstinszenierung, welche nicht bewusst in Szene gesetzt erscheint, sondern die den Venezianern unbeabsichtigt inhärent ist, also einen Teil ihres Wesens ausmacht. „Alle Menschen in Venedig gehen wie über die Bühne: in ihrer Geschäftigkeit, mit der nichts geschafft wird, oder mit ihrer leeren Träumerei tauchen sie fortwährend um eine Ecke herum auf und verschwinden sogleich hinter einer andern und haben dabei immer etwas wie Schauspieler, die rechts und links von der Szene nichts sind, das Spiel geht nur dort vor und ist ohne Ursache in der Realität des Vorher, ohne Wirkung in der Realität des Nachher."[245] Die von Simmel vorgenommene, spezifische Charakterisierung der Venezianer, welche sich, sobald sie auf der ‚Szene' erscheinen, in einem unbewusst bzw. unbeabsichtigt inszenierenden Vorgang befinden, lässt auch an die vorhin erwähnte Argumentation Soeffners anschließen, nach der in uns eine, „immer schon abgeforderte, sowohl in uns angelegte als auch von Kindheit an geschulte und daher routinemäßig erbrachte Darstellung eines ‚Selbstes' für andere",[246] wirksam sei. Dabei ist zu bedenken, dass Soeffner, wie schon gesagt, ausdrücklich betont, diese ursprüngliche Anlage zur Darstellung nicht mit dem Begriff der Inszenierung, welche ja eine gewisse Planung voraussetzt, gleichzusetzen. Die These Soeffners kann aber doch nicht bzw. soll sicher auch nicht darüber hinwegtäuschen, dass zwischen Darstellung und Inszenierung eine unmittelbare Verbindung besteht und zudem stellt sich die Frage, inwiefern eine „in uns angelegte, von Kindheit an geschulte und routinemäßig erbrachte Darstellung eines ‚Selbstes' für andere", den Inszenierungs-Gedanken nicht als einen unwillkürlichen voraussetzt.

Auch Matala de Mazza und Pornschlegel greifen in ihrem Band *Inszenierte Welt* das Modell einer sich ständig inszenierenden Gesellschaft auf. So vertreten

---

243 Fischer-Lichte: „Diskurse des Theatralen", a. a. O., S. 30.
244 Georg Simmel: *Zur Philosophie der Kunst. Philosophische und kunstphilosophische Aufsätze*, Potsdam 1922, darin: „Venedig".
245 Georg Simmel, „Venedig", S. 69.
246 Soeffner a. a. O., S. 239.

die beiden Autoren die Ansicht, dass es der in den Jahren zuvor vollzogene *cultural turn* sei – von dem vorhin, bezüglich einer verstärkten Hinwendung der Kulturwissenschaften zur Kategorie der Theatralität, in dem von Kramer, Dünne sowie Friedrich verfassten Vorwort des Bandes *Theatralität und Räumlichkeit* bereits die Rede war – welcher „die Aufmerksamkeit in verstärktem Maße auf die vielfältigen Formen inszenierten Handelns in den Industriegesellschaften gelenkt" habe. „Das Interesse am ‚Performativen', an Riten, an Zeremonien, ‚Auftritten'" verdanke sich „einem postkolonialen, ‚ethnologischen Blick' auf die eigene Kultur, aber auch den Mechanismen der ‚Inszenierungsgesellschaft', wie sie sich in den letzten Jahrzehnten im Zusammenspiel von Medien und Marketing herausgebildet" habe.[247]

In der Einleitung zu dem Band *Theatralität und Räumlichkeit* hingegen betonen Kramer und Dünne „das Potenzial theatraler Inszenierung in politischen und sozialen Zusammenhängen, die nicht von vornherein an institutionalisierte Orte und Mediendispositive zur Aufführung fiktiver Handlungen gekoppelt" seien.[248] Dies bedeute jedoch nicht, „dass man der medialen – und insbesondere der theatralen Sichtweise – ganz entbehren" könne, „die sie erst als soziale bzw. politische Ereignisse" konstituiere. „Im Unterschied zu den institutionell ‚freigestellten' Fiktionen des Theaters, des Romans etc." würden „in Inszenierungen im sozialen Raum regulative Fiktionen erzeugt, in denen keine Trennung von fiktionaler und Lebenswelt vorausgesetzt" werde, „sondern die im Zeichen einer partiellen Re-Ritualisierung theatraler Repräsentationspraktiken" stünden, „bei der das Theater als Modell für soziale Disziplinierungs- und Distinktionsvorgänge" fungiere „und bei der Grenzen und Schwellen innerhalb des sozialen Lebens" markiert oder verändert werden würden.[249] „Die Möglichkeiten solcher Markierungen" reichten „von der Dokumentation sportlicher Leistungen bis hin zur inszenatorischen Begründung politischer Souveränität, wobei sich die Frage" stelle, „wie klar sich trotz der Institutionalisierung von Inszenierungsorten jemals zwischen politisch-regulativer und ästhetisch ‚freier' Inszenierung unterscheiden" lasse.[250]

Bezüglich der Theatralität in der Venedigliteratur sind die in politischen und sozialen Inszenierungen wirksam werdenden „regulativen Fiktionen" durchaus relevant, auch wenn es selbstverständlich so ist, dass der Topos Venedig als ‚Bühne' sowie deren Theatralität in der Literatur immer zu den institutionell

---

247 Matala de Mazza, Pornschlegel a. a. O., S. 9.
248 Kramer, Dünne: „Einleitung. Theatralität und Räumlichkeit", a. a. O., S. 29.
249 Ebd.
250 Ebd.

„freigestellten Fiktionen" gerechnet werden müssen. Dennoch weist die regulative Fiktion für die Theatralität in der Venedigliteratur insofern auch einen wichtigen Aspekt auf, da es ja gerade deren Intention ist, zwischen fiktionaler und Lebenswelt nicht zu trennen. Außerdem ist hier abermals die speziell der Theatralität zuzuordnende Eigenschaft zu beachten, wonach sich diese über die begrenzenden Faktoren einer Theaterbühne ausdehnt, welche zwar eine „ästhetisch ‚freie' Inszenierung", beruhend auf „institutionell ‚freigestellten' Fiktionen", als solche erkennbar macht, aber gleichzeitig auch für die Notwendigkeit steht, dass Theatralität unter der Sicht einer völligen Entgrenzung auf der semantischen Ebene gesehen werden muss, wie dies bereits mehrfach angesprochen wurde. Dieser entgrenzende Aspekt des Theatralen kann dann wiederum ganz allgemein auf den als Folge einer regulativen Fiktion sich ergebenden Wegfall einer Trennung von Lebenswelt und Fiktion in Verbindung gebracht werden, wie dies in der Venedigliteratur häufig an der exemplarisch vorgeführten Verschmelzung von Fiktion und Lebenswelt des jeweiligen Protagonisten zu beobachten ist.

Die Ununterscheidbarkeit von fiktionaler Welt und ‚Wirklichkeit', spricht auch Fischer-Lichte in ihrem Aufsatz „Theatralität als kulturelles Modell" an und zwar hinsichtlich des öffentlichen und medialen Umgangs mit politischen Ereignissen. So schreibt sie, dass Politik nur noch „als symbolische Inszenierung in den Medien" erfahrbar sei. „(…) Eine schier endlose Abfolge von inszenierten Ereignissen weist darauf hin, dass sich eine *Erlebnis- und Spektakelkultur* gebildet hat, die sich mit der Inszenierung von Ereignissen selbst hervorbringt und ständig neu reproduziert."[251] Diese Art der Wirklichkeitserfahrung, so Fischer-Lichte weiter, lasse „sich prägnant unter Bezug auf ein Modell beschreiben, wie es das Theater bereit" halte.[252] Als Wirklichkeit werde eine Situation erfahren, „in der ein Akteur an einem besonders hergerichteten Ort sich zu einer bestimmten Zeit einen anderen oder etwas vor den Blicken der anderen" darstelle oder „zur Schau" stelle. Insofern erscheine auch kulturelle Wirklichkeit „in diesem Sinne grundsätzlich als theatrale Wirklichkeit".[253]

Fischer-Lichte äußert in diesem Zusammenhang, dass es „auf den ersten Blick den Anschein" habe, „als wenn die Theatralisierung unserer heutigen Lebenswelt als moderne Version des barocken Welttheaters zu verstehen" sei, wobei dieser Eindruck jedoch täusche.[254] „Das Bild vom *theatrum mundi* oder auch vom *theatrum vitae humanae*", erklärt Fischer-Lichte, intendiere „das

---

251 Fischer-Lichte: „Theatralität als kulturelles Modell", a. a. O., S. 7.
252 Ebd., S. 7/8.
253 Ebd., S. 8.
254 Ebd.

menschliche Leben als ein Schauspiel, das der Mensch vor Gott, dem Autor, dem Spielleiter" aufführe. „Alles, was Teil des menschlichen Lebens" sei, „jede Regung, jedes Gefühl, jeder Gedanke, jedes Wort, jedes Verhalten und jede Tat", sei „daher auch als Tat des Schauspielers zu begreifen" und werde „vor Gott zur Aufführung gebracht".[255] Gott allein sei imstande, „den Schein, welcher der Rolle" zugehöre, „vom wahren Sein des Schauspielers, seiner Seele, zu unterscheiden und daher sein ‚Spiel', seine Aufführung angemessen und gerecht zu beurteilen".[256] Doch trotz des frappanten Unterschiedes zwischen der aus den Zeiten des Barock stammenden Metapher des *theatrum mundi* einerseits und „der Theatralisierung unserer heutigen Lebenswelt" andererseits stimmten beide Bereiche, laut Fischer-Lichte, in jenem wesentlichen Merkmal überein, als sie „den Aufführungscharakter des menschlichen Lebens bzw. der kulturellen Wirklichkeit" fokussieren und repräsentieren.[257]

In der Einleitung des Bandes *Theatralität und die Krisen der Repräsentation* argumentiert Fischer-Lichte, dass, „während im 17. Jahrhundert mit dem alten Topos vom *theatrum mundi* bzw. vom *theatrum vitae humanae* die Theatermetapher auf allen kulturellen Feldern" dominiert hätte, „im 20. Jahrhundert die Theaterbegrifflichkeit sowohl metaphorisch als auch im Sinne eines heuristischen Instrumentariums gebraucht" worden sei, „mit dem der theatrale Aspekt von kulturellen Phänomenen und Prozessen in den Blick gebracht und in einer ersten Annäherung versuchsweise beschrieben werden" sollte.[258] Wie Fischer-Lichte in ihrer Abhandlung „Diskurse des Theatralen" schreibt, lag ein Fokus der historischen Projekte des Schwerpunktprogramms auf der höfischen Repräsentation vom Mittelalter bis ins frühe 18. Jahrhundert. Die Autorin betont, dass „deren performative Dimension gerade im Hinblick auf Rituale, Zeremonien, Wettkämpfe und Feste herausgearbeitet werden" konnte.[259] Dabei habe sich gezeigt, „dass das Interesse der Zuschauer bei derartigen Aufführungen wohl kaum darauf gerichtet" gewesen sei, „die Symbolik bestimmter Gesten und Handlungen eines Rituals zu verstehen oder das allegorische Programm zu entziffern, das zum Beispiel einem Feuerwerk" zugrunde gelegen habe; „sondern dass sie sich vom Wahrgenommenen leiblich" hätten affizieren lassen, „dass sie in Erstaunen,

---

255 Ebd.
256 Ebd.
257 Ebd., S. 8/9.
258 Fischer-Lichte: „Theatralität – Theater als kulturelles Modell in den Kulturwissenschaften", Einleitung, a. a. O., S. 15.
259 Fischer-Lichte: „Diskurse des Theatralen", a. a. O., S. 15.

Bewunderung, Ergriffenheit u. a. Affekte" verfallen seien.[260] Die Theatralität unserer heutigen Lebenswelt ziele dagegen „auf Prozesse der Inszenierung von Wirklichkeit durch einzelne und gesellschaftliche Gruppen, vor allem auf Prozesse der Selbstinszenierung".[261] Als Teil der Inszenierung gelte dabei nur, „was einerseits in oder mit ihr zur Erscheinung gebracht und von anderen wahrgenommen" werde, „sowie andererseits das Ensemble von Techniken und Praktiken, das eingesetzt" werde, „um es in Erscheinung treten zu lassen".[262] Damit werde aber nicht nur, so Fischer-Lichte weiter, „die barocke Unterscheidung zwischen Sein und Schein hinfällig, sondern auch die für unsere Kultur so typische und traditionell fraglos gültige Entgegensetzung der positiv besetzten Begriffe Wahrheit, Wirklichkeit, Authentizität gegenüber solch traditionell schlecht besetzten Begriffen wie Schein, Simulation, Simulakrum, funktionslos".[263]

Die aus dieser Situation sich ergebende Unmöglichkeit einer konkret bestimmbaren Gegensätzlichkeit traditionell-tradierter Begriffe, die aufgrund dessen in ihren Bedeutungen verwischt erscheinen, ist auch in Bezug auf die Theatralität Venedigs relevant. Denn die Eigenschaften, durch welche sich das literarische Venedig konstituiert, äußern sich, der These Fischer-Lichtes gemäß, ebenfalls zwischen verschiedenen Bedeutungen oszillierend, so dass sich demnach Wahrheit, Wirklichkeit und Authentizität oder auch der Schein, die Simulation oder das Simulakrum genauso wenig bestimmen lassen, wie die subtile Wirkung der Lagunenstadt selbst. Jedoch lässt sich aus diesem Mangel an Möglichkeit einer auf Gegensätzlichkeit beruhenden konkreten begrifflichen Bestimmung der für die Venedigliteratur wesentliche Schluss ziehen, wonach es eben doch negativ konnotierte Eigenschaften, wie Schein, Lüge oder Täuschung sind, welche die grundlegenden und überdies auch betont theatralischen Eigenschaften Venedigs in der Literatur ausmachen und die Geschicke in ihr bestimmen. Aufgrund des oszillierenden Spiels der theatralen Eigenschaften erscheint so der im Fokus einer Inszenierung entstehende semantische Topos Venedig umso relevanter, welcher mit der anti-repräsentativen Perspektive einer entgrenzenden Theatralität kohärent ist. Dabei ist aber, wie gesagt, zu bedenken, dass in der Venedigliteratur die entgrenzende Theatralität stets der Bühne Venedig bedarf, und zwar insofern, als diese sich zum einen auf der semantischen Ebene konstituiert, gleichzeitig aber auch der Bezug zur empirischen Ebene präsent ist.

---

260 Ebd.
261 Fischer-Lichte: „Theatralität als kulturelles Modell", a. a. O., S. 8.
262 Ebd.
263 Ebd.

Die Auflösung der Konkretisierung einander in bisheriger Tradition entgegengesetzter Begriffe hatte, laut Fischer-Lichte, um die Wende vom 19. zum 20. Jahrhundert eingesetzt.[264] Dieser Prozess ist unmittelbar mit der auf vielen kulturellen Ebenen stattfindenden Theatralisierung in Zusammenhang zu bringen. Bezüglich des Themas dieser Untersuchung ist dies auch insofern von Bedeutung, da der Topos Venedig im Fin de siècle gerade bei den Schriftstellern der Décadence als Symbol des Todes große Bedeutung gewann; eine Entwicklung, welche aufgrund der genuinen Theatralisierung des semantischen Raumes ermöglicht wurde. In dieser Hinsicht sollte auch der zumindest auf indirekter Ebene stattfindende Einfluss der allgemeinen Theatralisierung vieler kultureller Bereiche, welche sich ebenfalls in dieser Zeit vollzog, in Betracht gezogen werden.

Eine wichtige Position innerhalb der Theatralitäts-Forschungen des Schwerpunktprogramms nehmen, wie Fischer-Lichte in ihrem Aufsatz „Diskurse des Theatralen" aus dem gleichnamigen Band bemerkt, auch Macht-Inszenierungen ein. Fischer-Lichte verweist darauf, dass „im traditionellen Verständnis der Geschichtswissenschaft wie auch der Politologie politische Inszenierungen ganz vorwiegend als *Repräsentationen* von Macht interpretiert" worden seien.[265] Dieses Untersuchungsfeld habe in den 90er Jahren „vor allem durch die umfangreichen Forschungen zur Fernsehdemokratie so viel neuen Schwung" erhalten, „dass es trotz seiner weit zurück reichenden Wurzeln als ein hoch aktuelles, über die Disziplingrenzen hinweg stark expandierendes Forschungsfeld gelten" dürfe, und auch das Schwerpunktprogramm hätte auf diesem Gebiet wichtige neue Akzente gesetzt, „indem gegenüber der repräsentativen die performative, konstruktive Dimension von Macht-Inszenierungen fokussiert" worden sei.[266] Fischer-Lichte erklärt, dass „die *korporale Dimension* des Theatralitätsmodells den Blick auf die körperliche Qualität kollektiver wie individueller Machtkonstruktion" lenke.[267] Demnach dienten Machtinszenierungen häufig dazu, abstrakte politische Herrschaftsansprüche in körperliche, also in sinnlich konkret erfahrbare Aufführungen zu transformieren.[268] Die so entstehende *performative Dimension* unterstreiche dabei „die Unberechenbarkeit und Kontingenz von Machtdarstellungen jeder Art". Fischer-Lichte verweist auf die Bedeutung des Zuschauers in solch einem Modell von Macht-Inszenierung. „Sobald Macht in Aufführungen transformiert" werde, argumentiert die Autorin, sei „sie auf die

---

264 Ebd.
265 Fischer-Lichte: „Diskurse des Theatralen", a. a. O., S. 18.
266 Ebd., S. 18/19.
267 Ebd., S. 19.
268 Ebd.

unkalkulierbare Beziehung zwischen konkreten Akteuren und Zuschauern angewiesen und mithin der Gefahr des Scheiterns ausgesetzt".[269] In dieser Hinsicht sei auch die *Wahrnehmungsdimension* des Theatralitätsmodells zu beachten, da sich jegliche politische Inszenierung als Aufführung immer erst in der Wahrnehmung des Publikums konstituiere.[270] „Der Zuschauer spielt beim Zustandekommen politischer Aufführungen demnach eine unverzichtbare, aktive Rolle",[271] so Fischer-Lichte. Dem Akt der Wahrnehmung komme also insofern eine wesentliche Bedeutung zu, als er vor allem „von der leiblichen Ko-Existenz von Akteur und Zuschauer herausgefordert" werde, wobei dies aber keineswegs nur auf Aufführungen beschränkt sein müsse.[272]

Der Aspekt der Wahrnehmung durch den Zuschauer in seiner unkalkulierbaren Beziehung zum Akteur ist auch hinsichtlich der Venedigliteratur zu beachten und zwar insofern, als die Position des wahrnehmenden Zuschauers zum einen in die des Lesers transformiert wird, und zum anderen, da die fiktionale Gestalt, also der Akteur, zugleich auch als Zuschauer anzusehen ist. In beiden Fällen bestimmt sich die Positionierung des Zuschauers, die des Lesers und die der fiktionalen, also agierenden Gestalt, welche gleichzeitig Zuschauer und damit Beobachter ist, durch einen jeweils entsprechenden Blickwinkel der Wahrnehmung, welche als solche für die Generierung des theatralen Geschehens wesentlich ist.

Was die Aufhebung der Grenze zwischen Beobachter und Beobachtetem betrifft, ein Aspekt, der in dieser Untersuchung bereits in anderen Kontexten erwähnt wurde, wird dieser an späterer Stelle im Zusammenhang mit der Theorie Plessners und seiner These des „virtuellen Zuschauers seiner selbst und der Welt" und mit den in Fischer-Lichtes Aufsatz „Theatralität – Theater als kulturelles Modell in den Kulturwissenschaften" thematisierten *cultural performances* noch einmal angesprochen.

Die besondere Position, welche Fischer-Lichte dem Zuschauer einräumt, betrachtet sie auch hinsichtlich der in ihrem Aufsatz „Theatergeschichte als Körpergeschichte" thematisierten – sogenannten – „Körper-Inszenierungen". Diesbezüglich bemerkt sie „dass Körper-Inszenierungen nicht nur auf der Bühne, sondern auch im Zuschauerraum vorgenommen" werden würden.[273] Die Wahrnehmung des Zuschauers sei „immer auch eine inszenierte". Die ‚Regeln' für seine Inszenierung hingen „von allgemeinen historischen und kulturellen

---

269 Ebd.
270 Ebd.
271 Ebd.
272 Ebd.
273 Fischer-Lichte: „Theatergeschichte als Körpergeschichte", a. a. O., S. 12.

Bedingungen ab, von den konkreten Bedingungen der Aufführung und ihrem Kontext sowie von individuellen Bedingungen wie Alter, Geschlecht, Zugehörigkeit zu einer bestimmten sozialen Schicht, persönliche Erfahrungen, augenblicklicher Stimmung u. a.".[274] In Anbetracht dessen ließen sich, laut Fischer-Lichte, auch spezifische Merkmale in verschiedenen europäischen Kulturen – wie der englischen oder der französischen – feststellen, wonach „sich häufig Wechselbeziehungen zwischen den Körper-Inszenierungen des Theaters und den Körper-Inszenierungen der gesellschaftlichen Elite, die sich in der Hauptstadt" versammle, nachweisen ließen. In diesem Zusammenhang betont Fischer-Lichte die Wichtigkeit der Hauptstadt, als das „unbestrittene Zentrum nicht nur für das politische, sondern auch für das gesamte kulturelle Leben".[275] Dieser kulturell-städtische Aspekt erscheint insofern zur Theatralität Venedigs und seiner Funktion als Bühne kohärent, als sich auch hier die Hauptstadt als Bühne für Körper-Inszenierungen erweist.

Was die Beziehung zwischen Akteur und Zuschauer betrifft, sind aber auch die folgenden Gedanken Fischer-Lichtes zu beachten, indem sie zunächst die Wichtigkeit der Begriffe „Ereignis" und „Emergenz" als heuristische Instrumente für den Aufführungscharakter von Kultur betont.[276] Was in einer Aufführung in Erscheinung trete, so die Autorin, wirke „aus Sicht der Zuschauer überwiegend emergent".[277] Ereignishaftigkeit und Emergenz von Aufführungen seien vor allem „auf ihre spezifische Medialität und Materialität zurückzuführen, also auf die leibliche Ko-Präsenz von Akteuren und Zuschauern, durch die eine Aufführung in erster Linie" entstehe, „sowie durch die performative Hervorbringung von Materialität in ihrem Verlauf".[278] Nicht nur „Aufführungen als Ganzes" ereigneten sich „in der je spezifisch verlaufenden Interaktion zwischen Akteuren und Zuschauern, sondern auch alle ihre Elemente".[279] Dies habe zur Folge, dass „die Materialität der Aufführung nicht als ein bzw. in einem Artefakt" gegeben sei, sondern sie ereigne sich durch eine performative Hervorbringung von Körperlichkeit, Räumlichkeit und Lautlichkeit.[280] „Präsenz von Akteuren, Ekstasen der Dinge, Atmosphären, Zirkulation von Energie" ereigneten sich ebenso „wie Bedeutungen, die entstehen, sei es im Akt der Wahrnehmung, sei es als von diesem

---

274 Ebd., S. 12/13.
275 Ebd., S. 19.
276 Ebd., S. 21.
277 Ebd.
278 Ebd.
279 Ebd.
280 Ebd.

hervorgerufene Gefühle, Vorstellungen, Gedanken".[281] Fischer-Lichte schließt in diesen allgemeinen Wahrnehmungsmodus im Rahmen einer Aufführung auch die Präsenz und Reaktion der Zuschauer mit ein, deren Handlungen sich „als Antworten auf das Wahrgenommene" ereigneten, genauso wie dies bei „nicht geplanten Handlungen der Akteure als Antworten auf die von ihnen wahrgenommenen, gesehenen, gehörten, gespürten Verhaltensweisen und Handlungen der Zuschauer" der Fall sei.[282] In Aufführungen gehe „Intendiertes, Geplantes, Inszeniertes immer mit Emergentem Hand in Hand, wobei in der Wahrnehmung der Zuschauer – vor allem in Aufführungen, die nicht herkömmlichen Dramaturgien folgen – das Emergente" dominiere.[283] Fischer-Lichte resümiert darum, dass Ereignishaftigkeit und Emergenz von Aufführungen die Vorstellung vom autonomen Subjekt negieren. Sie setzen die Beteiligten vielmehr als Subjekte voraus, die immer sowohl andere und anderes bestimmen als auch sich selbst von anderen oder anderem bestimmen lassen.[284] „Sie widersprechen der Vorstellung von einem Subjekt, das Kraft eigenen freien Willens souverän entscheidet, was es tun und was es lassen wird, das sich unabhängig von anderen frei entwerfen kann als der/diejenige, der/die es sein will."[285] Ebenso heftig würden sie allerdings auch „gegen die Vorstellung vom total fremd bestimmten Menschen" opponieren, „dem wegen dieser Fremdbestimmung keinerlei Verantwortung für seine Handlungen" aufzubürden sei. Vielmehr würden „Ereignishaftigkeit und Emergenz der Aufführung allen Beteiligten die Möglichkeit" eröffnen, „sich im Verlauf der Aufführung als ein Subjekt zu erfahren, dass das Handeln und Verhalten anderer mitzubestimmen vermag und dessen eigenes Handeln und Verhalten ebenso mitbestimmt wird, als ein Subjekt, das weder autonom noch fremdbestimmt ist und das Verantwortung für eine Situation trägt, die es nicht geschaffen hat, in die es sich jedoch hineinbegeben hat".[286]

Die aus dem Zusammenwirken von Ereignishaftigkeit und Emergenz sich ergebende Konsequenz, wonach sich die an einer Aufführung Beteiligten zwar nicht auf ihre Autonomie berufen können, sich andererseits aber auch nicht als völlig fremdbestimmt erweisen und dabei gleichzeitig das Verhalten des jeweils anderen beeinflussen können, ist auch hinsichtlich der Venedigliteratur ein relevantes Konzept. Denn es verweist auf die Grenze der zwischen Fremdbestimmung und

---

281 Ebd.
282 Ebd., S. 21/22.
283 Ebd., S. 22.
284 Ebd.
285 Ebd.
286 Ebd., S. 22/23.

Autonomie sich befindenden fiktionalen Gestalten, wobei, wie vorauszusehen, die Fremdbestimmung dann letztlich die Oberhand gewinnt, wie dies zum Beispiel bei Gustav von Aschenbach im *Tod in Venedig* der Fall ist.

5. Ästhetische und philosophische Krise am Ende des 18. Jahrhunderts und deren Auswirkung auf das Theatralitäts-Modell

Wie Neumann in der Einleitung des Bandes *Szenographien* bemerkt, begann sich im Zuge der „philosophischen wie ästhetischen Krise am Ende des 18. Jahrhunderts" eine „schrittweise Verlagerung des als ‚repräsentativ' gedachten Theatralitäts-Musters in die ‚Immanenz' des Sprechaktes" abzuzeichnen.[287] Dieser generelle Umbruch „im letzten Drittel des 18. Jahrhunderts", womit auch „der Gedanke von der Abbildung des Kulturprozesses auf das Modell der Sprache nachhaltige Relevanz erlangt",[288] dürfte zudem einen nicht unwesentlichen Einfluss auf die Konstituierung der fiktionalen Venedigliteratur gehabt haben. Denn jener eröffneten sich aufgrund der Entmachtung Venedigs im Jahre 1797 erst entsprechende poetologische Möglichkeiten.[289] Vom Standpunkt der These Barthes' aus gesehen, wonach Sprache grundsätzlich theatral ist, verläuft die Entwicklung der Venedigliteratur, hinsichtlich ihrer sprachlichen Theatralität, ab dem Ende des 18. Jahrhunderts in Kongruenz zu einer „schrittweisen Verlagerung" des Theatralitäts-Musters von der Repräsentation in den immanenten Sprechakt, wie sie sich aufgrund der ästhetischen und philosophischen Krise in dieser Zeit ereignete.

Ausgehend von dieser Krise macht Neumann auf zwei unterschiedliche Entwicklungen von Theoriepositionen aufmerksam, welche sich wiederum im 20. Jahrhundert ereigneten. Zum einen, so Neumann, zeichneten jene sich durch einen „,komplexen Bruch' mit denjenigen Auffassungen von Schauspiel aus, die der ‚Schauspielmetapher' einen prominenten Platz im Toposinventar der abendländischen Geistesgeschichte gesichert" hätten.[290] Neumann bezieht sich dabei auf eine „Zurückweisung des Theaters als geschlossene Repräsentation, in der ein letztes Signifikat", dargestellt als Gott, Leben, Autor oder Sinn, sich in der Darstellung verdopple und zur Anschauung komme.[291] Zum anderen hätte

---

287 Neumann: *Szenographien*, „Einleitung", a. a. O., S. 20.
288 Ebd., S. 17.
289 Siehe oben: Corbineau-Hoffmann a. a. O., vor allem Kap. II.
290 Neumann: *Szenographien*, „Einleitung", a. a. O., S. 21.
291 Ebd.

parallel zu diesem Entwicklungsstrang, „eine Bezugnahme auf die moderne Theater-, Tanz-, und Performance-Avantgarde" stattgefunden, die eben jene ursprüngliche Repräsentation des Theaters verweigert und „zugleich die Rolle des Betrachters als Implikat der Szene und Ort der Sinnproduktion" aufgewiesen habe.[292] Im Zuge dieses Prozesses sei es keineswegs abwegig, in einem „Gestus der Nachträglichkeit", von „einer ‚dekonstruktiven' Ausrichtung der Theatralitäts-Theorie der Moderne" zu sprechen.[293] Neumann konstatiert, „dass mit der Französischen Revolution das Ordnungsmodell des ‚Welttheaters' seines transzendenten Fluchtpunktes in der Geschichte definitiv beraubt" worden sei und an seine Stelle, „als eine Leerstelle im Raum der zu bildenden Zeichen, der autarke Entwurf einer Welt", getreten sei, den „der wahrnehmende und erkennende Mensch in Personalunion von Darsteller, Regisseur und Zuschauer" verantworte.[294] Auf dieser beträchtlichen Strecke vom 18. bis zum 20. Jahrhundert hätten sich Repräsentation und Theatralität allmählich als Oppositionsbegriffe herausgebildet.[295]

Die von Neumann dargelegte Position von dem aus der Französischen Revolution resultierenden Verlust des transzendenten Fluchtpunktes vom Ordnungsmodell ‚Welttheater' auf der einen Seite und dem „komplexen Bruch" mit den bisherigen Auffassungen von Schauspiel, resultierend aus der Zurückweisung des Theaters als „geschlossene" Repräsentation, auf der anderen Seite, einschließlich einer Neupositionierung der „Rolle des Betrachters als Implikat der Szene" bis hin zur „‚dekonstruktiven' Ausrichtung der Theatralitäts-Theorie der Moderne", findet auch Anwendung hinsichtlich der fiktionalen Venedigliteratur. Denn diese begann sich sehr bald nach der Französischen Revolution, seit dem Fall der Republik Venedig im Jahre 1797, herauszukristallisieren, wobei, bei der sich abzeichnenden Entwicklung, die Französische Revolution und die in diesem Zeitraum sich vollziehende ästhetische und philosophische Krise auch insofern von Bedeutung sind, als jene einschneidenden Vorgänge als maßgebliche kulturgeschichtliche Komponenten allgemein auch die Literatur prägen, die dementsprechend eine Neuausrichtung annahm. Vor diesem Hintergrund erscheint die Entmachtung Venedigs und die Entwicklung der Venedigliteratur durch die sich eröffnenden Möglichkeiten imaginärer, theatraler Räume, in einem weitläufigeren Zusammenhang, wobei diese Tendenz zu Anfang des 20. Jahrhunderts, laut der von Neumann geschilderten Theoriepositionen, nach denen die bisherigen

---

292 Ebd.
293 Ebd.
294 Ebd.
295 Ebd.

Auffassungen von Schauspiel konsequent negiert worden seien, eine radikale Steigerung erfährt. Denn diese Entwicklung eröffnete der Theatralität ein breites Feld von Wirkungsmöglichkeiten, welche sich ja insbesondere in einer anti-repräsentativen, von jeder Grenzsetzung befreiten Dimension entfaltet und an den für die Venediglteratur auch äußerst relevanten Gedanken Neumanns anknüpft, wonach Theatralität in dieser Phase eine dekonstruktive Ausrichtung erfährt.

Die hier thematisierten Theoriepositionen Neumanns lassen auch Parallelen zu dem von Fischer-Lichte untersuchten Repräsentationsmodell erkennen, welches an späterer Stelle noch ausführlich angesprochen werden wird, wobei es insbesondere die von der Autorin konstatierte zweite Krise der Repräsentation ab dem Ende des 19. Jahrhunderts bzw. Anfang des 20. Jahrhunderts ist, welche in einen unmittelbaren Bezug zu der These Neumanns zu stellen ist, wonach herkömmliche Auffassungen von Schauspiel im 20. Jahrhundert obsolet geworden seien.

6. Die „Abständigkeit des Menschen zu sich". Theatralität als anthropologische Konstante

Fischer-Lichte weist darauf hin, dass es speziell im Umgang mit politischen Darstellungsformen wichtig sei, anhand der theoretischen Orientierungen und Konzepte, welche im Rahmen des Schwerpunktprogramms Theatralität auf diese Thematik hin entwickelt worden seien, die Wirklichkeit der Theatralität als eine doppelte aufzufassen.[296]

Im elementaren Sinne Plessners handle es sich einerseits um eine, „dem Menschen grundsätzlich vorgegebene und immer schon abverlangte Expressivität, eine Art Darstellungszwang".[297] Soeffner spricht von einer „von Plessner anthropologisch herausgearbeiteten Anlage des Menschen, den eigenen Ausdruck zu kontrollieren – von der Überhöhung bis zur Dramatisierung des Ausdrucks".[298] Werde Theatralität aber mit dem Inszenierungsbegriff verknüpft, argumentiert wiederum Fischer-Lichte im Sinne Plessners, so meine sie „ein intentionales, bewusstes und kalkuliertes Erzeugen von Wirklichkeit".[299] In Anbetracht dieser

---

296 Fischer-Lichte: „Diskurse des Theatralen", a. a. O., S. 20.
297 Ebd.; Erika Fischer-Lichte und Hans-Georg Soeffner beziehen sich hinsichtlich dieser Theorie auf folgende Abhandlung: Helmuth Plessner: „Zur Anthropologie des Schauspielers" (1948). In: *Gesammelte Schriften*, Band VII, hrsg. von Günter Dux und Odo Marquard. Frankfurt am Main 1982, S. 399–418.
298 Soeffner: „Die Wirklichkeit der Theatralität", a. a. O., S. 236.
299 Fischer-Lichte: „Diskurse des Theatralen", a. a. O., S. 20.

Unterscheidung sei es möglich, „einerseits eine grundlegende Theatralität des Politischen zu konstatieren, andererseits aber politische Wirklichkeiten durchaus nach dem Grad und der Intensität ihrer Inszeniertheit scharf voneinander zu differenzieren".[300] Indem es so gelänge, der Begrifflichkeit eine gesichtete Grundlage zu verschaffen, ließen sich, „einerseits stark theatralisierte Epochen", wie zum Beispiel der höfische Absolutismus oder die postmoderne Mediendemokratie, „von tendenziell weniger theatralen Zeiten wie etwa der Bundesrepublik der Nachkriegsära" unterscheiden.[301]

Was die doppelte Wirklichkeit der Theatralität in der Venedigliteratur betrifft, sind sicherlich beide Versionen relevant, wobei allerdings zu bedenken ist, dass eine Trennung zwischen diesen nur sehr begrenzt möglich und auch gar nicht angebracht ist. Vielmehr treten die beide Versionen einer theatralen ,Wirklichkeit' überwiegend gemeinsam in Erscheinung, und zwar zum einen, weil Theatralität als anthropologisch herausgearbeitete Anlage des Menschen den fiktionalen Gestalten in der theatralen Stadt Venedig ohnehin in ganz besonderer Weise inhärent ist, und zum anderen, da ein intentionales Erzeugen einer durch Theatralität sich konstituierenden ,Wirklichkeit' durch den Autor, von dieser genuin-theatralen Konstellation aus gesehen, außerdem in mehr oder weniger starker Ausprägung vorhanden sein dürfte. Dieser Gedanke wird noch unterstützt durch die Tatsache, dass ein intentionales Erzeugen einer ,theatralen' Wirklichkeit durch den Autor unwillkürlich mit der Ausschöpfung der imaginären Räume Venedigs in der fiktionalen Literatur von vornherein gegeben ist, was jegliche Trennung einer konstatierten doppelten Wirklichkeit von Theatralität in der Venedigliteratur grundsätzlich hinfällig werden lässt.

Ansonsten erweist es sich bei der Erforschung der Theatralität in der Venedigliteratur als besonders relevant, Plessners Theorie, ausgehend von Theatralität als anthropologische Konstante, hinsichtlich der von ihm festgestellten „Abständigkeit des Menschen zu sich" zu betrachten, welche demnach eine Bedingung für die Konstituierung seines Selbstes ist. Was die anthropologische Variante von Wirklichkeit betrifft, erklärt Soeffner weitergehend Plessners Theorie: „Expressivität, die prinzipielle *Ausdrücklichkeit menschlicher Lebensäußerungen*" entspringe „der *exzentrischen Positionalität, einer Lage, in welcher das Lebenssubjekt mit allem in indirekt-direkter Beziehung steht*".[302] Zur Beschreibung

---

300 Ebd.
301 Ebd.
302 Soeffner:„Die Wirklichkeit der Theatralität", S. 236. Der Autor zitiert aus folgendem Werk von Helmuth Plessner: *Die Stufen des Organischen und der Mensch*, Berlin, New York 1975 [1928], S. 321 ff.

dieses spezifischen Verhältnisses beruft sich Soeffner auf den von Walter Schulz verwendeten Ausdruck eines „gebrochenen Weltbezuges", den der Mensch als Lebenssubjet zu allem, also auch zu sich selbst habe: Gebrochener Weltbezug korrespondiere mit gebrochenem Selbstbezug.[303] Dieser Gedanke erweist sich auch hinsichtlich fiktionaler Venediggestalten als zentral, was aber an späterer Stelle noch ausführlich dokumentiert werden wird.

Auch die folgenden Ausführungen stehen damit im unmittelbaren Zusammenhang, wie die von Soeffner propagierte These, wonach der mit dem gebrochenen Weltbezug korrespondierende, gebrochene Selbstbezug nicht nur die Vorraussetzung dafür sei, dass der Mensch ‚sich selber präsent ist', sondern, und damit wendet Soeffner sich wieder der Theorie Plessners zu, er eröffne auch die Möglichkeit des *sich-von-sich-Unterscheidens*.[304] Es sei die Möglichkeit des Menschen, zum *Menschendarsteller* zu werden und damit zum Schauspieler. Zugleich jedoch konstituiere dieses sowohl gebrochene als auch gedoppelte Verhältnis des Menschen zu sich selbst jene *künstliche Einheit*, aus der heraus wir unsere soziale Kompetenz als alltägliche Rollenspieler entwickelten.[305] Soeffner folgert daraus, dass wir dem Beobachter, auch dem, der wir selbst sind, immer schon in einer Rolle entgegenzutreten hätten. Jenseits der Rolle gäbe es „kein sichtbares Anderes, Nicht-Rollenhaftes, sondern nur andere, im ‚Augenblick' nicht aktualisierte Rollen".[306] Demgegenüber werde das, was wir im Alltag, meist ohne lange darüber nachzudenken, ‚routinisiert' vor- und darstellen, „im Schauspiel durch die Rahmung des Theaters durchsichtig gemacht". Dabei aber würden uns die Schauspieler nicht lediglich ihre Rollen in einem ‚Stück' vorstellen, sondern zugleich auch, während des Spiels, die Rollenstruktur menschlicher Lebensäußerungen als ein ‚Stück' der *conditio humana*.[307]

In ihrem Aufsatz „Theatergeschichte als Körpergeschichte" befasst sich Fischer-Lichte mit der auf der Theorie von Plessner beruhenden Dialektik von Körper-Sein und Körper-Haben, der zufolge das Selbst zwar nicht ohne den Körper gedacht werden könne, auf welche Weise dieser jedoch das Selbst konstituiere, sei „durch die Tatsache des Körper-Seins noch keineswegs bestimmt

---

303 Ebd.; Soeffner bezieht sich hier auf das folgende Werk von Walter Schulz: *Der gebrochene Weltbezug* Stuttgart 1994, S. 243.
304 Ebd.; der Autor zitiert aus dem folgenden Werk von Helmuth Plessner: „Zur Anthropologie des Schauspielers", a. a. O., S. 417.
305 Ebd., S. 236/237. Der Autor zitiert hier ebenfalls aus Plessners Werk: „Zur Anthropologie des Schauspielers", a. a. O., S. 416/417.
306 Ebd., S. 237.
307 Ebd.

oder festgelegt".[308] Das Körper-Subjekt sei „nicht schon mit dem Selbst gleichzusetzen". Es stelle „die grundlegende Ausbildung jeglicher Identität dar, ohne sie bereits durch sein bloßes Gegebensein zu garantieren".[309] Für die „Konstitution des Selbst, der Ausbildung von Identität" sei „vielmehr der Vorgang der Inszenierung ausschlaggebend".[310] Damit spielt auch Fischer-Lichte auf die *conditio humana* an, welche sich „nach Plessner durch die Abständigkeit des Menschen von sich selbst bestimmt, durch seine exzentrische Position. *Nur an dem anderen seiner selbst hat er – sich.*"[311] Der Mensch setze „sich zu sich selbst auf dem Umweg über einen anderen in ein Verhältnis". Indem er sich „im Spiegel des anderen" betrachte, mache er sich „ein Bild von sich selbst".[312] Fischer-Lichte zitiert in diesem Sinne auch Wolfgang Iser, der, sich ebenfalls auf Plessner beziehend, konstatiert, in den Inszenierungen verselbständige sich die „eigene Andersheit" des Menschen. „Inszenierung wäre dann der unablässige Versuch des Menschen, sich selbst zu stellen (…). Nur inszeniert kann der Mensch mit sich selbst zusammengeschlossen sein; Inszenierung wird damit zur Gegenfigur aller transzendentalen Bestimmungen des Menschen."[313]

Ein diesbezüglich interessanter Ansatz ist auch in der folgenden von Neumann angeführten These von Barthes zu erkennen, welche dieser in seinen *Mythologies* vertritt. Wie Neumann bemerkt, argumentiert Barthes, kulturelle Ordnung entstehe, „indem aus einem primären ein sekundärer Sinn heraus getrieben" werde.[314] Es sei „das Modell einer Entstehung von Kultur aus einer sekundären In-Szene-Setzung von Bedeutung, die ihre eigene Rückübersetzung in Natürlichkeit unvermerkt" mitinszeniere.[315] „Dieses Konvertierungs-Theater, das sich, als fortgesetzte Konstruktion von Kultur, die in den Schein von Natur umgewidmet wird", entwickle, sei somit für Barthes, bemerkt Neumann, „der Ort der Entstehung von Ideologie und zugleich Ideologiekritik und schöpferischer

---

308 Fischer-Lichte: „Theatergeschichte als Körpergeschichte", a. a. O., S. 18.
309 Ebd.
310 Ebd.
311 Ebd.; die Autorin zitiert hier aus dem folgendem Text von Helmuth Plessner: „Soziale Rolle und menschliche Natur". In: *Gesammelte Schriften*, Bd. X, Frankfurt am Main 1985, S. 227–240.
312 Ebd.
313 Ebd., S. 19. Fischer-Lichte zitiert Wolfgang Iser: *Das Fiktive und das Imaginäre. Perspektiven literarischer Anthropologie*, Frankfurt am Main 1993, S. 15.
314 Neumann: „Theatralität der Zeichen", a. a. O., S. 88.
315 Ebd.; Neumann bezieht sich auf: Roland Barthes: „Mythologies". In: *Œuvres complètes*, Tome II 1966–1973, a. a. O.

Befreiung".³¹⁶ Es sei „ein Vorgang, dem jedes Mitglied der Kultur ausgeliefert, in den es förmlich *hineininszeniert* sich erweist".³¹⁷ In diesem Zusammenhang ist auch der von Soeffner vorgebrachte, auf der These Plessners beruhende Gedanke zu beachten, nach dem das Theater und Schauspiel uns darauf aufmerksam machten, dass wir nicht nur in ihnen, sondern auch in unserem Alltag „virtuelle Zuschauer unserer selbst und der Welt" seien und dass wir als solche immer auch die „Welt in Szene" setzen würden.³¹⁸

Dieser von der Theorie Plessners ausgehende, von Soeffner geäusserte Gedanke bestimmt auch die Venedigliteratur, und zwar insofern, als die in ihr besonders ausgeprägte Theatralität Plessners Aussage entsprechend relevant erscheinen lässt. Die fiktionalen Venediggestalten setzen Venedig „in Szene", gleichzeitig werden diese wiederum umgekehrt von der Bühne Venedig „in Szene" gesetzt. Dabei handelt es sich aber nicht um zwei Vorgänge, sondern lediglich um zwei unterschiedliche Perspektiven der Wahrnehmung eines Vorganges. Dieser konstituiert sich insbesondere aus der *agency* der fiktionalen Venediggestalten, welche, als virtuelle Zuschauer ihres Selbst und der Szene – und als ein Erzeugnis von Theatralität – diese gleichzeitig bewirken.

Hinsichtlich der Theorie Plessners lässt sich auch an die naturwissenschaftlich und psychoanalytisch grundierte Anthropologie Wolfgang Isers anknüpfen, in welcher dieser die binäre Opposition zwischen Realem und Fiktivem in Frage stellt.³¹⁹ Es ist hier wiederum Neumann, welcher sich in der Einleitung des Bandes *Szenographien* über Isers Theorie äußert, nach welcher das Imaginäre „als differentielle, nicht repräsentierbare Triebkraft der symbolischen Produktion" erscheine.³²⁰ An Stelle der „traditionell verstandenen Repräsentation" setze Iser „den Begriff des Spiels" und vertrete vehement die Auffassung, „dass das menschliche Subjekt die Konturen seiner Selbstbestimmung erst durch Akte der Selbstvermittlung" gewinne.³²¹ Neumann betont, Iser gehe es „um die textspielerischen Möglichkeiten der Literatur und ihren doppelten Status, vorbehaltliche Rede und empirisch folgenlose Fiktion zugleich zu sein und auch sein zu

---

316 Ebd.
317 Ebd.
318 Soeffner: „Die Wirklichkeit der Theatralität", a. a. O., S. 238.
319 Neumann: *Szenographien*, „Einleitung", a. a. O., S. 26.
320 Ebd.; Neumann weist darauf hin, dass Iser das Imaginäre im Sinne von Cornelius Castoriadis begreift. Nachzulesen in dessen Werk: *Gesellschaft als imaginäre Institution. Entwurf einer politischen Theorie*, Frankfurt am Main 1990.
321 Ebd.

können".³²² Er vertrete die Ansicht, dass das Ich sich „über imaginäre Konstruktionen" entwerfe und dass es nur auf diesem Umweg seiner selbst habhaft werden könne. Allerdings förderten „solche Selbstentwürfe keine ihrer symbolischen Vermittlung vorausliegende Substanz zutage", erhellt Neumann weitergehend Isers Theorie. Vielmehr sei es „erst das anverwandelnde Spiel mit kognitiven Schemata und sozialen Rollen, welches das Selbst als mittelbaren Effekt seiner imaginären Heraussetzungen ins Leben" rufe.³²³ Dies passt auf die von Soeffner bereits vorhin zitierte These Plessners von dem „anthropologisch konstatierten Zwang zur Expressivität und Theatralität einerseits" und „jener spezifischen Wirklichkeitsform, die sich aus Theatralität ergibt, andererseits".³²⁴ ‚Fiktiv' seien die Menschen schon immer füreinander, bemerkt Soeffner dazu. Sie zeigten sich „einander in Bildern und Typen, die ständig hergestellt, ratifiziert und variiert werden" müssten.³²⁵ Das Wesen des Sozialen besteht also im Schein und nicht immer schon in der bewussten Täuschung, so lautet das Fazit Soeffners.³²⁶ In unseren Handlungen und Orientierungen bewegten wir uns „durch eine Textur sozialer Typen, durch semantische Felder menschlicher Erscheinungen, an die sich die Syntax unserer Handlungsentwürfe" anpasse.³²⁷

Soeffner beruft sich auf Fischer-Lichtes Konzept des Schauspielers als einer dreistelligen Relationierung, charakterisiert als eine Person A, welche X repräsentiere, während S zuschaue. Der Schauspieler führe uns somit „am prägnanten Grenzfall des Theaters ‚fiktional' vor, was wir alltäglich im Austausch mit anderen ‚praktisch'" durchspielten, „ohne, dass dabei die fiktionale Beigabe unseres ‚Spiels' bewusst aufgedeckt" werden würde:³²⁸ „Ein Subjekt wählt sich mit der Rolle ein Objekt, das es spielt", argumentiert Soeffner, „aber das Problem bei diesem Spiel ist, dass das Objekt [die Rolle] für den Zuschauer ein Subjekt sein und wie ein Subjekt agieren soll".³²⁹ Wie Soeffner zu Fischer-Lichtes Schauspieler-Konzept weiter erläutert, finde „dabei eine *Abspaltung des Selbst* in zwei Subjekte statt, zum einen (…) in das als Subjekt die Rolle ‚spielende', zum anderen (…)

---

322 Ebd.
323 Ebd.
324 Soeffner: „Die Wirklichkeit der Theatralität", a. a. O., S. 239/240.
325 Ebd., S. 240.
326 Ebd.
327 Ebd.
328 Ebd., S. 237.
329 Ebd.

in das als Subjekt (in) der Rolle ,agierende'".[330] Dieser doppelte Prozess der Abspaltung des Selbst kann wiederum im direkten Zusammenhang mit Plessners Theorie über die „Abständigkeit des Menschen zu sich selbst" gesehen werden, bzw. als deren Erweiterung. Denn demnach lässt sich die von Plessner vertretene Auffassung, dass sich das Selbst nur über den Vorgang der Inszenierung konstituiere, als ein durchaus gefährlicher deuten und zwar insofern, als der ,Umweg' über die ,Abständigkeit von sich selbst' nicht, wie vorgesehen, zur individuellen Bewusstseinsbildung führt, sondern, aufgrund der ,Abspaltung des Selbst in zwei Subjekte', zur Verirrung.

Die Abspaltung des Selbst ist es denn auch, welche gerade in Hinsicht auf Venedigs Theatralität und seine literarischen Figuren relevant ist, wobei der Begriff der ,Abspaltung' in der Weise zu definieren ist, die eine generelle Gefährdung des Ich, Verlust der Selbstkontrolle und aus dem Ich-Verlust resultierende Wahnvorstellungen betrifft. Davon ausgehend ist es der Tod, welcher, als eine Folge der Abspaltung des Selbst in zwei Subjekte, direkt oder indirekt im Raum steht. So verliert zum Beispiel Gustav von Aschenbach in Manns *Der Tod in Venedig* die Kontrolle über sein Handeln, indem er sich in eine hoffnungslose Leidenschaft zu einem halbwüchsigen Knaben verstrickt, die ihn schließlich das Leben kostet. Der Held von Hugo von Hofmannsthals gewissermaßen negativen Bildungsroman *Andreas* verfällt, während seines Aufenthaltes in der Lagunenstadt, gar dem Wahnsinn und auch der Held von Roseis Roman *Wer war Edgar Allan?*, ein verbummelter Student der Kunstgeschichte, entwickelt, während seiner Streifzüge durch das nächtliche Venedig, Wahnvorstellungen, welche sich durch völlige Unkontrollierbarkeit und Unberechenbarkeit auszeichnen. Zudem besteht der Verdacht, dass sich der Held in einem geheimnisvollen Gegenspieler ein „Alter Ego" geschaffen hat, während er mit exzessiven Alkohol- und Drogenexzessen seinen Verfall nur noch beschleunigt. In dem Roman *Mistlers Abschied* von Begley hingegen kommt der im Beruf und bei den Frauen erfolgreiche, aber schwer krebskranke Mistler in der Gewissheit seines baldigen Todes für unbestimmte Zeit nach Venedig, in „seine Lieblingsstadt"[331], die er im Laufe seines Lebens schon so oft während seiner Urlaube besucht hatte. Gegen Ende des Romans kommt der Verdacht auf, dass Mistler vorhat, mit einem Boot auf das Meer hinaus zu fahren, um sich dort das Leben zu nehmen. Allerdings wird der Leser darüber im Unklaren gelassen, es bleibt also lediglich bei der Vermutung von

---

330 Ebd.; der Autor verweist mit dem Zitat über die „Abspaltung des Selbst" auch auf Plessner: „Zur Anthropologie des Schauspielers", a. a. O., S. 410.

331 Louis Begley: *Mistlers Abschied*, aus dem Amerikanischen von Christa Müller, Frankfurt am Main 1998, S. 44. Originalausgabe: *Mistler's Exit*, New York 1998.

Selbstmordabsichten des Protagonisten. Mistler macht zwar, nach außen hin und trotz seiner tödlichen Erkrankung, den Eindruck einer stabilen und souveränen Persönlichkeit, doch dieser Eindruck täuscht, denn der Todkranke steigert sich, ausgelöst durch die Betrachtung eines Bildes von Tizian, welches das Martyrium des heiligen Laurentius darstellt, in massive Märtyrerphantasien hinein, die eine deutliche Neigung zur Selbstzerstörung vermuten lassen. Dennoch ist bei ihm eine Gefährdung des Selbst, welche in einem schließlichen Ich-Verlust endet, nicht zu erwarten, dafür aber die unmittelbare Bedrohung durch den Tod im doppelten Sinne, zum einen aufgrund von Mistlers tödlicher Krankheit und zum anderen durch seine vermutlichen Selbstmordabsichten, wobei er in diesem Fall den Selbstmord dem qualvollen Tod durch Krankheit vorzuziehen scheint.

Dass die anhand dieser Beispiele gezeigten, bedrohlichen und sogar zerstörerischen Vorgänge im Raum Venedig stattfinden, rückt die Stadt in den Fokus des Unberechenbaren, des subtil Bedrohlichen und letztlich auch Vernichtenden: Eigenschaften, die allesamt auf die Theatralität Venedigs zurückzuführen sind, wie später in dem Kapitel „Die Theatralität der Maske" anhand der Konzeptionen von Deleuze und Simmel noch eingehend erläutert werden wird. Die bedrohliche Theatralität Venedigs wirkt sich unmittelbar auf das Innere der Protagonisten aus, denen es nicht oder nur unzureichend gelingt, ihr Selbst durch Inszenierung zu konstituieren und somit einer destruktiven Entwicklung aufgrund der „Abspaltung des Selbst in zwei Subjekte" entgegenzuwirken. Die Protagonisten der eben erwähnten Venedig-Werke sind den subtilen Gefahren Venedigs von Anfang an ausgeliefert, denen sie, aufgrund der morbiden theatralen Schönheit der Stadt, welche eine magische Anziehung auf sie ausübt, auch erliegen.

Um auf das von Soeffner vorgestellte Konzept Fischer-Lichtes einer dreistelligen Relationierung des Schauspielers und seiner „Abspaltung des Selbst in zwei Subjekte" zurückzukommen, argumentiert Soeffner – und beruft sich dabei auf ein Zitat Plessners –, dass dieser *„die Verkörperung einer (...) Figur mit dem eigenen Leib"* zu leisten habe, *„die Darstellung (...) im Material der eigenen Existenz"*.[332] Dabei fungiere „der Körper durchaus nicht als unbezweifelbarer Garant der Authentizität des individuellen Darstellers". Auch der moderne Schauspieler, der einen anderen repräsentiere, bleibe „Träger einer Maske". Der Unterschied zum antiken und asiatischen Theater und „zum anonymen Maskentänzer der ‚Primitiven' liege nur darin, dass seine Maske nicht aus Holz, sondern sein eigener Körper

---

332 Soeffner: „Die Wirklichkeit der Theatralität", a. a. O., S. 238. Der Autor zitiert aus Plessner: „Zur Anthropologie des Schauspielers", S. 410.

sei".[333] Insofern liege es nahe, so Soeffner, „auch das gesellschaftlich vorgegebene, zu verkörpernde Rollenrepertoire als Kostüm der Körpermaske oder als Maskenrepertoire zu interpretieren".[334]

Die permanente Verkörperung einer Rolle und das in unserer Gesellschaft schon zwingende Tragen einer ‚Körpermaske' ist auch in der Venedigliteratur in besonderer Weise herausgestellt, was wiederum mit dem semantischen Raum Venedig zusammenhängt, welcher, wie bereits erläutert, in einem theatralisierenden Prozess der Entgrenzung ein einzigartiges imaginäres Potential darstellt. Aufgrund dieser dominanten Bestimmung der Theatralität innerhalb des imaginären Raums Venedig ist es auch durchaus angebracht, von einer genuinen Doppelung von Theatralität zu sprechen. Zum einen ist da, stellvertretend für den Schauspieler im Rahmen des Konzeptes von Fischer-Lichte, die fiktionale Venedig-Gestalt als permanenter Maskenträger, und zum anderen der semantische Topos Venedig, der sich, nachdem die Lagunenstadt ihre politische und gesellschaftliche Bedeutung verloren hatte, in unverwechselbarer Weise gleichfalls theatralisch-maskenhaft konstituierte und als solcher wiederum eine Bühne darstellt, auf welcher Theatralität als solche überhaupt erst zur Geltung kommen kann – eine Entwicklung, welche sich im Übrigen bis heute fortsetzt. Insofern ist die Theatralisierung in der fiktionale Venedigliteratur auf zwei Ebenen festzustellen, wobei in keiner Weise eine Grenzziehung zwischen diesen existiert, sondern beide einander grundsätzlich bedingen. Dieses theatralische Konstrukt zeigt sich in der Venedigliteratur – vor allem in der des Fin de siècle bis zur Gegenwart – gar als eine Osmose, da sich die literarischen Figuren mit ihrem Innenleben zugleich auch in den charakteristischen Merkmalen der Stadt abzeichnen, bzw. von jener – und dies ist wieder der theatralisch-bedrohliche Aspekt – ohne, dass es ihnen in der Regel bewusst ist, in ihrem Handeln und Denken bestimmt werden. Der letzte Aspekt ist insofern bedrohlich konnotiert, da Venedig häufig mit theatralisch negativ besetzten Eigenschaften, wie Scheinheiligkeit, Lüge und Trug und daher auch mit Gefahr assoziiert wird. Daraus folgernd lässt sich also sagen, dass der maskentragende ‚Darsteller' wohlgemerkt im imaginären, theatralen bzw. maskenhaften Raum Venedig erscheint, wodurch die Theatralität in der fiktionalen Venedigliteratur in besonders prägnanter Weise hervortritt. Hinsichtlich der Maskenhaftigkeit Venedigs wird an späterer Stelle, wie schon zu den theatralen Eigenschaften der Lagunenstadt, anhand der Gedanken Georg Simmels in seinem Venedig-Aufsatz und der Theorie Gilles Deleuzes' über die

---

333 Ebd.
334 Ebd.

Funktion und Bedeutung der Maske nach dem Prinzip der Wiederholung, noch ausführlich die Rede sein.

In ihrem Aufsatz „Theatergeschichte als Körpergeschichte" kommt Fischer-Lichte auf die „besondere Leiblichkeit des Schauspielers" zu sprechen, dessen performative Akte wie Gesten, Bewegungen im Raum und Sprechakte, demnach die Identität der Rollenfigur erzeugen. Davon ausgehend würden „im Mit- und Gegeneinander der verschiedenen performativen Akte, welche die Schauspieler vollziehen, um eine Figur zu konstituieren, Konzepte von Identität, von Ich und Selbst verhandelt".[335] Fischer-Lichte betont, dass sich ausschließlich in und durch ‚Körper-Inszenierungen' Identität herausbilden und so etwas wie ein Selbst konstituieren könne. Denn Identität gebe es nur dann, wenn sie „vorgeführt, handelnd erprobt und ausagiert" werde.[336] Folgerichtig bemerkt Fischer-Lichte, dass Körper-Inszenierungen im Theater sich in der Regel von Körperinszenierungen im alltäglichen Leben dadurch unterscheiden würden, dass „sowohl ‚audience' als auch ‚actors' sich des Inszenierungscharakters bewusst" seien.[337] In ihrem Aufsatz „Diskurse des Theatralen" hingegen betont Fischer-Lichte, dass der „immer wieder in den Vordergrund tretende Doppelcharakter von Körperlichkeit die größte Herausforderung für die historisch ausgerichteten Projekte des Schwerpunktprogramms Theatralität auf dem Forschungsfeld der Performativität und Korporalität" dargestellt habe.[338]

In diesem Zusammenhang kommt wieder das von Kramer und Dünne entwickelte Konzept einer Verkörperung aus phänomenalem Leib und semiotischem Körper ins Spiel, welches bereits hinsichtlich der Bildung imaginärer Räume im Rahmen eines *Praxisraumes* thematisiert wurde.[339] Auch Fischer-Lichte beruft sich auf das unmittelbare Zusammenwirken von phänomenalem Leib und semiotischem Körper. „Während bisherige Untersuchungen zu *cultural performances* vergangener Zeiten Körperlichkeit bevorzugt als semiotische oder symbolische Körper berücksichtigt" hätten, „unternehmen es die am Schwerpunktprogramm beteiligten Projekte, auch den phänomenalen Leib, das Leib-Sein mit zu bedenken und so den Doppelcharakter von Körperlichkeit nicht aus dem Blick zu verlieren".[340] Was das Verhältnis von Performativität und Körperlichkeit betrifft,

---

335 Fischer-Lichte: „Theatergeschichte als Körpergeschichte", a. a. O., S. 19.
336 Ebd.
337 Ebd.
338 Fischer-Lichte: „Diskurse des Theatralen", a. a. O., S. 14/15.
339 Nachzulesen in der von Kramer und Dünne verfassten Einleitung zu dem Band *Theatralität und Räumlichkeit*.
340 Fischer-Lichte: „Diskurse des Theatralen", a. a. O., S. 15.

bezogen sich alle am Schwerpunktprogramm beteiligten Projekte, wenn auch in ganz unterschiedlicher Weise, auf den Doppelcharakter von Körperlichkeit als Leib-Sein und Körper-Haben nach der Theorie von Plessner bzw. als phänomenaler Leib nach der Theorie von Merleau-Ponty[341] sowie als semiotischer Körper, der in allen performativen Prozessen, also generell in Aufführungen, auf verschiedene Weise ins Spiel kommt.[342] Wie Fischer-Lichte erklärt, erscheine der Körper einerseits „als qua Inszenierung, spezifischer Performanz und Semiotisierung hervorgebrachtes Konstrukt". Er werde „als ritueller Körper, Kollektivkörper, *corpus politicum* oder auch als Image- und Werbeträger in komplexen multilateralen Verhandlungsprozessen hervorgebracht".[343] Andererseits trete „in gegenwärtig erlebten Aufführungen zugleich immer auch – wenn nicht zu allererst – der phänomenale Leib in den Vordergrund, der Körper als Fleisch, als eine vitale, energetische, eigendynamische Größe, die *sich* zeigt und Wirkungen zeitigt und als solche in künstlerischen und rituellen Performances, in Sportwettkämpfen, Spielen, Festen u.ä erfahren" werde.[344] In ihrem Aufsatz „Theatralität als kulturelles Modell" hingegen konstatiert Fischer-Lichte, dass „phänomenaler Leib und semiotischer Körper unlösbar miteinander verknüpft" seien, „wobei freilich der phänomenale Leib durchaus ohne den semiotischen Körper gedacht werden" könne, das „Umgekehrte dagegen nicht möglich" sei.[345] Beide ließen sich nun „besonders produktiv durch den Begriff der Verkörperung aufeinander beziehen".[346] Der Doppelcharakter von Körperlichkeit gelte nicht nur für das Spiel des Schauspielers, sondern sei „*mutatis mutandis* auch für Aktionen in anderen Arten von Aufführungen kennzeichnend".[347] Denn auch hier würden „die

---

341 Ebd., S. 12. Zu Merleau-Ponty siehe Gabriele Klein: „Körper und Theatralität". In: *Diskurse des Theatralen* a. a. O., S. 35–45, hier S. 38. Unter Berufung auf Mersch argumentiert Klein, dass dieser „die ‚Verleiblichung' des Körpers in der Performance-Kunst" als eine *immanente Radikalisierung* charakterisiere, „die von dem Körper als Zeichenspur, als Markierung im Bild über die Medialität der Körper zur gelebten Präsenz" verlaufe. Dies bedeute, wie Merleau-Ponty formuliert, einen Verlust an Distanz zum *leiblichen In-der-Welt-Sein*. Vgl. Maurice Merleau-Ponty: *Phänomenologie der Wahrnehmung*, Berlin 1965 und D. Mersch: „Körper zeigen". In: Erika Fischer-Lichte et al. Hg: *Verkörperung* (Theatralität, Bd. 2), Tübingen/Basel 2001, S. 75–89.
342 Ebd.
343 Ebd.
344 Ebd.
345 Fischer-Lichte: „Theatralität als kulturelles Modell", a. a. O., S. 20.
346 Ebd.
347 Ebd.

Akteure ihren phänomenalen Leib auf eine je spezifische Weise" hervorbringen und „damit zugleich spezifische Bedeutungen – seien dies nun eine dramatische Figur, eine wie auch immer geartete Identität, eine soziale ‚Rolle' oder eine symbolische Ordnung".[348] Der semiotische Körper drücke „also nicht Bedeutungen aus, die anderswo gegeben und in diesem Sinne vorgängig sind, sondern es sind die Prozesse der Verkörperung, welche die Akteure vollziehen, durch die Bedeutungen (...) allererst hervorgebracht werden"[349] Mit diesen Bedeutungen sind Identitäten, soziale Rollen, dramatische Figuren und alle anderen Möglichkeiten, welche sich für Akteure bieten, gemeint.[350] Was die Inszenierung von Körperlichkeit in Bezug auf eine spezifische Wahrnehmung betrifft, heißt dies, argumentiert Fischer-Lichte, „eine Situation zu schaffen, in der der phänomenale Leib als *embodied mind* in Erscheinung treten und als solcher wahrgenommen werden kann".[351] Es sei „gerade diese besondere Relation von phänomenalem Leib und semiotischem Körper, die Aufführungen aller Art" präge, „und zwar ganz gleich, ob der Körper der Akteure eher als phänomenaler Leib (wie zum Beispiel im Sport und häufig in der Performance-Kunst) wahrgenommen" werde „oder eher als semiotischer Körper (wie zum Beispiel in mancher Zeremonie oder auch im psychologisch-realistischem Theater)".[352] Immer seien „beide Aspekte im Spiel, weil beide – phänomenaler Leib und semiotischer Körper – von denselben Verkörperungsprozessen hervorgebracht" werden würden.[353]

In dieser Hinsicht stellt das Konzept der Verkörperung für theater- und literaturwissenschaftliche Forschungen zur dramatischen bzw. theatralen Figur eine wichtige Herausforderung dar.[354] In der Folge sei, so Fischer-Lichte, „im Schwerpunktprogramm der Begriff der Verkörperung zum Leitbegriff avanciert".[355] Unter Verkörperung werde dabei „*nicht* verstanden, einem ‚Geistigen' – einer Idee, einer Vorstellung, einer Bedeutung oder auch einem körperlosen Geist – vorübergehend einen Körper zu ‚leihen', durch den es sich artikulieren, durch den es wahrnehmbar in Erscheinung treten" könne.[356] Vielmehr meine der Begriff der Verkörperung „diejenigen körperlichen Prozesse, mit denen der phänomenale

---

348   Ebd., S. 20/21.
349   Ebd.
350   Ebd., S. 21.
351   Ebd.
352   Ebd., S. 21/22.
353   Ebd., S. 22.
354   Ebd., S. 21.
355   Ebd., S. 20.
356   Ebd.

Leib sich immer wieder selbst als einen je besonderen hervorbringt und damit zugleich je spezifische Bedeutungen erzeugt".[357] Zudem solle der Verkörperungs-Begriff nicht einfach im Sinne von „Repräsentation einer vorgehenden Bedeutung" verstanden werden, sondern fordere dazu auf, „in jeder Untersuchung einer kulturellen Aufführung die spezifische performative Hervorbringung von Körperlichkeit, die Präsenz und das Wirkpotenzial des phänomenalen Leibes mit zu bedenken".[358]

Ausgehend von der Verkörperung im Sinne einer Relation von phänomenalem Leib und semiotischem Körper ist dieser Vorgang selbstverständlich auch in der Venediglitertur präsent. Aufgrund des spezifisch theatralen, imaginären Raumes der Bühne Venedig ist eine in der Weise sich ausrichtende Verkörperung fiktionaler Venedig-Gestalten aus der Verbindung von phänomenalem Leib und semiotischem Körper auch gar nicht auszuschließen. Allerdings ist dabei wiederum zu bedenken, dass die Bühne Venedig sich über die entgrenzende Theatralität von imaginären Räumen konstituiert, was für die fiktionalen Venedig-Gestalten insofern Folgen hat, als sie sich demzufolge in dem entgrenzenden theatralen Raum zu verkörpern haben.

In diesem Zusammenhang ist auch wieder das Heterotopie-Konzept von Foucault relevant, anhand dessen dieser die geläufige Annahme unterläuft, wonach der Körper unerbittlich an den Ort gebunden werde, an dem er sich gerade aufhalte. Diese reduktive Sicht straft Foucault Lügen.[359] Alle Utopien nämlich mittels derer der Körper meine, sich selbst zu umgehen, führen ihn zu ihm zurück, weil sie in eben diesem Körper ihren Ursprung haben: jene manifestieren sich in seinen Sinnesorganen, welche ihn dazu führen, das Wahrnehmbare an ihm und außerhalb seiner zu erschließen und das nicht Wahrnehmbare zu imaginieren, und zwar sowohl in seinen Kleidungen und Verkleidungen, mit denen er sich in alle denkbaren ‚anderen Räume' hinein imaginieren kann, als auch und vor allem in seiner fleischlichen Existenz, die es ihm ermöglicht, jene soweit auszureizen, bis sämtliche andere Welten, sozusagen Gegenwelten, „in den scheinbar so ärmlichen ‚lieu absolu' Einzug halten".[360] „Das Expansionsgefühl des Tanzes, der Drogenrausch, die Schmerzen der Stigmatisierung – das sind derartige Ausreizungen, die aber nur Extremformen einer Grundgegebenheit darstellen", stellt Warning dazu fest. Und diese Grundgegebenheit sei die, dass der Körper „ein *grand acteur utopique* ist, dass er die Szenerien schafft, wie sie uns in ‚anderen

---

357 Ebd.
358 Fischer-Lichte: „Diskurse des Theatralen", a. a. O., S. 15/16.
359 Warning a. a. O., S. 40.
360 Ebd.

Räumen' begegnen, dass er mit all diesen ‚anderen Räumen' verbunden, ja dass er immer woanders ist (…)".[361] Im Sinne dieser Theorie argumentiert Warning, sich auf den szenischen Charakter der Heterotopien berufend, dass ein Körper als „grand acteur utopique" gleichzeitig auch ein „grand acteur hétérotopique" sei.[362] Zudem verweist er darauf, dass sich wiederum literarische Heterotopien in solchen Begegnungen von Stimuli des Imaginären mit einem Subjekt konstituieren, das sich von ihnen affizieren lasse.[363]

Sowohl der im Rahmen von Foucaults Theorie sich konstituierende „grand acteur utopique" als auch der mit ihm verbundene „grand acteur hétérotopique" lassen sich direkt mit dem theatralen Konzept in der Venedigliteratur verknüpfen. Da bei der Bildung imaginärer Räume im theatralen Venedig die fiktionalen Figuren einen wesentlichen Anteil haben, ist die Verbindung zum „grand acteur utopique" und zum „grand acteur hétérotopique" offensichtlich. Bei diesen, wie bei den fiktionalen Figuren in der Venedigliteratur, geht es darum, Szenerien zu schaffen. Auch dass der Körper als „grand acteur utopique" Szenerien schafft, „wie sie uns in ‚anderen Räumen' begegnen", ist hinsichtlich des besonderen Ortes Venedig relevant, der eben aufgrund seines spezifisch theatralen Charakters, um wiederum mit Foucault zu sprechen, als „tatsächlich realisierte Utopie" anzusehen ist. Hinsichtlich des vorhin thematisierten Verhältnisses von phänomenalem Leib und semiotischem Körper erscheint die theatrale Verkörperung der fiktionalen Venediggestalten so durchaus im Sinne eines „grand acteur utopique" bzw. eines „grand acteur hétérotopique".

7. Theatralität in der Mimesis

Bezüglich des Doppelcharakters von Körperlichkeit und der von Plessner konstatierten Theorie eines Selbst, welches sich nur über die ‚Abständigkeit' zu sich und durch Inszenierung konstituieren kann, berufen sich Matala de Mazza und Pornschlegel auf Aristoteles' Konzept der Mimesis. In diesem Zusammenhang verweisen sie darauf, dass der Begriff „des Theaters und des Theatralischen, sofern er das ‚Was' und ‚Wie' des szenischen Geschehens gegenüber der Sprache, dem Text und der Schrift als etwas Selbstständiges" behaupte, „sich indes nicht ganz von selbst verstehe".[364] Unter anderem setze er sich ab „von einer fast zweitausendjährigen, poetisch-literarischen Tradition, die ihre Reflexionen

---

361 Ebd.
362 Ebd.
363 Ebd., S. 29.
364 Matala de Mazza, Pornschlegel a. a. O., S. 10.

über Texte und Theater vor allem durch ein großes, grundlegendes Konzept bestimmt" habe: Nämlich „das Konzept der Mimesis, der nachahmenden oder nachbildenden Darstellung also, die sowohl das Theater als auch die Dichtung" umfasse.[365] Wie vorher bei Neumanns Ausführungen zu Roland Barthes deutlich wurde, bestimmt dieser Theatralität primär über die Sprache. Diesbezüglich lässt sich durchaus an die von Matala de Mazza und Pornschlegel konstatierte Feststellung anknüpfen, nach der diese den Begriff des Theaters und des Theatralischen, bezogen auf eine gegenüber dem Text und der Schrift behauptete ‚Selbstständigkeit' des szenischen Geschehens, anzweifeln. Wie an späterer Stelle noch deutlich werden wird, betonen die beiden Autoren, ausgehend von Aristoteles' Konzept der Mimesis, dass sich durch dieses eben Theatralität als fundamentaler Bestandteil der Sprache bestimmen lasse.

Matala de Mazza und Pornschlegel ergreifen Partei für die Mimesis, indem sie sich auf die Gründe berufen, die Aristoteles angeführt habe, „um die zentrale Bedeutung der Mimesis für die Poetik zu rechtfertigen", welche „von der neuzeitlichen Kritik an der *imitatio* nie entkräftet" worden sei. Dabei handle es sich zum einen darum, dass die Mimesis nicht einfach „auf die Erzeugung äußerlicher Ähnlichkeiten reduziert werden" könne, und zum anderen lasse sich nicht „eine von jeder darstellenden Funktion befreite Performanz gegen sie ausspielen".[366] Matala de Mazza und Pornschlegel verweisen auf den Status, den Aristoteles der ‚Nachahmung' gegeben habe. „Noch bevor die Mimesis zum ‚Muß' künstlerischer Anstrengung erklärt" werde, charakterisiere „Aristoteles sie grundsätzlicher, als eine spezifische Möglichkeit des Menschen".[367] Darüber hinaus unterstelle „der Mimesis-Begriff ein kompliziertes Vermittlungsverhältnis zwischen Lebenswelt und dargestellter Welt". Aristoteles' erstes Argument für die Mimesis sei anthropologisch-empirischer Natur.[368] Das Mimen sei demnach „*den Menschen angeboren – es zeigt sich von Kindheit an, und der Mensch unterscheidet sich dadurch von den übrigen Lebewesen, dass er in besonderem Maße zur Nachahmung befähigt ist und seine ersten Kenntnisse durch Nachahmung erwirbt – als auch die Freude, die jedermann an Nachahmungen hat*".[369] Diese Gedanken von Aristoteles lassen sich wiederum mit Plessners Theorie von der „Abständigkeit

---

365 Ebd.
366 Ebd., S. 10/11.
367 Ebd., S. 11.
368 Ebd.
369 Ebd.; Matala de Mazza und Pornschlegel zitieren hier aus Aristoteles' *Poetik*, übersetzt und herausgegeben von Manfred Fuhrmann, Stuttgart 1991, 1448b.

des Menschen zu sich" verbinden.[370] Denn diese setze voraus, so Matala de Mazza und Pornschlegel, dass sie ihm „das mimische Anders-Sein-Können gerade in dem Maße" gestatte, wie sie ihm, so drückt es Susanne Lüdemann in einem Zitat aus, *„die Möglichkeit einfachen So-Seins und Selbstseins in der undifferenzierten Identität mit ihm selbst"* verwehre.[371] Selbstsein, so das Fazit von Matala de Mazza und Pornschlegel, heiße „für das mimetisch begabte Menschenwesen immer schon Anders- und Außer-Sich-Sein". Der aristotelische Mimesis-Begriff enthalte damit „bereits jene Momente, die die postmoderne Kritik an der Repräsentation erneut zur Geltung gebracht" habe, „den Zwiespalt des Menschen mit sich selbst, die Differenz als Vorrausetzung seines Selbstverhältnisses und das Moment der Nachträglichkeit, das dem mimetisch vermittelten Selbst-Sein" eigne.[372]

Hinsichtlich der Theorie Plessners und den daraus resultierenden Gedanken Fischer-Lichtes von einer dreistelligen Relationierung des Schauspielers, welche die „Abspaltung des Selbstes" in zwei Subjekte bedingt, zeichnet sich auch der im Rahmen des Konzeptes der Mimesis erkennbar werdende „Zwiespalt des Menschen mit sich selbst" durch eine Distanz vom eigenen Ich aus, welche gleichfalls bei den Figuren in zahlreichen Werken der Venedigliteratur festzustellen ist. Das Mimesis-Konzept stellt diesen Faktor, genau wie in der Theorie Plessners, als Teil einer anthropologischen Konstante dar, und ebenso bedeutet er für die Figuren in fiktionalen Venedig-Werken gerade vom Fin de siècle bis zur Gegenwartsliteratur häufig etwas Verhängnisvolles und ist mit negativ besetzten Charakteristika wie Ausweglosigkeit, Hoffnungslosigkeit, aber auch Verirrung und Haltlosigkeit bis hin zum Wahnsinn und Tod verbunden.

Um zu den Ausführungen Matala de Mazzas und Pornschlegels zurückzukehren, argumentieren diese, dass der aristotelische Begriff der Mimesis auch in der Dichtkunst nicht lediglich in einer Verdoppelung des „vordergründig Gegebenen" oder „Sichtbaren" bestehe, sondern sich „nach den Regeln der Wahrscheinlichkeit oder Notwendigkeit Mögliche" konzentriere.[373] Demnach sei dieser nicht geeignet, „die landläufigen Oppositionsbildungen – *imitatio* versus

---

370 Ebd.
371 Ebd.; Matala de Mazza und Pornschlegel beziehen sich bei ihrer Argumentation auf ein Zitat aus folgender Abhandlung. Susanne Lüdemann: „Die Nachahmung der Gesellschaft". In: *Konturen des Unentschiedenen*. Hg. von Jörg Huber und Martin Heller. Basel/Frankfurt am Main 1997, S. 79–98, hier: S. 83.
372 Ebd., S. 11.
373 Ebd., S. 11/12. Die beiden Autoren beziehen sich hier auf Anmerkung 2 in der *Poetik* des Aristoteles, 1451a.

creatio, Abbildung versus Performanz, Text versus lebendiges Theater, Repräsentation versus Präsenz – legitimatorisch abzustützen".[374] Er lege viel mehr „ein Verständnis von Theatralität" nahe, „das nicht im Gegensatz oder Widerspruch zum Text oder zur Sprache" stehe, „sondern das Theatralität umgekehrt als fundamentalen Bestandteil von Sprachlichkeit zu begreifen" erlaube.[375]

Der Begriff der Mimesis ermögliche zudem die Vorstellung einer „strukturalen" Theatralität, bemerken Matala de Mazza und Pornschlegel, indem Wirklichkeit und Darstellung nicht auf eine „einfache Abbildungsrelation" reduziert würden, „sondern der beide im Moment des ‚Szenischen' dialektisch aufeinander" beziehe.[376] Jede Darstellung bewirke, so die beiden Autoren weiter, dass diese eine symbolische Welt eröffne, so dass zwischen dieser und der Wirklichkeit ein Abstand entstehe. Jener „Abstand der Darstellung zum Dargestellten" sei denn auch „die Bedingung für *jeden* Zeichengebrauch" und erst recht sei er „die Möglichkeitsbedingung für Zeichen, die fiktionale Realitäten" erzeugten.[377] Fiktion gebe es bekanntlich nur, „weil es Zeichen gibt, die etwas anderes bedeuten, als sie selbst" seien. „Allein der *Abstand* oder die Differenz zwischen Darstellung und Dargestelltem" gewährleiste, „dass die Bewegungen, Handlungen und Sprechakte als *Zeichen* wahrnehmbar" würden.[378] „Als *gezeigte* Bewegungen, Handlungen und Sprechakte" führten „sie zugleich ihre Arbitrarität und Interpretierbarkeit vor Augen. Sie eignem jedem Zeichen".[379] Die Zeichen wiederholten „aber nicht einfach nur ‚etwas', sondern sie definieren und formen die mit ihrer Hilfe konstituierte Wirklichkeit".[380] Dabei sei es dann die ‚Szene', „die des Theaters ebenso gut wie die der fiktionalen Texte", welche auf exponierte Weise sichtbar mache, „wie sich die durch Zeichen vermittelte Begegnung des Menschen mit der Welt" vollziehe. Es werde „die Unverfügbarkeit und Fremdheit der Dinge" vor Augen geführt und außerdem der „in Symbolizität der Zeichen fundierte *Entzug der Dinge*" gezeigt.[381] Damit werde „jener *Derealisierungsprozess* anschaulich, der jedem symbolischen Akt zugrunde" liege. Realität erscheine in dem Maße, „wie sie zugleich auch entfernt und auf Distanz gehalten werde".[382]

---

374 Ebd., S. 12.
375 Ebd.
376 Ebd.
377 Ebd.
378 Ebd.
379 Ebd.
380 Ebd., S. 13.
381 Ebd.
382 Ebd.

Die Bedeutung und Funktion der Szene hinsichtlich der symbolischen Ordnung setze, so Matala de Mazza und Pornschlegel, allerdings auch eine derartige Zäsur im Realen voraus. „Selbst eine – wie auch immer sprachlose – Performanz, die sich eine Bühne sucht und öffentliche Aufmerksamkeit für sich begehrt, unterwirft sich der Unterbrechungslogik dieses exemten Orts und hat teil an der Produktion des symbolischen Universums."[383]

Matala de Mazzas und Pornschlegels Gedanken über die Bedeutung und Funktion der Szene wurden bereits an früherer Stelle in dem Kapitel *Die Theatralität des Raumes* erwähnt, wobei die beiden Autoren deren Eigenschaft „als leere Rahmung" betonen, welche eine symbolische Welt erschließe.[384] Hinsichtlich der Tatsache, dass die Szene als solche aber des Bezugs zu einer empirischen Wirklichkeit bedarf, trifft dieser Aspekt insofern auch auf das literarische Venedig zu, als mit der Existenz dieser Stadt – einschließlich des geschichtlichen Hintergrundes ihrer Entmachtung, welche wiederum der Literatur imaginäre Räume eröffnete – ebenfalls eine Zäsur im Realen besteht. Dieser Aspekt wurde auch an anderer Stelle schon untersucht, und zwar hinsichtlich der Argumentation Dünnes und Kramers, nach der in Aufführungssituationen wenigstens „ansatzweise eine Grenzziehung vonnöten" sei, um eine Inszenierung als solche überhaupt erkennbar zu machen.

Ausgehend von der Funktion der ‚Szene', die „als leere Rahmung und dem Wirklichen entrissener Zeit-Raum der Repräsentation" symbolische Prozesse ermögliche, wie gesagt unter der Bedingung einer entsprechenden „Zäsur im Realen", berufen sich Matala de Mazza und Pornschlegel auf eine „kulturelle Praxis, die deshalb ‚Theater'" heiße, „weil sie das Verhältnis zwischen Einzelnem und Welt in seiner Gebrochenheit vor Augen" stelle, „als Möglichkeitsbedingung seines Selbstverhältnisses und In-der-Welt-Seins".[385] Dies schließt wiederum an die Theorie Plessners über die „Abständigkeit des Menschen zu sich" bzw. die These Fischer-Lichtes von einer „Abspaltung des Selbst in zwei Subjekte" und an den in der Mimesis erkennbar werdenden „Zwiespalt des Menschen mit sich" an, welcher eben aus seiner Gebrochenheit mit der Welt resultiert.

Im Rahmen des Mimesis-Konzeptes der von Matala de Mazza und Pornschlegel konstatierten „strukturalen" Theatralität ergeben sich dann auch wieder entsprechende, für die Venedigliteratur relevante, Bezüge. Denn in dem aus der „strukturalen" Theatralität sich eröffnenden Abstand zwischen symbolischer

---

383 Ebd., S. 14.
384 Ebd., S. 13.
385 Ebd., S. 13/14.

Welt und der ‚Wirklichkeit' bilden sich Zeichen, welche sich, in einem Prozess der ‚Derealisierung', eine fiktionale Wirklichkeit erschaffen, die aber auch mit der ‚realen' Welt durchaus in Beziehung steht. Somit wird mit dem Abstand ein ‚Raum' geschaffen, der mit den darin sich konstituierenden Zeichen eine fiktionale Welt anschaulich macht, ohne den Bezug zur ‚Wirklichkeit' zu verlieren. Ausgehend von diesem aus der Relation der Zeichen sich ergebenden, raumkonstitutiven Element und einem aus dem Abstand zwischen Darstellung und Dargestellten resultierenden, im Zwiespalt sich befindlichen Selbst, eröffnen sich auch für den semantischen Raum Venedig und seine fiktionalen Figuren entsprechende Möglichkeiten der Interpretierbarkeit einer von Zeichen geschaffenen fiktionalen Realität.

Inwiefern und mit welcher Ausschließlichkeit sich die Theatralität aus der Mimesis erschließt, begründen Matala de Mazza und Pornschlegel folgendermaßen: „Die Darstellungsformen und Wirkungsweisen des Theatralen lassen sich in der Tat aus einem strukturalen Konzept von Mimesis erschießen. *Theatralität ist danach zu verstehen als eine Mimesis, die sich selbst als Mimesis öffentlich zu verstehen gibt.*"[386] Die Erkenntnis dieser unmittelbaren Affinität von Mimesis und Theatralität hat Konsequenzen, denn in diesem Sinne sei Theatralität, so Matala de Mazza und Pornschlegel „nie ausschließlich an die Performanz auf der Schaubühne gebunden", sondern sie sei „überall dort wirksam, wo Zeichen in ihrer Abständigkeit von der Wirklichkeit *als Zeichen*" ausgestellt und ihr eigenes Zeichen-Sein exponiert werden würde, und zwar „im Theater, dem auf der Bühne gezeigten, symbolisch vermittelten Geschehen; aber ebenso auch in der Literatur, die sich als szenisch dargebotene Rede" begreifen lasse.[387]

Dies wiederum betrifft die Theatralität in der Venedigliteratur, aufgrund ihrer Ausgeprägtheit, insbesondere.

Im Zusammenhang mit der mimetisch orientierten Theatralität weist die Feststellung Neumanns zu der Theorie Matala de Mazzas und Pornschlegels erhebliche Widersprüche auf. Wie Neumann in der Einleitung des Bandes *Szenographien* argumentiert, hätte die Neuformierung des Theatralitätsbegriffes, welcher, seiner These gemäß, „nicht losgelöst von Sprachlichkeit und Textualität konzipiert werden" könne, Folgen für das bereits seit der Antike existierende Konzept der Mimesis. Dieses gelte seit jeher, so Neumann, als ein „Leitbild der Repräsentation", und sei als solches „in der Geschichte der Philosophie und der

---

386 Ebd., S. 14.
387 Ebd.

Ästhetik in prominenter Weise stets mit dem Schauspiel verbunden worden".[388] Indem nun aber, „paradox gesprochen, die Praxis einer Nicht-Repräsentation in den Akt der Repräsentation selbst eingetragen" werde, löse sich „dieser Begriff zugleich aus seinem klassischen Horizont". Ausgehend von Barthes' primär in der Immanenz der Sprache sich konstituierenden Theatralitätsbegriff verweist Neumann daher darauf, dass der Begriff der Mimesis sich von der ‚Szene', auf der er beruhe, „aus dem äußeren Handlungsraum der Bühne in den inneren der Sprache" verlagere.[389]

Wie vorhin bereits angesprochen, betonen wiederum Matala de Mazza und Pornschlegel, dass sich, eben aufgrund von Aristoteles' Konzept der Mimesis, Theatralität als ein fundamentaler Bestandteil der Sprache bestimmen lasse, was bedeutet, dass sie diesen Faktor keinesfalls von einer mehr oder weniger stark ausgeprägten Nicht-Repräsentation hinsichtlich einer aktuellen Deutung des Aristotelischen Mimesis-Begriffes abhängig machen, sondern bereits als ursprünglich zu ihm gehörend.

Zudem lassen Matala de Mazza und Pornschlegel, innerhalb ihres Konzeptes einer „strukturalen" Theatralität, welches sie gleichfalls von Aristoteles' Mimesis-Konzept ableiten, der Funktion der ‚Szene' eine entscheidende Funktion zukommen, als diese, wie vorhin diesbezüglich bereits erklärt und zitiert, auf exponierte Weise sichtbar mache, „wie sich die durch Zeichen vermittelte Begegnung des Menschen mit der Welt" vollziehe. Mit dem Faktor einer implikativen theatralen Bedeutung der Sprache in der Mimesis, allerdings ohne deren generelle Funktion für die Bildung einer ‚Szene' in Frage zu stellen, setzen sich Matala de Mazza und Pornschlegel in Opposition zu Neumanns These, welcher die ‚Szene', aufgrund eines an Nicht-Repräsentation sich ausrichtenden Mimesis-Konzeptes, völlig von dem äußeren Handlungsraum der Bühne verbannt und dafür in den inneren der Sprache verlegt.

Sicherlich haben beide Positionen, sowohl von die Matala de Mazza und Pornschlegel als auch jene von Neumann ihre Berechtigung, jedoch ist, bezüglich der Erforschung von Theatralität in der Venedigliteratur, die Theorie von Matala de Mazza und Pornschlegel erheblich relevanter, da sich innerhalb dieser die Frage des von Neumann konstatierten Gegensatzes von äußerem Handlungsraum der Bühne und dem inneren der Sprache gar nicht stellt. Insofern gestehen Matala de Mazza und Pornschlegel der ‚Szene' im Aristotelischen Mimesis-Konzept, als einer eben auch im äußeren Handlungsraum sich konstituierenden Bühne, im

---

388 Neumann: *Szenographien*, „Einleitung", a. a. O., S. 13.
389 Ebd.

Gegensatz zu Neumann, eine Vermittlerfunktion zu, aufgrund welcher die zwischen symbolischer Welt und ‚Wirklichkeit' gebildeten Zeichen in der Lage sind, eine ‚fiktionale', theatrale Wirklichkeit zu erschaffen.

8. Theatralisierung von „cultural performances"

Zum Schwerpunktprogramm Theatralität gehören auch Untersuchungen über die Theatralisierung sogenannter *cultural performances*, welche, wie Fischer-Lichte in ihrem Aufsatz „Diskurse des Theatralen" schreibt, zum zentralen Gegenstand sämtlicher Theatralitäts-Studien gehören.[390] In der von ihr verfassten Einleitung des von ihr herausgegebenen Bandes *Theatralität und die Krisen der Repräsentation* erläutert sie, inwiefern eine umfassende Theatralisierung von *cultural performances* mit den beiden Repräsentations-Krisen der europäischen Kultur zusammenhängt, von denen die erste gegen Ende des 16. Jahrhunderts begann und sich im 17. Jahrhundert fortsetzte, indessen die zweite Krise gegen Ende des 19. Jahrhunderts einsetzte und bis ins 20. Jahrhundert hinein fortdauerte.[391]

Milton Singer verwendete den Begriff der *cultural performances* zur Beschreibung von „particular instances of cultural organization, e.g. weddings, temple festivals, recitations, plays, dances, musical concerts etc.", und er betont, dass eine Kultur ihr Selbstverständnis und Selbstbild in *cultural performances* formuliere, das sie so vor ihren Mitgliedern und Fremden ausstelle.[392] „For the outsider, these can conveniently be taken as the most concrete observable units of the cultural structure, for each performance has a definitly limited timespan, a beginning and end, an organized program of activity, a set of performers, an audience and a place and occasion of performance."[393] Der Terminus wurde von Singer in den ausgehenden fünfziger Jahren geprägt, wobei zu beachten ist, dass speziell im 20. Jahrhundert der Bezug von Theateraufführungen zu anderen Genres von *cultural performances* ein entscheidendes Kriterium darstellt.[394]

---

390 Fischer-Lichte: „Diskurse des Theatralen", a. a. O., S. 27.
391 Fischer-Lichte: „Theatralität – Theater als kulturelles Modell in den Kulturwissenschaften", Einleitung, a. a. O., S. 4. Hinweis: Fischer-Lichte macht in einer dort vermerkten Fußnote zahlreiche Angaben zu Literatur über die beiden Krisen der Repräsentation.
392 Fischer-Lichte: „Theatergeschichte als Körpergeschichte", a. a. O., S. 16. Die Autorin zitiert aus folgendem Werk von Milton Singer (Hg.): *Traditional India: Structure and Change*, Philadelphia 1959, S. XII.
393 Ebd.; von der Autorin zitiert aus: Singer 1959, S. XII.
394 Ebd.

Bezüglich ihrer Beschäftigung mit den beiden großen Repräsentationskrisen und der davon ausgehenden Theatralisierung unterschiedlicher Gattungen von *cultural performances*, konstatiert Fischer-Lichte, ein Vorgehen in diesem Sinne werde „vor allem durch drei Momente" nahegelegt. Zum einen hätte sich mit der Krise „ein neuer Theaterbegriff" herausgebildet, zum zweiten lasse sich „in Folge des neuen Theaterbegriffes eine Theatralisierung anderer Arten von *cultural performances* wie z. B. Festen, Hinrichtungen, politischen Zeremonien u. a. beobachten".[395] Zum dritten schließlich, hätte „Theater in beiden Epochen als eine Art kulturelles Modell" fungiert.[396] Hinsichtlich dieses kulturellen Aspektes verweist Fischer-Lichte auf „die Ubiquität des Topos vom *Theatrum mundi* bzw. *Theatrum vitae humanae* im 17. Jahrhundert" und die in beiden Epochen stattfindende „exzessive Verwendung von Theaterbegrifflichkeit", welche „sämtliche kulturelle Bereiche" mit einschlösse.[397] Insofern, resümiert Fischer-Lichte, sie es auch nicht abwegig, „zwischen der Entwicklung eines neuen Theaterbegriffes und der Theatralisierung anderer Arten von *cultural performances* auf der einen Seite und der Krise der Repräsentation auf der anderen eine Beziehung herzustellen".[398] Daraus lässt sich schließen, dass die beiden Krisen der Repräsentation eine Theatralisierung der *cultural performances* im erheblichen Maße begünstigten. So erreichte zum Beispiel während der ersten Krise die theatralische Ausrichtung höfischer Feste am Hof des Sonnenkönigs Ludwig XIV. im 17. Jahrhundert ihren Höhepunkt.

Hinsichtlich der Neudefinition des Theaterbegriffes im ausgehenden 16. Jahrhundert bezieht sich Fischer-Lichte bei ihrer Argumentation auf die Etablierung des professionellen öffentlichen Theaters, welches das ganze Jahr über in festen Theaterhäusern spielte und im elisabethanischen England seinen Ausgang nahm.[399] Den Erkenntnissen Fischer-Lichtes zufolge sei diese Entwicklung vor allem durch den Niedergang alter Rituale begünstigt worden, welche entweder nicht mehr funktioniert hätten oder, „wo sie noch zu funktionieren schienen, als heidnische Praktiken – wie der Mai-Ritus –, als bewusste Täuschung – wie die Exorzismusrituale – oder als Aberglaube – wie die Eucharistie – denunziert" worden seien.[400] Ihre These von der Defunktionalisierung der alten Rituale und

---

395 Fischer-Lichte: „Theatralität – Theater als kulturelles Modell in den Kulturwissenschaften", a. a. O., S. 4/5.
396 Ebd., S. 5.
397 Ebd.
398 Ebd.
399 Ebd.
400 Ebd.

der gleichzeitigen Etablierung öffentlicher Theater gründet Fischer-Lichte auf die Lehre von den Ähnlichkeiten, wobei sie sich in erster Linie auf Foucault bezieht.[401] Demnach setze die alte Lehre von den Ähnlichkeiten „Schein und Sein in eins", während die neue Lehre der Repräsentation „die Differenz zwischen Sein und Schein" herausstelle.[402] Bezüglich der allgemeinen Abwendung vom Ritual, welche auch die Lehre von den Ähnlichkeiten obsolet werden ließ, bemerkt Fischer-Lichte: „Das für sie [die Rituale] konstitutive Prinzip *significando causare*, das (…) die referentiellen Funktionen des Rituals seinen performativen unterordnete – nämlich seiner Wirkung durch Vollzug – wurde von bestimmten gesellschaftlichen Gruppen zunehmend angezweifelt und außer Kraft gesetzt."[403] Fischer-Lichte konstatiert, dass der neue Theaterbegriff, welcher „die Erzeugung fiktiver Welten mit fiktiven Figuren durch die Erfindung neuer theatraler Zeichen intendierte und mit den Kategorien Rollenspiel, Sein und Schein operierte, im ausgehenden 16. und 17. Jahrhundert dem Theater Rang und Bedeutung eines kulturellen Modells verschafft" hätte, „dem im Zusammenhang mit der Krise der Repräsentation wichtige Funktionen" zugewachsen seien.[404] Aus diesem Grund sei das Theater auch ein Modell gewesen, „das wegen der besonderen Art seiner Zeichenhervorbringung und -verwendung auch auf andere Genres von *cultural performances* übertragen werden konnte".[405] Daraus wiederum zieht Fischer-Lichte ihre Schlussfolgerung in Bezug auf das Ritual, indem sie darauf verweist, dass die kulturelle Leistung von Theater als Kulturmodell darin bestanden habe, eben „eine Ablösung vom Ritual und vom magischen Denken zu betreiben, ohne es doch ganz aufzugeben".[406] Das Theater hätte dies zu erbringen vermocht, weil jenes ein Medium sei, „das sich durch das Wechselverhältnis von performativen und referentiellen Funktionen" konstituiere und definiere und daher, trotz Privilegierung der referentiellen Funktionen, niemals aufhöre, „performativ zu sein".[407] Insofern hätte sich das nun etablierte öffentliche Theater „in ambivalenter Weise" auf das Ritual bezogen, indem es sich rigoros von diesem

---

401 Ebd.; hinsichtlich der Lehre von den Ähnlichkeiten und der zweiten Repräsentationskrise verweist die Autorin auf die unter Anmerkung 9, Seite 4, aufgelistete Literatur. Vor allem auf folgendes Werk von Michel Foucault: *Les mots et les choses*, Paris 1966.
402 Ebd., S. 11.
403 Ebd., S. 5/6.
404 Ebd., S. 11/12.
405 Ebd., S. 12.
406 Ebd.
407 Ebd.

abgesetzt hätte, „implizit mit einem spezifischen Theaterbegriff, explizit durch den Rückgriff auf die alten Rituale und ihre Verspottung oder Verunglimpfung auf der Bühne oder auch durch eine spezifische Transformation".[408] Davon ausgehend, argumentiert Fischer-Lichte, würde der Theaterbegriff, der sich herausbildet hätte – obwohl noch unter einem gewissen Einfluss des Rituals –, „die performativen Funktionen den referentiellen" unterordnen. Dies habe zur Folge, dass „an die Stelle des Prinzips *significando causare* das Prinzip *agendo significare*" trete; „an die Stelle der Wirkung – die Konstitution von Bedeutung".[409]

In ihre Konzeption zur Theatralität im Zusammenhang mit den Krisen der Repräsentation bezieht Fischer-Lichte auch den Versuch mit ein, diese zu überwinden. Eine Möglichkeit zur Bewältigung der ersten Repräsentationskrise sieht die Autorin in der Theatralisierung höfischer Feste, und zwar aus dem Grund, da eben im 17. Jahrhundert, während der ersten Krise der Repräsentation, die Theatralisierung im Rahmen der höfischen Festkultur ihren Höhepunkt erreichte. Fischer-Lichte vertritt dabei die Auffassung, dass der französische König Ludwig XIV. „als eine der Strategien zur Überwindung dieser Krise eine tiefgreifende Theatralisierung seiner höfischen Feste vollzog".[410] Diese hätten „bis 1664 im Wesentlichen bei Tage und an öffentlichen Plätzen stattgefunden, so dass das Volk Gelegenheit zum Zuschauen" erhalten hätte. Ab 1664 allerdings hätte Ludwig die Feste vom Tag in die Nacht verlegt und „von den öffentlichen Plätzen in die Gärten von Versailles, zu denen nur die Mitglieder des Hofes und ausländische Gesandte Zutritt" gehabt hätten.[411] „Er inszenierte sie ausschließlich für dieses Publikum, um mit / in ihnen vor seinen Augen seinen Anspruch als absoluter Herrscher zu legitimieren", erklärt Fischer-Lichte. Während die Feste vor 1664 eher den Charakter sportlicher Wettkämpfe gehabt hätten, hätte „Ludwig sie für die nächsten zehn Jahre in phantasievolle Spektakel" umgewandelt.[412] Was diesen Aspekt besonders hervorhebt, ist die Tatsache, dass sich Ludwig dabei auf raffinierte Weise den neuen Theaterbegriff zunutze machte, indem er das „Vexierspiel zwischen Sein und Schein mit größter Souveränität und Vollendung"

---

408 Ebd., S. 5. Als Beispiele erwähnt Fischer-Lichte Shakespeares Transformation der „rituellen Struktur des Mai-Ritus in der Handlungsstruktur seiner Komödien", vor allem in *Midsummer Night's Dream*, während er sich in *Twelfth Night* über Exorzismusrituale lustig macht und diese im *King Lear* wiederum „in dramaturgischer Funktion transformiert". Siehe S. 4/5.
409 Ebd., S. 6.
410 Ebd., S. 9.
411 Ebd.
412 Ebd.

spielte.[413] Die höfischen Rollenspieler „bewegten sich in den königlichen Gärten und zugleich in einer fiktiven Welt", konstatiert Fischer-Lichte. In der Rolle einer fiktiven Figur hätten sie „an Gondelfahrten, Feuerwerken, Imbissen, Illuminationen, Balletten, Mitternachtssoupers, Konzerten und Theateraufführungen" teilgenommen. Dabei sei Ludwig tatsächlich als Sonnenkönig oder Apoll, als Herkules oder Mars *erschienen* und habe als solcher auch *agiert*.[414] Fischer-Lichte bemerkt hinsichtlich der höfischen Feste, dass „im theatralen Rollenspiel des Königs und der Mitglieder seines Hofes (…) spezielle Zeichen erfunden" worden seien, welche, „ganz in Übereinstimmung mit der neuen Zeichenlehre, als angemessene Repräsentationen für die Identität des Königs und seiner Höflinge sowie für ihr Verhältnis untereinander begriffen und gedeutet" hätten werden können.[415] Ausgehend von der fiktionalen Welt in den Gärten von Versailles, sei auch die Erfindung und Präsentation der Zeichen in einem Bereich erfolgt, der „zwischen Sein und Schein oszillierte – und anders als das Theater, die Grenze zwischen Sein und Schein verwischt" habe.[416] In diesem Zusammenhang weist Fischer-Lichte darauf hin, dass das theatrale Rollenspiel, das Ludwig in seinen Festen inszeniert habe, so eine „merkwürdige Ambivalenz" aufweise. Es habe „der Erfindung von Zeichen" gedient, „welche die Idee des absoluten Herrschers angemessen zu repräsentieren" vermocht und es Ludwig zugleich erlaubt hätten, „vor den Augen der Mitglieder seines Hofes tatsächlich als derjenige zu erscheinen, den diese Zeichen" hätten bedeuten sollen.[417] Theatrales Rollenspiel hätte so im selben Akt geleistet, „was einerseits die neue Zeichenlehre" gefordert und „was andererseits die alte Lehre von den Ähnlichkeiten" suggeriert hätte: „Ludwig *erschien* als Sonnenkönig, d. h. sinnlich wahrnehmbar als Sonnenkönig und *bedeutete* in dieser Erscheinung zugleich die Attribute der Sonne."[418] Wie Fischer-Lichte daraus resümiert, sei dabei sowohl die alte Lehre von den Ähnlichkeiten, welche „Schein und Sein in eins" setzt, als auch die neue Lehre der Repräsentation, welche „die Differenz zwischen Schein und Sein" herausstellt, evident. Im theatralen Rollenspiel bei Hofe habe beides zugleich gegolten. Insofern liege „der Schluss nahe, dass die Theatralisierung der höfischen Feste für eine gewisse ‚Übergangszeit' durchaus die Funktion zu erfüllen" vermocht hätte, „für die Mitglieder des Hofes Ludwigs Anspruch als absoluter Herrscher

---

413 Ebd.
414 Ebd., S. 10.
415 Ebd.
416 Ebd.
417 Ebd., S. 11.
418 Ebd.

zu legitimieren".[419] Die Erklärungen Fischer-Lichtes verweisen darauf, dass das auf der alten Lehre von den Ähnlichkeiten beruhende Ritual, welches eine Aufhebung der Grenze zwischen Schein und Sein bewirkt, innerhalb der höfischen Feste durchaus noch seinen Platz hatte, auch wenn die Feste gleichzeitig, gemäß der neuen Lehre der Repräsentation, nach deren Prinzip der Differenz, zwischen Schein und Sein ausgerichtet waren.

Hier besteht wiederum eine Verbindung mit der Venedigliteratur, die sich ja im Wesentlichen auf dem oszillierenden Spiel zwischen Sein und Schein, das eben auch dem Ritual zu eigen ist, gründet; ein ständig der Wandlung unterworfener Prozess, der nicht nur den Topos Venedig betrifft, sondern genauso die Figuren, Erzähler oder bei Gedichten das lyrische Ich. In der Venedigliteratur – insbesondere ab dem Fin de siècle bis zur Gegenwart – ist es so, dass aufgrund der oszillierenden Grenze zwischen Sein und Schein bzw. zwischen Fiktion und Wirklichkeit, welcher sich die jeweiligen Figuren in der Regel nicht bewusst sind, deren Lage häufig so bedrohlich wirkt. Dieser Mangel an Bewusstsein, das zwischen Sein und Schein nicht mehr zu unterscheiden vermag, ist aber vor allem hinsichtlich der Theatralisierung während der zweiten Krise der Repräsentation relevant, welche gegen Ende des 19. Jahrhunderts einsetzte, und eine massive Rückwendung zum Ritual zur Folge hatte. Dieser Aspekt wird an etwas späterer Stelle noch einmal ausführlicher angesprochen werden.

Bezüglich seiner höfischen Feste und ausgehend von der Tatsache, dass Ludwig nicht nur als ‚Darsteller' sondern auch als ‚Regisseur' seiner Feste fungierte – denn schließlich bestimmte er als König, als oberste Instanz, wie und unter welchen Umständen die Feste abzulaufen hatten –, lassen sich durchaus Vergleiche mit dem Autor fiktiver Venedigliteratur anstellen und zwar insofern, als dieser Venedig bewusst als einen Ort zwischen Sein und Schein inszeniert, in dem sich die jeweiligen Figuren verirren und in dem, da jener sich einer konkreten Einordnung entzieht, sich unwillkürlich auch deren innere Haltlosigkeit und seelische Abgründe offenbaren.

Bei den Inszenierungen seiner Feste sorgte Ludwig dafür, dass sich die nächtlichen Gärten von Versailles in fiktive Welten verwandelten:[420] „In den Palast des Sonnenkönigs, in den wiedererweckten Olymp, in die Grotte der Thetis, in grüne Theater, Ballsäle, Zirkusarenen und Labyrinthe, in denen Statuen und Fontänen plötzlich zum Leben erwachten. (…) Die Gärten verwandelten sich solcherart in Orte der Täuschungen und Illusionen, an denen die Grenzen zwischen

---

419 Ebd.
420 Vgl. ebd., S. 10.

der ‚wirklichen' Welt und ‚fiktiven' Welten durchlässig zu werden schienen."[421] Genauso stellt sich auch das literarische Venedig als ein inszenierter Ort der Täuschungen und Illusionen dar, der als solcher darauf beruhende fiktionale Wirklichkeiten erschafft, so zum Beispiel in Andersch' Roman *Die Rote* mit der nächtlichen Beschreibung des menschenleeren Markusplatzes, welcher in einem festlichen und illuminierenden Licht erscheint und so eine unwirkliche, aber zugleich unberechenbare Atmosphäre vermittelt. Und selbstverständlich unterliegt auch Aschenbach im *Tod in Venedig* einer Täuschung, wenn er nach seiner Ankunft in Venedig einen Fährmann beauftragt, ihn zu seinem Hotel an den Lido zu bringen, ohne zu wissen, dass diese Gondelfahrt für ihn zugleich die Fahrt in den Tod bedeutet, auch wenn seine Visionen, welche er schon vor seiner Abreise nach Venedig hatte, auf zumindest unbewusste Todesahnungen hinweisen.

In den höfischen Festen traten der König und die Mitglieder seines Hofes als Rollenspieler auf:[422] „Ludwig in Kostüm und Maske der Sonne, Apollos, Jupiters, Herkules', Mars' oder Alexanders, seine Höflinge als Gottheiten zweiten Ranges, als Sterne, die um die Sonne kreisen, als Feen oder Nymphen. Die Kostüme wiesen so die Hofgesellschaft als Angehörige einer fiktionalen Welt aus, welche die Gärten nicht nur bedeuteten, sondern in die sie sich in diesen Nächten der Täuschungen und Illusionen auch verwandelt zu haben schienen."[423] Dieser Aspekt der höfischen Feste weist ebenfalls Affinitäten zur Venedigliteratur auf, als es eben auch die Präsenz und das Agieren fiktionaler Figuren ist, wodurch sich Venedig als semantischer Raum erst konstituiert. Und genauso, wie sich Ludwig und seine Hofgesellschaft durch Kostümierung eine neue Identität erschaffen, die an den festlichen Abenden in den Gärten von Versailles als eine fiktionale Wirklichkeit erscheint, so ereignet sich dieser Vorgang, allerdings meist ohne erkennbare Kostümierung der jeweiligen Figuren, in der Venedigliteratur, wobei es in diesem Fall die spezifisch theatrale Stadt ist, welche die Figuren, auch ohne äußerliches Maskenspiel, in einem solchen erkennbar werden lässt.

Das von Fischer-Lichte vorgestellte Repräsentationsmodell, welches sich im 17. Jahrhundert entwickelt hatte, geriet im ausgehenden 19. Jahrhundert, wie die Autorin in diesem Zusammenhang erläutert, dann seinerseits in eine Krise. Der Kern der neuerlichen Repräsentationskrise lasse sich, Fischer-Lichte zufolge, wenn auch in stark vereinfachter Form, aber doch im Wesentlichen, in drei Punkten zusammenfassen: Zum einen seien die verfügbaren Zeichen den

---

421 Ebd.
422 Vgl. ebd.
423 Ebd.

Objekten, für die sie bestimmt gewesen seien, nicht mehr kommensurabel gewesen, d. h. sie hätten „sie gerade *nicht* angemessen zu repräsentieren" vermocht, und zum zweiten hätten sich „die bisher als stabil angenommenen Verbindungen eines Signifikanten mit einem Signifikat prinzipiell als instabil" erwiesen;[424] Signifikanten hätten also „frei flottieren und mit unterschiedlichen Signifikaten verbunden" werden können.[425] Als dritte These schließlich führt Fischer-Lichte die anhand von Freuds Psychoanalyse registrierte, erschütternde Erfahrung des Ich an, „*nicht mehr Herr im eigenen Haus zu sein*", wonach „das Subjekt nicht mehr ein stabiles Selbst zu konstituieren" vermag. Es scheine sich demnach „zu dezentrieren und in eine Folge von momentanen, fragmentarischen Selbsts aufzulösen".[426]

Die zweite Repräsentationskrise äussere sich, wie Fischer-Lichte bemerkt, in diesen drei Aspekten „zugleich als Wahrnehmungs-, Erkenntnis- und Subjekt- bzw. Identitätskrise". Ausgehend von dieser Krise sei auch der Theaterbegriff wiederum neu definiert worden. Dabei sei interessanterweise auf Gattungen von *cultural performances* Bezug genommen worden, von denen das Theater des 16. und des 17. Jahrhunderts sich so rigoros abgesetzt hätte, insbesondere vom Ritual, oder die „ihrerseits eine Theatralisierung durchgemacht" hätten, „wie Feste oder politische Zeremonien".[427] So habe auf unterschiedlichste Weise eine Transformation des Theaters stattgefunden, die von den Vertretern der historischen Avantgardebewegungen vorangetrieben worden sei, indem zum Beispiel Theater in ein Fest transformiert wurde, oder auch in ein Ritual, eine Jahrmarktsveranstaltung, eine politische Versammlung, eine Zirkusvorstellung. Es fand aber auch eine theatralische Transformation der Gottesdienste, Parlamentssitzungen, kunsthistorische Exkursionen u. a. in Theateraufführungen statt.[428] Fischer-Lichte verweist also auf eine grundsätzliche Neudefinition des Theaters, indem dieses in Gattungen von *cultural performances* transformiert wurde, in denen – wie einst beim Ritual in der Zeit vor der ersten Krise der Repräsentation – „die performativen Funktionen die referentiellen dominieren".[429] Wie die Autorin in ihrem Aufsatz „Theatergeschichte als Körpergeschichte" bemerkt,

---

424 Ebd., Ebd., S. 12.
425 Ebd.
426 Ebd.
427 Ebd.
428 Ebd., S. 12/13. Die Autorin nennt verschiedene Vertreter der historischen Avantgardebewegungen, wie zum Beispiel Georg Fuchs, Antonin Artaud, Erwin Piscator.
429 Ebd., S. 13.

hätten zwischen Theater und verschiedenen Gattungen von *cultural performances* zudem Austauschprozesse stattgefunden, in deren Verlauf es offensichtlich gewesen sei, dass sich die Grenzen zwischen ihnen ständig verschoben hätten, sie seien äußerst durchlässig gewesen und hätten immer wieder neu verhandelt werden müssen.[430] Diese Austauschprozesse seien in der Regel „mit Verhaltens- und Empfindungsveränderungen Hand in Hand" gegangen, „die in unmittelbarem Zusammenhang mit sich wandelnden Vorstellungen von Gemeinschaft und von dem Ort, den der Körper des einzelnen in ihr einnimmt", gestanden hätten.[431] Insofern stelle sich auch die Frage, „wie sich diese Vorstellungen durch Grenzüberschreitungen des Theaters zum Beispiel durch Totenbeschwörung, zum Fest, zum Opferritual jeweils" verändert hätten.[432]

Hinsichtlich des Austausches mit Projekten des Schwerpunktprogramms Theatralität und einer dahingehenden Ausarbeitung von theatralen Affinitäten zwischen Ritualen, Theateraufführungen und Kunst-Performances verweist Fischer Lichte in „Diskurse des Theatralen" auf die Liminalität als wichtiges Verbindungsstück:[433] „Während man über die Vergleichbarkeit der *transformativen* Potentiale von religiösen Ritualen und Theateraufführungen streiten kann, ist klar erkennbar, dass in beiden Fällen Wirkungen aus der *liminalen* Aufhebung alltäglicher Bindungen, der Irritation gewohnter Orientierungen und der Öffnung neuer Erfahrungsspielräume resultieren."[434] Fischer-Lichte verwendet den Begriff der Liminalität also in der Weise, dass sie mit diesem theatrale Vorgänge und Situationen beschreibt, die sich einer gezielten Einordnung und Berechenbarkeit entziehen und als solche also einen grenzüberschreitenden Charakter aufweisen. Dieser ist in der Tat auch für die Theatralität Venedigs bezeichnend, welche sich, wie bereits ausführlich erklärt, durch eine entgrenzende, imaginäre Räumlichkeit konstituiert.

Neben der Transformation des Theaters in andere Genres von *cultural performances* ereignete sich im 20. Jahrhundert eine übergreifende Theatralisierung vieler Arten von *cultural performances*, wie dies zum Beispiel bei Feiern und Festen der Gewerkschaften, Jugendbünden u.ä., sowie selbstverständlich auch bei politischen Zeremonien und Veranstaltungen der Fall ist, wobei dies, wie Fischer-Lichte betont, bei den Nationalsozialisten in den dreißiger Jahren

---

430 Fischer-Lichte: „Theatergeschichte als Körpergeschichte", a. a. O., S. 17/18.
431 Ebd., S. 18.
432 Ebd.
433 Fischer-Lichte: „Diskurse des Theatralen", a. a. O., S. 18.
434 Ebd.

besonders stark zur Geltung gekommen sei.[435] Hinsichtlich der Theatralität politischer Inszenierungen ist in dieser Untersuchung bereits an früherer Stelle ausführlich davon die Rede, wobei in diesem Zusammenhang die Bedeutung und Funktion des Begriffs der Inszenierung im Fokus stand. Die Theatralisierung von *cultural performances* prägte aber auch den Charakter von Sportwettkämpfen, so zum Beispiel den der Olympischen Spiele, vor allem mit deren Eröffnungszeremonie und der Schlussfeier, und auch bestimmte Sportarten, wie der Eiskunstlauf, Boxen oder Wrestling sind in diesem Sinne als spezifische Genres von theatralisierten *cultural performances* anzusehen.[436]

Die massive Ausbreitung der Theatralisierung von *cultural performances* zeigt wiederum unmittelbare Affinitäten mit der Theatralität in der Venedigliteratur. Dabei ist eben insbesondere die zweite Krise der Repräsentation zu beachten, welche, wie gesagt, gegen Ende des 19. Jahrhunderts ein- und sich dann im 20. Jahrhundert fortsetzte. Die Entwicklung einer theatralen Transformation der *cultural performances* wurde vor allem mit dieser Krise relevant. Was die Venedigliteratur im Fin de siècle betrifft, ist zu bedenken, dass sich ihr gerade in jener Zeit auf der imaginären, theatralen Ebene zahlreiche neue Räume erschlossen. Inwiefern dieser theatrale Prozess auf der semantischen Bühne Venedig in diesem Maße überhaupt stattfinden konnte, wurde an früherer Stelle bereits mehrfach angesprochen. Nun ist es aber so, dass sich die Raumkonstellation der Venedigliteratur im Fin de siècle von der in der Venedigliteratur der Romantik insofern unterscheidet, als bezüglich der semantischen Räume, sich wesentlich vielfältigere Möglichkeiten ergeben, was zum einen in der Entdeckung neuer sowohl äußerer als auch innerer Räume begründet ist und außerdem in der Hinwendung einer für die Venedigliteratur der Jahrhundertwende typischen Vorliebe fürs Detail.[437] Die Venedigliteratur der Romantik konzentrierte sich vor allem auf die Zeitlichkeit im „Bewusstsein des Verlustes", womit sie eine ehemals glorreiche Vergangenheit in der nunmehr traurigen Bedeutungslosigkeit der Stadt heraufbeschwor.[438] Die Venedigliteratur im Fin de siècle jedoch ließ diesen zeitlichen Aspekt hinter sich und wandte sich nunmehr verstärkt der Räumlichkeit der Lagunenstadt zu, was insbesondere auch bisher kaum beachtete Räume des abseitigen Venedig mit einschloss.[439] Die Erschließung neuer

---

435 Fischer-Lichte: „Theatralität – Theater als kulturelles Modell in den Kulturwissenschaften", a. a. O., S. 13.
436 Ebd.
437 Vgl. Corbineau-Hoffmann a. a. O., S. 325 und S. 344.
438 Vgl. ebd., S. 315.
439 Vgl. ebd., S. 314/315.

äußerer und innerer Räume Venedigs im Fin de siècle, die sich analog mit dessen zunehmender Theatralisierung vollzog, weist durchaus auch Affinitäten mit der allgemeinen Theatralisierung der *cultural performances* auf, welche sich, als eine Folge der zweiten Krise der Repräsentation, ab dem Ende des 19. Jahrhunderts ereignete. Denn in dieser Phase fand eine wesentliche Erweiterung der theatralen Raumkonstitution in der Venedigliteratur statt, die also indirekt auch auf den Einfluss der gleichzeitigen Entwicklung der Repräsentationskrise und einer daraus resultierenden Theatralisierung von *cultural performances* zurückzuführen ist; und davon ausgehend ganz direkt auf eine, in welcher Weise auch immer neu ausgerichtete, durch keine Grenzen mehr eingeschränkte Theatralität, welche als solche überhaupt erst dieser Bezeichnung wirklich gerecht wird. Das Konzept der Theatralität zeigt insofern auch eine doppelte Ausrichtung, als es sich, um mit Neumann im Sinne von Barthes zu sprechen, zwar in einem Prozess der Entgrenzung konstituiert, aber – und dies lässt sich daraus ableiten – wechselseitig dazu eben erst diese Entgrenzung bewirkt.

In ihrem Aufsatz „Diskurse des Theatralen" betrachtet Fischer-Lichte den korporalen Aspekt der theatralischen Transformation von *cultural performances*, wobei sie darauf verweist, inwiefern diese die performative Hervorbringung von Körperlichkeit fokussieren und herausstellen, die generell für Aufführungen gelte, welche aber häufig übersehen werde – „vor allem bei dem Versuch, sie als Texte zu verstehen und zu lesen". Körperlichkeit sei nicht einfach gegeben, sondern werde „vielmehr in performativen Prozessen des Handelns und Verhaltens allererst als eine je besondere hervorgebracht".[440] Auch nehme die Körperlichkeit eine „fundamentale Bedeutung für jegliche kulturelle Praxis" ein, wie Fischer-Lichte wiederum in ihrer Abhandlung „Theatergeschichte als Körpergeschichte" bemerkt. Dabei könne der körperliche Aspekt aber „nur dann angemessen gewürdigt werden, wenn die Dialektik von Körper-Sein und Körper-Haben nicht aus dem Blickfeld" gerate.[441] Für die Begründung ihrer These einer performativen und anhand von theatralischen Kategorien sich ausrichtenden Körperlichkeit innerhalb einer „jeglichen kulturellen Praxis", welche als solche auch sämtliche Genres von *cultural performances* mit einbezieht, wendet sich Fischer-Lichte also abermals der Theorie Plessners zu, der demgemäss das Konzept von Körper-Sein und Körper-Haben entwickelt hatte, wie bereits im 6. Kapitel, *Die Wirklichkeit der Theatralität als eine doppelte: Plessners Theorie von der „Abständigkeit des Menschen zu sich"*, angesprochen wurde.

---

440 Fischer-Lichte: „Diskurse des Theatralen", a. a. O., S. 13.
441 Fischer-Lichte: „Theatergeschichte als Körpergeschichte", a. a. O., S. 10.

Hinsichtlich der *cultural performances* konstatiert Fischer-Lichte, dass es, was die körperliche Beteiligung ihrer Mitglieder betreffe, erhebliche Unterschiede gäbe. Zu Beginn des 20. Jahrhunderts beispielsweise hätte das europäische Theater als ein Genre von *cultural performances* gegolten, das dem Zuschauer allerdings nur sehr eingeschränkte Möglichkeiten zu aktiver körperlicher Teilnahme geboten habe, jedoch „sahen viele Theatertheoretiker und – praktiker im Ritual und im Fest Veranstaltungstypen, welche die aktive körperliche Partizipation aller Teilnehmer voraussetzen und die Trennung in Akteure und Zuschauer aufheben".[442]

Die Feststellung Fischer-Lichtes, wonach zwischen Akteuren und Zuschauern nicht mehr strikt unterschieden wird, ist auch hinsichtlich der Theatralität Venedigs und seiner fiktionalen Figuren ein wesentlicher Gedanke, wie in dieser Untersuchung bereits mehrfach diskutiert wurde. Dabei ist insbesondere zu beachten, dass die im Zuge der zweiten Krise der Repräsentation stattfindende Theatralisierung von *cultural performances* mit einer Wiedereinführung des Rituals einherging, eine Entwicklung die eben wiederum eine Aufhebung der Grenze zwischen Akteuren und Zuschauern zur Folge hatte. Ein Aspekt, der im folgenden Kapitel noch eingehender behandelt werden wird. Dennoch sei hier gesagt, dass es für die fiktionalen Venediggestalten aufgrund ihrer Theatralisierung geradezu ein Charakteristikum bedeutet, dass sie sowohl Akteur als auch Zuschauer ihrer selbst sind und zwar in dem Sinne, dass deren doppelt fundierte Ausrichtung als grundsätzlicher *Status Quo* erscheint.

Dieses Phänomen beschreibt auch Simmel in einem Abschnitt aus seinem „Venedig"-Aufsatz, der in einem anderen Zusammenhang in dem Kapitel *Inszenierung und ihre Strategien* bereits eingeführt wurde. Darin wurde speziell der Aspekt der sich ständig inszenierenden, venezianischen Gesellschaft angesprochen und zwar in einer Weise, dass sich daraus auf eine gleichzeitige Selbstbeobachtung derselben schließen lässt. Dieser Gedanke lässt wiederum an die bereits zitierte These Plessners anschließen, wonach der Mensch grundsätzlich ein „virtueller Zuschauer seiner selbst" sei, welcher als solcher die Welt „in Szene" setze.

9. Theatralität im Ritual

In Bezug auf das Fest und das Ritual als Gattungen der *cultural performances*, gibt Fischer-Lichte die von den Theatertheoretikern und -praktikern Georg Fuchs, Max Reinhardt und Antonin Artaud vertretene Feststellung wieder, „dass es in

---

442 Ebd., S. 16/17.

ihm der Vollzug bestimmter körperlicher, performativer Akte sei, der die einzelnen Teilnehmer vergemeinschafte".[443] Insofern ist also ein wesentliches Merkmal der *cultural performances* ihre Gemeinschaftsbezogenheit.[444] Wie schon gesagt, ereignete sich im Zuge der zweiten Krise der Repräsentation und der daraus resultierenden Theatralisierung verschiedener Arten von *cultural performances* eine Rückkehr der Hinwendung zum Ritual, das im Zuge der ersten Krise der Repräsentation ab dem Ende des 16. Jahrhunderts größtenteils gemieden worden war, während gleichzeitig der Topos vom *Theatrum mundi* bzw. *Theatrum vitae humanae* ubiquitär wurde. Was die Phase zu Beginn der zweiten Krise der Repräsentation betrifft, war von den Initiatoren des Schwerpunktprogramms Theatralität eine Affinität mit der Ritualität frühzeitig angenommen worden, da beide Begriffe mehr oder weniger zeitgleich in den Jahrzehnten vor dem ersten Weltkrieg entwickelt worden waren.[445] Um auch dem Theater derartige Möglichkeiten einer Vergemeinschaftung zu eröffnen, welche sich bei Festen und den seinerzeit mit einer ablehnenden Haltung betrachteten Ritualen ergeben, beschlossen verschiedene Theatermacher, Theater als Fest bzw. als festliches Spiel oder als Ritual zu definieren.[446] So sollte, wie der Theatertheoretiker Georg Fuchs bemerkt, aus Akteuren und Zuschauern eine Gemeinschaft durch „rhythmische Bewegung im Raum" entstehen.[447]

Aus theatraler Perspektive, so Fischer-Lichte, sind Rituale „als inszenierte, performative, korporale und wahrgenommene Prozesse zu definieren". Alle diese Begriffe haben „die Ritualforschung mit neuen Fragestellungen konfrontiert".[448] Als besondere Herausforderung hat sich dabei der Inszenierungsbegriff erwiesen, „scheint er doch mit der traditionellen Vorstellung von Ritualen als repetiven, konventionalisierten, stark verregelten Prozessen zu kollidieren".[449] Insofern war es ein besonderes Anliegen des Schwerpunktprogramms Theatralität, der Frage

---

443 Ebd., S. 17.
444 Ebd., S. 16.
445 Fischer-Lichte: „Diskurse des Theatralen", a. a. O., S. 16. Die Autorin erwähnt die ‚Erfindung' des modernen Theatralitätsbegriffes durch Evreinov. Siehe auch in dem folgenden Kapitel dieser Arbeit: „Theatralität: Bestimmung und Bedeutung des Begriffs".
446 Fischer-Lichte: „Theatergeschichte als Körpergeschichte", a. a. O., S. 17. Es handelte sich um Theatermacher wie Max Reinhardt und Georg Fuchs, welche beschlossen, Theater als Fest bzw. als festliches Spiel zu definieren und ebenfalls um Fuchs und Antonin Artaud, welche Theater als Ritual betrachteten.
447 Ebd.; die Autorin zitiert hier aus Georg Fuchs: *Der Tanz*, Stuttgart 1966, S. 13.
448 Fischer-Lichte: „Diskurse des Theatralen", a. a. O., S. 16.
449 Ebd.

nach der *agency* der Ritualteilnehmer nachzugehen und es konnte nachgewiesen werden, „dass auch dort, wo die Rituale als ‚Begegnungen mit den Göttern' angelegt sind, wo die rituellen Akteure von Gottheiten und anderen religiösen Mächten regelrecht übernommen werden, ein beträchtliches Maß an *agency*, d. h. an eigener Gestaltungskraft und Handlungskraft des Ausführenden zu erkennen ist: Nur *durch* körperliche, inszenierte Performanz und *in* der körperlichen, inszenierten Performanz der Akteure wird das Göttliche im religiösen Ritual erfahrbar. Die theatrale Dimension nimmt dem Ritual also nichts von seiner Wirksamkeit, im Gegenteil: Ritualität und Theatralität bedingen einander".[450]

Der vorhin aufgestellte Vergleich einer Theatralisierung, sowohl hinsichtlich von *cultural performances* als auch des imaginären Raumes Venedig, findet beim theatralisierten Ritual als einer Form von *cultural performances* seine Entsprechung, wobei dieser Aspekt durch die *agency* der Ritualteilnehmer noch eine zusätzliche Relevanz bekommt, welche wiederum mit der bereits in mehrfacher Weise diskutierten Theorie Plessners, wonach der Mensch sein Selbst nur durch Inszenierung erlangt, in gewisser Weise konform geht. Denn beim Ritual verhält es sich so, dass aufgrund der körperlichen, inszenierten Performanz, welche aus der *agency* des Ritualteilnehmers entsteht, das Göttliche erfahrbar wird. Da dieser Vorgang alle am Ritual Beteiligten umfasst, wobei ja auch der Zuschauer mehr oder weniger aktiv in dieses eingebunden ist, lässt sich diese Erfahrbarkeit des Göttlichen durchaus mit der von Plessner konstatierten Selbst-Findung durch Inszenierung vergleichen, denn in beiden Fällen handelt es sich darum, im Bewusstsein einer Trennung sowohl vom Göttlichen als auch vom eigenen Selbst, diese durch Inszenierung bzw. im inszenierten Ritual, zu überwinden und auf diese Weise sein Selbst bzw. die Verbindung mit dem Göttlichen zu erlangen. Umgekehrt kann dieser Vorgang natürlich auch so betrachtet werden, dass der Abstand bzw. die Trennung von sich selbst und auch vom Göttlichen überhaupt erst eine Vorraussetzung für eine Inszenierung als solche darstellt: sei es im Ritual, bei sonstigen Arten von *cultural performances* oder auch nur im Sinne einer anthropologischen Konstante.

Genauso verhält es sich mit den fiktionalen Venedig-Figuren, deren Konstituierung im Wesentlichen davon abhängt, dass sie sich innerhalb des semantischen Raumes im Agieren zugleich inszenieren, wenngleich die in diesem Zusammenhang implizierte „Abständigkeit des Menschen zu sich" für die Venediggestalten ein ständiges, nicht zu unterschätzendes Risiko darstellt.

---

450 Ebd., S. 16/17.

Es sei zudem darauf hingewiesen, dass die körperliche, inszenierte Performanz, welche im Ritual aufgrund der *agency* der Teilnehmer zustande kommt, auch im Sinne einer Verkörperung durch das Zusammenwirken von phänomenaler und semiotischer Körperlichkeit zu betrachten ist. Ein Aspekt, dem in dieser Untersuchung ebenfalls bereits mehrmals nachgegangen wurde.

10. Die Theatralität der Maske

Mit der Maskenhaftigkeit soll ein spezieller Aspekt der Theatralität Venedigs angesprochen werden, der im Rahmen der bisher vorgestellten Theorien nur am Rande betrachtet wurde, aber hinsichtlich des in dieser Abhandlung zu bearbeitenden Themas doch einer separaten Untersuchung bedarf. Dabei werden die Werke folgender Autoren berücksichtigt: Zum einen handelt es sich um die Abhandlung *Differenz und Wiederholung* von Gilles Deleuze und zum anderen um den in dieser Arbeit bereits zitierten Aufsatz „Venedig" von Georg Simmel aus seinem Band *Zur Philosophie der Kunst. Philosophische und kunstphilosophische Aufsätze*.

Jeder der beiden Denker vertritt jeweils ein spezifisches Konzept von Maskenhaftigkeit. Dabei ist zu beachten, dass die von Simmel konstatierten Thesen in seinem „Venedig"-Aufsatz sich ausschließlich auf die Lagunenstadt beziehen, während Deleuze sich auf die Ergründung des Wesens der Maskenhaftigkeit als abstraktes Phänomen konzentriert.

Es soll hier der Versuch unternommen werden, beide Positionen in einer Gegenüberstellung miteinander zu vergleichen, um eine für die Theatralität Venedigs und dessen fiktionalen Figuren relevante Lösung zu finden. In diesem Sinne wird jetzt erst einmal die Theorie von Deleuze vorgestellt, um anschließend eine Verbindung mit der von Simmel in seinem kunstphilosophischen Text vertretenen Konzeption zur Maskenhaftigkeit Venedigs herzustellen.

Was die Theorie von Deleuze betrifft, gründet er diese auf dem Prinzip der Wiederholung, welches sich im Todestrieb konstituiert. Dabei betrachtet er den Todestrieb in seinem spirituellen Verhältnis zu Masken und Travestien:

> Tatsächlich ist die Wiederholung das, was sich verkleidet, indem es sich konstituiert, und sich nur insofern konstituiert, als es sich verkleidet. Sie liegt nicht unter den Masken, sondern bildet sich von einer Maske zur anderen, wie von einem ausgezeichneten Punkt zu einem anderen, von einem privilegierten Augenblick zu einem anderen, mit und in den Varianten. Die Masken verdecken nichts, nur andere Masken. Es gibt keinen ersten Term, der wiederholt würde.[451]

---

451 Gilles Deleuze: *Differenz und Wiederholung*, München 1992, aus dem Französischen von Joseph Vogl, S. 34.

Wie Deleuze argumentiert, werde dabei der Todestrieb, laut Freuds Theorie in *Jenseits des Lustprinzips*, „nicht im Zusammenhang mit den destruktiven Tendenzen, nicht im Zusammenhang mit der Aggressivität entdeckt, sondern auf Grund einer direkten Berücksichtigung der Wiederholungsphänomene".[452] Seltsamerweise, so Deleuze weiter, werde „der Todestrieb als ursprünglich positives Prinzip für die Wiederholung namhaft gemacht", hierin liege „sein Gebiet und sein Sinn".[453] Er spiele „die Rolle eines transzendentalen Prinzips, während das Lustprinzip nur psychologischer Natur" sei. Darum sei er „vor allem verschwiegen", d. h. nicht in der Erfahrung gegeben, „während das Lustprinzip Lärm um sich" mache.[454]

Im Folgenden nun beruft sich Deleuze auf „eine nackte Wiederholung", welche „als Wiederholung des Selben, etwa ein zwangsneurotisches Zeremoniell oder eine schizophrene Stereotypie" stehe: Dabei diene das „Mechanische an der Wiederholung, das offensichtlich wiederholte Handlungselement als Decke einer tiefer liegenden Wiederholung, die sich in einer andern Dimension, in einer geheimen Vertikalität" abspiele, „in der die Masken und Rollen vom Todestrieb gespeist werden".[455]

In Bezug auf Freuds Psychoanalyse erläutert Deleuze ferner, dass in der Analyse der Zwangsneurose das Thema des Todes in dem Augenblick auftauche, „an dem der Zwangsneurotiker über alle Figuren seines Theaters" verfüge „und sie in einer Wiederholung" vereine, „für die das *Zeremoniell* nur die äußere Umhüllung" darstelle. Überall sei „die Maske, die Travestie, das Bekleidete die Wahrheit des Nackten". Die Maske sei „das wahre Subjekt der Wiederholung". Da die Wiederholung ihrer Natur nach von der Vorstellung abweiche, könne „das Wiederholte nicht vorgestellt werden", sondern müsse „immer bedeutet werden, maskiert mit dem, wodurch es bedeutet wird, und selbst Maske dessen, was es bedeutet".[456]

Laut Deleuze sei Wiederholung insofern zu verstehen, dass „wir identischen Elementen mit absolut demselben Begriff gegenüberstehen".[457] Dabei seien aber zwei Formen der Wiederholung zu unterscheiden. Zwar sei „in jedem Fall die

---

452   Ebd. Deleuze bezieht sich auf Sigmund Freuds „Jenseits des Lustprinzips". In: ders., „Jenseits des Lustprinzips. Massenpsychologie und Ich-Analyse. Das Ich und das Es". In: *Gesammelte Werke*, Bd. XIII., Frankfurt am Main 1976.
453   Ebd., S. 33.
454   Ebd., S. 33/34.
455   Ebd., S. 35.
456   Ebd.
457   Ebd., S. 42.

Wiederholung die begriffslose Differenz", in einem Fall aber sei „die Differenz bloß als dem Begriff äußerliche gesetzt, als Differenz zwischen den Objekten, die unter demselben Begriff repräsentiert werden, und falle in die Indifferenz des Raums und der Zeit".[458] Im anderen Fall hingegen sei „die Wiederholung der Idee immanent"; sie entfalte sich „als reine schöpferische Bewegung eines dynamischen Raums und einer dynamischen Zeit, die der Idee" entsprächen. Die erste Wiederholung sei „Wiederholung des Selben, die sich durch die Identität des Begriffs oder der Repräsentation" expliziere; die zweite sei „diejenige, die die Differenz" umfasse und außerdem „sich selbst in der Andersheit der Idee, in der Heterogenität einer *Appräsentation*".[459] Die eine sei „eine *nackte* Wiederholung, die andere eine bekleidete Wiederholung, die sich selbst bildet, indem sie sich bekleidet, maskiert, verkleidet".[460] Wie Deleuze erklärt, seien die beiden Wiederholungen „nicht unabhängig voneinander". Die eine sei „das singuläre Subjekt, das Herz und die Interiorität der anderen, die Tiefe der anderen". Die andere hingegen sei „bloß die äußere Hülle, die abstrakte Wirkung".[461] Die asymmetrische Wiederholung verberge sich „in den symmetrischen Zusammenhängen oder Wirkungen; eine Wiederholung von ausgezeichneten Punkten unter der Wiederholung von gewöhnlichen Punkten; und überall das Andere in der Wiederholung des Selben". Jene sei „die geheime, die tiefste Wiederholung": Sie allein ergebe „die *ratio* der anderen, den Grund für die Blockierung der Begriffe".[462] Und auf diesem Gebiet seien es „die Maske, das Verkleidete, die Travestie, die schließlich die Wahrheit des Nackten" ausmachten. Dies sei notwendigerweise der Fall, wie Deleuze bemerkt, „da die Wiederholung nicht durch etwas anderes verdeckt wird, sondern sich bildet, indem sie sich verkleidet, ihren eigenen Verkleidungen nicht vorausgeht und – indem sie sich bildet – die nackte Wiederholung konstituiert, in die sie sich einhüllt".[463]

Deleuze präzisiert seine Theorie noch weiter, indem er zwischen einer früheren und einer neuen Gegenwart unterscheidet.[464] Dabei verweist er darauf, dass die Einbildungskraft die Spuren der früheren Gegenwart sammle, welche „die neue Gegenwart nach dem Modell der früheren" bilde.[465] Bei seinen

---

458 Ebd.
459 Ebd.
460 Ebd., S. 43.
461 Ebd.
462 Ebd.
463 Ebd.
464 Ebd., S. 138.
465 Ebd., S. 138/139.

Überlegungen bezieht sich Deleuze auf die „traditionelle Theorie des Wiederholungszwangs in der Psychoanalyse", die im Wesentlichen „realistisch, materialistisch und subjektiv oder individualistisch" bleibe. Realistisch deshalb, „weil alles Geschehen zwischen Gegenwelten" passiere. Materialistisch, da „das Modell einer automatischen rohen Wiederholung die latente Grundlage" bleibe. Individualistisch und somit „subjektiv, solipsistisch oder monadisch: weil die frühere Gegenwart, d. h. das wiederholte, verkleidete Element, und die neue Gegenwart, d. h. die aktuellen Terme der travestierten Wiederholung nur als unbewusste und bewusste, latente und manifeste, verdrängende und verdrängte (…) *Vorstellungen* des Subjekts angesehen" werden würden.[466]

Wenn es zutreffe, so argumentiert Deleuze in diesem Zusammenhang, „dass die beiden Gegenwarten mit einer variablen Entfernung in der Reihe der Realobjekte auf einander" folgten, so bildeten sie „(…) *zwei im Verhältnis zum virtuellen Objekt einer anderen Natur koexistierende Realreihen*, im Verhältnis zum virtuellen Objekt, das fortwährend in ihnen zirkuliert und sich in ihnen verschiebt (…)".[467] Die Wiederholung vollziehe sich „nicht von einer Gegenwart zur anderen, sondern zwischen den beiden koexistierenden Reihen, die diese Gegenwarten in Abhängigkeit zum virtuellen Objekt (…) bilden".[468]

Weil das virtuelle Objekt beständig zirkuliere „und stets im Verhältnis zu sich selbst verschoben" sei, bestimme es „in den beiden Realreihen, in denen es erscheint – und sei es zwischen den beiden Gegenwarten –, Transformationen von Termen und Modifikationen imaginärer Beziehungen".[469] Insofern sei „die Verschiebung des virtuellen Objekts also keine Verkleidung neben der anderen", sondern sie sei „das Prinzip, aus dem in Wirklichkeit die Wiederholung als verkleidete Wiederholung" resultiere.[470] Daraus wiederum folgert Deleuze: „Hinter den Masken stehen also weitere Masken, und die verborgenste ist selbst noch ein Versteck, bis ins Unendliche. Keine andere Illusion als diejenige, etwas oder jemanden zu demaskieren."[471] Deleuze sieht in der Maske zwei Bedeutungen; und zwar meine sie „zunächst die *Verkleidung*, die auf imaginäre Weise die Terme und die Beziehungen der beiden *de jure* koexistierende Realreihen" affiziere; „in einer tieferen Schicht aber" meine sie „die Verschiebung, die wesentlich das symbolische virtuelle Objekt, in dessen Reihe wie in den Realreihen, in denen

---

466 Ebd., S. 139.
467 Ebd.
468 Ebd., S. 139/140.
469 Ebd., S. 140.
470 Ebd.
471 Ebd., S. 141.

es fortwährend zirkuliert", affiziere.[472] So zum Beispiel „die Verschiebung, die die Augen des Trägers mit dem Mund der Maske in Deckung" bringe „oder das Gesicht des Trägers nur als Körper ohne Kopf erscheinen" lasse, „auch wenn sich seinerseits wiederum ein Kopf auf dem Körper" abzeichne.[473]

In Anbetracht des hier vorgestellten Modells von Deleuze, wonach dieses in äußerst komplexer Weise vermittelt, dass sich, in einem vom Todestrieb gesteuerten Prozess der Wiederholung, Masken konstituieren, welche wiederum nichts anderes als Masken verbergen, erscheint eine aus Simmels Konzeption resultierende „venezianische Maskenhaftigkeit", welche im traditionellen Sinne das Verbergen von etwas Unbekanntem unwillkürlich impliziert, zunächst in einem eher problematischen Licht.

In seiner völlig anders gearteten „Venedig"-Studie entwirft Simmel eine „künstlerisch-psychologische Deutung des Wesens" der Stadt, das sich demnach vor allem durch „Zweideutigkeit" auszeichnet.[474] Eine Eigenschaft, welche eine grundsätzliche Voraussetzung für seine äußerst theatralisch konnotierte Version der Maskenhaftigkeit Venedigs darstellt. „(…); zweideutig [ist] das Doppelleben dieser Stadt, einmal als der Zusammenhang der Gassen, das andere Mal als der Zusammenhang der Kanäle, so dass sie weder dem Lande noch dem Wasser angehört, sondern jedes erscheint als das proteische Gewand, hinter dem jedes Mal das andere als der eigentliche Körper lockt."[475]

Simmel kritisiert Venedig als „künstliche Stadt"[476], wohingegen „Florenz niemals zur bloßen Maske werden"[477] könne, „weil seine Erscheinung die unverstellte Sprache eines wirklichen Lebens war"[478]. Dabei betont Simmel, dass das zweidimensionale „Bühnenbild" Venedigs sich auch im maskenhaften und seelenlosen „Oberflächencharakter" seiner Bewohner wiederspiegle.[479]

Simmel bezieht noch einen weiteren Aspekt ein, mit dem er sein Modell präzisiert, und der es zudem ermöglicht, mit der Theorie von Deleuze eine Verbindung herzustellen. In dem Kapitel *Inszenierung und ihre Strategien* wurde, anhand eines zitierten Textteils des Aufsatzes von Simmel, zwar der Schluss gezogen, dass den Venezianern eine ausgeprägte Selbstinszenierung unwillkürlich

---

472 Ebd.
473 Ebd., S. 141/142.
474 Seuffert a. a. O., S. 141.
475 Simmel a. a. O., S. 72.
476 Ebd., S. 69.
477 Ebd.
478 Ebd.
479 Vgl. Seuffert a. a. O., S. 141.

inhärent ist. Ein Gedanke, welcher mit dem der Maskenhaftigkeit Venedigs und seiner Bewohner, der sich aus dem Konzept Simmels ergibt, gleichfalls konform geht. Jedoch betrachtet Simmel jenes im Hinblick einer „aufgeklebten Zweidimensionalität"[480], die sich bei den Bewohnern Venedigs dermaßen verselbstständige, dass sich deren Wesen „darunter verzehrt" und insofern „alles Tun ein Davor" sei, „das kein Dahinter" habe.[481]

> Mit der Einheit, durch die ein Kunstwerk jedes seiner Elemente seinem Gesamtsinn untertan macht, ergreift hier der Oberflächencharakter das Bild der Menschen. Wie sie gehen und stehen, kaufen und verkaufen, betrachten und reden – alles das erscheint uns, sobald uns das Sein dieser Stadt, das in der Ablösung des Seins vom Schein besteht, einmal in seinem Bann hat, als etwas nur Zweidimensionales, wie aufgeklebt auf das Wirkliche und Definitive ihres Wesens. Aber als habe sich dieses Wesen darunter verzehrt, ist alles Tun ein Davor, das kein Dahinter hat, (...).[482]

Mit dieser von Simmel vertretenen Auffassung lässt sich insofern an die Theorie von Deleuze anknüpfen, als sich daraus die konzeptionelle Möglichkeit einer theatralen, venezianischen Maskenhaftigkeit ergibt, welche die Positionen sowohl des einen als auch des anderen Autors berücksichtigt und der Theatralität in der Venedigliteratur eine besondere Relevanz verleiht. Denn schließlich gibt es bei Deleuze, laut seiner von ihm vertretenen Theorie über die Funktion und Eigenschaft der Maske, bei jener „kein Dahinter", außer immer nur weitere Masken. Ein Aspekt, der im Vergleich mit Simmel gleich noch einmal angesprochen werden wird.

Die Maskenhaftigkeit des „zweideutigen" Venedig erklärt sich bei Simmel auch aus dem „traumhaften Charakter" der Stadt. So schreibt er:

> Es gibt wahrscheinlich keine Stadt, deren Leben sich so ganz und gar in einem Tempo vollzieht. Keinerlei Zugtiere oder Fahrzeuge reißen das verfolgende Auge in wechselnden Schnelligkeiten mit, die Gondeln haben durchaus das Tempo und den Rhythmus gehender Menschen. Und dies ist die eigentliche Ursache des traumhaften Charakters von Venedig, den man von je empfunden hat. Die Wirklichkeit schreckt uns immerzu auf; die Seele, sich selbst oder einem beharrenden Eindruck überlassen, würde in einem gewissen Gleichstand verbleiben, und erst der Wechsel ihrer Empfindungen weist sie auf ein äußeres Dasein, das diese Unterbrechungen ihrer Ruhelage verursacht.[483]

---

480 Zitiert ebd.
481 Simmel, S. 69, zitiert bei Seuffert, S. 141.
482 Simmel, S. 69.
483 Ebd., S. 70/71.

Ferner erklärt Simmel, wir würden „von dauernd gleichmäßigen Eindrücken hypnotisiert, ein Rhythmus, dem wir unterbrechungslos ausgesetzt"[484] seien, bringe uns „in den Dämmerzustand des Unwirklichen"[485]. Und so versage uns auch „die Monotonie aller venezianischen Rhythmen die Aufrüttelungen und Anstöße, deren es für das Gefühl der vollen Wirklichkeit bedarf"[486] und nähere „uns dem Traum, in dem uns der Schein der Dinge"[487] umgebe, „ohne die Dinge selbst."[488]

Dabei spielt eine wesentliche Rolle, dass Venedig im Übrigen nicht nur bei Simmel, sondern in der fiktionalen Venedigliteratur überhaupt, häufig mit negativ konnotierten Eigenschaften wie Scheinhaftigkeit, Doppelbödigkeit und Lüge in Zusammenhang gebracht wird. Da dies unmittelbar auf den Eindruck des theatralischen bzw. maskenhaften Stadtbildes Venedigs zurückzuführen ist, lässt sich daraus auch die meist ambivalente Position der Stadt erklären, aus der sich wiederum deren Zweideutigkeit erschließt. Zum einen ist da die konkrete Erfahrungsrealität des theatralischen Stadtbildes, zum anderen zeigt es durch die in es hineininterpretierten Eigenschaften zugleich einen subjektiven Innenraum auf. Zudem betont und evoziert die daraus sich konstituierende Zweideutigkeit wiederum Venedigs Eigenschaft als Kulisse, wodurch die Stadt als Maske stilisiert erscheint, hinter der sich Begebenheiten des subjektiven Erfahrungsraumes abspielen.

Corbineau-Hoffmann verweist hinsichtlich des Aufsatzes von Simmel auf die „Diskrepanz von heiterer Pracht und finsterem Machtwillen"[489] des Staates Venedig, in welchem sich ein „letztlich vernichtender Grundwiderspruch artikuliere".[490] Dies sei „eine geschichtsphilosophisch bemerkenswerte These, auf die implizit bereits die Venedigliteratur der Romantik reflektiert" hätte.[491] Wenn die *Serenissima Repubblica* „von jeher scheinhaft" gewesen sei, argumentiert Corbineau-Hoffmann weiter, „was nicht zuletzt in dem Epitheton ‚heiter' zum Ausdruck" komme, bestehe „dennoch zwischen diesem faire-semblant und

---

484 Ebd., S. 71.
485 Ebd.
486 Ebd.
487 Ebd.
488 Ebd., S. 71.
489 Corbineau-Hoffmann a. a. O., S. 491.
490 Zitiert ebd.
491 Zitiert ebd.

den Resten einstiger Herrlichkeit nach dem Untergang des Staates ein charakteristischer Unterschied".[492]

Der von der Autorin artikulierte Widerspruch einer Diskrepanz von heiterer Pracht und finsterem Machtwillen offenbart auch eine bereits ursprünglich vorhandene Disposition Venedigs als „zweideutige Stadt", welche dann später die Venedigliteratur seit dem Fall der Republik so intensiv prägen sollte und woraus sich eben wiederum auf die theatrale Maskenhaftigkeit Venedigs schließen lässt. In dem folgenden Zitat Simmels kommt dies zum Ausdruck. „Hier (...), wo all das Heitere und Helle, das Leichte und Freie, nur einem finsteren, gewalttätigen, unerbittlich zweckmäßigen Leben zur Fassade diente, da hat dessen Untergang nur ein entseeltes Bühnenbild, nur die lügenhafte Schönheit der Maske übrig gelassen."[493]

In Anbetracht der beiden Positionen, sowohl der von Deleuze im Rahmen seines Konzeptes einer vom Todestrieb gespeisten Maskierung in der Wiederholung und der von Simmel mit seinem Modell einer aus der Zweideutigkeit Venedigs resultierenden Maskenhaftigkeit, stellt sich die Frage, wie hinsichtlich des Themas dieser Arbeit, wonach sich das literarische Venedig in einem Vorgang der Theatralisierung als Bühne konstituiert, der Aspekt der Maske bzw. der Maskenhaftigkeit zu bestimmen ist. Dies erweist sich, aufgrund der teilweise widersprüchlichen Ansätze, als schwierig, jedoch nicht als unmöglich, da sich mit der Theorie von Deleuze durchaus an die von Simmel konstatierte Maskenhaftigkeit Venedigs anschließen lässt. Im Zusammenhang mit der Feststellung Simmels, dass „alles Tun ein Davor" sei, „das kein Dahinter hat", wurde dieser Aspekt bereits kurz angesprochen.

Im Sinne des Prinzips der Wiederholung nach der Theorie von Deleuze, welche sich in der Verkleidung bzw. als Maske konstituiert, und als solche von einer nackten Wiederholung verdeckt wird, erscheint hier Maskenhaftigkeit als etwas, das nicht verbirgt, sondern von etwas verborgen wird. Das von Deleuze dabei angeführte Modell der beiden koexisitierenden Realreihen und eines zwischen ihnen zirkulierenden virtuellen Objektes, das Transformationen von Termen und Modifikationen imaginärer Beziehungen verursacht, stützt diese These insofern, als eine ‚tiefere', eigentliche Wiederholung, der jeweils eine entsprechende Idee inhärent ist und die insofern einen asymmetrischen Charakter aufweist, stets von einer ‚oberflächlichen', symmetrischen Wiederholung überlagert wird. Es sind aber nicht nur die beiden sich

---

492   Zitiert ebd.
493   Simmel a. a. O., S. 69, zitiert bei Corbineau-Hoffmann a. a. O., S. 491.

überlagernden Arten von Wiederholung, welche Deleuze in seinem Modell bestimmt, sondern auch die Maske weist zwei Bedeutungen auf, wobei sie, oberflächlich gesehen, auf imaginäre Weise als Verkleidung die Beziehungen und Terme in den Realreihen affiziert und in einer tieferen Schicht aber die Verschiebung meint, die im Wesentlichen das symbolische virtuelle Objekt, sowohl in dessen Reihe als auch in den Realreihen, in denen es fortwährend zirkuliert, verursacht.

Aufgrund dieser Theorie von Deleuze lässt sich darauf schließen, dass, in Anbetracht des Prinzips der Wiederholung und des Todestriebs, die Maske prinzipiell keine verbergende Funktion hat, was sich insofern äußert, als hinter einer Maske immer nur eine weitere Maske erscheint. Dazu aber kommt noch, dass die Maske nicht nur nicht fähig ist, zu verbergen, sondern, aufgrund des Prinzips der Wiederholung, nach der eine tiefere Wiederholung von einer nackten Wiederholung zugedeckt wird, sich daraus die Konsequenz ergibt, dass das Verkleidete, die Maske von dem Nackten verborgen wird. Insofern erscheint die Funktion der Maske nach der Theorie von Deleuze im gänzlichen Gegensatz gegenüber den philosophischen Erörterungen Simmels, nach welchen die Maske grundsätzlich verbergende Eigenschaften hat und infolgedessen hinter der Maske sich ein verborgenes, eben das „wirkliche" Leben der Bewohner Venedigs abspielen muss; auch wenn dieses, aufgrund eines dominierenden, zweidimensionalen „Oberflächencharakters" der Stadt, kaum noch angenommen werden kann. Anhand dieses Gedankens wiederum lässt sich daran, wie bereits erwähnt, auch an Theorie von Deleuze anknüpfen, da hier ersichtlich wird, dass Simmel die Situierung eines verborgenen „Dahinter", auch wenn er sie überwiegend vertritt, gleichzeitig eben in Frage stellt.

Eine weitere Möglichkeit, zwischen den größtenteils konträr erscheinenden Überlegungen von Deleuze und Simmel eine Verbindung herzustellen, ist darin zu suchen, die von Deleuze vertretene Position zur Bedeutung der Maske, da diese ja demnach keine verbergende Funktion hat, in der entsprechenden Weise zu betrachten, dass sie die „Wahrheit des Nackten" ausmacht. Insofern lässt sich darauf schließen, dass in der „eigentlichen Wiederholung" also eine tiefe Wahrheit erkennbar wird. In Verbindung mit der sie bedeckenden „nackten Wiederholung" bedeutet dies aber, dass die in den Masken sich konstituierende Wahrheit und somit deren Mangel an verbergender Funktion eben gerade nicht offen zutage tritt, was in dem Sinne zu verstehen ist, dass die Offenbarung einer tiefen Wahrheit in der Maske ganz allgemein nicht angenommen wird. Nach außen hin bleibt also das verbergende Klischee der Maske auch nach dem Modell Deleuzes' durchaus erhalten.

Im Gegenzug lässt sich im Vergleich auf die zwar verbergende Funktion der Maske in Simmels Aufsatz verweisen, die aber dennoch auch eine versteckte Wahrheit offenbart, wie sich dies in seiner Konzeption durchaus vermittelt: Diese steht nämlich, so gesehen, für das von Simmel entworfene Bild eines maskierten Venedig, das eben aufgrund der Maskierung seiner charakteristischen Scheinhaftigkeit und Zweideutigkeit entlarvt wird. Simmel spricht dies in seinem Aufsatz auch einmal direkt an, indem er die Architektur Venedigs mit der von Florenz vergleicht und in Anbetracht der „preziösen" venezianischen Paläste auf deren maskenhaften Charakter verweist, der sich in einer gleichzeitigen Enthüllung offenbart.

> Bei den Palästen von Florenz, (...) empfinden wir die Außenseite als den genauen Ausdruck ihres inneren Sinnes: trotzig, burgmäßig, ernste oder prunkvolle Entfaltung einer wie in jedem Steine fühlbaren Macht, jeder die Darstellung einer selbstgewissen, selbstverantwortlichen Persönlichkeit. Die venetianischen Paläste dagegen sind ein preziöses Spiel, schon durch ihre Gleichmäßigkeit die individuellen Charaktere ihrer Menschen maskierend, ein Schleier, dessen Falten nur den Gesetzen seiner eigenen Schönheit folgen und das Leben hinter ihm nur dadurch verraten, dass sie es verhüllen.[494]

Demnach bedeutet die Maske an sich schon Schein und Lüge, durch welche sich Venedig als Stadt des Scheins und der Lüge zu erkennen gibt, und auch hinter seiner Maske sind, ausgehend von der Theorie Deleuzes', wieder nur weitere Masken, die Venedig stets als das, was es eigentlich verbergen will, repräsentieren. Eine Annahme, die durch den bei Deleuze vertretenen Todestrieb noch insofern unterstützt wird, als auch Simmel in sein Konzept der venezianischen Maskenhaftigkeit den Tod mit einbezieht. Dabei beruft er sich auf Schopenhauer: „Dass unser Leben eigentlich nur ein Vordergrund ist, hinter dem als das einzig Sichere der Tod steht – dies ist der letzte Grund davon, dass das Leben, (...) *durchweg zweideutig* ist."[495]

Das hier entwickelte Modell kann, wenn zwar allgemein in exemplarischen Werken der fiktionalen Venedig-Literatur, jedoch insbesondere in Manns *Tod in Venedig* Anwendung finden, wie im inhaltlichen Teil noch ausführlich erläutert werden wird, wenn diesbezüglich von Aschenbachs kosmetischer „Verschönerung" und von dem alten geschminkten Greis die Rede sein wird.

---

494 Ebd., S. 68.
495 Ebd., S. 72.

IV. Inhaltlicher Teil

1. Die Theatralität des „traumhaften" Venedig

Seit dem Fall der Republik Venedig im Jahre 1797 entwickelte sich die Stadt zu einem poetisch relevanten Subjekt. Dabei ist es gerade die Verlassenheit der dem Verfall preisgegebenen Stadt, welche bereits die Dichter der Romantik inspirierte. Venedig wurde so zu einem Symbol für Tod und Untergang und entwickelte eben darin seinen speziellen Reiz und seine Anziehungskraft. Inwiefern die Stadt, seit dem Ende der Republik und gerade angesichts ihres fortschreitenden Verfalls, imaginäre, von Theatralität bestimmte Räume eröffnete, gibt Ernst Bertram in seiner folgenden Beschreibung unwillkürlich wieder.

> Der zauberisch verführenden Tristan-Zweideutigkeit Venedigs, einer metaphysischen Zweideutigkeit aus äußerster Todesnähe und letzter Lebenssüße gemischt – dieser maskenhaften Schönheit Venedigs sind von je alle Naturen erlegen, die gleich Byron, gleich Nietzsche, eines tragisch unheilbaren Dualismus in der Uranlage ihres Wesens sich dunkel bewusst waren und die in dem Wunder der Lagunen einem halb bestürzenden, halb beglückenden Doppelgängersinnbild des eigenen Daseins begegneten – man denkt aus der deutschen Reihe an Platens venezianische Sonette, (…) oder an Thomas Manns *Tod in Venedig* – alles Naturen, welche die Schönheit nicht nur, mit Platon, zum höchsten Leben verführt, sondern denen sie zugleich, geheimnisvoll zugleich eine Verführung zum Tod bedeuten muss.[496]

In einem Brief, den Mann im Jahre 1916 an Paul Amann schrieb, äußert dieser sich über den Zauber Venedigs, dessen morgenländischer Charakter ihn faszinierte: „Venedig ist immer noch das Exzentrischste und Exotischste, was ich kenne (…): es ist ein ins Orientalisch-Phantastische übersetztes Lübeck."[497] Die Faszination Venedigs ist unmittelbar auf die Theatralität der Stadt zurückzuführen, wie dies auch in Manns Novelle *Tod in Venedig* zum Ausdruck kommt und im theoretischen Teil, anhand einer eingehenden Erörterung über die Wirkungen und Konsequenzen der Theatralität in der Venedigliteratur,

---

[496] Ernst Bertram: *Nietzsche. Versuch einer Mythologie*, Bonn 1965, das Kapitel „Venedig", S. 276. Auch zitiert bei Benno von Wiese: *Die deutsche Novelle von Goethe bis Kafka Interpretationen I*, Düsseldorf 1956, S. 306–307. Wiese zitierte aus Betrams erster Ausgabe seines Buches: Berlin 1918, S. 264–266.

[497] Thomas Mann: *Briefe an Paul Amann. 1915–1952*, Lübeck 1959, S. 43. Auch zitiert bei Reinhard Pabst: *Thomas Mann in Venedig. Eine Spurensuche*, Frankfurt am Main und Leipzig 2004, S. 19.

bereits mehrfach angesprochen wurde. Dabei ist aber zu bedenken, dass Mann zwischen seiner Heimatstadt Lübeck und Venedig Gemeinsamkeiten feststellt, da Lübeck ja ebenfalls eine Wasserstadt ist. Dieser Aspekt, welcher von einer unmittelbaren Affinität der beiden Städte ausgeht, dürfte die Art der Theatralisierung bzw. Semantisierung des Raumes Venedig in Manns Novelle erheblich geprägt haben. Davon ausgehend weist der Umstand, dass er sich von Venedig, das er wiederholt besuchte, wegen seiner geheimnisvollen Schönheit und seiner Nähe zum Tod angezogen fühlte, eine, vor diesem heimatlichen Hintergrund beeinflusste, entsprechend Theatralik auf, welche sich auch im *Tod in Venedig* zeigt.

> Ich ging an Bord in Venedig …. Mein Gott, mit welcher Bewegung sah ich die geliebte Stadt wieder (…). Ich hörte wieder ihre Stille, das geheimnisvolle Anschlagen des Wassers an ihre schweigenden Paläste, ihre Todesvornehmheit umgab mich wieder. (…) Die Gondolieri tauschten ihren Ruf. Ich war zu Hause…[498]

Der Philosoph Friedrich Nietzsche hatte zu Venedig offenbar ebenso einen besonderen Bezug. In seinen Briefen äußerte er sich öfters darüber. So schrieb er unter anderem 1887 an Overbeck, „Venedig, der einzige Ort auf Erden, den ich liebe",[499] und im April 1888, während eines Aufenthaltes in Turin, an Dr. Carl Fuchs: „Venedig – ein geweihter Ort für mein Gefühl."[500] In seinem ‚Gondellied',[501] das er über Venedig schrieb, stilisiert Nietzsche die Stadt in theatraler Weise zu einem musikalischen Symbol.

> An der Brücke stand
> Jüngst ich in brauner Nacht.
> Fernher kam Gesang:
> Goldener Tropfen quolls
> Über die zitternde Fläche weg.
> Gondeln, Lichter, Musik –
> Trunken schwamm's in die Dämm'rung hinaus…
>
> Meine Seele, ein Saitenspiel,
> Sang sich, unsichtbar berührt,
> Heimlich ein Gondellied,

---

498 Thomas Mann: „Unterwegs" (1925) in: Pabst (2004) a. a. O., S. 221.
499 Friedrich Nietzsche: *Gesammelte Briefe*, Bd. IV., hrsg. von Peter Gast, Leipzig 1908, Friedrich Nietzsche an Peter Gast, S. 294, auch zitiert bei Bertram a. a. O., S. 274.
500 Nietzsche: *Gesammelte Briefe*, Bd. I., a. a. O., S. 382. Brief an Dr. Karl Fuchs. Auch zitiert bei Bertram a. a. O., S. 274.
501 Siehe Corbineau-Hoffmann a. a. O.; die Autorin verwendet für Nietzsches Gedicht die Bezeichnung ‚Gondellied'.

> Zitternd vor bunter Seligkeit
> – Hörte jemand ihr zu?…[502]

Richard Wagner, der wegen gesellschaftlichen und privaten Skandalen nach Venedig geflohen war, vermittelt in seinen folgenden Zeilen von der Theatralität Venedigs ebenfalls einen Eindruck.

> Auf der Fahrt den großen Kanal entlang zur Piazetta melancholischer Eindruck und ernste Stimmung: Größe, Schönheit und Verfall dicht nebeneinander. (…) Markusplatz von zauberischem Eindruck. Eine durchaus ferne ausgelebte Welt: Sie stimmt zu dem Wunsch der Einsamkeit vortrefflich. Nichts berührt unmittelbar als reales Leben; alles wirkt objektiv wie ein Kunstwerk.[503]

In Wagners Venedig-Erlebnis vereinigen sich „Traum" und „Musik" als Komponenten einer jenseitigen Kraft, aus welcher Venedig als „Civitas metaphysica" entsteht.[504]

Ein hochgradig theatralischer Vorgang, der auf die Musik als theatralisches Element im semantischen Raum Venedig verweist und darüber hinausgehend eine entsprechend theatralisch konnotierte Verbindung zur transzendentalen Welt aufbaut, die sich aber dennoch im topographischen Ort Venedig manifestiert. Insofern verbindet sich hier die traumhaft-theatralische, „derealisierende" Ebene des Transzendentalen mit dem empirischen Erfahrungsbereich des konkreten Ortes. Ein Aspekt, der im Rahmen der in dieser Untersuchung vorgestellten Theatralitätstheorien, vor allem hinsichtlich der Funktion der „Szene", bereits angesprochen wurde, sich aber auch aus Foucaults Heterotopie-Konzept und seiner daraus entwickelten Vorstellung von „tatsächlich realisierten Utopien" erschließt.

Die Konstituierung Venedigs als „Civitas metaphysica" wird auch in den folgenden Zeilen Wagners, die er im Rahmen seiner Autobiographie *Mein Leben* verfasste, über eine nächtliche Gondelfahrt offenbar, die sich zudem auf seine musikalische Inspiration ausgewirkt haben dürfte:[505]

> Als ich einmal spät des Nachts durch den düsteren Kanal heimfuhr, trat plötzlich der Mond hervor und beleuchtete mit den unbeschreiblichen Palästen zugleich den sein gewaltiges Ruder langsam bewegenden, auf dem hohen Hinterteil meiner Gondel

---

502 Friedrich Nietzsche: „Ecce Homo". In: ders.: *Werke in drei Bänden*, hrsg. von Karl Schlechta, Bd. II., München 1966, S. 1092.
503 Richard Wagner an Mathilde und Otto Wesendonk: *Tagebuchblätter und Briefe*, hrsg. von Dr. Julius Kapp, Leipzig 1915, S. 111, auch zitiert bei Seuffert, S. 91.
504 Vgl. Seuffert a. a. O., S. 96.
505 Vgl. ebenda, S. 94.

ragenden Schiffer. Plötzlich löste sich aus seiner Brust ein dem Tigergeheul nicht unähnlicher, von tief her anschwellender Klagelaut, und dieser mündete nach einem langgedehnten „Oh!" in den einfachen musikalischen Ausruf „Venezia!".[506]

Seinen endgültigen künstlerischen Ausdruck fand Wagners theatralisch-musikalisches und zugleich metaphysisches Venedig-Erlebnis schließlich in seiner eigenen Musik:[507]

> Die hiermit zuletzt berührten Eindrücke [Gondelgesang] waren es, welche Venedig während meines Aufenthaltes daselbst für mich charakterisierten und bis zur Vollendung des 2. Aktes von *Tristan* mir treu blieben, ja vielleicht die schon hier entworfene lang gedehnte Klageweise des Hirtenhornes im Anfang des 3. Aktes mir unmittelbar eingaben.[508]

Venedig als dem Transzendentalen verbundene, theatralische „Civitas metaphysica" lässt auch die folgende Feststellung Seufferts relevant erscheinen, die argumentiert, so wie die Stadt Venedig sich von anderen Städten abgrenze und ein Eigenleben führe, das seinen Grund in seiner „seltsamen Beschaffenheit" habe, sei auch der Name der Stadt von seiner Funktion losgelöst.[509] Er diene nicht mehr dazu, „die Bestimmung eines Ortes zu bezeichnen", sondern werde „zu einem selbstständigen Begriff, einem Phantasiebild".[510] Zudem besitze dieser mit der ‚Wirklichkeit', von der er entlehnt sei, nur noch „Wesensverwandtschaft". Diese wiederum werde gesprengt und „in eine andere ungreifbare Sphäre gerückt".[511] Mit dem „Venedig"-Namen würden verschiedene Elemente wie „Wasser, Luft, Licht und Stein, Osten und Westen" in eine „merkwürdige Verbindung" gebracht werden, als ob sie zusammen die Stadt geschaffen hätten.[512] Der Begriff bezeichne also nicht nur die ‚reale' Existenz der Stadt, sondern bedeute auch „das neue Element, das aus dieser Vereinigung entstanden" sei.[513]

---

506 Richard Wagner: *Mein Leben*, hrsg. von Martin Gregor-Dellin, München 1994 (1. Aufl. 1963), S. 592. Auch zitiert bei Seuffert unter Verwendung folgender Ausgabe: Richard Wagner, *Mein Leben*, München 1911, 2 Bände, dort S. 684.
507 Vgl. Seuffert a. a. O., S. 97.
508 Wagner a. a. O., S. 592, auch zitiert Seuffert S. 97. Die Autorin verwendet hier wiederum die Ausgabe von Richard Wagners *Mein Leben* aus dem Jahre 1911 (siehe oben), S. 685.
509 Vgl. Seuffert a. a. O., S. 12.
510 Vgl. ebd.
511 Vgl. ebd.
512 Vgl. ebd.
513 Vgl. ebd.

Diese Gedanken Seufferts lassen sich insofern auf Venedig als semantischen bzw. theatralen Raum beziehen, als sich dieser aus einem unbestimmbaren, transzendentalen „neuen Element" erschließt und sich innerhalb der Venedigliteratur als Bühne konstituiert.

Es ist zu beachten, dass Seuffert, die, ausgehend von ihrer gedanklichen Position, eine „in die metaphysische Sphäre weisende Erweiterung des Begriffes *Venedigerlebnis*" vertritt, dieses kritisiert, weil es „nichts mehr mit der Realität zu tun"[514] hätte, „unkontrollierbar"[515] sei, und „keiner Festlegung"[516] standhalte. Diese Kritik ändert aber nichts an der Tatsache, dass eben die Berührung mit dem Metaphysischen, Realitätsfernen und Unkontrollierbaren Venedig in exemplarischer Weise als theatralische Stadt konstituiert und auch auf die Unbegrenztheit von Theatralität verweist, die im theoretischen Teil dieser Untersuchung bereits ausführlich diskutiert wurde.

Dieterle wiederum äußert sich in seiner Habilitationsschrift *Die versunkene Stadt* über den Mythos Venedigs in der Literatur. Wie sich daraus ersehen lässt, bedeutet die Mythisierung Venedigs zugleich dessen Theatralisierung.

> Der Mythos hat seinen Ursprung in der Erhebung Venedigs zu einem poetischen Ort, zu einer Hauptstadt des Romantischen (…). Ich meine die *Begegnung* zwischen einem romantischen Ich und der Lagunenstadt. Hier in der Konfrontation oder in der Affinität zwischen einem Subjekt und dem fremden poetischen Ort, in der Koinzidenz zwischen einer Befindlichkeit und dem Imaginarium einer versunkenen Stadt, im Zusammentreffen der Singularität Venedigs und mit derjenigen eines romantischen Ich entsteht der literarische Venedig-Mythos.[517]

Wie Dieterle weiter erläutert, ist es eine Vorraussetzung, dass „dieses Ich" aus der Ferne kommen müsse, „in den meisten Fällen aus Frankreich, Deutschland oder England, so dass die Schilderung Venedigs auf der narrativen Folie einer *Reise* in die Lagunenstadt im Hinblick auf die existentielle Thematik der Begegnung mit der Fremde erfolgt".[518] Ein Gedanke, den auch Corbineau-Hoffmann teilt, indem sie bemerkt, „die Fremdheit des literarischen Venedig scheint aus dem fremden Blick hervorzugehen; die Betroffenheit der modernen Literatur durch das Thema Venedig entsteht aus der Erfahrung der nicht Betroffenen".[519]

---

514 Zitiert ebd, S. 13.
515 Zitiert ebd.
516 Zitiert ebd.
517 Bernard Dieterle: *Die versunkene Stadt. Sechs Kapitel zum literarischen Venedig-Mythos* (Habil.), Frankfurt am Main 1995, S. 19.
518 Ebd.
519 Corbineau-Hoffmann a. a. O., S. 9.

Hinsichtlich der Theatralität Venedigs hat dies die Konsequenz, dass deren Entstehung unweigerlich von der literarischen Aufmerksamkeit eines „romantischen, fremden Ich" abhängt.

Die Ironie Herbert Rosendorfers, mit welcher er den Zauber der Lagunenstadt im Epilog seines kleinen Buches *Venedig. Eine Einladung* beschreibt, gibt ebenfalls deren Theatralität wieder:

> Venedig ist unerschöpflich. Es gibt keine Route für einen Spaziergänger in Venedig, die überall hinführt, wo es etwas Wichtiges zu sehen gibt. Außerdem wird jeder Besucher Venedigs zur richtigen Zeit von irgendeinem Sonnenuntergang, einer schattigen Bar neben einer kleinen Brücke, einem kunsthistorisch zwar uninteressanten, aber malerisch-melancholischen Winkel festgehalten und abgelenkt werden, wo eine Gondel lautlos aus einem Rio biegt und das Wasser gegen die zerfressenen Fundamente eines gotischen Palastes plätschert..."[520]

Rosendorfer betont einen, für die Theatralität Venedigs, wesentlichen Aspekt: „Venedig ist eine Inszenierung, ist immer eine Inszenierung gewesen, (...), aber Venedig hat die Realität, das Leben inszeniert."[521]

2. Die Theatralität der Melancholie und des Verfalls: Das Venedig Lord Byrons und August von Platens

Die Venedigliteratur in der Zeit nach dem Fall der Republik konzentriert sich auf die Stadt im „Bewusstsein des Verlusts" und ist durchwegs von Melancholie geprägt.[522] In diesem Sinne sind es gerade die Kulissen des verfallenden Venedig und die Darstellung von Leere, vor denen die schmerzvolle Erinnerung an eine ehemals glanzvolle Zeit umso deutlicher hervortritt.[523] Eine solcherart dargestellte Geschichtlichkeit vor der nunmehr leeren Kulisse Venedigs hat zudem ein nicht unerhebliches theatralisches Potential. Dieses findet sich schon in der verlassenen und verfallenden Stadt an sich, die zu einer Erschließung imaginärer Räume regelrecht einlädt, aber insbesondere in der Darstellung von Geschichtlichkeit eine besondere Brisanz erhält.[524]

---

520 Rosendorfer a. a. O., S. 82.
521 Ebd., S. 7.
522 Vgl. Corbineau-Hoffmann a. a. O., S. 8, S. 315; Siehe auch Kap. II: „Venedig zur Zeit der Romantik – Ecriture der Geschichte und Kunstcharakter des Ortes", sowie Schenk a. a. O., S. 2/3.
523 Vgl. Corbineau-Hofmann, Kap. II.
524 Siehe ebd.

Byron und Platen entdeckten Venedigs morbiden Reiz in der Spätromantik für sich und besangen ihn in ihren melancholischen Gedichten.[525] Dabei war Byron der erste Dichter, der in Venedigs theatraler, verfallender Pracht eine neue, eigene Schönheit erkannte.[526] Schenk bemerkt dazu: „(…) die Stadt wurde zu einem ästhetischen Objekt, zu Symbol und Kunstfigur."[527]

Seuffert schreibt, dass die „deutschen Schönheitssucher der eigentlichen Romantik" Venedig in der ersten Zeit nach dem Fall der Republik noch völlig übersehen hätten, was sich jedoch in der Spätromantik geändert hätte.[528] Für Byron und Platen sollte Venedig noch Schicksal und Lebenswende werden, denn Platen fühlte sich schon bald mit Byron durch eine Schicksals- und Geistesgemeinschaft verbunden.[529] Beide Dichter hatten wegen Problemen und Intrigen mit der Gesellschaft in ihrer Heimat, wie später Wagner, in Venedig Zuflucht gesucht.[530] Byron lebte von 1816 bis 1819 in der Stadt und Schenk betont, es sei „sein Verdienst, den Reiz entdeckt zu haben, der im Verfall liegt, und den Zauber, der von der untergehenden Schönheit ausgeht".[531]

Die Theatralität seiner Vers-Dichtung *Childe Harold's Pilgrimage* beruht zum einen darauf, dass es Byron gelingt, eine Stimmung der Endgültigkeit von einer unwiderruflich vergangenen Epoche zu vermitteln. Theatralisierend wirkt aber auch das melancholische Pathos, mit dem sich der Dichter auf den nunmehr verstummten Gesang der Gondoliere bezieht, von denen der theatralische Mythos Venedigs besagt, dass diese zu Zeiten der Republik gerne zu Versen aus dem berühmten Werk *Gerusalemme liberata* des Dichters Torquato Tasso gesungen hätten.[532] Im selben Sinne verhält es sich mit der Theatralität einer sich

---

525 Siehe Schenk a. a. O., S. 52–55.
526 Vgl. ebd. S. 120.
527 Ebd.
528 Seuffert a. a. O., S. 52.
529 Vgl. ebd.
530 Vgl. ebd., S. 53.
531 Schenk a. a. O., S. 2.
532 Bernard Dieterle widmet sich in seiner Habilitationsschrift *Die versunkene Stadt* eingehend dem Gesang der Gondoliere. Dabei weist er nach, dass sich darauf der Mythos Venedig im Wesentlichen gründet. Bereits Goethe und Rousseau hatten in ihren Schriften den Gesang der Gondoliere mythologisch verklärt. Aufgrund dessen bezweifelt Dieterle auch, dass die venezianischen Gondoliere zu Versen von Tasso oder Ariost gesungen haben sollen. Dies hält er für eine dem Mythos Venedigs entsprungene „Wahrheit", welcher sich auch die Dichter der Romantik bedienten. Siehe: Dieterle a. a. O., Kap. I „Der famose Gesang". Zu dem hier erwähnten Werk des Dichters Torquato Tasso siehe: *Gerusalemme liberata*. Poema

offenbarenden Melancholie angesichts der bröckelnden Paläste der Stadt und die Berufung auf die strahlenden Masken-Feste früherer Zeiten erscheint gar wie ein direkter Verweis auf Theatralität, indem sich diese aus der Heraufbeschwörung einer vergangenen Zeit erschließt. Aus den folgenden Zeilen der dritten Strophe des vierten Canto von Byrons Versgedicht geht all dies hervor:

> In Venice Tasso's echoes are no more,
> And silent rows the songless Gondolier;
> Her palaces are crumbeling to the shore,
> And music meets not always now the ear:
> Those days are gone – but Beauty still is here.
> States fall – Arts fade – but Nature doth not die,
> Nor yet forget how Venice once was dear,
> The pleasant place of all festivity,
> The Revel of the earth – the Masque of Italy![533]

Schenk argumentiert, die verfallende, vom Untergang bedrohte Stadt Venedig spiegle die eigene Lage von Byron und die seiner Nachfolger wider: Die Situation des Künstlers, der sich vom rapiden Wandel der gesellschaftlichen Umwelt zunehmend bedroht fühle.[534] Platen empfand offenbar ähnlich, als er 1824 nach Venedig reiste, denn er beschwört die ehemals glanzvollen Zeiten der Republik herauf, indem er in sein Sonett berühmte Schauplätze und Kunstgegenstände der Lagunenstadt einfließen lässt und vor deren Hintergrund zugleich die bedeutungslos gewordene Gegenwart hervorhebt.[535] Platens poetische Vorgehensweise setzt dabei die Schaffung eines imaginär-theatralen Raumes praktisch voraus.

> Venedig liegt nur noch im Land der Träume
> Und wirft nur Schatten her aus alten Tagen,
> Es liegt der Leu der Republik erschlagen,
> Und öde feiern seines Kerkers Räume.
>
> Die ehern Hengste, die durch salzge Schäume
> Dahergeschleppt auf jener Kirche ragen,
> Nicht mehr dieselben sind sie, ach sie tragen
> Des korsikan'schen Überwinders Zäume.

---

eroico, hrsg. von Angelo Solerti, 3 Bände, Verlag Barbèra, Firenze 1895/96, und in deutscher Ausgabe: *Befreites Jerusalem*, hrsg. von Dietrich Gries, 4 Bände, Verlag Frommann, Jena 1800–1803.
533 „Childe Harold's Pilgrimage", Canto IV, Strophe III. In: *The works of Lord Byron*, hrsg. von Ernest Hartley Colerige, Bd. II, London und New York 1899, S. 329/330.
534 Vgl. Schenk a. a. O., S. 3.
535 Vgl. ebd.

> Wo ist das Volk von Königen geblieben,
> Das diese Marmorhäuser durfte bauen,
> Die nun verfallen und gemach zerstieben?
>
> Nur selten finden auf des Enkels Brauen
> Der Ahnen große Züge sich geschrieben,
> Auf Dogengräbern in den Stein gehauen.[536]

Seuffert schreibt, dass „sowohl von Platen als auch Byron in den toten Denkmälern noch die Geschichte früherer glanzvoller Tage erkennen würden".[537] Im Gegensatz zu Goethe, der in seiner *Italienischen Reise* „die Vergangenheit Venedigs zur Gegenwart emporwachsen ließ", sei es so, dass „die romantischen Dichter im Gegenwärtigen das Vergangene" gesucht hätten.[538] Aus den „vorhandenen Spuren" hätten sie das „verfallene Bild" wieder hergestellt, sich mit ihrem geistigen Auge „vom Schaubaren" gelöst und seien hinabgetaucht „in die Vergangenheit der Lagunenstadt".[539] Insofern hatten Platen und Byron eine ähnliche Vorstellung vom theatralischen Venedig als poetischem Subjekt.

Interessant in diesem Zusammenhang sind hier auch die Gedanken Hellmuth Petriconis hinsichtlich einer anderen Venedig-Dichtung Byrons, der *Ode on Venice*. Petriconi argumentiert, dass „der vorgestellte Untergang Venedigs ein mythologisches Thema exemplifiziert und auf einen universalen Untergang zielt".[540] Byron gehe „von dem Bild der untergegangenen Stadt ohne weiteres auf Bilder des allgemeinen Sterbens über".[541] Die letzten Worte der ersten Strophe der Ode lauten: „And all is ice and blackness, and the earth that which it was the moment ere our birth."[542] Petriconis Argumentation ist durchaus nicht von der Hand zu weisen und er greift damit unwillkürlich auf die Venedigliteratur von der Nachkriegszeit bis zur Gegenwart vor, in welcher die sich abzeichnende Tendenz eines universalen Untergangs häufig zu erkennen ist. Angesichts der von Petriconi vertretenen Meinung zu dem spätromantischen Gedicht Byrons, in dem dieser,

---

536 Platen a. a. O., S. 84.
537 Vgl. Seuffert a. a. O., S. 55.
538 Vgl. ebd.
539 Vgl. ebd.
540 Hellmuth Petriconi: *Das Reich des Untergangs. Bemerkungen über ein mythologisches Thema*, Hamburg 1958, S. 84.
541 Vgl. ebd.
542 George Gordon Lord Byron: „Ode on Venice". In: Ernest Hartley Colerige, M. A. (Hrsg.), *The works of Lord Byron*, Bd. IV, London und New York 1901, S. 194. Hier zitiert aus: Petriconi a. a. O, S. 84.

wie gesagt, „eine Art allgemeines Sterben" erkennt, rückt hier die Theatralität Venedigs, aufgrund ihrer Unbegrenztheit, ins Blickfeld.

3. Die Theatralität der Décadence

Die Charakterisierung Venedigs als eine „Stätte des Verfalls und des Todes"[543] setzt sich in der Décadence-Literatur im Fin de siècle fort. Venedig ist eine „tote Stadt"[544], ein Phänomen, das Hinterhäuser auch bei anderen Städten in der Literatur dieser Zeit feststellt, wobei „die Frage, die sich nach all dem aufdrängt, wie es denn zu dieser enormen Verbreitung [dieses] Themas im Fin de siècle gekommen ist", relativ leicht zu beantworten sei.[545]

> Es ist kaum zweifelhaft, dass in diesen toten Städten, welcher Prägung sie auch seien, zwei Grundbefindlichkeiten der Epoche (…), Gestalt gewinnen: das Dekadenzbewusstsein und die Faszination durch den Todesgedanken. Das lustvolle Vorgefühl oder Bedürfnis des Untergangs erklärt jene symbolbildende Vorliebe für Orte, in denen ein solcher Untergang schon stattgefunden hatte, aus denen ein ehedem großes Leben gewichen war, und die nun als mit wehmütigen Erinnerungen befrachtete und durch schöne Kunst verzierte Monumente des Verfalls ins Scheinleben einer unwürdigen Gegenwart hereinragten: ideale Eldorados für alle ‚exilés de la vie'.[546]

Was Venedig als „tote Stadt" zusätzlich auszeichnet, ist, dass sie sich im Fin de siècle zur „Hauptstadt der Décadence" entwickelte.

Ein Vorgang, der mit der Theatralität Venedigs auf das Engste zusammenhängt und auf diese zurückzuführen ist. Zudem ist davon auszugehen, dass Venedig als „Hauptstadt der Décadence" auch die Erschließung neuer innerer und äußerer Räume in der Literatur während des Fin de siècle entsprechend beeinflusst hat, was wiederum die theatralische Disposition der Stadt als Bühne bestätigt.

Der Begriff der „Décadence" wurde in den achtziger Jahren des neunzehnten Jahrhunderts aus Frankreich übernommen und bezeichnet durch den Einfluss

---

543 Hans Hinterhäuser: „Tote Städte". In: ders.: *Fin de siècle. Gestalten und Mythen*, München, 1977, S. 45–76, hier S. 51.
544 Ebd., S. 73.
545 Ebd. S. 73. Neben Venedig zählen, laut Hinterhäuser, auch alte Städte wie Brügge, Nürnberg und Toledo zu den „toten Städten" in der Literatur. Schenk erwähnt dazu, dass das Interesse an diesen Städten aber eher national begrenzt gewesen sei, wohingegen Venedig allein die Aufmerksamkeit von ganz Europa auf sich gezogen habe. Siehe Schenk a. a. O., S. 125. Die Autorin beruft sich bezüglich der Aufmerksamkeit Venedigs in Europa in der Zeit des Fin de siècle auf folgendes Werk von Erik Forssman: *Venedig in der Kunst und im Kunsturteil des 19. Jahrhunderts*, Stockholm 1971.
546 Ebd., S. 73/74.

von Joris-Karl Huysmans' Roman *A rebours* vorzugsweise eine Seins- und Lebensweise und nicht eine Art zu schreiben.[547] Julia S. Happ verweist in ihrer Dissertation *Literarische Dekadenz. Denkfiguren und poetische Konstellationen bei Thomas Mann, Hugo von Hofmannsthal und Rainer Maria Rilke* auf die Problematik einer Gleichsetzung des deutschen Begriffs der Dekadenz mit dem französischen der Décadence, weswegen sie ausdrücklich betont, zwischen diesen beiden zu differenzieren, wobei sie sich unter anderem auf die Feststellungen Roger Bauers in *Die schöne Décadence. Geschichte eines literarischen Paradoxons* beruft. „Bauer konstatiert, dass sich in den Lexika Frankreichs, Englands und Italiens allmählich der Wortwandel ins Positive verändert, während in Deutschland nur vage das französische Erbe und die Reichhaltigkeit des Begriffs angedeutet werden und an der ausschließlich negativen Bedeutung der literarischen Dekadenz festgehalten wird."[548] Trotzdem stimmt Happ auch insofern der Ansicht Bauers weitgehend zu, wonach „aus heutiger Perpektive das Ausspielen der subtilen Differenz von Décadence und Dekadenz (…) quasi obsolet erscheint", wenngleich „es in literarischer Hinsicht doch ‚feine Unterschiede' zu verzeichnen gäbe".[549]

Sicher ist, dass Venedig den Vertretern der „Décadence" als ihr Symbol galt.[550] Da der Grund dafür in der speziellen Theatralität der Stadt zu suchen ist, stellt sich hier auch die Frage, ob nicht die Décadence an sich schon eine Form von Theatralität darstellt. In der Vielfalt der Schöpfungen der Décadence-Dichter finden sich hinsichtlich der theatralen Eigenschaften jedenfalls entsprechende Konstanten und auch der Lebensstil der Dichter selbst wirkt ‚in Szene gesetzt' und auf eine mehr oder weniger auffällige Art inszeniert. So verfügten sie über einen ausgeprägten Individualismus, ja Solipsismus und vertraten einen aristokratischen Lebensstil, wobei es insofern kein Wunder ist, dass alle

---

547 Vgl. Schenk a. a. O., S. 34.
548 Julia S. Happ: *Literarische Dekadenz. Denkfiguren und poetische Konstellationen bei Thomas Mann, Hugo von Hofmannsthal und Rainer Maria Rilke* (Diss.), St. John's College, Oxford 2009, S. 38/39. Happ untersucht in ihrer sehr überzeugenden Dissertation gründlich und einleuchtend Sprachgebrauch, Bedeutung und Ursprung des Begriffs der Décadence bzw. Dekadenz in dem Kapitel „Etymologie, Begriffs- und Konzeptwandel der Dekadenz". Die Autorin beruft sich dabei unter anderem auf die Ansichten von Roger Bauer. In: *Die schöne Décadence. Geschichte eines literarischen Paradoxons*, Frankfurt am Main 2001, S. 264.
549 Ebd. S. 40. Die Autorin verweist auf Dieter Kafitz' „ausführlichen Kommentar zur orthographischen wie begrifflichen Entwicklung der Décadence/Dekadenz im deutschen Sprachraum". In: *Décadence in Deutschland. Studien zu einem versunkenen Diskurs der 90er Jahre des 19. Jahrhunderts*, Heidelberg 2004.
550 Ebd., S. 7.

Venedigdichtungen dieser Zeit in der Sphäre des Adels oder des Großbürgertums spielen.⁵⁵¹ Die Protagonisten sind Adelige oder Künstler, oft auch beides und materielle Sorgen sind ihnen unbekannt.⁵⁵² Sie können es sich also leisten, Banalitäten und einem aufreibenden Arbeitsleben aus dem Weg zu gehen und „Ungewöhnliches zu empfinden".⁵⁵³ Der theatrale Aspekt des Décadent kommt in der Beschreibung Sydows in seinem Buch *Die Kultur der Dekadenz* zur Geltung, mit der er dessen extremen Charakter hervorhebt. Der Dekadente – in der deutschen Übersetzung des Décadent – sei für ihn „ein lebensuntüchtiger Bohémien und erotomaner Lebemann, der in seiner Lebensscheu, Ängstlichkeit, Blasiertheit und Kontaktlosigkeit am ehesten dem Typus des Greises entspreche".⁵⁵⁴

Auch die Gedanken Helmut Jendreieks sprechen für das theatralische Potential der Décadence, indem er sich auf deren Eigenschaften der „Müdigkeit und Melancholie"⁵⁵⁵ beruft, welche die Epoche des Fin de siècle bestimmt hätten. Dabei ist zu beachten, dass „Müdigkeit und Melancholie" nicht einfach nur gegebene Eigenschaften sind, von denen der Décadent praktisch beherrscht wird, sondern auch im Sinne einer beabsichtigten oder nicht beabsichtigten Inszenierung gesehen werden sollen, die den Décadent als solchen bzw. die Décadence als solche in besonderer Weise auszeichnen. Jendreieks Argumentation erweist sich, in Anbetracht der Theatralität der Décadence – bzw. Dekadenz in deutscher Übersetzung – aber noch in anderer Hinsicht als relevant. So schreibt er, dass „Dekadenz und Morbidität rauschhaft als Qualitäten äußerster geistiger Verfeinerung und als Merkmale des seelischen Adels genossen und literarisch gefeiert",⁵⁵⁶ worden seien. Ein Kennzeichen der Untergangstendenzen des sich entwickelnden Ästhetizismus im Fin de siècle sei „der seelisch überfeinerte, geistig hochsensibilisierte, nervlich bis zur Krankheit empfindsame, in der Hingabe an Schönheit und Kunst, Liebe und Tod sich erfüllende Mensch."⁵⁵⁷

---

551 Vgl. ebd., S. 8.
552 Vgl. ebd.
553 Ebd. Das von der Autorin verwendete Zitat hat diese ihrerseits aus dem folgenden Werk von Wolfgang Stammler übernommen: *Deutsche Literatur vom Naturalismus bis zur Gegenwart*, Breslau 1928, S. 68.
554 Nachzulesen bei Erwin Koppen: *Dekadenter Wagnerismus. Studien zur europäischen Literatur des Fin de siècle*, Berlin und New York 1973, S. 8. Die Bemerkung von Eckart von Sydow aus seinem Buch *Die Kultur der Dekadenz* (Dresden 1921) ist in einer Fußnote vermerkt.
555 Helmut Jendreiek: *Thomas Mann. Der demokratische Roman*, Düsseldorf 1977, S. 260.
556 Ebd.
557 Ebd.

Hinsichtlich der von Jendreiek hier angesprochenen Untergangstendenzen im Zuge der Entwicklung des Ästhetizismus im Fin de siècle gilt dies auch für das vom Verfall und Untergang bedrohte Venedig, welches insofern als theatrale „Hauptstadt der Décadence" geradezu prädestiniert ist. Gleichzeitig erscheint der Décadent mit den von Jendreiek geschilderten Eigenschaften als eine äußerst theatrale Figur, welche mit dem theatralen Venedig untrennbar verbunden ist.

Zum Wesen des „Décadence"-Künstlers äußert sich auch Nietzsche in seiner Schrift *Jenseits von Gut und Böse*. Nietzsches Charakterisierung des Décadent, wie auch die entsprechenden Gedanken zum Wesen des Décadent von Jendreiek und von Sydows, sind durchaus in Verbindung zu bringen mit der im ersten Teil dieser Untersuchung ausführlich dokumentierten Theorie Plessners über die „Abständigkeit des Menschen zu sich", der demnach nur durch Inszenierung in der Lage ist, sein eigenes Wesen zu konstituieren. Allerdings drängt sich bei den Formulierungen Nietzsches der Verdacht auf, dass das dem Menschen inhärente Inszenierungskonzept zur Überwindung des Abstandes zu sich selbst, dem extremen Wesen des Décadent nur dann gerecht werden kann, wenn es unter dem Gesichtspunkt eines ständigen Getriebenseins betrachtet wird und zwar insofern, als es dem Décadent nicht ausreicht, sein Selbst im Sinne der Gewohnheit und für ihn geradezu betont unspektakulär durch Inszenierung zu konstituieren, sondern dass dieser das innerste Bedürfnis hat, jenes pausenlos neu zu erfinden und ihm stets eine besondere Intensität zu verleihen. Zu den von Jendreiek konstatierten Eigenschaften des Décadent, wonach dieser von „Melancholie und Müdigkeit" beherrscht wird, mag dies in einem gewissen Widerspruch stehen. Dieser allerdings löst sich auf in Anbetracht der Tatsache, dass es eben diese phlegmatischen Eigenschaften sind, die in einer geradezu demonstrativen Zurschaustellung im Sinne einer Inszenierung immer auch Intensität mit einschließen bzw. diese voraussetzen. Vor diesem Hintergrund lassen sich auch die folgenden Zeilen Nietzsches mit den von Jendreiek konstatierten Eigenschaften des Décadent ohne Probleme in Einklang bringen:

> (...) diese letzen großen Suchenden! Allesamt beherrscht von der Literatur bis in ihre Augen und Ohren – die ersten Künstler von weltliterarischer Bildung – meistens sogar selber Schreibende, Dichtende, Vermittler und Vermischer der Künste und der Sinne (...); allesamt Fanatiker des *Ausdrucks* ‚um jeden Preis' (...), Virtuosen durch und durch, mit unheimlichen Zugängen zu allem, was verführt, lockt, zwingt, umwirft;(...), begehrlich nach dem Fremden, dem Exotischen, dem Ungeheuren, (...), dem Sich-Widersprechenden (...), zügellose Arbeiter, beinahe Selbst-Zerstörer durch Arbeit; (...) im ganzen eine verwegen-wagende, prachtvoll-gewaltsame, hochfliegende und

hochemporreißende Art höherer Menschen, welche ihrem Jahrhundert – es ist das Jahrhundert der Menge! – den Begriff „höherer Mensch" erst zu lehren hatte (...).[558]

Schenk verweist auf die augenfällige Parallele zwischen dem Schicksal Venedigs und dem Künstler der „Décadence", der in der Vorstellung lebt, der „letzten Nobilität" anzugehören. Dabei beruft sie sich auf Venedig als „angemessene Kulisse für den Künstler" und betont damit unwillkürlich auch die Theatralität der Stadt und diejenige des Décadent:[559]

> Venedig ist die einstige Königin der Adria, herausgehoben aus der Masse der übrigen Städte, ihre verklungene Größe und Pracht an ihren Bauten überall abzulesen. Die Stadt ist die angemessene Kulisse für den Künstler, der sich als letzten legitimen Nachfolger des Adeligen sieht, den sein Werk über die Masse emporhebt. Nichts war kostbar genug, um der Stadt ihr festliches, hoheitsvolles Gepräge zu geben; auch der Künstler der Décadence umgibt sich mit einem prächtigen Rahmen, baut sich ein Reich der Schönheit, um der Hässlichkeit und Banalität des Alltags zu entfliehen.[560]

In diesem Zusammenhang bemerkt Schenk, dass sich bei den einzelnen Untersuchungen, die das Venedigthema im Gesamtwerk der Dichter des Fin de siècle situierten, eine überraschende Gemeinsamkeit ergebe: dass nämlich Venedig für die Autoren nur in der Décadence-Phase ihrer dichterischen Entwicklung interessant gewesen sei.[561]

Daraus ergibt sich die Konsequenz, dass Hofmannsthals metaphysische Bearbeitung des Venedig-Stoffes in seinem Roman-Fragment *Andreas oder die Vereinigten*, auch wenn seine Entstehung zwischen 1907–1927 sich über einen verhältnismäßig langen Zeitraum hinzog, durchaus noch zur Décadence-Literatur gezählt werden kann. Außerdem gilt dies für Hofmannsthals Drama *Der Tod des Tizian* (1892) – welches mit dem darin thematisierten im Sterben liegenden großen venezianischen Meister „das begeisterte Bekenntnis des Dichters zu den lebenschaffenden Werten der bildenden Kunst"[562] darstellt – genauso wie für viele andere seiner Werke, die Venedig als Schauplatz haben, oder venezianische Elemente aufweisen. Wie wichtig Venedig für die theatralische Symbolik der Werke Hofmannsthals ist, verdeutlicht sich in folgenden Zeilen von Ernst Robert Curtius:

---

558 Friedrich Nietzsche: „Jenseits von Gut und Böse". In: ders.: *Werke in drei Bänden*, Bd. II, a. a. O., S. 724/725, auch zitiert bei Schenk a. a. O., S. 74.
559 Vgl. Schenk a. a. O., S. 126.
560 zitiert ebd.
561 Vgl. ebd., S. 12.
562 Vgl. Seuffert a. a. O., S. 147.

Venedig – wie oft hat es Hofmannsthal Intuitionen von Grundgeheimnissen der Kunst und des Lebens geschenkt. Diese Stadt, wo Orient und Griechentum aus italienischer Substanz ein fremdes Märchenwunder machen; die der Spanier durch Verschwörung zu gewinnen hoffte; die nach einem Jahrtausend unvergleichlicher Staatskunst dem Korsen zur Beute fiel, bis die Restauration sie der habsburgischen Monarchie einfügte – diese Stadt, beladen mit ganz vergessener Völker Merkwürdigkeiten, alle Tribute von Morgen- und Abendland dem Dom ihrer Seele einfügend wie den inkrustierten Mauern von San Marco; diese Stadt scheint mir ein einziges Symbol für Hofmannsthals Verhältnis zur Romanität und für all das in ihm, wofür solcher Lebensbezug seinerseits wiederum nur Symbol war.[563]

Wenngleich der allgemeine Fokus der Décadence-Venedigliteratur im Fin de siècle nicht mehr auf eine Heraufbeschwörung der glanzvollen Vergangenheit Venedigs gerichtet war, sondern sich stattdessen der Erschließung neuer innerer und äußerer Räume zuwandte, spielt das ehemals glorreiche Venedig in den Werken von Hofmannsthal insofern eine wichtige Rolle, als er gelegentlich den berühmten Venezianer Casanova auftreten lässt, wie zum Beispiel in dem Drama *Der Abenteurer und die Sängerin* (1899), allerdings unter jeweils anderem Namen. Koebner bemerkt dazu, dass Hofmannsthal weniger „den historischen Menschen Casanova"[564] wahrnehme, „als vielmehr den Typus einer Epoche, den Exponenten eines gefährdeten Rokoko, dem sich das Fin-de-siècle in seinen Moribunden-Phantasien innerlich verbunden fühlte".[565]

Solch ein Casanova-Typus erscheint in mehrfacher Hinsicht theatralisch. Der Grund dafür ist zunächst einmal in der Existenz der historischen Figur selbst zu suchen und dass diese in einer Epoche des glanzvollen Venedig lebte, die im Fin de siècle unwiderruflich vorüber war und in dem nun sich eröffnenden zeitlichen und kulturellen Abstand umso stärker hervortrat. In diesem Zusammenhang ist relevant, dass der Casanova-Typus untrennbar mit den im achtzehnten Jahrhundert zu großer Berühmtheit gelangten, venezianischen Karnevals- und Maskenfesten und der äußerst theatralen Epoche des Rokoko verbunden ist, die sich auf die Venedigliteratur seit dem Fall der Republik ganz allgemein und mit der Erschaffung von Casanova-Figuren in der Décadence-Literatur des Fin de siècle – und dies nicht nur bei Hofmannsthal – im Besonderen auswirkt.

---

563 E. R. Curtius: „Hofmannsthal und die Romanität". In: *Die neue Rundschau*, 1929, Bd. 11, S. 659. Zitiert aus Schenk a a O., S. 317.
564 Thomas Koebner: „Casanovas Wiederkehr im Werk von Hofmannsthal und Schnitzler". In: *Akten des Internationalen Symposiums „Arthur Schnitzler und seine Zeit". Jahrbuch für Internationale Germanistik,* Band 13, hrsg. von Giuseppe Farese, Bern 1985, S. 127–136, S. 127–136, hier S. 127.
565 Ebd.

Zu bedenken ist aber auch der Aspekt der Inszenierung, womit sich zum einen die historische Figur Casanova, der Theorie Plessners gemäß, ihr Selbst erschuf. Zum anderen existiert eine, von den Autoren des Fin de siècle entworfene Kunstfigur Casanova, welche sich ihrem fiktionalen Selbst ebenfalls durch Inszenierung zu nähern hat.

Auch andere Autoren dieser Zeit, wie Rilke und Schnitzler, lassen in ihren Venedigdichtungen Casanova-Figuren auftreten. Interessant ist hierzu die folgende Bemerkung Koebners über die Art, wie Casanova sich selbst in seinen Memoiren beschreibt, aufgrund dessen er für die Dichter eine „Kontrastfigur zum Ästheten-Dandy"[566] darstellen müsse. „Während der dekadente Typus seine isolierende Reserviertheit dem *Leben der anderen* gegenüber wahrt, zeigt sich Casanova als Verkörperung des Gegenteils."[567]

Dass die Theatralität Venedigs auch Abgründe offenbart, ja sogar eine spezifische Eigenart von dieser darstellt, ist in der Venedigliteratur vom Fin de siècle bis zur Gegenwart ein häufig zu beobachtendes Phänomen. Ansätze davon lassen bereits in der Venedigliteratur der Romantik beobachten. In Hofmannsthals Romanfragment *Andreas oder die Vereinigten*, in dem sich der Autor die Unvereinbarkeit der metaphysischen und der realistischen Welt bewusst macht, zeigt sich eine solch gefahrvolle, ja sogar verhängnisvolle Theatralität.[568] Der junge Andreas Ferschengelder, der eindeutig Kennzeichen des Décadent aufweist, gerät unter den Einfluss des verwirrenden und für ihn zugleich verlockenden Venedig, das der klaren und schlichten Atmosphäre eines Bergdorfes gegenübersteht.[569] Dieses Venedig, so schreibt Pabst, sei „vollends mit Unheil und Glanz, Wollust und Schicksal übersättigt, es gemahnt an Sterben und Verfall und unrettbares

---

566 Ebd. Marie-Theres Federhofer weist darauf hin, dass die Bezeichnungen Dandy und Décadent, sowie auch die des Dilletanten „in einer bestimmten historischen Konstellation als verwandte Habitusformen" gegolten hätten. „Seit Mitte des 19. Jahrhunderts reflektierten Autoren wie etwa Charles Baudelaire, Paul Bourget, (…) in ihren literarischen und essayistischen Schriften den Dandy als einen Décadent, den Décadent als einen Dandy. Offenbar wurden die Ausdrücke in jenem Zeitraum aufeinander bezogen und teilweise als austauschbar gedacht." Siehe Guri Ellen Barstad und Marie-Theres Federhofer (Hrsg.): *Dilletant, Dandy und Décadent*, Hannover 2004, S. 7.
567 Ebd.
568 Walter Pabst: „Satan und die alten Götter in Venedig". In: *Euphorion* 49, Heidelberg 1955, S. 335–359, hier S. 338.
569 Schenk a. a. O., S. 318.

Versinken, seine unglaubwürdige Schönheit ist nicht mehr von dieser Welt, lähmt das Leben, macht das Wollen und die Existenz sinnlos".[570]

Ein anderes berühmtes Werk der „Décadence"-Literatur hingegen, Manns *Tod in Venedig*, ist die mit „kritisch-ironische[r] Distanz erzählte Geschichte einer Existenzvernichtung", die sich im „märchenhaft Abweichenden" Venedigs offenbart.[571] Der Verweis auf das märchenhaft Abweichende ist bereits als Synonym zur Theatralität der Stadt zu sehen.

Seuffert bemerkt, dass sich mit dem *Tod in Venedig* eine „neue Art der Venedigbetrachtung"[572] ankündigte. Es werde nicht nur „das Krisenstadium einer Dichtergeneration" gezeigt, sondern die Novelle bilde auch „Gipfel und Umkehr einer Epoche der deutschen Venedigdichtung".[573] Eine „neue, realistischere Schauweise"[574] schöpfe den „Erlebnisinhalt dieser Erscheinung"[575] erst voll aus. Neben dem „Venedig der Kunst, der Schönheit und des Traumes"[576], das für die Dichter große Symbolkraft besäße, gebe es nun noch „ein anderes sehr waches *Venedig*, das durchaus nicht immer *schön*"[577] sei, aber in seiner Eigenart „dem Geist des Dichters ganz neue Reize"[578] biete, und ihm Gelegenheit dazu gebe, die Stadt erst vollständig zu erkennen.[579] Ein Aspekt, welcher auf der in der Venedigliteratur der Jahrhundertwende typischen Entdeckung neuer Räume beruht, die häufig auch das trostlose und abseitige Venedig, fern von den berühmten Sehenswürdigkeiten der Stadt, beinhalten.[580] Wie im theoretischen Teil bereits ausführlich erklärt, kann sich die Erschließung neuer Räume aber wiederum nur in einem theatralisierenden Prozess vollziehen.

Speziell im *Tod in Venedig* erkennt Papst noch eine weitere Besonderheit und zwar die homerischen und platonischen Merkmale der Novelle, die einen

---

570 zitiert Ebd., S. 341/342.
571 Herbert Wieser zum „Tod in Venedig" in: *Kindlers Neues Literaturlexikon*, hrsg. von Walter Jens, München 1990, S. 83.
572 Seuffert a. a. O., S. 135.
573 Ebd.
574 Ebd.
575 Ebd.
576 Ebd.
577 Ebd.
578 Ebd.
579 Vgl. ebd.
580 Corbineau-Hoffmann a. a. O., S. 325. Die Autorin untersucht das abseitige Venedig ausführlich in dem Kapitel „Venedig zur Zeit der Jahrhundertwende – Beschreibungen der Fremdheit und Fiktionen des Raums". Darin: „Das abseitige Venedig. Selbsterfahrungen in der Stadt".

ausgesprochen „unvenezianischen" Charakter hätten.[581] So rufe schon Aschenbachs Gondelfahrt Assoziationen an die Ströme der Unterwelt hervor. Die Erschließung theatraler Räume erfasst im *Tod in Venedig* also auch diesen Aspekt.

4. Einsamer ‚Liebestod' eines ‚Leistungsethikers': Thomas Manns „Tod in Venedig"

4.1 Die Theatralität des Liebestods

> Wer die Schönheit angeschaut mit Augen,
> ist dem Tode schon anheim gegeben, (…)[582]

Platens Gedicht *Tristan* kannte auch Mann und es ist offensichtlich, dass er sich davon für Aschenbachs Liebesgeschichte in seiner Novelle *Tod in Venedig* beeinflussen ließ.[583] Es handelt von einem Unglücklichen, „der im Anschauen der Schönheit in Liebe fällt – und angesichts der Unbedingtheit dieser Liebe dem Tod entgegenstrebt".[584] Treffenderweise bezeichnet Lubich denn auch „Aschenbachs Sühne- und Opfermartyrium" als einen „Liebestod, wie er im Buche steht".[585] Er schreibt, Aschenbachs Tod sei zudem „eine letzte Ausgestaltung der romantischen *Zauberformel* von Liebe und Tod, die Mann noch 1922 in seiner Rede *Von deutscher Republik* in Whitmans Dithyrambik hymnisch feiert: *Was in der Tat ist endgültig schön, außer Tod und Liebe? Die Frage steht ebendort, und sie schließt die Aussage ein, dass auch die Liebe zur Schönheit, zur Vollkommenheit nichts anderes ist, als Liebe zum Tode.*"[586] Diese Gedanken Lubichs, wonach er in dem aufeinander beruhenden Verhältnis von Liebe und Tod eine „romantische Zauberformel" entdeckt, verweisen unwillkürlich auf deren hochgradig

---

581 Walter Pabst a. a. O., S. 345.
582 Erste Strophe des Gedichts *Tristan* von August von Platen in: ders.: *Sämtliche Werke*, 1. Bd., hrsg. von Karl Goedeke, Stuttgart o. J. S. 130/131. Auch zitiert bei Schenk a. a. O., S. 410.
583 Vgl. Rupprecht Wimmer: „Eröffnung der Davoser Literaturtage 2004. Liebe und Tod – in Venedig und anderswo". In: *Thomas-Mann-Studien*, hrsg. vom Thomas-Mann-Archiv der eidgenössischen technischen Hochschule in Zürich, Bd. 33, Frankfurt am Main 2005, S. 11.
584 Ebd. S. 10.
585 Frederick Alfred Lubich: *Die Dialektik von Logos und Eros im Werk von Thomas Mann*, Heidelberg 1986, S. 65.
586 Ebd. Lubich beruft sich, wie gesagt, auf die von Thomas Mann gehaltene Rede „Von deutscher Republik" aus dem Jahre 1922. In: Thomas Mann, *Gesammelte Werke* in zwölf Bänden, hier Bd. XI, Frankfurt am Main 1960, S. 442.

theatralischen Charakter. In diesem Sinne offenbart sich Aschenbachs Liebestod gleichfalls als ein entsprechend theatralischer Vorgang, welcher die Essenz in Manns Novelle bildet.

Das *Tristan*-Gedicht dürfte auch Wagner zu seiner Oper *Tristan und Isolde* angeregt haben, die bezeichnenderweise mit dem Liebestod endet und deren gesamten zweiten Akt der Komponist in Venedig schrieb.[587] Daraus wiederum lässt sich auf einen weiteren Zusammenhang mit dem *Tod in Venedig* schließen, wonach davon auszugehen ist, dass Mann die Inspiration für seine Novelle sowohl aus dem *Tristan*-Gedicht als auch aus Wagners Oper empfing und damit die exemplarisch-theatralische Konnotation des Liebestods bestätigt.

4.2 Der theatrale Raum

4.2.1 Venedig als Bühne

Inwiefern sich im *Tod in Venedig* die Stadt als Bühne für die Bildung semantischer bzw. theatraler Räume konstituiert, soll nun im Folgenden gezeigt werden. Schon die Art und Weise, wie diese Mann bei Aschenbachs Ankunft in Venedig darstellt, zeichnet sich durch einen betont theatralischen Charakter aus:

> So sah er ihn denn wieder, den erstaunlichsten Landeplatz, jene blendende Komposition phantastischen Bauwerks, welche die Republik den ehrfürchtigen Blicken nahender Seefahrer entgegenstellte: die leichte Herrlichkeit des Palastes und die Seufzerbrücke, die Säulen mit Löw' und Heiligem am Ufer, die prunkend vortretende Flanke des Märchentempels, den Durchblick auf Torweg und Riesenuhr, und anschauend bedachte er, dass zu Lande, auf dem Bahnhof in Venedig anlangen, einen Palast durch die Hintertür betreten heiße, und dass man nicht anders, als wie nun er, als zu Schiffe, als über das hohe Meer die unwahrscheinlichste der Städte erreichen sollte.[588]

Die Ankunft Aschenbachs wirkt wie der große Auftritt des Hauptdarstellers auf seiner Bühne. Sehr wirkungsvoll unterstreicht Mann dies, indem er Aschenbach über das Meer anreisen lässt, und nicht durch die „Hintertür", wie es höchstens für einen Statisten angemessen wäre. Manns Beschreibung des prachtvollen Venedig positionieren die Stadt unwillkürlich als Bühne des Geschehens. Venedig erscheint in der Novelle aber nicht nur als schöne, theatrale Märchenstadt, sondern

---

587 Schenk a. a. O., S. 84/85.
588 Thomas Mann: *Der Tod in Venedig*. In: ders.: *Frühe Erzählungen 1893–1912*. In: ders.: *Große kommentierte Frankfurter Ausgabe. Werke – Briefe – Tagebücher*, hrsg. von Heinrich Detering, Eckhard Heftrich und Hermann Kurzke, in Zusammenarbeit mit dem Thomas-Mann-Archiv der ETH, Zürich, Bd. 2.1, Frankfurt am Main 2004, S. 522.

Mann hebt auch seine weniger angenehmen Seiten hervor, von denen in dem Kapitel *Die Theatralität der Décadence* schon die Rede war und die der Protagonist bald zu spüren bekommt. Indem Mann zudem das schwer erträgliche Klima und die Ausdünstungen der Lagunenstadt beschreibt, die der Gesundheit Aschenbachs zusetzen, inszeniert er Venedig als einen unheilschwangeren und bedrohlichen Ort, der bereits den herannahenden Tod des Protagonisten erahnen lässt:[589]

> Ein widerliche Schwüle lag in den Gassen; die Luft war so dick, dass die Gerüche, die aus Wohnungen, Läden, Garküchen quollen, Öldunst, Wolken von Parfum und viele andere in Schwaden standen, ohne sich zu zerstreuen. Zigarettenrauch hing an einem Orte und entwich nur langsam. Das Menschengeschiebe in der Enge belästigte den Spaziergänger [Aschenbach] statt ihn zu unterhalten. Je länger er ging, desto quälender bemächtigte sich seiner der abscheuliche Zustand, den die Seeluft zusammen mit dem Scirocco hervorbringen kann, und der zugleich Erregung und Erschlaffung ist. (…)Er floh aus den drangvollen Geschäftsgassen über Brücken in die Gänge der Armen. Dort behelligten ihn Bettler, und die üblen Ausdünstungen der Kanäle verleideten das Atmen.[590]

Die Bühne Venedig ist also nicht nur prachtvoll, sondern Mann beschreibt die Stadt ebenso in ihrer Armut. Auch bei ehemals prunkvollen Palästen betont er deren Morbidität, und inszeniert Venedig damit als theatrale Totenstadt: „(…) und ließ sich durch das trübe Labyrinth der Kanäle, (…) um glitschige Mauerecken, vorbei an trauernden Palastfassaden, die große Firmenschilder im Abfall schaukelnden Wassers spiegelten, nach San Marco leiten."[591]

4.2.2 Die Kulisse Venedig: Theatralische Charakteristik der Maske

Wie schon im Theorieteil dargelegt, sind semantische Räume stets an Theatralität gebunden, aufgrund derer sich die Eröffnung derselben überhaupt erst vollziehen kann. Die Besonderheit Venedigs besteht allerdings darin, dass die Stadt im Fin de siècle in besonders vielfältiger Weise eine imaginäre Räumlichkeit entwickelte, die, aufgrund des entgrenzenden Aspekts, dementsprechend mit einer umso ausgeprägteren Theatralität einherging. Für eine solchermaßen theatralisierte und verfallende Wasserstadt ergibt sich die beinahe schon zwingende Konsequenz, diese als eine Kulisse zu betrachten, hinter der sich zwielichtige Eigenschaften wie Doppelbödigkeit verstecken und von denen stets eine subtile und unberechenbare Gefahr ausgeht. Im *Tod in Venedig* erscheint die Stadt in einer solch gefahrvollen und zugleich sehr reizvollen Theatralisierung,

---

589 Vgl. Jendreiek, S. 244.
590 *Der Tod in Venedig*, S. 541/542.
591 *Der Tod in Venedig*, S. 542.

wobei Mann diese gelegentlich mit einer gezielten Personifizierung Venedigs noch hervorhebt. In diesem Zusammenhang ist es aber auch die Theatralität der Sprache, welche auffällt und im Theorieteil im Rahmen der Untersuchungen von Neumann in Beziehung zu Barthes diskutiert wurde. „Das war Venedig, die schmeichlerische und verdächtige Schöne, – diese Stadt, halb Märchen, halb Fremdenfalle, in deren fauliger Luft die Kunst einst schwelgerisch aufwucherte (…)."[592]

Wie Neumann anhand seiner im theoretischen Teil dieser Arbeit vermittelten These zeigt, sind literarische Texte grundsätzlich theatralisch, da in ihnen immer und überall „*Zeichen von Zeichen* im Spiel sind, mithin allenthalben *interne* Argumentation über Zeichenprozesse stattfindet – ein auf verschiedenen Ebenen sich abspielendes *Bedeutungstheater*"[593], weswegen der Text „als Bühne sprachlicher Performanz"[594] zu sehen sei.

Davon ausgehend lässt sich der Gedanke entwickeln, dass sich innerhalb eines Textes jeweils eine unterschiedliche Intensität von Theatralität feststellen lässt, auch wenn eine entsprechende Einschätzung durchaus subjektiv ist. Dass die Theatralität der Sprache meist dann offensichtlich hervortritt, wann immer von Venedig die Rede ist, ist nachvollziehbar aufgrund der Tatsache, dass sich die Novelle auf dem semantischen und topographischen Ort Venedig entscheidend gründet. Dies wird unter anderem auch bei der Szene mit dem geschwätzigen Schiffsmann deutlich, der Aschenbach auf dem Schiff, das ihn nach Venedig bringen soll, eine Fahrkarte verkauft und ihn mit den Worten empfängt: „Eine herrliche Stadt! Eine Stadt von unwiderstehlicher Anziehungskraft für den Gebildeten, ihrer Geschichte sowohl ihrer gegenwärtigen Reize wegen!"[595]

Mann zeigt jedoch ein Venedig, dessen prunkvolle Fassade von Anfang an Risse zeigt und somit darauf schließen lässt, dass diese, als ein Ausdruck ihrer Theatralität, nur Kulisse ist, hinter der Verfall, Untergang und Krankheit, nämlich die Cholera lauern. Aschenbach hingegen wird von Mann als ein bewusster Beobachter beschrieben, welcher die Gefahr, die von Venedig für ihn ausgeht, zwar bemerkt, jedoch nicht mehr in der Lage ist, die Stadt rechtzeitig zu verlassen, da er dem jungen Tadzio verfällt.

Dieser Aspekt Venedigs als theatrale, gefahrvolle Kulisse ist im Zusammenhang mit der im ersten Teil dieser Untersuchung herausgearbeiteten Theorie zur Funktion der Maske und dem Charakter der Maskenhaftigkeit relevant, deren

---

592 *Der Tod in Venedig*, S. 567.
593 Neumann: *Szenographien*, „Einleitung", a. a. O, S. 15.
594 Ebd.
595 *Der Tod in Venedig*, S. 517/518.

Ziel es ist, die beiden konträren Standpunkte von Simmel und Deleuze miteinander zu verbinden. Das von Simmel entworfene Konzept besagt, dass sich hinter einer Maske etwas Unbekanntes und oftmals Bedrohliches verbirgt, während nach der Theorie von Deleuze hinter einer Maske immer nur weitere Masken zum Vorschein kommen und es insofern also gar nichts zu verstecken gibt – ein Vorgang, welcher auf einer steten Wiederholung beruht und vom Todestrieb gespeist wird.

Wie vorhin im Theorie-Teil bereits dokumentiert, ist eine Lösung darin zu suchen, dass, aus der nach dem Konzept von Simmel zu ziehenden Schlussfolgerung, das bloße Vorhandensein der Maske bzw. die Wahrnehmung einer solchen für eine Demaskierung spricht, da die Präsenz der Maske aussagt, dass diese, im Fall Venedigs, die bedrohlich konnotierten Eigenschaften der Stadt zu verbergen hat.

Dieser Gedankengang lässt sich mit der Theorie von Deleuze, wonach sich hinter einer Maske immer nur weitere Masken verbergen, insofern verknüpfen, als hierbei zu bedenken ist, dass die Masken der „eigentlichen Wiederholung" stets von einer „nackten Wiederholung" verborgen werden. Daraus lässt sich ableiten, dass die Maske nicht in der Lage ist, selbst zu verbergen, sondern verborgen wird, was wiederum die Schlussfolgerung zulässt, dass aus dem Grund, da sich hinter der Maske nichts verbirgt, außer andere Masken, auch wenn diese stets von der nackten Wiederholung überlagert werden, dieser eine offenlegende Funktion zugestanden werden muss. Insofern offenbart sich in der Maske der eigentlichen Wiederholung stets eine Wahrheit, die aber durch eine nackte Wiederholung verdeckt wird, was somit bedeutet, dass der traditionell verbergende Charakter der Maske nach außen hin erhalten bleibt.

Auf die Masken- bzw. Kulissenhaftigkeit Venedigs übertragen bedeutet dies, dass die Scheinhaftigkeit der Stadt sich nicht hinter den bröckelnden Fassaden der Paläste verbirgt, sondern sich in diesen offenbart. Dies allerdings geschieht nicht offensichtlich, so dass nach außen hin der Eindruck entsteht, die bröckelnde Kulisse diene Venedig dazu, seine Scheinhaftigkeit zu verstecken. Dies wiederum passt zu der aus Simmels Modell gewonnenen Erkenntnis, nach der gerade die verbergenden Eigenschaften der Maske diese demaskieren, was im *Tod in Venedig* sehr deutlich festzustellen ist.

Indem Mann in dieser Weise Venedigs Maskenhaftigkeit herausstellt, beruft er sich also zugleich auf dessen hochgradige Theatralität auf der topographischen und der semantischen Ebene. Wie gefährlich sich diese für Aschenbach auswirkt, zeigt Mann, indem er bei der Beschreibung der Stadt mit ihren Kanälen und verwirrenden Gassen nicht nur deren reizvolle Widersprüchlichkeit betont, bei der Schönheit und Hässlichkeit unmittelbar nebeneinander liegen, sondern er inszeniert Venedig auch als einen Raum der Doppelbödigkeit und

Falschheit, welcher dazu geschaffen ist, Aschenbach in die Irre zu führen. „Das Labyrinth der Kanäle"[596] sorgt bei ihm zugleich für äußere und innere Verwirrung, die ihn in seinem Willen lähmt und seine Vernunft ausschaltet, so dass er völlig seiner Leidenschaft zu Tadzio verfällt, die ihn schließlich in den Tod führt.

Benno von Wiese äußert sich in seinem Band *Die deutsche Novelle von Goethe bis Kafka* über seinen Eindruck der in ihrer sinnlichen Vielfalt verwirrenden Atmosphäre Venedigs in Manns Novelle. Eine Beschreibung, die der maskenhaft-theatralen Zweideutigkeit der Stadt entspricht. So argumentiert Wiese, Mann habe „die Atmosphäre der Stadt meisterhaft eingefangen: ihre schwelgerische Süße, ihre verbotene Sinnlichkeit, ihr maskenhaft Unwirkliches, ihre Verführung bis zur orgiastischen Auflösung, die im Tode endet, aber auch das Entstellende und Verfremdende bis ins Widrige und Ekelhafte, die faulige Schwüle in den Gassen, durch die der Schirokko weht".[597] Auf die offensichtliche Parallelität zwischen dem Schicksal Aschenbachs und Venedigs bezieht sich Martin Schlappner in seiner Dissertation *Thomas Mann und die französische Literatur. Das Problem der Décadence*. Dabei bezeichnet er Venedig als eine Stadt des Scheins, hinter deren prunkvoller Maske Krankheit und Verfall lauerten und spielt damit gleichzeitig auf Aschenbach an, der hinter einer disziplinierten und würdevollen Fassade seine sinnlichen Triebe verstecke, denen er aber schließlich doch zum Opfer falle.[598]

Dieser Vergleich verweist darauf, dass sich hinsichtlich des aus den Gedanken Deleuzes' und Simmels herausgearbeiteten Konzeptes über die demaskierende Eigenschaft der Masken, dieses, neben Venedig, auch auf die Figur des Gustav von Aschenbach zu übertragen ist. Dabei ist allerdings noch ein weiterer, von Soeffner vorgebrachter, Aspekt zu berücksichtigen, der im theoretischen Teil ebenfalls bereits angesprochen wurde und darauf beruht, dass, einem Gedanken Plessners folgend, der Schauspieler, „*die Verkörperung einer Figur mit dem eigenen Leib*"[599] zu leisten habe. Wie Soeffner betont, sei der Körper des individuellen Darstellers keinesfalls „als unbezweifelbarer Garant der Authentizität des individuellen Darstellers"[600] zu sehen. Insofern sei „auch der moderne Schauspieler", indem er einen anderen repräsentiere, „Träger einer Maske" und dabei sei es eben sein eigener Körper, welcher unwillkürlich zur Maske werde.[601]

---

596 *Der Tod in Venedig*, S. 542.
597 Von Wiese a. a. O., S. 307.
598 Vgl. Martin Schlappner: *Thomas Mann und die französische Literatur. Das Problem der Décadence*, (Diss.), Bern 1950, S. 241.
599 Soeffner a. a. O., S. 238. Der Autor zitiert aus: Plessner 1982, S. 410.
600 Ebd.
601 Ebd.

Davon ausgehend seien die gesellschaftlich vorgegebenen Rollen gleichfalls „als Kostüm der Körpermaske oder als Maskenrepertoire zu interpretieren".[602]

In diesem Sinne ist selbstverständlich auch Aschenbach als Maskenträger zu sehen, genauso wie sich dies grundsätzlich mit den fiktionalen Figuren in der Literatur verhält. Das von Soeffner entworfene Konzept zur Maskenhaftigkeit in der Verkörperung stellt sozusagen die Basis der von Deleuze und Simmel entworfenen Theorien dar und zwar hinsichtlich dessen, dass deren gedankliche Entwürfe nicht nur auf die kulissenhafte Maskenhaftigkeit Venedigs anzuwenden sind, sondern auch auf Aschenbach selbst.

Dies lässt sich auch aus der folgenden Bemerkung Schlappners ersehen, in der dieser von der Stadt und von Aschenbach ein überaus theatralisches Bild zeichnet, welches die Zusammengehörigkeit beider betont. Auffällig ist, dass Schlappner sich dabei auf grundsätzliche Paradigmen der Theatralität, wie Schein, Maske und auch Künstlichkeit, beruft.

> Die Gestalt des Gustav von Aschenbach, dessen erotische Neigung dem nachantikischen Menschen nicht erlaubt ist, konnte auf keinen anderen Hintergrund gezeichnet werden, sein Schicksal auf keinem anderen Schauplatz sich erfüllen als gerade auf dem Venedigs. Es ist die Stadt des Scheins und der Künstlichkeit; sie enthüllt die zuchtvolle, lebenshemmende Haltung Aschenbachs als eine Meistermaske und macht ihm sein wahres Leben bewusst: Die Stadt trägt selbst ihre Gesundheit nur als Maske zur Schau. Sie ist dem Sterben verfallen, von innen heraus, wie Aschenbach – von den Wassern der Kanäle unterhöhlt, von der Gluthitze der Sonne mit Fiebern überschauert, und so steht sie mit der sündhaften Verfallenheit des Schriftstellers in seltsamem heimlichem Bündnis: Die Tageshelle im Werk des Schriftstellers und die Tageshelle in dessen Leben, die er durch das Werk und den Ruhm erreicht glaubte, und die Sonne Venedigs, die in der silbrig flirrenden Bläue des Himmels glutheiß heraufzieht, die Schönheit der Stadt im hellsten Licht gestaltend – sie entsprechen einander, sie sind Schein und Lüge und vermögen die Uniform nicht zu verbergen, die hinter der erhabenen Form dräut, um alle Gestaltung wieder zu „entstalten".[603]

4.3 Die Theatralisierung und ihre Auswirkungen

4.3.1 Der Gottesdienst im Markusdom: Theatralisierung im Genre der „cultural performances"

Ein wesentliches Element der Inszenierung Venedigs als Todesstadt ist die Cholera, die sich ungehindert in Venedig ausbreiten kann, weil die Behörden den

---

602   Ebd.
603   Schlappner a. a. O., S. 241.

Ausbruch der Krankheit verheimlichen. Die stickige graue Schwüle, die in der Stadt herrscht, sowie das schwer erträgliche, bedrohliche Klima und der fatale Geruch sind jedoch deutliche Zeichen der todbringenden Krankheit, die dem aufmerksamen Aschenbach nicht verborgen bleiben und ihm sogar im Markusdom auffallen.[604] Die theatrale Performanz dieser Szene konstituiert sich durch den „schwergeschmückten Priester" in der Kirche und dem schwülstigen Ablauf des Gottesdienstes in dem, im Übrigen auch äußerst theatralen, „morgenländischen Tempel". In dieser von weihevollen Düften und penetranten Gerüchen bestimmten Szenerie erscheint Venedig als inszenierte Totenstadt. „Die gedrungene Pracht des morgenländischen Tempels lastete üppig auf seinen Sinnen. Vorn wandelte, hantierte und sang der schwergeschmückte Priester, Weihrauch quoll auf, er umnebelte die kraftlosen Flämmchen der Altarkerzen, und in den dumpf-süßen Opferduft schien sich leise ein anderer zu mischen: der Geruch der erkrankten Stadt."[605]

Der gleichfalls als Inszenierung erscheinende Vorgang des Gottesdienstes lässt sich in Zusammenhang bringen mit den im ersten Teil dieser Arbeit untersuchten *cultural performances*, deren Wesen sich durch Theatralisierung auszeichnet. Wie schon ausführlich dokumentiert, ist es, im Zuge der zweiten Krise der Repräsentation ab dem Ende des 19. Jahrhunderts ein sehr häufig zu beobachtendes Phänomen, wonach sämtliche Arten von *cultural performances* eine erhebliche Theatralisierung erfuhren und sich durch diese konstituierten. Zwar gab es solchermaßen zu beobachtende Vorgänge im Rahmen von *cultural performances* auch im Zuge der ersten Krise der Repräsentation ab dem Ende des 16. Jahrhunderts. Allerdings waren speziell ihrer Theatralisierung insofern Grenzen gesetzt, als diese wiederum einer grundsätzlichen Unbegrenztheit bedarf, was aber, durch das Verschwinden des Rituals in dieser Zeit und der sich durchsetzenden Repräsentation, zunehmend nicht mehr möglich war. Einer sozusagen ungehemmten Theatralisierung in den *cultural performances* eröffnete sich erst dann wieder ein Weg, als es im Zuge der zweiten Krise der Repräsentation zu einer Rückkehr des Rituals und im Gegenzug zu einer entsprechenden Verminderung des Repräsentation kam. Denn die Wiedereinführung des Rituals, in welchem die performativen Funktionen die referentiellen dominieren und somit also das konstitutive Prinzip des *significando causare* vertreten,[606] und die als solche nur vor der ersten Krise der Repräsentation existiert hatten, bewirkte in der

---

604 Schenk a. a. O., S. 393.
605 *Der Tod in Venedig*, S. 565.
606 Fischer-Lichte: *Theatralität und die Krisen der Repräsentation*, a. a. O., S. 5/6.

zweiten Krise, dass der Theatralität die Unbegrenztheit gewährt werden konnte, der sie zu ihrer Entfaltung bedarf. Der Grund dafür ist darin zu suchen, dass, als eine wesentliche Eigenschaft des Rituals, die Verschmelzung von Sein und Schein sowie ein Wegfall der Grenzen zwischen Beobachter und Beobachteten auszumachen ist, was zugleich auch ein Kennzeichen der Theatralität ist.

Ausgehend von der Theatralität des Gottesdienstes, dem Aschenbach im Markusdom beiwohnt und der in seinem Genre den theatralisierten *cultural performances* zugeschrieben werden kann, ist *Der Tod in Venedig* auch in der Hinsicht zu betrachten, dass Mann seine Novelle während der zweiten Krise der Repräsentation geschrieben hatte. Da die in dieser Zeit stattfindende Theatralisierung der *cultural performances* und ihre Nähe zum Ritual, wie gesagt, mit einem Wegfall der Grenzen zwischen Sein und Schein einhergehen, ist diesbezüglich auch von einer Beeinflussung der Figur des Gustav von Aschenbach auszugehen, der zunehmend nicht mehr in der Lage ist, zwischen Sein und Schein zu unterscheiden und wenn er dies zwischenzeitlich dennoch tut, sich trotzdem nicht mehr gegen eine Verschmelzung der Grenzen in seiner Wahrnehmung wehren kann. Konkret gemeint ist damit, dass Aschenbach die Missstände Venedigs zwar wahrnimmt, aber unmerklich dennoch immer mehr in den geheimnisvollen Bann der theatralen Stadt gerät und schließlich sogar die Gelegenheit verpasst, abzureisen. Von da an befindet er sich vollständig unter dem verhängnisvollen Einfluss der Lagunenstadt. Mann lässt keinen Zweifel daran, dass die hoffnungslose Liebe zu Tadzio als solche Venedigs bedurfte, um sie für Aschenbach so essentiell werden zu lassen, dass er schließlich daran stirbt. Die Cholera ist nur vordergründig für seinen Tod verantwortlich. Insofern ist es also plausibel, dass Aschenbach, da er mit seiner Liebe zu Tadzio seine Fähigkeit verliert, die verheerende Wirkung der theatralen Stadt in ihrer ganzen Bandbreite zu begreifen, damit auch nicht mehr in der Lage ist, zwischen Wirklichkeit und Fiktion bzw. Sein und Schein zu unterscheiden, wodurch er zum Spielball der vom Untergang bedrohten Stadt wird, die wiederum seinen Untergang herbeiführt. Dieser Vorgang ist von einer hochgradigen Theatralität, welche sich grundsätzlich über Entgrenzung konstituiert und insofern eine Verschmelzung zwischen Sein und Schein beinahe schon zwangsläufig bewirkt, wie sich auch an der Nähe der Theatralität zum Ritual beobachten lässt.

4.3.2 Dekonstruktive Theatralität. Unausweichliche Konsequenz des theatralen Prozesses

Angesichts der Theatralisierung verschiedener Genres von *cultural performances* ab dem Ende des neunzehnten Jahrhunderts, innerhalb derer sich Theatralität in ihrer Unbegrenztheit gerade durch das Fehlen einer institutionalisierten Bühne auszeichnet, ist davon auszugehen, dass es sich dabei um einen dekonstruktiven Prozess handelt.

Im theoretischen Teil dieser Arbeit wurde bereits auf die von Neumann konstatierte Feststellung von der „Einsicht der Notwendigkeit der Literatur für die alltäglichen theatralen Prozesse der Kultur"[607] verwiesen und auch auf die Theatralität der Sprache in der Literatur, die Neumann, nach der Theorie von Roland Barthes, im Sinne eines „Textes im Text" bzw. des „Textes aus Text" betrachtet und so auf das Prinzip der Dekonstruktion schließt und davon ausgehend auf „den Vorgang der Dynamik von Dekomposition und Rekomposition".[608]

Von einer Schichtenstruktur der Sprache lasse sich so, wie Neumann dazu bemerkt, auf eine vielschichtige Bedeutungsproduktion, ein szenisches Geschehen, also eine Theatralisierung im Sinne eines Erkenntnistheaters schließen.[609] Laut dieses Prinzips, so Neumann weiter, seien Sprache und Szene untrennbar miteinander verknüpft, was bedeute, dass die Sprache über ihre eigene Szene in sich selbst verfüge und insofern als „Szenographie" erkennbar sei. Als solche installiere sie die Sprachproduktion zugleich als Zeichentheater.[610] Aus diesem Grund erweise sich Sprache „nicht erst auf Schaubühnen *theatral*, sondern ist, als sie selbst, immer schon theatrales Geschehen – eine inszenatorische Praxis (...) an der die fiktiven Rollenspiele der Literatur ebenso teilhaben wie die Rituale und Institutionen des öffentlichen Lebens".[611] Gedanken, mit denen sich wiederum an die theatralisierten und ritualisierten Vorgänge innerhalb der *cultural performances* anschließen lässt.

Angesichts der Theatralität der Sprache konkretisiert Barthes diese, laut Neumann, indem er sich auf das Aktantenmodell von Greimas beruft. Anhand dessen überträgt Barthes das Moment einer theatralen Dynamik der Sprache aus der strukturalen Syntax in die Semantik, womit „die kulturelle Bedeutungsproduktion gleichsam als ‚implikatives' Geschehen im sprachlichen Satz selbst", erkennbar werde und somit zugleich als theatral sich erweise.[612] Dieses Modell entwickelt Barthes aber noch weiter, indem er „das Moment der theatralen Dynamik der Sprache" von der Semantik auf die „strukturale Erzählanalyse" und schließlich in den „pratique du texte'" überträgt und zu der Schlussfolgerung

---

607 Neumann: *Szenographien*, „Einleitung", a. a. O., S. 15.
608 Neumann: „Theatralität der Zeichen", a. a. O., S. 86/87.
609 Ebd.
610 Neumann: *Szenographien*, „Einleitung", a. a. O., S. 14.
611 Ebd.
612 Ebd., S. 17.

kommt, dass der Text „die Sprache der Kommunikation, der Repräsentation und der Expression" sogar „dekonstruiere" und „eine Sprache der Fülle" herstelle, welche sich „stenographisch, als ein gewissermaßen ‚einräumendes Theater' der Bedeutungen" entfalte.[613]

Mit seinem aus Greimas' Aktantenmodell entwickelten Konzept einer dekonstruktiven Theatralität der Sprache verweist Barthes zugleich auf die dekonstruktive Tendenz der Theatralisierung überhaupt. Denn wie Neumann wiederum in Bezug auf die ästhetische und philosophische Krise gegen Ende des achtzehnten Jahrhunderts schreibt, beruhe diese zum einen auf eine Zurückweisung des Theaters als geschlossene Repräsentation und zum anderen darauf, dass, parallel zu diesem Entwicklungsstrang, „eine Bezugnahme auf die moderne Theater-, Tanz-, und Performance-Avantgarde" stattgefunden habe, die eben jene ursprüngliche Repräsentation des Theaters verweigert und „zugleich die Rolle des Betrachters als Implikat der Szene und Ort der Sinnproduktion" aufgewiesen habe.[614] Aus dieser Konsequenz heraus fand Neumann es durchaus angebracht, in einem „Gestus der Nachträglichkeit" von „einer ‚dekonstruktiven' Ausrichtung der „Theatralitäts-Theorie der Moderne zu sprechen".[615]

Im Übrigen beziehe Barthes, wie Neumann gleichfalls betont, sein auf der Basis von Greimas' Aktantenmodell entwickeltes Konzept auch auf die implizite Theatralität der wissenschaftlichen Sprache, welche er im Rahmen seiner Theorie von literarischen Sprechakten nicht unterscheidet.[616]

Wie schon im theoretischen Teil erläutert, präzisiert Jacques Derrida in seinem Essay „La double séance" Barthes' Konzept mit der Aufstellung der These, nach welcher „der produktive Konflikt zwischen der Auslagerung des Zuschauers aus dem theatralen Ereignis und seiner Einlagerung in dieses mit der Auflösung des Begriffs einer Metasprache erkauft", werde.[617] Dieser Gedankengang erfordere allerdings, wie Neumann zu dem Konzept Derridas erklärt, auch eine Neuausrichtung der konstituierenden Positionen zwischen „Beobachter und Beobachteten" bzw. „Zuschauer und Bühne" sowie zwischen „Objektsprache und Metasprache".[618] Außerdem, so Neumann, müsse das „konfliktuelle Spiel' zwischen Repräsentation und Implikation", beachtet werden, welches sich „im Schreibakt ebenfalls auf zwei Ebenen" fortsetze und zwar zum einen hinsichtlich

---

613 Neumann: „Theatralität der Zeichen", a. a. O., S. 93/94.
614 Neumann: *Szenographien*, „Einleitung", a. a. O., S. 21.
615 Ebd.
616 Ebd., S. 24.
617 Ebd.
618 Ebd.

„des ‚zur Bühne des Bedeutens bringens'", und zum anderen hinsichtlich „einer ‚implikativen' Performanz".[619]

Indem sich das „theatrale Ereignis" hier, ausgehend von Derridas Theorie, betont antirepräsentativ darstellt, zeigt sich darin ebenso betont dessen dekonstruktiver Charakter, der zugleich beweist, dass der Vorgang einer Theatralisierung, in seiner tendenziellen Unbegrenzbarkeit, mit einer gleichzeitigen Dekonstruktivierung einhergehen muss.

Was das „konfliktuelle Spiel des Schreibakts" betrifft, erscheint dieses für die Erforschung der Theatralität Venedigs in der Literatur, und so auch im *Tod in Venedig*, von eher untergeordneter oder zumindest indirekter Bedeutung, jedoch ist dies ein Aspekt, der schon aus dem Grund, da Theatralität im erheblichen Maße auf Dekonstruktion beruht, bedacht werden sollte, und zwar zu dem Zweck, diese in ihren extremen Auswirkungen auch anhand dessen erklären zu können. Außerdem lässt jener Aspekt darauf schließen, dass dieser Theatralität bereits im Stadium des Schreibens garantiert, wodurch wiederum *Der Tod in Venedig* eine besondere Evidenz erhält, als die Novelle eben in der besagten, äußerst theatralischen Lagunenstadt spielt. Hinsichtlich dessen erscheint die Theatralität Venedigs, in ihrer dekonstruktiven Eigenschaft in der Novelle in ihrer ganzen Konsequenz und wird zugleich, aufgrund ihrer Unbegrenztheit, in diesem Sinne bestätigt.

4.4 Venedigs theatralische Attribute

4.4.1 Die Verkörperung der Todesgestalten in ihrer Maskenhaftigkeit

Angesichts der Theatralität im *Tod in Venedig* stellen sich die Auftritte der Todesgestalten in subtil-gespenstischer Weise dar. Dabei entsteht der Eindruck, dass diese den Auftrag erfüllen, dem Reisenden, in diesem Fall Aschenbach, „wie der Fährmann der Unterwelt in der griechischen Mythologie", den Weg zu seinem Untergang zu weisen.[620] Aufgrund dessen hat der Aspekt der Reise in die Unterwelt bzw. in den Tod einen stark theatralischen Charakter und erscheint in Manns Novelle als entscheidendes Element im Rahmen der literarischen Inszenierung.

Im Zusammenhang mit den Todesgestalten ist die im theoretischen Teil dieser Arbeit untersuchte, von Fischer-Lichte entwickelte Theorie der phänomenalen und der semiotischen Körperlichkeit relevant. Wie dort erwähnt, kann

---

619 Ebd.
620 Schenk a. a. O., S. 395.

die phänomenale Körperlichkeit zwar für sich allein gedacht werden, ganz im Gegensatz zur semiotischen Körperlichkeit, jedoch ist es so, wie Fischer-Lichte ausdrücklich betont, dass es für den Prozess einer Verkörperung innerhalb einer Inszenierung sowohl der phänomenalen als auch der semiotischen Körperlichkeit bedarf. Im Sinne dieser doppelten Körperlichkeit ist auch die Konstituierung der Todesgestalten im *Tod in Venedig* zu verstehen, die zum einen in ihrer jeweils phänomenalen Körperlichkeit erscheinen und zum anderen in der nicht minder bedeutungsvollen Präsenz ihrer semiotischen Körperlichkeit.

Wie wiederum Kramer und Dünne im Zusammenhang mit theatraler Räumlichkeit konstatieren – was ebenfalls im theoretischen Teil bereits angesprochen wurde – sei eine aus phänomenaler und semiotischer Doppelung sich konstituierende Körperlichkeit auf das Engste mit der Theatralisierung von Räumen verbunden. Insofern erstreckt sich die Funktion der Todesgestalten in ihrer phänomenalen und semiotischen Körperlichkeit auch auf den theatralen bzw. imaginären Raum Venedig, der einer solch doppelten Verkörperung von fiktiven Figuren, wie eben auch der Todesgestalten, zu seiner Konstituierung bedarf.

Den Anfang macht der fremde Wanderer aus dem ersten Kapitel, dem Aschenbach am Münchner Nordfriedhof begegnet, und auch der „eigenmächtige Gondolier",[621] von dem sich Aschenbach zu seinem Hotel bringen lässt, ist ein Todesbote, bei dem sich die mythische Vorstellung von der Fahrt über den Styx, den Totenfluss, geradezu aufdrängt:[622] „Das ist wahr, du fährst mich gut. Selbst wenn du (…) mich hinterrücks mit einem Ruderschlag ins Haus des Aides schickst, wirst du mich gut gefahren haben."[623] Die beiden genannten Todesgestalten, der fremde Wanderer und der „eigenmächtige Gondolier", sowie eine weitere Todesgestalt, der Bänkelsänger, der im Vorgarten des Hotels auftritt, haben gemeinsame äußerliche Merkmale, wie einen auffallend starken Adamsapfel, rote Augenbrauen und eine stumpfe Nase.

Hier kommt wieder die Maske ins Spiel, deren Funktion und Bedeutung in einem Vergleich der Theorien von Deleuze und Simmel in Bezug auf die Kulissenhaftigkeit Venedigs sowohl im theoretischen als auch im inhaltlichen Teil bereits thematisiert wurde. Da die Gesichter der Todesgestalten gemeinsame prägnante Merkmale aufweisen, lassen sich diese gleichfalls mit Masken assoziieren, welche als inszenatorische Elemente einen dramaturgischen Zweck erfüllen. Außerdem

---

621 *Der Tod in Venedig*, S. 526.
622 Von Wiese a. a. O., S. 315.
623 *Der Tod in Venedig*, S. 526.

zeigt sich in der theatralen Performanz der Todesgestalten zugleich der maskenhafte Charakter der todbringenden Stadt Venedig.

In der Hinsicht ist die Theorie von Deleuze auch insofern zu betrachten, als das Prinzip der Wiederholung, von welchem die Maskenhaftigkeit herzuleiten ist, auf dem Todestrieb beruht. Denn dies legt den Gedanken nahe, wonach der Todestrieb in den Todesgestalten der Novelle seine Entsprechung findet, wofür besonders spricht, dass diese ja ebenfalls wiederholt auftauchen und überdies die Lebensmüdigkeit Aschenbachs und seine unbewusste Todessehnsucht suggerieren. Von der Theorie Deleuzes' über den Todestrieb in der maskierten Wiederholung ausgehend erscheint insofern die Maskenhaftigkeit der Todesgestalten im *Tod in Venedig* sowie die des topographischen und semantischen Ortes Venedig und überdies auch die der Hauptfigur selbst, wie an späterer Stelle noch verdeutlicht werden wird, zusätzlich evident.

Ganz abgesehen davon kann die Maskenhaftigkeit der Todesgestalten auch als eine düstere Anspielung auf die heiteren Maskenfeste des Rokoko-Venedig im 18. Jahrhundert gedeutet werden, als von der Morbidität der Stadt noch nicht viel zu erkennen war, sondern eher durch die Liebesabenteuer des Casanova von sich reden machte. Dieser Aspekt wurde in dem Kapitel *Die Theatralität der Décadence* bereits angesprochen, da die Casanova-Gestalt im Fin de siècle häufig als Gegenfigur zum Décadent konzipiert wurde. Insofern stellen auch die Maskenbälle des 18. Jahrhunderts, in der sie vermittelnden Lebenslust, ein heiteres Pendant zu den unheimlichen, maskenhaften Erscheinungen der Todesgestalten dar. Dieser Aspekt wird noch dadurch intensiviert, indem die drei düsteren Gestalten ihre Zähne entblößen. Sie suggerieren dadurch eine bedrohlich wirkende Macht, worin sich Aschenbachs zunehmende Willensschwäche und seine fortschreitende Ohnmacht offenbart.[624]

Neben den bisher erwähnten Gestalten tauchen noch zwei weitere Todesgestalten auf, der ziegenbärtige Schiffsbeamte und der geschminkte Greis auf der Überfahrt von Triest. Auch sie sind, wie die anderen Todesgestalten, auffallend abstoßende Erscheinungen und zeichnen sich durch Attribute körperlicher Hässlichkeit aus, die den theatralischen Effekt noch verstärken. Lehnert bezeichnet die Todesgestalten als „Symbole der Unordnung, des Unzugehörigen, des Unheimlichen, einer fremden Macht und zugleich Charonfiguren, mit einiger Anlehnung an den mittelalterlichen Tod".[625]

---

624 Vgl. Jendreiek a. a. O., S. 245.
625 Herbert Lehnert: *Thomas Mann. Fiktion. Mythos. Religion*, Stuttgart 1965, S. 109.

Walter Pabst und auch Hellmuth Petriconi sind der Ansicht, die Todesgestalten seien als Satanskonfigurationen zu deuten.[626] Nicklas jedoch konstatiert, dass diese These sich nicht halten lasse, die unheimlichen Gestalten seien keineswegs „unverwechselbar" und „eindeutig" als Teufelsgestalten zu erkennen.[627] Das, was sie auszeichne, sei, „dass sie – manchmal nur für Augenblicke – für das Bild des Todes transparent"[628] würden. Ihr „geheimes Zeichen" sei, bei jeder der Gestalten auf unterschiedliche Weise realistisch und symbolisch zugleich dargestellt, „der Totenkopf".[629] Überhaupt sei es nicht ratsam, diese Gestalten zu sehr zu verfestigen, bei ihrer Interpretation sei es wichtig, ihre schwebende Doppeldeutigkeit zu beachten.[630] Benno von Wiese wiederum vertritt die Meinung, wir sollten die Verkörperungen der Todesgestalten „sowohl als ganz natürliche reale Personen auffassen und (…) doch auch wieder als mythische Boten des Todes begreifen".[631] Schenk hingegen ist, wie Nicklas, der Ansicht, dass Pabst' und Petriconis These, es handle sich hier um Teufelsgestalten, sich nicht halten lasse, und weist darauf hin, dass dies meist auch die Ansicht der heutigen Forschung sei, jedoch räumt sie ein, dass bei den unheimlichen Gestalten durchaus „diabolische Eigenschaften" zu erkennen seien.[632] Diese Feststellung von Schenk ist plausibel. Schon der Titel der Novelle zeigt, dass ihrer Thematik der Tod zugrunde liegt und nicht der Teufel, wenngleich er nicht ganz wegzudenken ist. In dieser Hinsicht ist auch die Bemerkung von Nicklas interessant, der zwar auf die Doppelbödigkeit der Todesgestalten verweist, ohne allerdings eventuelle diabolische Eigenschaften anzudeuten.

Insofern ist davon auszugehen, dass es sich bei diesen Gestalten in erster Linie um Todesboten handelt, mit einer eher unbestimmbaren, nicht genau konstatierbaren Tendenz zum Diabolischen. Als Beispiel erwähnt Schenk den ziegenbärtigen Matrosen, dessen Art, Aschenbach eine Fahrkarte nach Venedig zu verkaufen, wie ein veritabler Teufelspakt anmute.[633] Diese Szene erscheint innerhalb der literarischen Inszenierung wie ein Schlüsselmoment vom Sieg des „Bösen", welcher wiederum mit einer hochgradigen Theatralität einhergeht und

---

626 Vgl. Schenk a. a. O., S. 395/396.
627 Hans W. Nicklas: *Thomas Manns Novelle „Der Tod in Venedig". Analyse des Motivzusammenhangs und der Erzählstruktur*, Marburg 1968, S. 17.
628 Zitiert ebd.
629 Zitiert ebd.
630 Vgl. ebd.
631 Von Wiese a. a. O., S. 313.
632 Vgl. Schenk a. a. O., S. 396.
633 Vgl. ebd.

eine Umkehr im Sinne der Vernunft bei Aschenbach von da an nicht mehr erwarten lässt. „(…) er schrieb große Krähenfüße, streute aus seiner Büchse blauen Sand auf die Schrift, ließ ihn in eine tönerne Schale ablaufen, faltete das Papier mit gelben, knochigen Fingern und schrieb aufs neue (…). Die glatte Raschheit seiner Bewegungen und das leere Gerede, womit er sie begleitete, hatten etwas Betäubendes und Ablenkendes, etwa als besorge er, der Reisende möchte in seinem Entschluss, nach Venedig zu fahren, noch wankend werden."[634]

4.4.2 Die venezianische Gondel als konstituierendes Element „theatraler" Räume

Seit jeher bestimmen die Gondeln in zahlreicher Anzahl das Bild Venedigs. Innerhalb der Theatralität der Stadt spielen diese insofern als deren paradigmatischer Bestandteil eine entscheidende Rolle. In diesem Sinne stellen die Gondeln im Tod im Venedig äußerst theatralisch konnotierte Symbole des Todes dar, die Aschenbach in ihrer Form und schwarzen Farbe an Särge erinnern: „Wer hätte nicht einen flüchtigen Schauer, eine geheime Scheu und Beklommenheit zu bekämpfen gehabt, wenn es zum ersten Male, oder nach langer Eingewöhnungszeit galt, eine venezianische Gondel zu besteigen? Das seltsame Fahrzeug, aus balladesken Zeiten ganz unverändert übernommen und so eigentümlich schwarz, wie sonst unter allen Dingen nur Särge sind – (…) es erinnert (…) an den Tod selbst, an Bahre und düsteres Begräbnis und letzte schweigsame Fahrt."[635]

Mann verzichtet auf das Motiv eines singenden Gondoliers, lässt aber dennoch auch das musikalische Element, das ja an sich schon theatralisch konnotiert ist, während Aschenbachs Gondelfahrt mit dem „eigenmächtigen Gondolier" einfließen. Dies allerdings aus naheliegenden Gründen mit beträchtlicher Ironie. „(…), ein Boot mit musikalischen Wegelagerern, Männern und Weibern, die zur Gitarre, zur Mandoline sangen, aufdringlich Bord an Bord mit der Gondel fuhren und die Stille über den Wassern mit ihrer gewinnsüchtigen Fremdenpoesie erfüllten."[636] Wie Jendreiek schreibt, sei die Musik Aschenbachs Begleiterin auf seiner Fahrt in den Tod. Musik und Tod würden „in dieser Situation in einer geheimnisvollen Verbindung" zueinander stehen.[637]

Die Gondel besitzt in der Novelle im theatralen Raum Venedig einen besonderen performativen Stellenwert. Im Theorieteil wurde ausführlich über das

---

634 Der Tod in Venedig, S. 518.
635 Der Tod in Venedig, S. 523.
636 Der Tod in Venedig, S. 526/527.
637 Vgl. Jendreiek a. a. O., S. 245.

sich ergänzende Verhältnis zwischen Ordnungsraum und Praxisraum diskutiert, aus dem sich letztendlich die Bildung imaginärer bzw. theatraler Räume konstituiert. In Anbetracht eines solchermaßen sich bestimmenden, performativen Stellenwertes der Gondel im theatralen Raum ist es sinnvoll, den von Fischer-Lichte geäusserten Gedanken zu den von ihr untersuchten, sogenannten Körper-Inszenierungen hinzuziehen, demzufolge die Wichtigkeit des Körpers „als Agens, wenn nicht gar als ‚Akteur'"[638] beachtet werden müsse. Dieses Argument lässt sich wiederum mit dem der Verkörperung verknüpfen, die sich sowohl aus der phänomenalen als auch der semiotischen Körperlichkeit erschließt. Wie schon hinsichtlich der Theorie von Kramer und Dünne angesprochen, vollzieht sich der Prozess der Verkörperung eben innerhalb theatraler Räume, die sich dadurch wiederum erst konstituieren. In diesem Sinne ist auch die Gondel zu verstehen, welche als spezifisch venezianisch-theatralisches Konstrukt sowohl durch die phänomenale Präsenz einer sozusagen abstrakten Verkörperung als auch durch ihre semiotische Bedeutung auffällt und somit der Theatralisierung des semantischen Raumes Venedig in einer für ihn spezifischen Weise sehr förderlich ist.

Allerdings bedarf es dabei der im Rahmen der literarischen Inszenierung mitwirkenden fiktionalen Gestalten, die zum einen selbst als „Agens" bzw. „Akteur" in Erscheinung treten, jedoch gleichzeitig in ihrer phänomenalen als auch semiotischen Körperlichkeit zu betrachten sind und so auch der Gondel als phänomenales und semiotisches Konstrukt im Sinne einer Verkörperung erst Sinn und Berechtigung verleihen.

Indem Aschenbach gleich nach seiner Ankunft in Venedig mit einem „eigenmächtigen Gondolier" konfrontiert wird, der ihn in seiner Gondel zum Lido bringt, lässt deren theatralisches Potential in dieser Hinsicht insofern erkennen, als die Gondel die Verkörperung Aschenbachs und des Gondoliers sowohl in der phänomenalen als auch der semiotischen Körperlichkeit entscheidend mitbestimmt und zugleich selbst von dieser bestimmt wird.

Dies ist auch in den anderen Szenen zu beobachten, in denen Aschenbach die Gondel benutzt, insbesondere als er sich am Anfang seines Aufenthaltes in Venedig die Stadt anschauen will, und später, als er liebestrunken Tadzio und seine Familie verfolgt, die ihrerseits gerade in einer Gondel unterwegs ist. Stets erfüllt die Gondel dabei den Zweck im Sinne einer Inszenierung, und die vom Autor geschaffene imaginäre Bühne Venedig erfährt dadurch einen besonderen theatralen Gehalt. Mann nutzt dann auch Aschenbachs Gondelfahrten, um ein Venedigbild

---

638 Fischer-Lichte: „Theatergeschichte als Körpergeschichte", a. a. O., S. 10.

zu inszenieren, das mit Ironie durchsetzt ist: „Am nächsten Gondel-Halteplatz nahm er ein Fahrzeug und ließ sich (...), nach San Marco leiten. Er hatte Mühe, dorthin zu gelangen, denn der Gondolier, der mit Spitzenfabriken und Glasfärbereien im Bunde stand, versuchte überall, ihn zu Besichtigung und Einkauf abzusetzen, und wenn die bizarre Fahrt durch Venedig ihren Zauber zu üben begann, so tat der beutelschneiderische Geschäftsgeist der gesunkenen Königin das Seine, den Sinn wieder verdrießlich zu ernüchtern."[639]

4.5 Die Décadence im theatralen Venedig

4.5.1 Aschenbach als Décadent

Für die Dichter des Fin de siècle war Venedig die Hauptstadt der Décadence. So ist es kein Wunder, dass auch der Schriftsteller Aschenbach nach Venedig fährt, denn er verfügt über die Merkmale eines Décadent, die er aber beharrlich unterdrückt.[640] Sich seiner „Sympathie mit dem Abgrund"[641] wohl bewusst, widersetzt er sich der Décadence, als „Moralist der Leistung"[642] mit „Würde und Strenge"[643], indem er sich seiner schriftstellerischen Arbeit stets mit „Willensdauer und Zähigkeit"[644] widmet. Wie Happ argumentiert, seien in Manns Novelle „die basalen Denkfiguren der Dekadenz präsent". Es dominiere „die Figur von Krankheit versus Gesundheit, verkörpert am Protagonisten Gustav Aschenbach, welcher seiner kränklichen Disposition zum Trotz ein leistungsethisches ‚Durchhalten' hervorkehrt".[645] In diesem Sinne lässt Mann ihn mit dem heiligen Sebastian vergleichen, als „die Konzeption *einer intellektuellen und jünglingshaften Männlichkeit, (...), die in stolzer Scham die Zähne aufeinanderbeißt und ruhig dasteht, während ihr die Messer und Speere durch den Leib gehen*".[646] Erst als Aschenbach in Venedig dem Knaben verfällt, setzt er dem dekadenten Zustand des Verfalls nichts mehr entgegen. Erwin Koppen schreibt in seinem Buch *Dekadenter Wagnerismus* über die Entwicklung Aschenbachs in Venedig: „Beherrschte Normalität wird zu unbeherrschter und selbstgefälliger Anormalität,

---

639 *Der Tod in Venedig*, S. 542/543.
640 Vgl. Koppen a. a. O., S. 232.
641 *Der Tod in Venedig*, S. 513.
642 *Der Tod in Venedig*, S. 512.
643 *Der Tod in Venedig*, S. 513.
644 *Der Tod in Venedig*, S. 510.
645 Happ a. a. O., S. 160.
646 *Der Tod in Venedig*, S. 511.

Künstlertum reduziert sich zu Künstlichkeit, und statt den Kulissen des leuchtenden München erscheinen die des verfallenden Venedig."[647]

Schenk bemerkt dazu, viele Züge aus der Psychologie des Décadent, wie sie Paul Bourget in seinen Werken vermittelt hatte, seien in die Charakteristik von Aschenbach übernommen worden.[648] Mann war mit den Schriften Bourgets vertraut und hat die zeitgeschichtlichen und kulturkritischen Tendenzen vom *Tod in Venedig* rückschauend im Kapitel „Gegen Recht und Wahrheit" in den *Betrachtungen eines Unpolitischen* beschrieben:[649] „Ich gehöre geistig jenem über ganz Europa verbreiteten Geschlecht von Schriftstellern an, die aus der Décadence kommend, zu Chronisten und Analytikern der Décadence bestellt, gleichzeitig den emanzipatorischen Willen der Absage an sie, – sagen wir pessimistisch: die Velleität dieser Absage im Herzen tragen und mit der Überwindung von Dekadenz und Nihilismus wenigstens experimentieren."[650] Dementsprechend bewegt sich die Novelle aufgrund einer von Happ konstatierten „poetologischen Doppelkonstellation" zwischen „Klassizismus und Dekadenz oder einer Rekombination der beiden",[651] jedoch bescheinigt Happ ihr, „allen klassi(zisti)schen Betrebungen zum Trotz" dennoch „einen dicht konstruierten Dekadenztext".[652]

Wie in dem Kapitel *Die Theatralität der Décadence* bereits ausführlich dokumentiert, haftet dem Décadent mit seinem „ausgeprägten Individualismus bzw. Solipsismus" und „seinem aristokratischem Lebensstil"[653] grundsätzlich etwas hochgradig Theatralisches an, was den Gedanken nahe legt, dass es sich bei der Décadence gar um eine spezifische Art von Theatralität handelt. In Anbetracht der Tatsache, dass die Décadence mit Auflösung und Niedergang einhergeht und bei ihr darum gleichfalls ein entgrenzender Aspekt festzustellen ist, deutet auf weitere theatrale Affinitäten hin, ganz abgesehen davon, dass der für die Décadence typische Verfall sich auch als Charakteristikum des imaginären, d. h. theatralen Raumes Venedigs zeigt.

---

647 Koppen a. a. O., S. 232.
648 Vgl. Schenk a. a. O., S. 400.
649 Vgl. Jendreiek a. a. O., S. 260.
650 Thomas Mann: „Betrachtungen eines Unpolitischen". In: ders.: *Große kommentierte Frankfurter Ausgabe. Werke – Briefe – Tagebücher*, hrsg. von Heinrich Detering, Eckhard Heftrich und Hermann Kurzke, in Zusammenarbeit mit dem Thomas-Mann-Archiv der ETH Zürich, Bd. 13.1, Frankfurt am Main 2009, S. 220 Zitat siehe auch Jendreiek a. a. O., S. 260.
651 Happ a. a. O., S. 158.
652 Ebd., S. 159.
653 Vgl. Schenk a. a. O., S. 8.

4.5.2 Die Décadence und ihr theatraler Ausdruck in der Maske

Dass die Décadence Ausdruck einer äußerst prägnanten Theatralität sein kann, wird im *Tod in Venedig* in einer Szene offenbar, in der Aschenbach mit dem Schiff nach Venedig übersetzt. Hier ist es wiederum das theatralische Attribut der Maske, das in seiner ganzen Konsequenz erscheint und insofern auch auf das aus dem Modell von Simmel und der Theorie von Deleuze entwickelte Konzept verweist, dessen Ziel es in dieser Untersuchung ist, die Funktion und Bedeutung der Maske in der Venedigliteratur, in diesem Fall des *Tod in Venedig*, zu konkretisieren und somit auch dem theatralischem Gehalt der Maske auf den Grund zu gehen.

Bei der entsprechenden Szene, in welcher Aschenbach mit dem Schiff nach Venedig übersetzt, erblickt er dort einen mit übertriebener Kleidung und Schminke aufgeputzten Greis, der auf ihn extrem abstoßend wirkt. Er greift jedoch später selbst zu kosmetischen Hilfsmitteln, um für Tadzio jünger und frischer auszusehen. Aufgrund ihrer eindringlichen theatralen Performanz erscheint die Szene auf dem Schiff wie ein Maskenspiel, das in pervertierter Form hinter dem aufgeputzten alten Greis das zukünftige Alter Ego Aschenbachs erkennen lässt. Ein Gedanke, welcher aufgrund der aus den Theorien von Simmel und Deleuze gewonnenen Erkenntnissen, umso plausibler erscheint, da deren Konsequenz ja eine Demaskierung des Maskierten bedeutet, was sich in der hier zitierten Szene auch verdeutlicht.

> Eine Gruppe junger Leute bildete die Reisegesellschaft des ersten Verdecks (…). Einer in hellgelbem, übermodisch geschnittenem Sommeranzug, roter Krawatte und kühn aufgebogenem Panama , tat sich mit krähender Stimme (…) hervor. Kaum aber hatte Aschenbach ihn ins Auge gefasst, als er mit einer Art von Entsetzen erkannte, dass der Jüngling falsch war .Er war alt, man konnte nicht zweifeln. Runzeln umgaben ihm Augen und Mund. Das matte Karmesin der Wangen war Schminke, das braune Haar unter dem farbig umwundenen Strohhut Perücke, sein Hals verfallen und sehnig, sein aufgesetztes Schnurrbärtchen und die Fliege am Kinn gefärbt, sein gelbes und vollzähliges Gebiss, das er lachend zeigte, ein billiger Ersatz, und seine Hände, mit Siegelringen an beiden Zeigefingern, waren die eines Greises.[654]

Als schließlich Aschenbach zur Schminke greift, ist dies ein deutliches Zeichen nicht nur des Verlustes seiner Würde, sondern auch dafür, dass ihm dieser Umstand gar nicht mehr bewusst ist.

Hinsichtlich der Bedeutung der Maske anhand der von Simmel und Deleuze entworfenen Theorien und deren Konsequenzen bezüglich des theatralischen

---

[654] *Der Tod in Venedig*, S. 518/519.

Ausdrucks in der Venedigliteratur, ist aber auch der Einfluss der Stadt selbst zu beachten und zwar in der Weise, dass Venedig, laut Simmel, eine „zweideutige Stadt" ist.[655] Wie im theoretischen Teil schon ausführlich dokumentiert, wird Venedig in der fiktionalen Literatur, vor allem ab dem Fin de siècle, überwiegend mit negativ konnotierten Eigenschaften, wie Scheinhaftigkeit und Zweideutigkeit assoziiert. Eigenschaften, welche der Stadt aufgrund ihrer speziellen „venezianischen" Theatralität zuzuschreiben sind, die sich in dieser Stätte des Verfalls durch Entgrenzung konstituiert, wodurch dem semantischen und topographischen Raum Venedig stets etwas Unberechenbares, subtil Bedrohliches anhaftet. Aus diesem Grund ist die Zweideutigkeit Venedigs in der Hinsicht zu betrachten, als sie die theatralische Maskenhaftigkeit der Stadt unmittelbar und mit nicht zu unterschätzendem Einfluss bestimmt, wie dies auch im *Tod in Venedig* der Fall ist.

Davon ausgehend, und im Bewusstsein des erörterten theoretischen Hintergrundes über die Masken- bzw. Kulissenhaftigkeit Venedigs, beruft sich die theatralische Maske auf ihre verbergenden Eigenschaften gleichfalls nur scheinbar und dies einzig zu dem Zweck, Aschenbach auf geheimnisvolle Weise unter den Einfluss der Stadt zu bringen.

Gleichzeitig jedoch sorgt Venedigs Zweideutigkeit dafür, dass seine theatralische Maske auch auf erschreckende Weise entblößt. So führt die Stadt der Verstellung, der Maske, der Lüge und des Scheins zur Aufdeckung der lange verschütteten Identität einer Person.[656] Obwohl Aschenbach ängstlich darauf bedacht ist, seine Gefühle, welche aus seinem Wesen als Décadent resultieren, zu verbergen, werden sie durch die Künste des Friseurs nur allzu offenbar.[657] Das, was Geheimnis bleiben sollte, tritt nun zutage, die in der Stadt grassierende Seuche und der geschminkte und „verjüngte" Dichter als alternder Beau, der an den von ihm so heftig abgelehnten geschminkten, homosexuellen Greis auf dem Schiff erinnert.[658] Die Schminke soll eben wie eine Maske Aschenbachs Alter verbergen, in Wirklichkeit tritt es dadurch aber umso prägnanter hervor, genauso wie seine bisher verborgene, homosexuelle Identität.[659]

Auch hierin spiegelt sich also die Theatralität bzw. Maskenhaftigkeit der Stadt Venedig, die dem Wesen ihrer Scheinhaftigkeit gemäß auf entblößende

---

655 Simmel a. a. O., S. 72. Siehe dazu das Kapitel „Die Theatralität der Maske" im theoretischen Teil dieser Arbeit.
656 Corbineau-Hoffmann a. a. O., S. 332/333.
657 Ebd., S. 333.
658 Ebd.
659 Ebd.

Weise die Wahrheit offenbart. Lubich bemerkt dazu: „Als sich Aschenbach das Gesicht schminken lässt, begeht er eine symbolische Handlung von vielfacher Bedeutung. Realistisch gesehen ist es der Ausdruck eitlen Gefallenwollens, psychologisch gesehen eine Travestie von Alter, Weisheit und Würde; Larve seines Identitätsverlusts und Spiegelbild des aufgestutzten alten Gecks und grimassierenden Komödianten."[660]

4.6 Venedig und der Lido als dramaturgische und sich ergänzende Gegensätze

Der Tod in Venedig handelt vom Verfallsschicksal des berühmten Schriftstellers Gustav von Aschenbach. Dieser Prozess beginnt mit dem ersten Kapitel, welches in München spielt, und endet mit seinem Tod am Ende des fünften Kapitels in Venedig.[661] Der eigentliche Ort des Verfalls stellt neben Venedig auch der Lido dar, der ja bereits auf dem Festland liegt und insofern nicht zu dem „wirklichen" Venedig gehört.

Der Lido unterscheidet sich von Venedig ganz erheblich. Zwar ist die Lagunenstadt vom Ufer des Lido aus zu sehen und von dort aus auch relativ leicht erreichbar, aber der Lido hat eben, bei aller luxuriösen Eleganz, welche das Hotel auszeichnet, in dem Aschenbach wohnt, nichts von der unwirklichen Atmosphäre Venedigs an sich.

In Anbetracht der Tatsache, dass der Lido eine Art dramaturgisches Gegenprogramm zu Venedig darstellt, ist diesbezüglich das Konzept der Heterotopie zu beachten, das im theoretischen Teil dieser Arbeit behandelt wurde. Dieses lässt sich im *Tod im Venedig* insofern auf zweifache Art anwenden und zwar, je nach Perspektive, auf Venedig selbst oder auf den abseits gelegenen Lido. Was das Konzept hinsichtlich der Venedigliteratur so relevant macht, ist im Wesen der Heterotopie zu suchen, bei welchem es sich, laut Foucault, um „tatsächlich realisierte Utopien" handelt, um „gewissermaßen Orte außerhalb aller Orte". Nichts könnte einer kurzen, präzisen Charakterisierung Venedigs näher kommen. Bei einer Heterotopie werden die sogenannten „hetero topoie" dadurch zu Außenräumen, den „espace du dehors", indem sie sich von den „emplacements", den Markierungen der Innenräume, den „espace du dedans", gewissermaßen ausgrenzen.

Wie bereits dokumentiert, bedeutet die in einer Heterotopie sich konstituierende Räumlichkeit der „hetero topoie" zugleich deren Theatralisierung, da

---

660 Lubich a. a. O., S. 57.
661 Vgl. Jendreiek, S.234.

diese, indem sie zu Außenräumen werden, ihrem Status einer spezifischen Besonderheit Ausdruck verleihen. Dies betrifft Venedig sowohl auf der topographischen als auch auf der semantischen Ebene. Der Grund dafür liegt nicht nur in der Einmaligkeit der exotischen Wasserstadt an sich, sondern auch in ihrer geschichtlichen „glorreichen" Vergangenheit, welche im späten 18. Jahrhundert so abrupt beendet wurde, um anschließend der Literatur imaginäre Räume zu eröffnen.

Dem Konzept der Heterotopie eröffnet sich im *Tod in Venedig* aber noch eine Möglichkeit, die von einer anderen Perspektive ausgeht und zwar, indem sich der Lido als Heterotopie von der Lagunenstadt ausgrenzt. Dennoch besteht eine wechselseitige oszillierende Beeinflussung, die sich in der Weise auswirkt, als der Lido, aufgrund seiner räumlichen Distanz, die Theatralität Venedigs von seiner Außenperspektive aus mitbestimmt, zugleich aber auch selbst unter den Bann der Theatralität der Stadt gerät.

Insofern kann der Lido ebenso als eine theatrale Bühne verstanden werden, auf der Aschenbach unwissentlich den letzten Abschnitt seines Lebens verbringt. Das ist zum einen darauf zurückzuführen, dass Tadzio, der Aschenbach den Tod bringen wird, gleichfalls mit seiner Familie in dem Hotel am Lido wohnt und durch diese Nähe zu ihm unwillkürlich seinen unheilbringenden Einfluss ausübt. Gleichzeitig aber ist zu bedenken, dass der Lido zwar für das zivilisierte, wenn auch etwas dekadente Leben steht und als solches den „würdigen" Aschenbach repräsentiert, aber Venedig dennoch, aufgrund seiner unmittelbaren Nähe zum Lido und Aschenbachs häufigen Aufenthalten in der Stadt, um dem Knaben nachzulaufen, genug Präsenz besitzt, um, seiner theatralen Todes- und Verfallssymbolik gemäß, den Untergang des alternden Protagonisten herbeizuführen.

4.7 Ein Vertreter des „bürgerlich-apollinischen Künstlertums" und seine theatralische Konstituierung

4.7.1 Das Wesen Aschenbachs in der „strukturalen" Theatralität

Aschenbach repräsentiert das „bürgerlich-apollinische Künstlertum",[662] welches durch die „Würde des Geistes"[663] gekennzeichnet ist. „Da sein ganzes Wesen auf Ruhm gestellt war, zeigte er sich, (…) früh für die Öffentlichkeit reif und geschickt. (…) Zehn Jahre später hatte er gelernt, von seinem Schreibtische aus zu

---

662 Jendreiek a. a. O., S. 234.
663 *Der Tod in Venedig*, S. 514. Siehe auch Jendreiek, S. 235.

repräsentieren, seinen Ruhm zu verwalten, (...)."[664] Als Ausdruck seiner Anerkennung erhebt „ein deutscher Fürst, soeben zum Throne gelangt",[665] Aschenbach an seinem fünfzigsten Geburtstag in den Adelsstand und „er [Aschenbach] lehnte nicht ab".[666]

Aschenbach ist allerdings gar nicht in der Lage, sich an seinem Erfolg zu erfreuen, da er zunehmend gegen seine körperliche und seelische Erschöpfung ankämpfen muss. Er will jedoch keinerlei Schwäche zulassen, setzt seine eiserne Disziplin dagegen und widmet sich seinen Aufgaben in dem „entnervenden, sich täglich erneuernden Kampf zwischen seinem zähen und stolzen, so oft erprobten Willen und dieser wachsenden Müdigkeit, von der niemand wissen und die das Produkt auf keine Weise, durch kein Anzeichen des Versagens und der Laßheit verraten durfte".[667] Jendreiek äußert sich über das konfliktreiche Wesen Aschenbachs: „Der Aschenbach der Würde ist Symbolfigur der Herrschaft des Geistes über die Sinnlichkeit, der produktiven Bändigung der Sinnlichkeit durch den Geist, nicht im Sinne der einmal vollzogenen Leistung, sondern als fortgesetzte Abwehr einer in seinem Wesen angelegten, existentiell wirksamen Gefährdung und als zielbewusst entschlossene Anspannung des Geistes gegen die andere, polare Möglichkeit der Auflösung und des Verfalls."[668]

Die auf dem Konzept der Mimesis beruhende „strukturale" Theatralität bietet die Möglichkeit, das widersprüchliche Wesen Aschenbachs zu erfassen. Wie im theoretischen Teil erklärt, ist unter einer „strukturalen" Theatralität der Abstand der Darstellung zum Dargestellten zu verstehen, der als solcher den Zeichengebrauch ermöglicht. Erreicht wird dies, indem die Realität im mimetischen Prozess nicht einfach nur abgebildet wird, sondern die Darstellung der Wirklichkeit eine symbolische Welt eröffnet, so dass zwischen dieser und der Wirklichkeit ein Abstand entsteht. Dieser Abstand, als Möglichkeitsbedingung für Zeichen, die fiktionale Realitäten erzeugen bzw. als Differenz zwischen Darstellung und Dargestellten, gewährleistet zugleich, dass die Zeichen, in Form von Bewegungen und Handlungen in einem Moment des Szenischen, überhaupt erst sichtbar werden.

Ausgehend von dem Konzept der Mimesis, das der „strukturalen" Theatralität zugrunde liegt und mit zusätzlicher Berufung auf die Theorie Plessners, die mit der „strukturalen" Theatralität in einem unmittelbaren Zusammenhang steht,

---

664 Der Tod in Venedig, S. 508.
665 Der Tod in Venedig, S. 515.
666 Der Tod in Venedig, S. 515.
667 Der Tod in Venedig, S. 506.
668 Jendreiek a. a. O., S. 235.

offenbart sich in dieser über das szenische Geschehen das Verhältnis zwischen dem „Einzelnen und der Welt in seiner Gebrochenheit". Ein anthropologischer Aspekt, den auch Plessner in seiner Konzeption über die „Abständigkeit des Menschen zu sich" vertritt. Im Wesen Aschenbachs zeigt sich durchwegs diese Gebrochenheit des Einzelnen mit der Welt bzw. die „Abständigkeit des Menschen zu sich". Hier ist auch die von Fischer-Lichte vertretene These einer „Abspaltung des Selbst in zwei Subjekte", anhand der von ihr entworfenen dreistelligen Relationierung des Schauspielers relevant, welche, als eine Weiterentwicklung der Gedanken Plessners, bereits angeführt wurde.

Dabei ist allerdings zu bedenken, dass die von Plessner vertretene Position, nach der es dem Menschen als anthropologische Voraussetzung grundsätzlich auferlegt ist, durch Darstellung bzw. Inszenierung sein Selbst zu konstituieren, bei Aschenbach scheitert und somit zu Unheil und Tod führt. Er ist nicht in der Lage, sich durch Inszenierung sein Selbst zu schaffen, denn den dafür erforderlichen Abstand zu sich selbst ist er auf Dauer nicht in der Lage, zu verkraften und die Folge ist, dass er sich immer mehr verliert. Eine Konsequenz, welche mit Fischer-Lichtes These von einer „Abspaltung des Selbst in zwei Subjekte", resultierend aus der dreistelligen Relationierung des Schauspielers, zu vereinbaren ist. In diesem Sinne erscheint auch die aus der „strukturalen" Theatralität im Rahmen eines szenischen Geschehens sich eröffnende, fiktionale Wirklichkeit und das daraus sich ergebende konstatierbare Verhältnis zwischen Einzelnem – also Aschenbach – und Welt in seiner Gebrochenheit unter entsprechend verheerenden Gesichtspunkten.

Dass Aschenbach aufgrund seines Wesens gefährdet ist, kündigt sich schon bei den anfänglichen Szenen in München an, als er plötzlich von einem heftigen Fernweh nach dem „liebenswürdigen Süden"[669] ergriffen wird. Er hat das unwiderstehliche Bedürfnis, „der Alltagsstätte eines starren kalten und leidenschaftlichen Dienstes"[670] zu entfliehen. An Venedig denkt er zu diesem Zeitpunkt allerdings noch nicht, sondern lediglich an „irgendeinen Allerweltsferienplatze".[671] Dies kommt einem retardierenden Moment gleich, der dramaturgisch ausgeschöpft wird. Zunächst fährt Aschenbach zu einer Insel in der Nähe der istrischen Küste, wo es ihm aber nicht gefällt, so dass er beschließt, seinen Urlaub dort abzubrechen und an einem anderen Ort fortzusetzen. Da passiert es, dass er, während er sich gerade die Fahrpläne der Schiffe ansieht, auf die Idee kommt, nach Venedig

---

669 *Der Tod in Venedig*, S. 507.
670 *Der Tod in Venedig*, S. 506.
671 *Der Tod in Venedig*, S. 507.

zu reisen, das ihm ganz plötzlich als „das Ziel seiner Sehnsucht, der wahre Ort seines Strebens"[672] vor Augen steht. „Wenn man über Nacht das Unvergleichliche, das märchenhaft Abweichende zu erreichen wünschte, wohin ging man? Aber das war klar. Was sollte er hier? Er war fehlgegangen. Dorthin hatte er reisen wollen."[673] In Aschenbachs Gedanken verdeutlicht sich die zentrale Rolle Venedigs, das sich somit zugleich als Bühne für sein weiteres Schicksal konstituiert. Zudem erscheint auch hier schon die Stadt in ihrer theatralen Anziehungskraft, welche Aschenbach, da er ja noch gar nicht dort angekommen ist, bereits vorwegnimmt. Nicklas schreibt dazu: „Aschenbach wird es mit einem mal klar, dass Venedig von allem Anfang an das geheime Ziel seiner Sehnsucht gewesen ist, dass (…) die Adria-Insel nur ein Umweg zu jener unvergleichlichen Stadt (ist), in der er sterben wird."[674]

4.7.2 Die Fremdbestimmung Aschenbachs als „virtueller Zuschauer seiner selbst"

Hinsichtlich der Theorie Plessners ist Aschenbach auch als „virtueller Zuschauer seiner selbst" zu betrachten. Dieser Aspekt spricht, wie schon untersucht, für eine Aufhebung der institutionalisierten Grenze zwischen Beobachter und Beobachteten bzw. zwischen Darsteller und Zuschauer und bestätigt somit zudem die entgrenzenden Merkmale der Theatralität. In diesem Sinne ist also Aschenbach, der als Darsteller auf der Bühne Venedig anzusehen ist, sein eigener „virtueller Zuschauer", welcher in dieser gedoppelten Position das szenische Geschehen auch in Bezug auf die Wahrnehmung bestimmt.

Dieser Umstand lässt wiederum Rückschlüsse zu auf das auf Ereignis und Emergenz beruhende Prinzip einer sich bedingenden Abhängigkeit zwischen Zuschauer und Darsteller, welche zwar nicht zur Entmündigung einer der Parteien führt, aber auch keine vollständige Autonomie zulässt. Demzufolge geht dieses auf Wechselseitigkeit beruhende Prinzip also immer mit einem gewissen Grad von Fremdbestimmung einher. Übertragen auf den „virtuellen Zuschauer" Aschenbach, welcher gleichzeitig sein eigener Darsteller ist, entsteht die Konsequenz, dass eine Fremdbestimmung ebenfalls gegeben ist und zwar in der Beziehung zu den anderen „virtuellen Zuschauern" bzw. Darstellern, als welche hier in erster Linie Tadzio, die Todesgestalten, aber auch ein gewissermaßen personifiziertes Venedig in Frage kommen. Möglich ist dies, indem die fiktive

---

672 Nicklas a. a. O., S. 33.
673 *Der Tod in Venedig*, S. 517.
674 Nicklas a. a. O., S. 33.

Figur Aschenbach eben in diesem Sinne als Darsteller zu den anderen „virtuellen Zuschauern ihrer selbst" betrachtet wird, was Assoziationen mit der aus der Theorie von Ereignis und Emergenz sich konstituierenden Fremdbestimmung insofern hervorruft, als angesichts dessen der „virtuelle Zuschauer seiner selbst" prinzipiell auch in der Lage sein muss, andere fiktive Gestalten als ‚Darsteller' wahrzunehmen. Dabei fällt auf, dass bei Aschenbach eine im Laufe der Novelle zunehmende Fremdbestimmung, beinahe schon bis zur Entmündigung, stattfindet, die ihn während seines Aufenthaltes in Venedig auszeichnet und durch die Unbegrenztheit des theatralen Raums begünstigt wird.

In Bezug auf die Theorie Plessners und der „Abständigkeit des Menschen zu sich" ist die aus dem Verhältnis von Ereignis und Emergenz sich offenbarende Fremdbestimmung Aschenbachs – der sich als „virtueller Zuschauer seiner selbst" mit den anderen „virtuellen Zuschauern ihrer selbst" in gegenseitiger Abhängigkeit befindet – ein untrügliches Zeichen für das Scheitern einer Konstituierung seines Selbst durch Inszenierung.

4.8 Die Theatralität des kommunikativen Ausdrucks

4.8.1 „Stumme" Theatralität zwischen Aschenbach und Tadzio

Da Aschenbach mit dem polnischen Knaben Tadzio nie spricht und ihn niemals persönlich kennen lernt, sondern ihn immer nur aus mehr oder weniger großen Abständen beobachtet, konzentriert sich die Beziehung zwischen den beiden auf ausschließlich körperliche Gesten und Zeichen.

Ausgehend von den bisherigen theoretischen Erörterungen dieser Arbeit rückt auch hier wieder das Prinzip der phänomenalen und semiotischen Körperlichkeit in den Fokus, welches in diesem Fall seine besondere Relevanz aus der nonverbalen Kommunikation zwischen den beiden Protagonisten der Novelle, Aschenbach und Tadzio, bezieht. Dabei scheint es, dass gerade die sich vermittelnde Unmöglichkeit eines verbalen Umgangs, welche die Beziehung zwischen den beiden Protagonisten auszeichnet, die semiotische und phänomenale Körperlichkeit umso stärker hervortreten lässt.

Der Aspekt der Wahrnehmung ist bei diesem Prozess der Verkörperung in besonderer Weise zu berücksichtigen, dessen Funktion sich anhand des von Fischer-Lichte entworfenen Modells zur Theatralität verdeutlicht. Demnach lässt sich Theatralität mit den folgenden vier Aspekten bestimmen: Aufführung bzw. Performance, Inszenierung, Korporalität und Wahrnehmung. Wie Fischer-Lichte dabei betont, komme eine Inszenierung von Körperlichkeit nur im Hinblick auf eine spezifische Wahrnehmung zur Aufführung.

In diesem Zusammenhang sind auch die Gedanken von Kramer und Dünne relevant, welche konstatieren, dass die Einschreibung von Theatralität in die Literatur stets „die dispositiven Strukturen des Theaters" und insofern also die sich konstituierenden Ebenen der Inszenierung, der Verkörperung sowie der Wahrnehmung zu berücksichtigen habe und außerdem eine „wie auch immer geartete Rückbindung an die fundierenden Rahmenbedingungen der theatralen Aufführungssituation" gegeben sein müsse.

Der wahrnehmende Aspekt lässt sich im Übrigen noch weiter konkretisieren, wie dies Neumann mit seinem Text über Barthes' Konzeption einer Theatralität der Wahrnehmung, basierend auf den Gedanken Hegels, gelungen ist.[675] Wie Neumann argumentiert, sei die Beschäftigung mit Hegel für Barthes insofern von Bedeutung gewesen, als sich der Philosoph, in Anlehnung an die griechische Bildung, der Erforschung der „konstruktiven, d. h. theatralen Beschaffenheit menschlicher Wahrnehmungsakte" gewidmet hätte.[676] Aus dieser Überlegung wiederum entwickelte Barthes sein „Theater der Wahrnehmungen", welches sich bis in die kleinsten Regungen und subtilsten Gefühle erstreckt und das als solches der menschliche Geist noch irgendwie in der Lage ist, zu registrieren.[677]

Inwiefern der Aspekt der Wahrnehmung die Beziehung zwischen Aschenbach und Tadzio bestimmt, zeigt sich bereits bei deren ersten Begegnung, bei

---

675 Neumann: „Theatralität der Zeichen" a. a. O., S. 79. Hinsichtlich seiner These bezieht sich Barthes auf einen Text von Hegel über die griechische Bildung: Georg Wilhelm Friedrich Hegel, *Werke 12. Vorlesungen über die Philosophie der Geschichte*, Frankfurt am Main 1970, S. 287–289 (=Theorie Werkausgabe) und zwar in dem Kapitel „Die Elemente des griechischen Geistes".

676 Vgl. ebd. Neumann erwähnt, dass es eben die griechische Bildung sei, welche Barthes zufolge das „Schlüsselargument für die Theatralität europäischer Wahrnehmung" darstelle. Im Rahmen der Erörterung Hegels über die „'theatrale' Beschaffenheit menschlicher Wahrnehmungsakte" seien die „Schlüsselmomente in diesem Vorgang" ausdrücklich „das *Lauschen* auf die Naturgegenstände und ihre Geräusche, das *Ahnen* ihrer Bedeutung und der *Schauer*, der den Wahrnehmenden, eine Bedeutung Erfahrenden oder Erfindenden" überlaufe. Davon ausgehend sei es „die Hegelsche Vorstellung von den ‚Produktionen' des Geistes im Hinauslauschen in die Welt des Sinnlich-Erfahrbaren, in deren Gegenständen der *frisson*, der ‚Schauer' der Bedeutung" sich rege, „der, als ‚poiesis' aufgefasst, zur ‚Sinnigkeit'" gelange; „ein Vorgang, aus welchem Barthes seinen Begriff der Konstruktion, ja der Theatralisierung von Wahrnehmung" ableite. Nachzulesen in: Neumann: „Theatralität der Zeichen", a. a. O., S. 79–80.

677 Siehe ebd., S. 79–81.

welcher der alternde Mann mit Staunen die Schönheit des Knaben erkennt. So erinnert Aschenbach dessen Erscheinung „an griechische Bildwerke aus edelster Zeit, und bei reinster Vollendung der Form war es von so einmalig persönlichem Reiz, dass der Schauende weder in Natur noch bildender Kunst etwas ähnlich Geglücktes angetroffen zu haben glaubte".[678] Am Anfang ist Aschenbachs Interesse für Tadzio lediglich das eines Künstlers, der ein Kunstwerk bewundernd betrachtet:[679] „Gut, gut! dachte Aschenbach mit jener fachmännisch kühlen Billigung, in welche Künstler zuweilen einem Meisterwerk gegenüber ihr Entzücken, ihre Hingerissenheit kleiden."[680] Die mythischen Elemente der griechischen Götterwelt, welche in Aschenbachs Assoziationen über Tadzio mit einfließen, lassen ihrerseits eine ganz spezifische Theatralität erkennen: „Wie die lebendige Gestalt, vornehmlich hold und herb, (…) schön wie ein zarter Gott, herkommend aus den Tiefen von Himmel und Meer, dem Elemente entstieg und entrann: (…), er war wie Dichterkunde von anfänglichen Zeiten, vom Ursprung der Form und von der Geburt der Götter."[681] Aschenbachs Gefühle nehmen einen zunehmend expressiv-theatralischen Ausdruck an. „Seine Augen umfassten die edle Gestalt dort am Rande des Blauen, und in aufschwärmendem Entzücken glaubte er mit diesem Blick das Schöne selbst zu begreifen, die Form als Gottesgedanken, die eine und reine Vollkommenheit, die im Geiste lebt und von der ein menschliches Abbild und Gleichnis hier leicht und hold zur Anbetung aufgerichtet war."[682]

Hinsichtlich der sich konstituierenden semiotischen und phänomenalen Körperlichkeit zeigt sich diese insbesondere bei einer Szene, welche sich ausschließlich über Blicke und Bewegungen der beiden Protagonisten gestaltet und somit auch den Aspekt der Wahrnehmung im Rahmen der Theatralität in besonderer Weise voraussetzt. In der Szene geht es um die Thematisierung von täglich stattfindende Begegnungen zwischen Aschenbach und Tadzio, welche den Anschein von Zufälligkeit haben, die aber dennoch von beiden beabsichtigt sind. Sie zeichnen sich dadurch aus, dass niemals klar ist, ob sich die Blicke der beiden treffen oder nicht, was dem dadurch geschaffenen Spannungszustand unwillkürlich einen theatralischen Akzent verleiht. Ob dieser auch erotisch konnotiert ist, unterliegt dabei aber der subjektiven Entscheidung des jeweiligen Betrachters.

---

678 *Der Tod in Venedig*, S. 32.
679 Vgl. Schenk a. a. O., S. 407.
680 *Der Tod in Venedig*, S. 37.
681 *Der Tod in Venedig*, S. 41.
682 *Der Tod in Venedig*, S. 553.

> Was bewog zum Beispiel den Schönen [Tadzio], niemals mehr, wenn er morgens am Strande erschien, den Brettersteg an der Rückseite der Hütten zu benutzen, sondern nur noch auf dem vorderen Wege, durch den Sand, an Aschenbachs Wohnplatz vorbei und manchmal unnötig dicht an ihm vorbei, seinen Tisch, seinen Stuhl fast streifend, zur Hütte der Seinen zu schlendern? (…) Aschenbach erwartete täglich Tadzios Auftreten, und zuweilen tat er, als sei er beschäftigt, wenn es sich vollzog, und ließ den Schönen scheinbar unbeachtet vorübergehen. Zuweilen aber auch blickte er auf, und ihre Blicke trafen sich. (…) in seinen Gang kam ein Zögern, er blickte zu Boden, er blickte lieblich wieder auf, und wenn er vorüber war, so schien ein Etwas in seiner Haltung auszudrücken, dass nur Erziehung ihn hinderte, sich umzuwenden.[683]

4.8.2 Die Theatralität des „grand acteur utopique" bzw. „grand acteur hétérotopique"

Ausgehend von der semiotischen und phänomenalen Verkörperung, lässt sich diesbezüglich wiederum an das Konzept der Heterotopie von Foucault anschließen. Wie Warning argumentiert, haben alle Utopien ihren Ursprung im Körper, wodurch dieser zu einem „grand acteur utopique" wird. Als solcher schafft er die Szenerien, wie sie uns in anderen Räumen begegnen und er ist mit all diesen anderen Räumen verbunden, so dass der Körper als „grand acteur utopique", aufgrund seines szenischen Charakters, zugleich als „grand acteur hétérotopique" anzusehen ist.

Angesichts dieser Theorie erscheinen auch Aschenbach und Tadzio als „grands acteurs utopiques", welche mit den von ihnen geschaffenen Szenerien zugleich zu „grands acteures hétérotopiques" werden.

Dieser Vorgang erweist sich wiederum als ein theatraler, und so wie der „grand acteur utopique" aufgrund seines szenischen Charakters zum „grand acteur hétérotopique" wird, bewirkt die Verkörperung durch phänomenalen Leib und semiotischen Körper gleichfalls ein szenisches Geschehen und schafft somit fiktionale Räume. Insofern weisen sowohl Foucaults Theorie des utopischen bzw. heterotopen Körpers als auch die von Fischer-Lichte vertretene Theorie zur Inszenierung einer phänomenalen und semiotischen Körperlichkeit, aufgrund ihres szenischen Charakters, die gleichen theatralen Richtlinien mit den entsprechend theatralen Konsequenzen auf.

---

[683] *Der Tod in Venedig*, S. 560/561.

5. Theatralität und Sinnenfreude in Hugo von Hofmannsthals „Der Abenteurer und die Sängerin" oder „Die Geschenke des Lebens"

5.1 Hofmannsthal und die Memoiren des Casanova

Hofmannsthal setzte sich in vielen seiner Dichtungen und Essays mit Venedig auseinander. Über seine Passion für Venedig findet er auch zu Casanova, einer in jeder Hinsicht theatralischen Figur, die in mehreren seiner Dramen und Dramenfragmenten auftaucht.[684] Es ist auch ganz im Sinne der Theatralität Venedigs, dass sich Hofmannsthal von der Stadt des 18. Jahrhunderts besonders angezogen fühlte, „als Fata Morgana des Aesthetizismus, die schon Spuren des aparten Verfalls zeigt, als locus classicus in der Welt des symbolistischen Schönheits- und Todeskults, gefallsüchtig, traumhaft und ornamental".[685]

Das Drama *Der Abenteurer und die Sängerin* hatte Hofmannsthal nach einer Episode aus den Memoiren Casanovas gestaltet, und ist wie diese um die Mitte des 18. Jahrhunderts angesiedelt.[686] Als Vorlage für seine dramatische Bearbeitung diente Hofmannsthal das Wiedersehen Casanovas mit der Sängerin Thérèse Lanti in Florenz im Jahre 1760.[687] Casanova hatte sie bereits 1744 in Ancona kennen gelernt. Damals trat sie unter dem falschen Namen „Bellino" auf und verkleidete sich als Kastrat.[688] In seinen Memoiren erwähnt sie Casanova meist mit einem Decknamen, eben Thérèse Lanti, ihr wirklicher Name aber war Angiola Calori.[689] Hofmannsthal veränderte für den *Abenteurer und die Sängerin* die Namen der Protagonisten. Casanova wird darin

---

684 Vgl. Koebner a. a. O., S. 127. Siehe auch: Friedrich Schröder: *Die Gestalt des Verführers im Drama Hugo von Hofmannsthals* (Diss.), Frankfurt am Main 1988, S. 56, sowie Seuffert, S. 145–60 und Paul Requadt: *Die Bildersprache der deutschen Italiendichtung*, Bern 1962, S. 215–39.
685 Vgl. ebd.
686 Vgl. Mathias Mayer: *Hugo von Hofmannsthal*, Stuttgart 1993, S. 53. Wie Mayer erwähnt, schrieb Hofmannsthal das Stück innerhalb von zwei Wochen im September 1898. Es wurde am 18. März 1899 gleichzeitig in Berlin und Wien uraufgeführt. Das Werk besteht aus einem Akt, jedoch mit einer Verwandlung, und kann, laut Mayer, zugleich als Komödie wie auch als Versuch einer dramatisierten Poetik angesehen werden.
687 Vgl. Schröder a. a. O., S. 53.
688 Vgl. ebd.
689 Vgl. ebd.

zu dem „Abenteurer" Antonio bzw. Baron Weidenstamm und Thérèse ist die „Sängerin" Vittoria. Deren Ehemann wiederum, Cirillo Palesi, wird zu Lorenzo Venier.[690]

5.2 Der „Abenteurer" und die „Sängerin" als theatrale Figuren in der theatralen Stadt Venedig

5.2.1 Baron Weidenstamm als poetisch-theatralische Umgestaltung der Person Casanovas

Venedig, laut Richard Alewyn, „die impressionistische Stadt par excellence",[691] ist für die bühnenwirksamen Verführungskünste des „Abenteurers" wie geschaffen. Dort, „in der Phosphoreszenz und Transparenz der Atmosphäre Venedigs, wo jede Kontur zu verschwimmen scheint, wo zwischen Sein und Schein, zwischen Wesen und Maske die Grenze aufgehoben, wo schon das Nächste ungreifbar und noch das Abenteuerlichste wie alltäglich erscheint".[692] In Anbetracht der Bemerkung Alewyns lässt sich für die aus dem Bühnencharakter der Stadt sich konstituierende Theatralität folgern, dass diese in dem Stück, welches im 18. Jahrhundert spielt, sich dennoch aus den imaginären, theatralen Räumen Venedigs im Fin de siècle erschließt. Zugleich jedoch offenbart sich in der Theatralität der Stadt die in dem Drama propagierte Sinnenfreude und Abenteuerlichkeit des venezianischen Rokoko und der Stadt Casanovas.

Bei der Figur des Barons Weidenstamm kann von einer poetisch-theatralischen Umgestaltung der Person Casanovas ausgegangen werden.[693] Am Anfang des Dramas ist er als charmanter Gastgeber einer Gesellschaft zu sehen, die vor allem mit Glücksspiel beschäftigt ist. Auch Casanova war Zeit seines Lebens ein leidenschaftlicher Spieler.[694] In dem Kapitel über die Venedig-Gedichte Rainer Maria Rilkes kommt dies in seinem zweiteiligen Gedicht mit dem bezeichnenden Titel „Der Abenteurer" ebenfalls zum Ausdruck.

---

690 Vgl. ebd.
691 Richard Alewyn: *Über Hugo von Hofmannsthal*, Göttingen 1967, S. 100; auch zitiert bei Schenk a. a. O., S. 317.
692 Ebd., S. 140; auch zitiert bei Schenk, S. 318.
693 Vgl. Schröder a. a. O., S. 53.
694 Vgl. ebd. Schröder verweist auf: J. Rives Childs, *Casanova. Die große Biographie*, aus dem Englischen von Deli Walter. München 1977, S. 272–78.

5.2.2 Vittorias Auftritt: Die Opernbühne als semantische Bühne und theatraler Raum

Es ist nun annähernd siebzehn Jahre her, seitdem der „Abenteurer" in Neapel seine Geliebte Vittoria verließ. Seitdem ist Weidenstamm auch nie mehr in Venedig gewesen, wie sein Diener Le Duc Vittorias Ehemann, Lorenzo Venier, glaubhaft versichert.[695] Als Weidenstamm mit ihm, nach seiner Ankunft in Venedig, in die Oper geht, sieht er Vittoria als Sängerin auf der Bühne und fragt Venier nach ihrem Namen, ohne aus dessen Antwort entnehmen zu können, dass sie seine Frau ist. Venier wiederum weiß nicht, dass Vittoria einst die Geliebte Weidenstamms gewesen ist. Dazu kommt, dass sie mit ihm einen gemeinsamen Sohn, Cesarino, hat, was weder ihr ehemaliger Geliebter noch ihr Ehemann weiß. Um ihr Geheimnis vor ihrem Gatten zu verbergen, gibt Vittoria ihren Sohn als ihren Bruder aus und verschweigt auch ihr Alter. Was in dem Drama somit deutlich zutage tritt, sind die Lügengespinste, auf welchen Vittoria ihr Leben aufbaut. Sich selbst gegenüber gesteht sie:

> Ich lüge wie ein Grabstein, und ich bins
> ja auch allein, drin wie in einem Grab
> dies sonst vergeßne Abenteuer wohnt.[696]

Die Lügen Vittorias wiederum finden ihre Entsprechung in der, laut Simmel, „lügenhaften Stadt" Venedig, deren theatralische Kulisse an sich schon wie die Repräsentation einer Lüge wirkt, da es ja deren vordergründige Aufgabe ist, hinter ihrer kulissenhaften „Maske" zu verbergen.[697] Ein allerdings zweifelhaftes Unterfangen, da die Kulisse bzw. Maske in ihrer Eigenschaft des Verhüllens unwillkürlich ein Enthüllen bewirkt, wie ja anhand der theoretischen Konzeptionen von Simmel und Deleuze in dieser Untersuchung bereits zum *Tod in Venedig* dargelegt wurde. Insofern zeigt sich, in diesem Sinne, auch die Gefahr einer Enthüllung ihrer Lebenslügen für Vittoria, was durch ein unerwartetes Ereignis tatsächlich in greifbare Nähe rückt. Als nämlich die Sängerin bei ihrem Auftritt in der Oper an der Seite ihres Gatten Venier ihren ehemaligen Geliebten

---

695 Vgl. Gerhart Pickerodt: *Hofmannsthals Dramen. Kritik ihres historischen Gehalts*, Stuttgart 1968, S. 109.
696 Hugo von Hofmannsthal: „Der Abenteurer und die Sängerin". In: ders.: *Gesammelte Werke*, Bd. I, hrsg. von Herbert Steiner, Frankfurt am Main 1953, S. 230.
697 Siehe Simmel a. a. O. Im theoretischen Teil dieser Arbeit wurde dieser Aspekt untersucht in dem Kapitel „Die Theatralität der Maske".

erblickt, reagiert sie vor Schreck und Überraschung so auffällig, dass sie dadurch das Misstrauen und die Eifersucht ihres Mannes erweckt.[698]

(...) Und doch, es war keine Täuschung: Als dieser Mensch sich auf den Platz neben meiner Loge setzte und ihr Blick, der mich suchte, auf ihn fiel, wurde sie unter der Schminke blaß, und der Ton der schon auf ihrer Lippe schwebte, tauchte unter wie ein erschreckter Wasservogel, und von dem Augenblick an sang nur mehr ihre Kunst, nicht mehr ihre Seele. Soll ich mich in solchen Dingen irren, ich der ich aus ihren Schritten auf dem Teppich, aus einem Nichts, aus dem Schlagen ihrer Augenlieder erraten kann, woran sie denkt? Und doch kann ich mich irren und diese ganze Qual kann um nichts sein! (...) Und doch war mir, als hätte das ganze Haus gefühlt, daß in ihr etwas Ungeheures vorgefallen sei. Und in ihrem Spiel war etwas wie Nachtwandeln, sie ging wie unter einem Schatten. Wer ist dieser Mensch? Mir ist, ich dürfte ihn nicht aus den Augen lassen, als wüßte ich, er ist auf geheimnisvolle Weise bestellt, in mein Leben hineinzugreifen.[699]

In diesem Fall ist es nicht nur die in dieser Szene sich ereignende zwischenmenschliche Begebenheit, welche von einer entsprechenden Theatralität ist, sondern diese offenbart sich auch darin, dass die Szene teils auf einer Theaterbühne mit Vittorias Auftritt als Sängerin stattfindet. Nun ist es zwar so, dass hinsichtlich der theoretischen Untersuchungen zur Theatralität, diese, insbesondere in den Theorien von Barthes und Neumann, sich gerade durch die Abwesenheit einer institutionalisierten Bühne auszeichnet. Im Gegenzug jedoch verweist wiederum Fischer-Lichte sehr wohl auf die Nähe des Theaters zur Theatralität, indem sie den Begriff zum einen rein auf die Kunstform des Theaters bzw. das Entstehen einer Theateraufführung bezieht und zum anderen Theatralität als „allgemein kulturerzeugendes Prinzip"[700], außerhalb des institutionalisierten Theaters, definiert. Wie wiederum Kramer und Dünne betonen, sei zumindest ein ansatzweise grenzsetzender Rahmen vonnöten, welcher das theatrale Spiel als solches überhaupt kennzeichne und zudem verweisen die beiden Autoren darauf, dass imaginäre Räume auch einer Entsprechung in der empirischen Wirklichkeit bedürfen.

So gesehen kommt der institutionalisierten Bühne, laut den Überlegungen Fischer-Lichtes sowie Kramers und Dünnes, innerhalb der Theatralität sehr wohl Bedeutung zu, jedoch in der Weise, dass sie transformativ auch auf die semantische Ebene zu übertragen ist, so dass sich die Theatralität in ihrer Unbegrenztheit ungehindert entfalten kann. Insofern ist die „reale" Bühne gleichzeitig als Bühne der unbegrenzten Theatralität auf der semantischen Ebene zu betrachten, wie hier in der Szene, in der Vittoria auf der Opernbühne steht.

---

698 Vgl. Pickerodt a. a. O., S. 109.
699 *Der Abenteurer und die Sängerin*, S. 184/185.
700 Fischer-Lichte: *Theatralität und die Krisen der Repräsentation* a. a. O., S. 2.

Die unerwartete Reaktion Vittorias, als sie den Baron neben ihrem Gatten erblickt, lässt dabei Fischer-Lichtes Untersuchung über die auf Ereignis und Emergenz beruhende Aufführungssituation relevant erscheinen, in welcher sich die wechselseitige Abhängigkeit in der Beziehung zwischen Zuschauer und Darsteller bestimmt. Wie berichtet, schließt Fischer-Lichte in den „allgemeinen Wahrnehmungsmodus im Rahmen einer Aufführung" auch „die Präsenz und Reaktion der Zuschauer" mit ein, deren Handlungen sich „als Antworten auf das Wahrgenommene" ereigneten, genauso wie dies bei „nicht geplanten Handlungen der Akteure als Antworten auf die von ihnen wahrgenommenen, gesehenen, gehörten, gespürten Verhaltensweisen und Handlungen der Zuschauer" der Fall sei.[701]

Die Einbeziehung der Wahrnehmung des Zuschauers im Sinne einer von Ereignis und Emergenz geprägten, wechselseitigen Abhängigkeit zum Darsteller im theatralen Prozess einer Aufführung bestimmt auch die Szene von Vittorias Auftritt als Sängerin und deren Beziehung zu ihrem Gatten und dem Baron im Publikum.

5.2.3 Theatralität der Tragik: Die Vergänglichkeit des „Abenteurers"

Hinsichtlich der in Hofmannsthals Stück sich offenbarenden Theatralität spielt die Vergänglichkeit eine wichtige Rolle. Wie Vittoria beim Zusammentreffen mit ihrem ehemaligen Geliebten einen Tag nach der Opernaufführung bemerkt, hat sich der „Abenteurer" in den vielen Jahren verändert:

> Sonderbar,
> jetzt seh ich dich verändert, im Theater
> wars wie ein Blitz, bei dem mein Blut im Sturm
> dein frühres Bild auswarf.[702]

Die Vergänglichkeit, welche Hofmannsthal mit dem Schicksal seines Helden thematisiert, ist auch für das Leben Casanovas elementar und hat in beiden Fällen einen melancholischen, ja tragischen Charakter. Dabei handelt es sich zudem um ein Merkmal, das die Venedigliteratur seit dem Fall der Republik begleitet und durch das sich die Theatralität der Stadt im Wesentlichen bestimmt. Insofern ist auch die in Hofmannshals Stück sich vermittelnde Vergänglichkeit, welcher Weidenstamm unterworfen ist, in theatraler Konnotation zu verstehen und dies umso mehr, da er versucht, seinen Alterungsprozess

---

701 Fischer-Lichte: „Diskurse des Theatralen", a. a. O., S. 21/22.
702 *Der Abenteurer und die Sängerin*, S. 207.

zu verdrängen und sich hemmungslos ins Leben stürzt. „Nur keinen Tag verlieren, keiner kommt zurück."[703] Wie Corinna Jäger-Trees in ihrer Dissertation *Aspekte der Dekadenz in Hofmannsthals Dramen und Erzählungen des Frühwerks* dazu bemerkt, stünden bei dem Baron die „Totalität des Lebens und unmittelbares Teilnehmen daran mit allen Sinnen und Fasern an erster Stelle".[704] Emil Sulger-Gebing wiederum argumentiert in seinem Aufsatz *Hugo von Hofmannsthal. Eine literarische Studie*: „Wahrlich, ihrer [der Geschenke] zeigt hier der Dichter viele, und sie alle, geistige wie sinnliche, edle Weine und schöne Frauen sowohl als Musik und bildende Kunst weiß der Baron auszukosten. Unter den großen Genießenden (…) ist dieser der größte, weil unersättlichste und in seiner Vielseitigkeit aufnahmefähigste von allen."[705] Auch der zweite Titel des Stücks, *Die Geschenke des Lebens*, ist dahingehend zu deuten. Sein unbändige Lust am Leben verleitet Weidenstamm dazu, unablässig hinter Frauen her zu sein:

> (…) die Flatternde von vorne wild zu packen
> an ihrem einzigen Büschel Haar, die Göttin
> Gelegenheit![706]

Immer wieder setzt sich der „Abenteurer" auf seiner Jagd nach Frauen sogar großen Gefahren aus, weswegen er schon öfters seinen Namen wechseln musste. Vittorias Gatten gesteht er:

> Wir begehen die größten Torheiten um einer Frau Willen, die wir im Vorübergehen gesehen haben; und um die Bänder eines Mieders aufzulösen, ehe wir wissen, was dieses Mieder verbirgt, setzen wir unser Leben ein und bedenken uns keinen Augenblick.[707]

Schröder bemerkt zu dem Eroberungstrieb Weidenstamms: „Infantile Spielfreude bis zu Unersättlichkeit erscheint hier als ein wichtiger Grundzug von Weidenstamms Charakter. Er will sich nicht für *eine* Frau entscheiden, sondern mit *allen* spielen."[708]

---

703 *Der Abenteurer und die Sängerin*, S. 253.
704 Corinna Jäger-Trees: *Aspekte der Dekadenz in Hofmannsthals Dramen und Erzählungen des Frühwerks* (Diss.), Bern und Stuttgart 1988, S. 79/80.
705 Emil Sulger-Gebing: „Hugo von Hofmannsthal. Eine literarische Studie". In: *Breslauer Beiträge zur Literaturgeschichte*, hg. von Max Koch und Gregor Sarrazin, Leipzig 1905, S. 49.
706 *Der Abenteurer und die Sängerin*, S. 257.
707 *Der Abenteurer und die Sängerin*, S. 163.
708 Schröder a. a. O., S. 68.

Was die Theatralität des Rokoko-Venedig und die theatrale Casanova-Gestalt Weidenstamms betrifft, ist auch die folgende Bemerkung Seufferts relevant, indem sie sich zur Lebensweise des „Abenteurers" vor der prachtvollen Kulisse Venedigs äußert, welche „hier nicht als ein verdammenswertes, voll Hässlichkeit und Gemeinheit",[709] erscheine, ganz im Gegenteil, hier werde „diese Lebensauffassung gepriesen und Venedig als die Stadt der Sinnengenüsse gefeiert".[710] Statt „Weltabgeschiedenheit" werde hier „Welt- und Lebensgenuss" gepriesen.[711] Dazu lasse Hofmannsthal eine Menge von charakteristischen Figuren des venezianischen Rokoko auftreten, die Sängerin Redegonda, die Tänzerin Corticelli, den galanten Abbé und den Patrizier Lorenzo Venier um „möglichst lebendig die glänzende Ungezwungenheit der venezianischen Geselligkeit darzustellen"[712] und „dieses *andere Leben* der wirklichkeitsfrohen Genusssüchtigkeit in seinem ureigenen Milieu zu versinnlichen".[713]

Mit ihrer Argumentation charakterisiert Seuffert zugleich die spezifische Theatralität des Rokoko-Venedig, die jedoch keineswegs einen ungetrübten Eindruck vermittelt, sondern bereits den sich abzeichnenden Untergang der Republik intendiert und in Hofmannsthals Drama, als einem Werk des Fin de siècle, mit der theatralischen Figur des alternden, ruhelosen „Abenteurers", nur in der Melancholie der Vergänglichkeit betrachtet werden kann. Insofern erscheint die Theatralität des venezianischen Rokoko in Hofmannsthals Drama stets in einem tragischen Licht und weist in dieser Eigenschaft auch bereits eine Tendenz zur dekonstruktiven Theatralisierung auf, die sich ihrem Wesen nach in der von Melancholie, Verfall und Auflösung geprägten theatralen Stadt konstituiert.

5.2.4 Theatralische Metaphorik in der Sprache des „Abenteurers"

Bezüglich der Theatralität Venedigs fällt im *Abenteurer und die Sängerin* insbesondere auch die ausgeprägte theatralische Metaphorik der Sprache auf. In diesem Zusammenhang ist hier wiederum Neumanns Konzeption, in Anlehnung an Barthes' Theorie, von einer impliziten Theatralität der Sprache zu beachten, die, so Neumann, zwar „allen kulturellen Repräsentationsmustern vorgelagert"[714] ist,

---

709   Seuffert a. a. O., S. 148.
710   Ebd.
711   Ebd.
712   Ebd.
713   Ebd.
714   Neumann: *Szenographien*, „Einleitung", a. a. O., S. 17.

sich aber zugleich „gegen das Prinzip herkömmlicher Repräsentation richtet"[715]. Neumann betont dies auch in Bezug auf Barthes' Weiterentwicklung von Greimas' Aktantenmodell und einer daraus sich erschließenden dekonstruktiven Theatralität der Sprache.

Seinem Gesprächspartner Lorenzo Venier erzählt Weidenstamm von den Begegnungen mit seiner Geliebten. Dabei schwärmt er von den „glücklichsten Stunden",[716] die er mit ihr erlebt hatte. Auch hier ahnt Weidenstamm noch nicht, dass seine ehemalige Geliebte jetzt Veniers Ehefrau ist, so wie Venier nicht weiß, aber schon aufgrund der Erwähnung eines Muttermals vermutlich den Verdacht hegt, dass seine Frau einst die Geliebte Weidenstamms gewesen ist:

> Sie glühte unter meinen Küssen auf.
> Sie hatte einen andern Mantel dann
> von nacktem Glanz und ungreifbarem Gold.
> Ihr Hals war angeschwollen und ihr Mund
> gekrümmt vom Schluchzen grenzenloser Lust.
> Beladen war ein jedes Augenlid
> mit Küssen, jede Schulter, jede Hüfte!
> Ich habe hundertmal im Arm von andern
> der anderen vergessen, wie durch Dunst
> durch ihren Leib hindurch den Perlenglanz
> von jenem Leib im Dunkeln schwimmen sehn
> und zu mir glühen durch den Dunst goldfarben
> ein erbsengroßes Mal auf ihrer Brust. –[717]

Schröder bemerkt, in diesem Falle zeige sich wieder „die für den Baron so charakteristische Verbindung von Sexualität und poetisch-phantastischer Ausdrucksweise".[718] Eine Ausdrucksweise, welche von einer hochgradigen Theatralität ist und aufgrund dessen so auffallend in Erscheinung tritt.

Erika Kaufmann äußert sich zur Sprachlichkeit im *Abenteurer und die Sängerin* in ihrer Dissertation *Wiederkehr und Abwandlung als Gestaltungsprinzip in Hugo von Hofmannsthals Dramen* und verweist so unwillkürlich auf die schillernde Theatralität sowohl der Figuren als auch Venedigs. Davon ausgehend lassen sich Schlüsse ziehen in einer für die Theatralität der Venedigliteratur

---

715 Neumann: „Theatralität der Zeichen", a. a. O., S. 93. Diese Theorie Barthes' ist nachzulesen in seinem Artikel „Théorie du Texte", erschienen 1973 in der *Encyclopaedia Universalis*.
716 *Der Abenteurer und die Sängerin*, S. 166.
717 *Der Abenteurer und die Sängerin*, S. 166/167.
718 Schröder a. a. O., S. 61.

des Fin de siècle paradigmatischen Weise, indem auch die Lügenhaftigkeit und Zweideutigkeit der Stadt und der Figuren, insbesondere des „Abenteurers" selbst, offenbar wird, was wiederum mit dem Venedig-Bild Simmels übereinstimmt. „Die üppige Metaphorik, die am häufigsten in der Sprache des Barons zu finden ist, aber auch in der Vittorias (…) erscheint, ist sowohl Ausdruck für das Spiel von Lüge, Verstellung und Doppelgängertum, als auch für das Wesen des ‚Abenteurers' selbst (..). Gleichzeitig entsteht in ihr ein Spiegelbild der Atmosphäre Venedigs, der Stadt, die Hintergrund für das Abenteuerleben des Barons ist, die selbst nicht dem Wasser, nicht dem Lande zughörig, ein Doppelleben von zweideutiger Schönheit führt."[719]

5.2.5 Die Verschmelzung Vittorias und ihres Gesangs mit dem theatralen Venedig

Während der Baron die Liebesaffäre mit Vittoria nur als ein Abenteuer unter vielen betrachtet, ist für sie die Begegnung mit ihm ein grundlegendes, vielleicht sogar das wichtigste Erlebnis in ihrem Leben. Die Zeit scheint für sie stehen geblieben zu sein.[720] Sie bekennt gegenüber dem Baron:

> Ich bins. Mir ist, ich hab, in dieser Stadt,
> wo keine Gärten sind, nur Stein und Wasser,
> nicht altern können, nicht wie andere altern,
> (…).[721]

Gärten, die Bezirke des vegetativ-organischen Lebens, sind in Venedig fast nicht vorhanden. Schmid bemerkt dazu: „Hier ist zwar ein Sein, das an Leben gemahnt und doch nicht zeitliches Leben ist. Ewige Bewegung des Wassers, ewige Ruhe der steinernen Paläste: Ein seltsamer Hauch von Ewigkeit liegt jetzt über der Stadt."[722] Die Sängerin sei, ebenso wie Venedig, „immer beides, (…) die Verschwiegenheit des Grabes und der Gesang, Stein und Meer, Tod und Leben, Jetzt und Ewigkeit".[723]

Der Charakter Vittorias offenbart sich hier auf eine ambivalente Weise innerhalb des theatralen Raums Venedig, der als solcher auch eine theatrale Affinität

---

[719] Erika Kaufmann: *Wiederkehr und Abwandlung als Gestaltungsprinzip in Hugo von Hofmannsthals Dramen*, Freiburg im Breisgau 1966, Diss., S. 132.
[720] Schröder a. a. O., S. 62.
[721] *Der Abenteurer und die Sängerin*, S. 208, auch zitiert bei Schröder, S. 62.
[722] Martin Erich Schmid: *Symbol und Funktion der Musik im Werk Hugo von Hofmannsthals*, Heidelberg 1968, S. 107.
[723] Ebd., S. 109.

voraussetzt. Zudem besteht zwischen der Künstlerin und der Stadt eine Analogie, die sich in der theatralisch ausgerichteten Dimension der Musik erfüllt.[724]

Die Gemeinsamkeiten zwischen Vittoria und der „Wasserstadt" Venedig erklärt Schmid noch eingehender. Dabei bezieht er sich auf eine Erzählung des Barons, in der das äußerst theatralisch anmutende „Prinzessinen"-Motiv vorkommt. Die Nähe zum Mythos vom sagenhaften Ursprung der „anadyomenischen" – also „flutentsteigenden" – Venezia ist offensichtlich.[725]

> Das geheimnisvolle Wasser ist das Element, aus dem die Stadt herausragt, und ist zugleich in ihr, der Sängerin. Ist nicht sie selber eine jener Prinzessinnen, die sich damals, als Leben war, einem Fischer vermählte? Der äußere Lebensraum wird zu einem Raum der Innerlichkeit, das Venedig des Heute zum Spiegel der Seele, die Sage vom Ursprung zum Bericht eines Lebens. Wie kommt es, dass dem Baron, da er vom Meer spricht, eine Melodie aufsteigt, die Arie der Mandane, die Vittoria eben in der Oper gesungen hat? – Wer vom Wasser Venedigs spricht, der hört Vittorias Gesang.[726]

Hierbei ist die folgende Bemerkung Corbineau-Hoffmanns über den aus der Metaphorik des Wassers entstandenen Mythos vom Ursprung Venedigs in seiner Auswirkung für die Lagunenstadt zu erwähnen, aufgrund dessen deren theatrale Disposition von jeher festgelegt zu sein schien. „Die Metaphorik des Wassers, (…) erhält eine zweite Sinnebene durch die Geburt der Venus aus dem Meere

---

724 Vgl. Schröder a. a. O., S. 62.
725 Vgl. Schmid a. a. O., S. 107/108, Schröder a. a. O., S. 57/58 und Dieterle a. a. O., S. 18; Dieterle beruft sich in seinem Kapitel „Versunkene Stadt?" in diesem Zusammenhang auf Hebbel, welcher in seinem Tagebuch den romantischen Todesmythos der versunkenen Stadt negiere, „indem er den älteren Geburtsmythos der aus der Flut entstiegenen Stadt bemüht". (S. 17) Hebbels Tagebucheintrag vom 31. Dez. 1852 lautet: „Venedig ist nicht die versunkene, sondern die aus dem Meer aufgestiegene Stadt, im Styl der Menschen und Korallen erbaut und darum so einzig in seinen Menschen und seiner Geschichte." In: Friedrich Hebbel, *Sämtliche Werke*, hrsg. von Richard Maria Werner, Bd. VII. Berlin 1904, S. 326. Das Zitat befindet sich in den Anmerkungen Werners.
In einem Epigramm, das Hebbel zu Venedig verfasst hat, und welches ihn sicher auch zu seinem Tagebucheintrag veranlasst hat, deutet er ebenfalls den Geburtsmythos der Stadt an. Zu finden in: *Sämtliche Werke*, Bd. VI., a. a. O., S. 337.
Dieterle betont, dass sowohl im Falle der versunkenen als auch der aus dem Meer aufsteigenden Stadt die Faszination, welche „vom dichterischen, traumhaften Venedig" ausgehe, durch das Wasser bestimmt sei und „allein das Wissen um die realen Umstände der Entstehung" löse „das Zauberhafte (und das Unheimliche) dieses Erscheinungsbildes auf". (S. 17)
726 Ebd.

– Aphrodite Anadyomene – , die zum Mythos Venedigs schon zur Zeit der Republik beitrug."[727] Infolgedessen findet die Metaphorik des Wassers im zweifellos hochtheatralischen Ursprungsmythos Venedigs Ausdruck in Vittorias Gesang. In Anbetracht dessen sei an eine Bemerkung Nietzsches in seinem Werk *Ecce homo* erinnert: „Wenn ich ein andres Wort für Musik suche, so finde ich immer nur das Wort Venedig."[728] Wenn Vittoria abends das Wasser des Kanals betrachtet, drückt sich in ihren Gedanken eine Affinität zu ihrem Wesen aus:

> Zuweilen seh ich abends auf das Wasser:
> es ist verwandelt, scheint ein Element,
> herabgeflutet von den Sternen. Lautlos
> verschleierts und entschleiert, unaufhörlich
> erzeugt es und zerstört es tausend Bilder
> von Dingen, die nicht dieser Welt gehören:
> so ists in mir.[729]

Seuffert bemerkt zu Vittoria, diese vertrete „die zweite der in Venedig heimischen Künste, die Musik".[730] In ihr, „der Liebenden und der Künstlerin"[731] werde „der Gegensatz der beiden Lebensformen der Stadt [Venedig] ausgetragen".[732] Vittoria selbst sagt von ihrer Stimme:

> Dies ist mein Alles, ich bin ausgehöhlt
> wie der gewölbte Leib einer Laute,
> das Nichts, das eine Welt von Träumen herbergt.[733]

Da sich Vittoria, ähnlich wie Aschenbach im *Tod in Venedig*, auch als große Liebende manifestiert, erscheint sie, gleichfalls wie dieser, sogar im doppelten Sinne als theatralische Figur, denn beide sind leidenschaftlich Liebende und Künstler.

Ihre unerfüllte Sehnsucht transformierte Vittoria in ihren Gesang, was dazu führte, dass sie ihre Kunst perfektionierte. Dies wiederum verhalf ihr dazu, ihr Publikum zu begeistern und zu Ruhm und Ansehen zu gelangen, wobei der daraus resultierende finanzielle Gewinn sie indes nicht besonders zu interessieren schien.[734]

---

727 Corbineau-Hoffmann a. a. O., S. 385.
728 Nietzsche, „Ecce Homo". In: *Werke* a. a. O., Bd. II, S. 1093.
729 *Der Abenteurer und die Sängerin*, S. 208/209.
730 Seuffert a. a. O., S. 149.
731 Ebd.
732 Ebd.
733 *Der Abenteurer und die Sängerin*, S. 209.
734 Vgl. Pickerodt a. a. O., S. 122.

Vittoria:
                Diese Edelsteine,
(…),
sind das Korallenriff im Meer gewesen,
daran sich mit der Zeit ein kleines Erbgut
für mein – für unser Kind von selber hing.

Baron:
Von selber?

Vittoria:
        Ja, denn ich tat nichts dazu,
als daß ich sang. Wofür sie mich bezahlten,
der Schatten wars, den meine Seele warf,
wenn sie die Flügel schwang, um dich zu suchen.
Ich warf mein Netz nach Liebe, und ich zogs
mit einem Klumpen Gold empor.[735]

Edelsteine, Korallen, Gold und das Meer gelten Vittoria als theatralische Metapher, um ihren finanziellen Reichtum zu beschreiben und erinnert damit zugleich an den zwar oberflächlichen, aber dennoch theatralischen Glanz und Prunk Venedigs.[736] Die letzten beiden Zeilen sind eine Anspielung auf die Fischer-Symbolik, die wiederum zur sagenhaften Ursprungsgeschichte Venedigs gehört, welche Weidenstamm seinem Gesprächspartner Venier am Anfang des Dramas erzählt.[737]

Das Gold, das hier auftaucht, erinnert überdies an das Motiv des goldenen Haares in Rainer Maria Rilkes Gedicht „Die Kurtisane", welches in dem Kapitel über dessen Venedig-Gedichte noch eingehender thematisiert werden wird. In diesem Zusammenhang ist außerdem erwähnenswert, dass die von Vittoria erwähnten Edelsteine und Korallen Farbassoziationen hervorrufen, wie sie in Rilkes Venedig-Gedichten ebenfalls zu finden sind.

In Hofmannsthals Stück ist häufig von Gold und Perlenglanz die Rede. Offenbar bezweckt der Autor damit, symbolisch die Märchenhaftigkeit und den Reichtum Venedigs auszudrücken, womit er zugleich die Theatralität der Stadt in ihrer Faszination bestätigt.

---

735 *Der Abenteurer und die Sängerin*, S. 266.
736 Vgl. Schmid a. a. O., S. 116.
737 Vgl. ebd.

5.3 Venedig, die Stadt des „Abenteurers"

5.3.1 Der „zehnfache Venezianer"

Hofmannsthals Beschluss, den Ort der Handlung von Florenz nach Venedig zu verlegen, ist nicht nur ein „literarisches Kompliment" an die Stadt, die den Dichter zu Inspirationen für sein Drama anregte, sondern hat noch eine tiefere Bedeutung.[738] Schröder schreibt dazu:

„Venedig ist die Heimat zwei verschiedener Bereiche, die begrifflich als *Abenteuer* und *Kunst* fixiert werden können und im Drama in den Gestalten des *Abenteurers* und der *Sängerin* personifiziert erscheinen. Die Lagunenstadt stellt im Stück somit den idealen Schnittpunkt für das Aufeinandertreffen der beiden Hauptfiguren und ihrer gegensätzlichen Lebensauffassung dar."[739] Der „Abenteurer" und die „Sängerin" repräsentieren also jeweils die abenteuerlichen und künstlerisch-musikalischen Eigenschaften Venedigs, die zugleich auch paradigmatisch für die Theatralität der Stadt sind.[740] Auch Simmel spielt darauf an, indem er Venedig als „die klassische Stadt der Aventure"[741] bezeichnet, welche „die zweideutige Schönheit des Abenteuers"[742] besitze, genauso wie der Nietzsche-Forscher Bertram, neben Nietzsche selbst, wiederum auf das musikalische Venedig verweist.[743] Dieses sei „ein Hauch Musik, ein fern fragender Gesang voll zweideutiger Schwermut, ein rührendes und unglaubliches Adagio über abendlichen Wassern".[744] Sowohl Simmel als auch Bertram berufen sich damit auf Eigenschaften der Stadt, die in ihrem Charakter hochgradig theatral sind und somit deren Theatralität im Wesentlichen bewirken und repräsentieren. Dabei ist aber zu beachten, dass es sich um grundsätzliche Paradigmen Venedigs handelt, die in Hofmannstahls Stück, als einem Werk des Fin de siècle, eine spezifische, theatralisch konnotierte Symbolik entwickeln. Dieser Aspekt ist umso relevanter, da Venedig zudem die Geburtsstadt Casanovas ist, und so auch in einem äußeren biographischen Bezug zum „Abenteurer" steht.[745] Die folgende Argumentation Schmids lässt sich mit diesen Gedanken ebenfalls verbinden: „Dass Hofmannstahl das Geschehen in Venedig abrollen lässt, ist immer

---

738 Vgl. Schröder a. a. O., S. 56.
739 Ebd., S. 57. Der Autor verweist auf Requadt a. a. O., S. 219 und Seuffert a. a. O., S. 149.
740 Vgl. ebd.
741 Simmel a. a. O., S. 73, hier zitiert bei Schröder, S. 56.
742 ebenda, S. 72/73, hier zitiert bei Schröder, S. 57.
743 Vgl. Schröder, S. 57.
744 Bertram a. a. O., S. 270.
745 Vgl. Schröder a. a. O., S. 57.

als symbolische Absicht verstanden worden. Mit Venedig ist der Symbolbereich gegeben, in dem die Handlung aufgeht."[746] Gerhart Pickerodt wiederum äußert sich über die besondere Verbindung des Barons zu Venedig, ein Umstand, der abermals darauf schließen lässt, dass diese sich über die Theatralität der Stadt sowie der des „Abenteurers" konstituiert.

> Die Stadt Venedig (…) ragt (…) hier (…) als erfahrene Basis ins Bewusstsein und in die Aktionen des Abenteurers hinein, erscheint dadurch als apriorische Bedingung seiner Existenz sowohl als auch, aposteriori, als Stoff seiner Erfahrung. Dieser doppelte Bezug der Stadt zum Abenteurer kann nur deswegen dramatisch realisiert werden, weil sein Aufenthalt in ihr von vornherein nur Episode ist, und er sie dennoch als seine einzig ihm adäquate Heimat weiß. Sein Blick auf Venedig ist der des Fremden und des Vertrauten zugleich, des adligen Touristen des achtzehnten Jahrhunderts, der sich ausleben möchte, wie dessen, der nach langer Reise seine Heimatstadt wiederbetritt, an die ihn Erlebnisse binden, die er auf das Wesen der Stadt als ihre mythische Urgeschichte projiziert.[747]

Seinem neuen Theaterbekannten Venier vertraut Weidenstamm am Anfang des Dramas seine Gedanken über Venedig an. Seiner Gewohnheit und seines Charakters gemäß tut dies der „Abenteurer" mit einer weitausholenden Geste, wobei er seinem Zuhörer ein theatralisch-farbenprächtiges Tableau präsentiert. Die üppige Metaphorik, der er sich dabei bedient, offenbart das dichterische Talent Weidenstamms und die außergewöhnlich theatralische Poetik seiner sprachlichen Ausdrucksweise. Zugleich vermittelt sich mit der Rede des Barons eine Botschaft, die, mit der Aufzählung venezianischer Berufsstände und Seinsweisen, als Huldigung einer von Theatralität bestimmten Stadt zu sehen ist.[748]

Die Erwähnung des Fischers mit dem Netz knüpft dabei an die vom Baron geschaffene erotische Version vom sagenhaften Ursprung Venedigs und dem damit verbundenen „Prinzessinen"-Motiv an.[749] Überdies zeigt sich in diesem Abschnitt auch die Theatralität der Hauptfigur, eben des Barons, in ihrer ursächlichen und leidenschaftlichen Verbundenheit mit Venedig:

> Du bist ein Venezianer, ich bins zehnfach!
> Der Fischer hat sein Netz, und der Patrizier
> das rote Kleid und einen Stuhl im Rat,
> der Bettler seinen Sitz am Rand der Säule,
> die Tänzerin ihr Haus, der alte Doge

---

746 Schmid a. a. O., S. 106. Der Autor verweist auf Requadt a. a. O., Kap. 4/II: „Venedig im Symbolgeflecht der Hofmannsthalschen Dichtung", S. 215 ff.
747 Pickerodt a. a. O., S. 112.
748 Vgl. Schröder a. a. O., S. 57/58.
749 Vgl. ebd.

den Ehering des Meeres, der Gefangene
in seiner Zelle früh den salzigen Duft
und blassen Widerschein der Purpursonne:
ich schmecke alles dies mit *einer* Zunge!⁷⁵⁰

Mit der Rede des Barons spielt Hofmannsthal auch auf Casanovas Gefängnisaufenthalt in den Bleikammern von Venedig im Jahre 1755 und seine spektakuläre Flucht im Jahre 1756 an, wie er in seinen Memoiren berichtet.⁷⁵¹ Schröder bemerkt zur Rede Weidenstamms, mit dieser konstruiere er „einen gewissen Gegensatz. Während die aufgezählten Berufsstände oder Seinsweisen vom Dogen bis zum Gefangenen nur einen charakteristischen Ausschnitt von der Gesamtheit Venedigs"⁷⁵² repräsentieren würden, vereinige der „Abenteurer in sich die Summe aller Aspekte und damit die Essenz der Lagunenstadt"⁷⁵³ und fühle sich deshalb „*zehnfach* mit ihr verbunden".⁷⁵⁴ Interessant ist in diesem Zusammenhang auch die Feststellung von Corinna Jäger-Trees, welche argumentiert, die „Vielfalt der Lebensformen",⁷⁵⁵ zu denen sich Weidenstamm hingezogen fühle, weise „ihn gleich zu Beginn schon als Verwandten des Nietzscheanischen Dilletantentypus aus, der ebenfalls durch die *gefährliche Lust am geistigen Anschmecken* charakterisiert" sei.⁷⁵⁶

Die Affinität des „Abenteurers" zu vielfältigen Lebens- und Seinsformen verweist auf dessen schillernden und damit hochgradig theatralischen Charakter. Dies dürfte auch der Grund dafür sein, dass er sogar dem „Schwebezustand des Gefangenen zwischen Leben und Tod" während seines Gefängnisaufenthaltes Reiz abgewinnen konnte, da „vor dessen Hintergrund sich die Freiheit mit all ihren Schätzen, Versuchungen und Verlockungen umso bunter und begehrenswerter" erwiesen habe.⁷⁵⁷

---

750   *Der Abenteurer und die Sängerin*, S. 163.
751   Siehe Schröder a. a. O., S. 57. Der Autor verweist auf J. Rives Childs: *Casanova. Die große Biographie*, aus dem Englischen von Deli Walter, München 1977, S. 87–91 und Roberto Gervaso: *Giacomo Casanova und seine Zeit*. Aus dem Italienischen von Ute Stempel, München 1977. Doch abgesehen der von Schröder benannten Werke zum Leben Casanovas ist aufgrund seiner Aktualität insbesondere die Biographie von Ingo Hermann zu empfehlen: *Casanova. Der Mann hinter der Maske*, Berlin 2010.
752   Schröder a. a. O., S. 57.
753   Ebd.
754   Ebd.
755   Jäger-Trees a. a. O., S. 79.
756   Ebd.
757   Ebd., S. 80.

5.3.2 Der theatralische Mythos vom Ursprung Venedigs in der Erzählung Weidenstamms

Den Eindruck eines theatralischen Exempels macht die phantastische Geschichte über den Ursprung Venedigs, die der Baron seinem Gesprächspartner Venier erzählt.

> (...) Hier
> war solch ein öder Wald am Rand des Meeres
> wie bei Ravenna. Aber Fischer zogen
> an Perlenschnüren und an ihrem langen
> goldroten Haar Prinzessinnen ans Ufer.
> (...)
> Sie waren nackt und leuchteten wie Perlen
> und lebten mit den Fischern. Andre kamen
> dann nach, auf Ungeheuern durch die Luft
> und durch das Meer gefahren. (...)[758]

Diese sagenhaften „Prinzessinnen" sind mit ihrer Unwirklichkeit und phantastischen Schönheit ein theatralisch-symbolisches Abbild der Stadt Venedig.[759] Gleichzeitig jedoch entsprechen die theatralischen, märchenhaften Ausschmückungen und die Sinnlichkeit seiner Erzählung auch den Eigenschaften des Barons selbst. Venier stellt fest, der Baron hätte „die Beredsamkeit eines Dichters",[760] worauf ihm dieser erwidert, die „eines Liebhabers".[761] Daraus lässt sich ersehen, dass der Baron auch als Dichter in einer theatralischen Konnotation zum Liebhaber wird. Über die Gründung Venedigs spricht Weidenstamm wie von einer erotischen Begegnung mit einer Geliebten.

> In solcher Nacht
> ward diese Stadt gegründet. Ihre Augen
> schwammen in Lust, er hing an ihrem Hals,
> sie tranken nichts als aufgelöste Perlen.[762]

---

758 *Der Abenteurer und die Sängerin*, S. 165.
759 Siehe Rilke-Kapitel: In seinen venezianischen Gedichten wird die Stadt mehrmals durch schöne Frauen, bzw. Kurtisanen verkörpert. Das „Prinzessinnen"-Motiv des „Abenteurers" erfüllt eine ähnliche Funktion.
760 *Der Abenteurer und die Sängerin*, S. 166.
761 *Der Abenteurer und die Sängerin*, S. 166.
762 *Der Abenteurer und die Sängerin*, S. 164.

In diesen Worten klingt nicht nur wieder das märchenhaft-theatralische „Prinzessinnen"-Motiv an, sondern der Baron spielt damit zugleich auf sein früheres Liebesverhältnis mit Vittoria an.

Die vom Baron erzählte, hochgradig theatralische Version des venezianischen Ursprungsmythos mit dem sich erfüllenden Liebesakt steht für die radikale Lebensbejahung des „Abenteurers", die der Lebensmüdigkeit des Décadent diametral entgegensteht, wenngleich auch die Casanova-Figur Weidenstamm eine Nähe zu Tod und Vergänglichkeit nicht verleugnen kann, was sie wiederum mit dem Décadent verbindet. Insofern ist der hier propagierte Sinnengenuss, der sich in Weidenstamms Erzählung über die Gründungssage Venedigs offenbart, immer auch vor dem Hintergrund der Stadt als Todessymbol zu betrachten.

Dies ist hinsichtlich der Theatralität Venedigs, die sich im Fin de siècle in der verfallenden Stadt des Todes konstituiert, auch insofern relevant, als sie dieses Hintergrundes bedarf. Davon ausgehend ist das im *Abenteurer und die Sängerin* dargestellte, sinnenfreudige Casanova-Venedig des 18. Jahrhunderts zugleich auch unter dem Aspekt des Verfalls und des Todes und der darin sich vermittelnden Theatralität zu sehen. Denn in Bezug auf das Venedig im Fin de siècle sind es eben die für die Lagunenstadt charakteristischen Eigenschaften des Verfalls und somit auch des Todes und des drohenden Unterganges, welche eine Öffnung der imaginären bzw. der theatralen Räume bewirken.

5.3.3 Sinnliche Theatralität. Venedig als personifizierte „Geliebte" und märchenhaft-theatrale Kunststadt

Schon seine Rückkehr nach Venedig beschreibt Weidenstamm als personifizierte und gleichwohl theatralisch konnotierte erotische Erwartung: „(…) der Mund wie Rosen, die offnen Arme da, hineinzufliegen!"[763] Mit diesen Worten offenbart er seine Beziehung zur Lagunenstadt, die für ihn wie eine Geliebte ist, zu der er zurückkehrt. Nicht minder von Theatralität geprägt und durchdrungen ist die Poesie und Erotik der folgenden Worte des Barons, mit denen er seinem Gesprächspartner Venier seine geliebte Heimatstadt beschreibt. Darin zeigt sich nicht nur die Affinität seines eigenen Charakters zu Venedig, als einem Ort erotischer Abenteuer, sondern die Stadt wird, wie Corbineau-Hoffmann bemerkt, „selbst eine erotische Realität".[764]

> Doch später dann zerging die Zauberstadt –
> nicht ganz! Es blieb ein etwas in der Luft,

---

763 *Der Abenteurer und die Sängerin*, S. 171.
764 Corbineau-Hoffmann, a. a. O., S. 385.

im Blut! Mit rosenfarbenen Muschellippen küßte
das Meer und leckte mit smaragdnen Zungen
die Füße dieser Stadt! Die Kirchen stiegen
wie Häuser der verschwiegnen Lust empor – [765]

Ein expressiver und kraftvoller Ausdruck von Theatralität stellt sich ein, nachdem der Baron verkündet, dass er nun „Feste" feiern wolle. Denn ihm, der seit vielen Jahren nicht mehr in Venedig gewesen war, ist es, „als wär man einen Tag nur fern gewesen".[766] Nun solle man ihm „Löwen" schaffen, das Wahrzeichen Venedigs. In der schwärmerischen Rede des Barons scheinen sich die Grenzen zwischen Wirklichkeit und Phantasie zu vermischen, was, als ein Charakteristikum der Theatralität, zugleich auf deren Unbegrenztheit verweist. Zudem generiert sich Theatralität hier in einer bemerkenswerten Faszination, indem der Baron sich „immer mehr in märchenhaften Bildern von überschäumender Sinnlichkeit verliert".[767] Dabei ist erneut seine Verbundenheit mit Venedig zu erkennen und viele theatralisch konnotierte Elemente, welche die Lagunenstadt kennzeichnen und wofür sie berühmt ist, z. B. die Gondeln „voller Musikanten", der Markusplatz oder berühmte Künstler, erwähnt er in seiner Rede:

Vergoldete Delphine stell vors Tor,
die roten Wein ins grüne Wasser spein!
(…) zehn Diener nimm mir auf
und schaff Livreen. An den Treppen sollen
drei Gondeln hängen voller Musikanten
(…)
Ich will den Campanile um und um
in Rosen und Narzissen wickeln. Droben
auf seiner höchsten Spitze sollen Flammen
von Sandelholz genährt mit Rosenöl
den Leib der Nacht mit Riesenarmen fassen.
Ich mach aus dem Kanal ein fließend Feuer,
streu so viele Blumen aus, dass alle Tauben
betäubt am Boden flattern, so viel Fackeln,
daß sich Fische angstvoll in den Grund
des Meeres bohren, daß Europa sich
mit ihren nackten Nymphen aufgescheucht
in einem dunkleren Gemach versteckt
und daß ihr Stier geblendet laut aufbrüllt!

---

765 *Der Abenteurer und die Sängerin*, S. 165/166.
766 *Der Abenteurer und die Sängerin*, S. 171.
767 Schröder a. a. O., S. 58.

> Mach Dichterträume wahr, stampf aus dem Grab
> den Veronese und den Aretin,
> (…)
> Die Pferde von Sankt Markus sollen wiehern
> und ihre ehrnen Nüstern blähn vor Lust!⁷⁶⁸

Weidenstamm erwähnt Zeus' Geliebte Europa, die sich „aufgescheucht in einem dunkleren Gemach versteckt" und „ihr Stier, geblendet, brüllt laut auf". Da der Baron vorhat, ein großes Fest zu feiern, wobei er „aus dem Kanal" ein „fließend Feuer" machen möchte, passt dieser kurze Abschnitt über die erschrockene Reaktion der Europa und dem Stier durchaus zu seiner Rede. Es ist davon auszugehen, dass Hofmannsthal mit dieser Episode auf den berühmten venezianischen Künstler Tizian und sein Gemälde „Raub der Europa" anspielen wollte. Es ist auch hier die reich mit Metaphern ausgeschmückte Rede sowie die Berufung auf venezianisch-theatralische Elemente im weitesten Sinne, welche wiederum die Theatralität der Stadt auf das Prägnanteste hervorheben.

5.3.4 Düstere Theatralität. Der „Abenteurer" als ehemaliger Gefangener in den Bleikammern

Während seiner leidenschaftlichen Rede über die „Feste", die der Baron veranstalten will, besinnt er sich ebenso auf die Gefangenen in den Bleikammern, was aufgrund seiner von ihm selbst erlebten „schlimmsten Stunden" in Venedig nachzuvollziehen ist.

> Die oben liegen in den bleiernen Kammern
> und ihre Nägel bohren in die Wand,
> die sollen innehalten und schon meinen,
> der Jüngste Tag ist da, und daß die Engel
> mit rosenen Händen und dem wilden Duft
> der Schwingen niederstürzend jetzt das Dach
> von Blei hinweg, herein den Himmel reißen!⁷⁶⁹

Als ehemaliger Gefangener der Bleikammern musste Weidenstamm die erschreckenden Zustände dort am eigenen Leib erfahren und hat das Bedürfnis, sich eine übermächtige transzendentale Kraft vorzustellen, die in der Lage ist, die Gefangenen von ihren Qualen zu befreien, so dass sie an den phantastischen Festen teilnehmen können.⁷⁷⁰ In seinem tiefsten Inneren wird der Baron noch sehr stark

---

768 *Der Abenteurer und die Sängerin*, S. 171/172.
769 *Der Abenteurer und die Sängerin*, S. 172.
770 Vgl. Schröder a. a. O., S. 58.

von seiner Vergangenheit in den Bleikammern beherrscht, so dass sogar seine euphorischen Zustände davon beeinflusst werden.[771]

Aufgrund der symbolischen Verschmelzung Weidenstamms mit Venedig zeigt sich in seinem zwiespältigen Gefühlszustand auch das in seiner Theatralität sich konstituierende Wesen der Stadt, ganz abgesehen davon, dass die Gefangenen in den Bleikammern und die Rückbesinnung des Barons auf seine eigene Gefangenschaft auf die gefahrvollen und unberechenbaren Eigenschaften der venezianischen Theatralität verweisen.

Wie sehr dem Baron seine Vergangenheit in den Bleikammern noch nahe geht und seine Wunschgedanken über die wie durch ein Wunder befreiten Gefangenen von seiner eigenen Wirklichkeit entfernt sind, zeigt seine Reaktion, als Maskierte draußen heftig an die Türe klopfen.[772] Er gerät in eine panische Angst, denn er glaubt, dass die Inquisition ihn verhaften möchte. Jedoch erweisen sich seine Befürchtungen als unnötig, denn bei den Maskierten handelt es sich lediglich um Boten der eifersüchtigen Herzogin Sanseverina. Sie droht ihm, der Inquisition zu verraten, dass er sich wieder in Venedig aufhält, und will ihn damit zwingen, bis zum folgenden Abend die Stadt zu verlassen.[773]

In der Intrige der Herzogin ist abermals das theatrale Wesen Venedigs zu erkennen, welches unter seiner prachtvollen Oberfläche eine gefährliche Kehrseite mit einer sich verbergenden tödlichen Gefahr verbirgt.[774] Unter diesem Blickwinkel ist wiederum der Aspekt der Kulissen- bzw. Maskenhaftigkeit Venedigs zu betrachten, der hinsichtlich der Gedanken Simmels und Deleuzes in verschiedenen Zusammenhängen bereits untersucht wurde. Dabei kommt auch dem Erscheinen der Maskierten eine entsprechende Bedeutung zu, das als Anspielung auf das Maskenwesen Venedigs zu verstehen ist.[775]

Obwohl sich Weidenstamm bewusst ist, dass er sich mit seiner Rückkehr nach Venedig ein weiteres Mal der Verfolgung durch die Inquisition aussetzt, gelingt es ihm meist, den Gedanken daran zu verdrängen. Als Grund für sein Tun gibt er „Übermut" an, der „Mäuse immer wieder zu der Falle hinlockt".[776]

---

771 Vgl. ebd.
772 Vgl. ebd. S. 58/59.
773 Vgl. ebd.
774 Vgl. ebd., S. 59.
775 Ein Aspekt, welcher in Hofmannsthals Romanfragment *Andreas* ebenfalls in Erscheinung tritt. Siehe zur Affinität Hofmannsthals zum Maskenwesen Venedigs: Mayer a. a. O., S. 54.
776 *Der Abenteurer und die Sängerin*, S. 222.

Der „Abenteurer" liebt also das Risiko, das für ihn mit einem Besuch in Venedig verbunden ist, auch wenn er dafür sein Leben aufs Spiel setzt.[777]

Der Baron kann es sich jedoch nicht leisten, lange in der Lagunenstadt zu bleiben. Solange er sich dort aufhält, besteht ständig die Gefahr, dass er von der Inquisition verhaftet wird. Auf diese Weise hat er zu Venedig ein ambivalentes Verhältnis, da er sich von der Stadt gleichzeitig angezogen und abgestoßen fühlt.[778] Schröder schreibt dazu, „in dieser Ambivalenz – positiv und negativ zugleich – ist Venedig die eigentliche Heimat des Abenteurers".[779] Die Ambivalenz Venedigs wiederum erschließt sich aus der Theatralität der Stadt und bestätigt diese in ihrer theatralen Doppeldeutigkeit.

5.4 Theatralisch konnotierte Spiegelungen

Ein wesentlicher und insbesondere theatralischer Aspekt des Dramas sind die vielfältigen Spiegelungen, die innerhalb der Figurenkonstellationen hervortreten.[780] So erkennt Weidenstamm in seinem Sohn Cesarino das Abbild seiner eigenen glanzvollen Jugend, genauso wie ihn der Komponist Passionei und der fremde Alte mit dem unaufhaltsamen Fortschreiten der Zeit konfrontieren.[781]

Dies lässt sich wiederum mit der Theorie Plessners über die „Abständigkeit des Menschen zu sich" verknüpfen und zwar insofern, als der Baron sich durch Spiegelungen mit anderen Figuren des Dramas im Sinne einer Inszenierung selbst konstituiert. In Anbetracht dessen ist auch die folgende Bemerkung Kaufmanns zu verstehen, Cesarino und Passionei seien „gewissermaßen nur *Aufspaltungen* von des Barons Lebensschicksal".[782] Der Baron nehme aber „keine Mittelstellung zwischen ihnen ein, sondern vereinige beide in sich".[783] Dieses geschehe „freilich nicht in dem Sinne, als ob er eine Gegenwart bewusst gestaltete durch Erkenntnis des Vergangenen und durch ein Wollen des Zukünftigen."[784] Beides trete vielmehr „nur für den Betrachtenden aus ihm heraus und in die

---

777 Vgl. Schröder a. a. O., S. 60.
778 Ebd.
779 Ebd.
780 Siehe ebd., S. 65/66 sowie Schmidt a. a. O., S. 123 und Kaufmann a. a. O., S. 127.
781 Vgl. Schmid a. a. O., S. 123.
782 Kaufmann a. a. O., S. 128.
783 Ebd.
784 Ebd.

beiden ihm zugeordneten Gestalten des Cesarino und Passionei ein".[785] Insofern bleibe er „immer gleich jung und alt".[786]

Es lassen sich noch weitere Spiegelungen feststellen: In der Fratze des Abbate Gamba muss Weidenstamm sich selbst als gealterten Casanova erkennen und über die theatralische Dimension der Musik besteht ein Bezug Vittorias zum Komponisten Passionei und schließlich zu ihrem gleichfalls musikalischen Sohn Cesarino.[787] Insofern lässt sich mit der Theorie Plessners auch das theatralisch-musikalische Wesen Vittorias und ihres Sohnes erklären. Cesarino äußert sich gegenüber seiner vermeintlichen „Schwester" über sein Verhältnis zur Musik, wobei er in poetischen Andeutungen wiederum eine theatralische Affinität zu Venedig erkennen lässt.

> Wenn ich Musik gehört hab, ist mein Ohr
> so voller Nachklang, daß ich Harmonien
> der Sphären spüre, wenn ein Ruder leise
> durchs Wasser gleitet: so verzaubert sie
> mir meine Augen, wie Musik mein Ohr.[788]

Vittoria selbst sagt über Cesarino und sein musikalisches und kompositorisches Talent: „Er macht Musik aus allem, was er anrührt!"[789] Die Theatralität des Wesens von Cesarino bestimmt sich aber nicht nur über dessen musikalische Disposition als Erbe seiner Mutter, sondern zugleich auch über den abenteuerlichen Geist seines Vaters.[790] In Anbetracht der Worte Cesarinos scheint es allerdings so, dass das musikalische Erbe der Mutter das Leben des Sohnes eher dominieren wird, als das Abenteurertum des Vaters.[791] So wie Weidenstamm und Vittoria durch ihr jeweiliges Wesen mit dem theatralischen Venedig verbunden sind, ist auch ihr Sohn Cesarino ein Geschöpf der Stadt, da sich in ihm die Eigenschaften der Eltern vereinigen.[792] Im gewissen Sinne ist Cesarino dies sogar doppelt, da er sowohl die theatralisch-musikalische als auch die theatralisch-abenteuerliche Seite Venedigs verkörpert.[793]

---

785 Ebd., S. 128/129.
786 Ebd., S. 129.
787 Vgl. Schmid a. a. O., S. 123.
788 *Der Abenteurer und die Sängerin*, S. 261.
789 *Der Abenteurer und die Sängerin*, S. 261.
790 Vgl. Schröder a. a. O., S. 66.
791 Vgl. ebd.
792 Vgl. ebd.
793 Vgl. ebd.

In besonders prägnanter Weise beschreibt Schmid die Figuren des Dramas, indem er diese auf Venedig als Stadt des Todes und eine damit verbundene Starre bezieht.[794] Die steinernen Paläste und marmornen Kirchen seien, laut Schmid, „wie das Geschiebe, das der große Strom an beiden Ufern hinlagert".[795] Dabei vergleicht er in theatralischer Spiegelung die Figuren des Dramas mit der symbolhaften „leblosen" Maskenhaftigkeit Venedigs, so dass sich diesbezüglich wiederum an die Erkenntnisse aus den Konzeptionen von Simmel und Deleuze anknüpfen lässt.

> Seltsam leblos und gespenstisch wie Masken schauen diese Mauern aus. Die Menschen dieser Stadt sind mit ihr so verwachsen, dass sich in ihnen der Geist fortsetzt. Das zur Hülle erstarrte Venedig verkörpert Passionei, der gealterte Musiker (…). Und auch Vittoria kennt an sich die *leere Schale*. Wie die Stadt ist sie *Geschöpf des Lebens*; mehr noch, *beladen mit dem Abglanz überwundener Schmerzen* lebt sie im fliehend flüssigen Element der Musik, unangetastet im Innern einer Schale verkrusteten und versteinten Lebens. Gelebtes Leben ist der Schutz für den tiefsten Kern der Seele, Höhle und Grab einer Einsamen zugleich. Die Höhle birgt das einzige was lebt, die Stimme der Erinnerung, das Alles und zugleich das Nichts. (…) Lorenzo aber, ihr Gatte, verkörpert die schon fast im Tod erstarrte Stadt. Erst durch Vittoria findet er den Weg zum Lebendigen. Obschon das Blut Venier noch fließt, hat es vom Leben viel vergessen; es sagt ihm nichts vom Ursprung seiner Stadt, in der er die Kindheit ohne Freude zugebracht hat. So wenig er vom Ursprung weiß, so wenig kann er Kind sein. Er ist (…), Gefangener der Stadt und seiner schönen Einsamkeit.[796]

Venier selbst sagt über sich bei einem Gespräch mit seinem Oheim:

> Ich war kein frohes Kind: du mußts doch wissen,
> wie leichtlich übermannt von Traurigkeit,
> wie schnell zu Tod erstarrt, wenn das Gemeine
> mit aufgerissenen Medusenaugen
> aus dem Gebüsch des Lebens auf mich sah.[797]

6. Hofmannsthals theatrales Venedigbild in seinem Romanfragment „Andreas oder die Vereinigten"

6.1 Der theatralische Symbolwert Venedigs

Das Romanfragment entstand zwischen 1907 und 1927. Hugo von Hofmannsthal hatte vor, mit *Andreas* einen großen Bildungsroman im Sinne Goethes zu

---

794 Vgl. Schmid a. a. O., S. 109.
795 Ebd.
796 Ebd.
797 *Der Abenteurer und die Sängerin*, S. 224.

schreiben, und an das europäische Genre der italienischen Bildungsreise anzuknüpfen.[798] Dabei gelang es ihm, jedoch nur zwei Sphären für den Roman auszuführen, die des Bergdorfes und die Venedigs.[799] Im Juni 1907 machte Hofmannsthal erste Aufzeichnungen für einen Text mit dem Titel *Das Reisetagebuch des Herrn von N*. Das vollendete Stück allerdings, welches er im September und Oktober 1912 schrieb, trägt den Titel *Die Dame mit dem Hündchen. Die wunderbare Freundin*.[800] Danach, bis zum Jahre 1927, häufen sich vorbereitenden Notizen. Hofmannsthal schaffte es wohl nicht mehr die ungeheure Ideenvielfalt zu bewältigen.[801] Jacques le Rider bemerkt dazu, dass es ihm dafür gelang, „unfreiwillig und jenseits seines Misserfolges eine Ästhetik des Unfertigen"[802] zu erfinden. Hofmannsthal stellt die beiden Schauplätze des Romans, den des Bergdorfes und den Venedigs einander symbolisch gegenüber.[803] Richard Alewyn beschreibt diesen Gegensatz:

> Zwei Welten sind hier hintereinander geschichtet, die der weiteste Durchmesser voneinander zu trennen scheint. Da ist Venedig, die Stadt des malerischen Verfalls und der anmutigen Verkommenheit, der Phosphoreszenz und der Phantasmagorie, wo Maskerade und Mysterium sich verwirrend und betörend mischen, so dass noch das Unwahrscheinlichste wirklich und die Wirklichkeit fragwürdig wird. Und da ist im Hintergrund die reine Bergnatur Kärntens mit ihrem festen Grund und ihrer klaren Luft und ihren angestammten Sitten und Bräuchen. Und so verschieden wie die Schauplätze sind die Menschen, die sie bewohnen, der undurchsichtige Haushalt des heruntergekommenen Grafen Prampero hier und der gesunde und gediegene Bauernadel der Familie Finazzer.[804]

Seuffert argumentiert, dass, wie in den meisten Venedig-Dichtungen Hofmannsthals, auch im *Andreas*-Roman die Wahl des Ortes nicht durch den äußeren Rahmen bestimmt sei, „sondern als gleichnishafter Ausdruck einer Lebensform Anteil an den seelischen Vorgängen in den Gestalten" habe.[805] Venedig fungiere sozusagen als Bühne, vor deren Hintergrund die gespielten

---

798 Vgl. Jacques le Rider: *Hugo von Hofmannsthal. Historismus und Moderne in der Literatur der Jahrhundertwende*, aus dem Französischen übersetzt von Leopold Federmair, Wien 1997, S. 134.
799 Vgl. Seuffert a. a. O., S. 155.
800 Le Rider a. a. O., S. 130.
801 Ebd.
802 Ebd.
803 Alewyn a. a. O., S. 128.
804 Ebd.
805 Seuffert a. a. O., S. 151/152.

Lebensstücke einander bedingen und ohne Grenzen ineinander übergleiten.[806] Diese Aussage stimmt insofern mit der von Corbineau-Hoffmann überein als diese in dem Venedig des Fin de siècle zugleich einen Ausdruck von inneren Befindlichkeiten erkennt.[807] Die Bemerkung Seufferts verweist aber, wie gesagt, auch auf die Bedeutung Venedigs als Bühne und damit unwillkürlich auf die Theatralität der Stadt. Was das Venedigbild Hofmannstahls betrifft, betont die Autorin, dass dieses „in dem *venezianischen Erlebnis des Herrn von N.*" zwar „nach allen Breiten und Tiefen gedeutet" sei.[808] Der Dichter hätte aber offenbar vorgehabt, den Symbolwert Venedigs – der als solcher ja hochgradig theatral ist – , noch mehr auszuschöpfen, wie dies aus den zahlreichen fragmentarischen Stellen, welche immer wieder die bildnerische Bedeutung der Stadt für den jungen Andreas betonen, hervorgehe.[809] Waltraud Wiethölter schreibt dazu:

> Genetisch betrachtet hatte die Lagunenstadt offenbar die Funktion eines Kristallisationskerns, um den sich die anfangs noch kaum strukturierten Einfälle gruppieren und zu umfangreicheren Gebilden entwickeln ließen. Dass die Wahl auf Venedig gefallen ist, dürfte durch Hofmannsthal eigene und zur Entstehungszeit der frühesten Notiz im Juni 1907 gerade aktuelle Reiseeindrücke mitbedingt gewesen sein, die entscheidenden Motive aber sind gewiss anderswo zu suchen und haben mit dem Umstand zu tun, dass die Stadt wie keine zweite zu einem poetischen, ja mythischen Ort geworden war, der für Projektionen und Gedankenexperimente aller Art reiche Entfaltungsmöglichkeiten bot.[810]

---

806 Vgl. ebd., S. 152.
807 Corbineau-Hoffmann a. a. O., S. 321.
808 Seuffert a. a. O., S. 156. Als Hofmannsthal während eines Venedig-Aufenthaltes 1907 eine Novelle oder Reiseerzählung plante, verwendete er zunächst den Titel *Das venezianische Erlebniss des Herrn von N.* den er schließlich in *Das Reisetagebuch des Herrn von N.* umbenannte. Siehe dazu: Hugo von Hofmannsthal: *Sämtliche Werke*, kritische Ausgabe, aus dem Nachlass herausgegeben von Manfred Pape, Bd. 30, Frankfurt am Main 1982, S. 305 und Seuffert a. a. O., S. 155. Einzelne Notizen, welche Hofmannsthal im Vorfeld zu seinem Roman anfertigte, kennzeichnete er je nachdem als „venezian. Abenteuer" oder „venez. Erlebniss". Vgl. Hugo von Hofmannsthal: *Andreas*, Stuttgart 2000, Notizen S. 93–102.
809 Vgl. Seuffert a. a. O., S. 156.
810 Waltraud Wiethölter: *Hofmannsthal oder die Geometrie des Subjekts. Psychstrukturelle und ikonographische Studien zum Prosawerk*. Studien zur deutschen Literatur, Band 106, hg. von Wilfried Barner und Richard Brinkmann, Tübingen 1990, S. 168.

6.2 Maskenhaftigkeit in der ehemaligen Stadt Casanovas

In dem *Andreas*-Roman zeigt sich Hofmannsthals Affinität zum Maskenwesen Venedigs.[811] Seuffert bemerkt dazu, die Maske als Symbol für den Unterschied zwischen „Sein" und „Erscheinen" verbinde sich bei ihm immer mit dem Begriff „Venedig".[812] Diese Gedanken sind selbstverständlich wieder hinsichtlich der Konzeptionen von Deleuze und Simmel relevant. In einer Notiz zu dem Roman äußert sich Hofmannsthal über die Intention der Maske, wobei er diese Szene als Vision des Andreas auch im Text erwähnt.[813] In dieser, wie auch in den frühen Notizen des Autors hat der Held des Romans noch den Namen Leopold, der dann später in Andres bzw. in Andreas umgewandelt wird:[814]

> Leopold geht hauptsächlich (wenn er auf den Grund geht) darum nach Venedig, weil die Leute dort fast immer maskiert sind. Nach dem Abenteuer mit der hochmüth[igen] Gräfin auf dem Land (…) ist in ihm halb geträumt die Vorstellung entstanden, dass dies Abenteuer herrlich gewesen wäre, wenn er maskiert gewesen wäre. Überhaupt quält ihn jetzt der Unterschied zwischen Sein und Erscheinung (…).[815]

Leopolds bzw. Andreas' Wesen erinnert in dieser Notiz an die sinnliche Abenteurer-Natur Casanovas bzw. des Baron von Weidenstamm in *Der Abenteurer und die Sängerin*. Wie schon erwähnt, handelt es sich bei den Casanova-Figuren, die in Hofmannsthals Venedig-Werken auftauchen – aber auch bei Rilke und Schnitzler zu beobachten sind – in besonderer Weise um theatrale Figuren, was sich allerdings in Anbetracht des betont theatralischen venezianischen Rokoko im 18. Jahrhundert von selbst versteht.[816] Dabei ist zu bedenken, dass das Maskenwesen Venedigs und somit auch die theatrale Masken- bzw. Kulissenhaftigkeit der Stadt, welche die Venedigliteratur des Fin de siècle entscheidend prägte,

---

811 Vgl. Seuffert a. a. O., S. 156.
812 Vgl. ebd.
813 Vgl. Hofmannsthal: *Andreas* a. a. O., S. 96. Siehe Fußnote 19.
814 Vgl. ebd., S. 93 Siehe Fußnote 17. Den ersten datierbaren Beleg für das Auftreten des endgültigen Namens Andreas – bzw. Andres – ist die auf den 12. Februar 1912 datierte Notiz N 35. Hofmannsthal weist darauf hin, dass Andreas im ersten Entwurf mit seinem späteren Onkel Leopold noch identisch ist. Siehe: ders.: *Sämtliche Werke*, Bd. 30, a. a. O., S. 304. Siehe auch Wiethölter a. a. O., S. 119.
815 Hofmannsthal: *Andreas* a. a. O., Notiz 5, S. 96.
816 Das venezianische Rokoko ist berühmt für seine Maskenfeste, welche vor allem während des Karnevals mit viel Pomp gefeiert wurden. Da Venedig im 18. Jahrhundert kaum noch politische Macht besaß, trumpfte die Republik stattdessen mit aufsehenerregenden Festen auf. Siehe: Monnier a. a. O. , und Molmenti, Dritter Teil, a. a. O., Kapitel: „Die Bürger und das Volk. Spiele und öffentliche Feste", S. 478–489.

speziell in dieser Zeit der ausschweifenden Maskenfeste im Rokoko, dem Zeitalter Casanovas, seinen Ursprung hatte. Insofern ist eine theatrale Affinität zwischen den Casanova-Figuren und der venezianischen Maskenhaftigkeit in der Venedigliteratur des Fin de siècle grundsätzlich gegeben.

Angesichts der Theatralität Venedigs, die sich mit dem Fall der Republik gegen Ende des 18. Jahrhunderts und der Erschließung imaginärer Räume offenbart, stellt der Casanova-Typus für die Dichter des Fin de siècle, wie schon in der Untersuchung über Manns *Tod in Venedig* zur Figur des Aschenbach erwähnt, eine „Kontrastfigur zum Ästheten-Dandy"[817] und damit auch dem der Ästhetik sehr zugeneigten Décadent dar, wobei Koebner demzufolge betont, dass der Casanova-Typus auch als „Exponent eines gefährdeten Rokoko" zu sehen und damit den „Moribunden-Phantasien" des Fin de siècle durchaus verwandt sei.[818]

Andreas' Nähe zur sinnlichen Abenteuer-Natur Casanovas, welche aus der oben erwähnten Notiz Hofmannsthals zu ersehen ist, erscheint darum umso erstaunlicher, als der in der Liebe Unerfahrene in dem Roman alles andere als ein Draufgänger, sondern Frauen gegenüber sehr befangen ist.[819] Wie Wiethölter dazu bemerkt, bekommt er schon bei dem Gedanken an die Lotterie um Zustinas Jungfernschaft sein „symptomatisches Augenflimmern" und „ergreift in Gegenwart der liebesbereiten Nina erst recht die Flucht".[820] Dabei ist es durchaus so, wie wiederum Mayer konstatiert, dass Hofmannsthals Entscheidung, die Handlung seines Romans in die zweite Hälfte des 18. Jahrhundert zu verlegen, auf das Venedig Casanovas und Goldonis verweist, auch wenn sich deren Spuren in dem Roman weitgehend verwischen.[821] Dennoch verleiht die Anlehnung an die Zeit Casanovas dem Roman eine spezifische und düstere Theatralität, die gerade in den ärmlich und trostlos geschilderten Vierteln der Lagunenstadt, als Kontrast zu einem vermeintlich üppigen und lebenslustigen Rokoko-Venedig, in dieser Weise hervortritt.

Das theatrale Maskenwesen Venedigs überträgt sich auf Andreas nicht nur als eine an Casanova orientierte Figur, sondern übt insgesamt seinen Einfluss auf ihn und auch auf die Gestalten aus, denen er dort begegnet.[822] Wiethölter beruft sich dabei auf das von Simmel erwähnte ‚Doppelleben' der Stadt zu Land und

---

817 Koebner a. a. O., S. 127.
818 Ebd. Siehe zur Affinität zwischen Dandy und Décadent die Gedanken von Marie-Theres Federhofer in dem Kapitel „Die Theatralität der Décadence" in dieser Arbeit, Fußnote 562.
819 Vgl. Wiethölter a. a. O., S. 176.
820 Zitiert ebd.
821 Vgl. Mayer a. a. O., S. 139.
822 Vgl. Seuffert a. a. O., S. 156/157.

zu Wasser, welche aufgrund ihrer „architektonischen Zweideutigkeiten", ihrer „Künstlichkeit", ihrer „Theatralik" und ihres „ostentativen Oberflächencharakters", mit einer auf dem Meer schwimmenden, losgerissenen Blüte" zu vergleichen sei.[823] Die so aus dem maskenhaften Charakter der Stadt sich erschließende Doppeldeutigkeit wiederum zeige sich, wie abermals Seuffert in diesem Zusammenhang feststellt, auch in den Personen, deren Wesen in zwei Teile zu zerklaffen scheinen, wie zum Beispiel bei Nina, die in Wirklichkeit völlig anders aussehe, als auf ihrem Porträt.[824] Dabei beruft sich die Autorin auf eine Notiz Hofmannsthals, wenn sie dazu bemerkt, dass Andreas in dieser maskenhaften Doppelung erscheine, „als ob zwei Hälften seines Wesens (...) auseinandergerissen"[825] wären.

Wie bereits in der Untersuchung über den *Abenteurer und die Sängerin* erwähnt, bezeichnet Simmel Venedig als die „klassische Stadt der Aventure",[826] d. h. eines Abenteuers, das an sich schon zweideutig, da nicht berechenbar ist.[827] Ein Aspekt, mit welchem Simmel unwillkürlich auf den theatralisch-maskenhaften Charakter der Stadt verweist und zugleich Assoziationen an Casanova hervorruft. Wenn Simmel außerdem vom „proteische[n] Gewand"[828] Venedigs spricht, „hinter dem jedesmal das andere als der eigentliche Körper lockt",[829] bedeutet dies, laut Wiethölter, dass die Stadt niemals in ihrem eigentlichen Wesen erfasst werden kann, also immer rätselhaft bleibt.[830] Gleichzeitig jedoch erkläre Simmel auch, so Wiethölter weiter, wie Venedig die Maske, also das Medium des Verhüllens schlechthin, zu einem Instrument der Enthüllung mache,[831] was sich wiederum mit den anhand der Theorien von Deleuze und Simmel herausgearbeiteten Erkenntnissen über die Demaskierung der Maske und deren methodische Anwendung im *Tod in Venedig* verbinden lässt.

Es ließen sich beide Phänomene, so das Fazit Wiethölters, die des Verhüllens und die daraus resultierende Enthüllung, im *Andreas*-Roman wiederfinden, und

---

823 Vgl. Wiethölter a. a. O., S. 168 Die Autorin verweist auf Simmel a. a. O., S. 73. Siehe zu Simmel auch im theoretischen Teil dieser Abhandlung in dem Kapitel „Die Theatralität der Maske" und im inhaltlichen Teil zur Untersuchung über Hofmannthals Drama *Der Abenteurer und die Sängerin* und Manns *Tod in Venedig*.
824 Vgl. Seuffert a. a. O., S. 156/157.
825 Vgl. ebd. Dazu siehe auch: Hofmannsthal: *Andreas* a. a. O., Notiz 13, S. 102.
826 Simmel a. a. O., S. 73, hier zitiert bei Wiethölter, S. 168.
827 Vgl. Wiethölter a. a. O., S. 168.
828 Simmel a. a. O., S. 72, hier zitiert bei Wiethölter, S. 168.
829 Ebd., S. 72, hier zitiert bei Wiethölter, S. 168.
830 Vgl. Wiethölter a. a. O., S. 168.
831 Vgl. ebd. Die Autorin verweist auf Simmel a. a. O., S. 68.

zwar auf eine Weise, dass diese, ineinander verschränkt, den gesamten Venedig-Komplex beherrschen.[832] Wie aus der zitierten Notiz Hofmannsthals zu dem Roman hervorgeht, ist Andreas vor allem deshalb nach Venedig gekommen, um dort, unter der Maskenhaftigkeit der Stadt, Abenteuer, und zwar besonders amouröser Art, zu erleben, andererseits aber wird er, je länger er sich in der verwirrenden Atmosphäre der Stadt aufhält und von den Gegebenheiten dort gefesselt ist, einer unerbittlichen Demaskierung unterworfen.[833]

6.3 Die Theatralität des Kulissenwechsels: Venedig und der Finazzerhof

6.3.1 Die theatrale Doppelbödigkeit Venedigs und ihre Konsequenz für Andreas' Charakter

Wiethölter konstatiert, dass Andreas' Aufenthalt in Venedig für ihn eine Rekapitulation seines Aufenthaltes am Finazzerhof bedeute. Doch seien die Vorgänge dort, im Gegensatz zu Andreas' Erlebnissen in Venedig, ein „harmloser Prolog".[834] In Venedig würden nun die „Spaltungseffekte im Spiegelkabinett des Helden multipliziert und ihre Figuren einem schwindelerregenden Beziehungskarussell überantwortet".[835] Dabei ergäben „erste und zweite Initiation", also Andreas Aufenthalt beim Finazzerhof und anschließend in Venedig, eine „explosive Mischung" und erzeugten „eine Situation von denkbar größter Komplexität".[836] Während Andreas „täglich sein Kärntner Gastspiel, ob er will oder nicht" rekapituliere und „die ihm in den Bergen zuteilgewordene Erfahrung" jeden Tag aufs Neue durchlebe, sei er in Venedig alsbald mit „derselben Problematik noch einmal konfrontiert, und dies nicht in einer einfachen, sondern in einer doppelten Neuauflage".[837]

Diese Feststellung Wiethölters, mit welcher sie unwillkürlich auf die Ich-Schwäche und beunruhigende Labilität des Helden Andreas verweist, lässt sich wiederum mit der Theorie Plessners und der „Abständigkeit des Menschen zu sich" verknüpfen und den daraus resultierenden Konsequenzen einer generellen Gefährdung des Ich, welches sich, Plessner zufolge, erst über Inszenierung konstituiert. Ein theatralisierter Vorgang, der den Abstand des Menschen zu sich voraussetzt und häufig für die Figuren in der Venedigliteratur, in diesem Fall des Helden Andreas, eine Gefahr für diese darstellt und die Konstituierung ihres

---

832 Vgl. Wiethölter a. a. O., S. 168.
833 Vgl. ebd., S. 168/169.
834 Vgl. ebd., S. 169.
835 Ebd.
836 Ebd.
837 Ebd.

Selbst letztendlich scheitern lässt. Diese Problematik des Helden Andreas zeigt sich umso mehr, als er, wie wiederum Wiethölter bemerkt, in Venedig sozusagen auf zwei Bühnen gleichzeitig auftritt und zweimal dasselbe Stück aufführt.[838] Insofern drängt sich hier die Funktion Venedigs als Bühne geradezu auf.

Wie Wiethölter weiterhin ausführt, wechsle Andreas diesbezüglich die Kulissen und das Ensemble. Seine Wirtsleute, der Graf Prampero und seine Töchter, würden gegen Sacramozo und das seltsame Doppelwesen Maria-Mariquita ausgetauscht, nur mit verändertem Text und Regie.[839] Der Kulissenwechsel, vom Finazzerhof zu Venedig, und auch der Rollenwechsel, der sich in dem Austausch der Figuren sowie in dem Doppelwesen Maria-Mariquita offenbart, ist ein grundsätzlicher Ausdruck von Theatralität.

Bezüglich Venedig bemerkt Wiethölter, dass die Stadt, was die ökonomische Erzählstruktur betreffe, „einem Brennglas vergleichbar" sei, „das die Energie auf einen Punkt konzentriert, jedoch weitgehend zugeschliffen war, ehe die Schere der psychologischen Argumentation des Bildungsromans und der mythischen Tiefenstruktur überhaupt auseinandergehen konnte".[840] Ein für die Theatralität Venedigs gleichfalls wesentlicher Gedanke, da dieser eine dem Wesen der Lagunenstadt implizierte Option einer Differenzierung zwischen Fiktion und Wirklichkeit von vornherein ausschließt, und somit deren charakteristisch theatrale, doppeldeutige Eigenschaften bestätigt. Der doppeldeutige Charakter Venedigs, welcher ja im Rahmen des theatralen Raums, aber auch der philosophischen Auslegungen Simmels sowie der Theorie der Maskenhaftigkeit von Deleuze entsprechend dargelegt, und als solcher in seiner verheerenden theatralen Auswirkung schon in Bezug auf Aschenbach im *Tod in Venedig* untersucht wurde, erlebt auch der Held des Romans *Andreas* an sich selbst und bewirkt, dass er keinen Bezug zur Wirklichkeit mehr hat, und sich infolge dessen in einem dauernden Zustand der Traumhaftigkeit befindet, in dem sich für ihn die kausalen Zusammenhänge verlieren:[841] „Er war, was er sein konnte, und doch niemals, kaum jemals war. Er sieht die Schönheit, wird gerührt, – aber ohne das Gefühl des Selbst, auf welchem wie auf einem Smaragd die Welt ruhen muss – (…)."[842]

Auch der Weg zurück in sein früheres Leben scheint für Andreas verbaut, seine innere Verwirrtheit, aber auch die theatral-suggestive Sogkraft Venedigs lässt

---

838 Vgl. ebd.
839 Vgl. ebd.
840 Ebd.
841 Vgl. Seuffert a. a. O., S. 158.
842 Hofmannsthal: „Andreas". In: ders.: *Sämtliche Werke* a. a. O., Notiz 129, S. 129. Auch zitiert bei Seuffert, S. 158.

eine Rückkehr in vergleichsweise ‚normale' Verhältnisse nicht zu. „Er fühlt mit Schaudern, dass er in die uneingeschränkte Wiener Existenz gar nicht zurück kann. Er ist ihr entwachsen. Aber der gewonnene Zustand beängstigt ihn mehr, als er ihn erfreut, es scheint ihm ein Zustand, in welchem nichts bedingt, nichts erschwert, dadurch aber auch nichts vorhanden ist. Alles erinnert nur an Verhältnisse, es sind keine. Alles ist schon vorgekostet, nirgends ist etwas zu suchen, dadurch kann auch nichts gefunden werden."[843]

6.3.2 Die theatrale Stadt zwischen Wirklichkeit und Unwirklichkeit

Bedeutungsvoll in Bezug auf die Theatralität Venedigs ist auch die Tatsache, dass sich in dem Roman die Atmosphäre der Lagunenstadt und die der Gebirgslandschaft grundlegend voneinander unterscheiden. Der Schauplatz Venedig wird als Örtlichkeit und Raum genau beschrieben, ebenso wie die verkommen venezianischen Zustände, mit welchen der Held konfrontiert wird.[844] Im Venedig-Teil des Romans geht es um eine verarmte, adelige Familie, deren Tochter sich, um an Geld zu kommen, als Preis für eine Lotterie anbietet.[845]

Kaum in Venedig angekommen, sieht sich Andreas schon mit allerlei seltsamen und rätselhaften Gestalten und Gegebenheiten konfrontiert.[846] Laut Seuffert hätte Hofmannsthal für seinen Roman bewusst Venedig gewählt, um der „Atmosphäre von Unwirklichkeit, von Abenteuerlichkeit und Grenzverwischung einen möglichen Raum zu geben".[847] Auf diese Weise bewege sich der venezianische Teil des Romans manchmal „in einer der greifbaren Wirklichkeit entrückten Sphäre".[848] Diese Argumentation Seufferts verweist abermals auf die Theatralität der Stadt, die sich eben durch die Atmosphäre von Unwirklichkeit, Abenteuerlichkeit und Grenzverwischung auszeichnet und die Bestimmung einer konkreten Wirklichkeit überwiegend ausschließt. In diesem Sinne ist auch Andreas Zustand der Traumhaftigkeit zu sehen, in dem er sich seit Beginn seines Aufenthaltes in Venedig befindet und der sein Wesen insbesondere in den armseligen, venezianischen Hinterhöfen und engen Gassen bestimmt.[849]

---

843 Ebd., Notiz 102, S. 119. Auch zitiert bei Seuffert, S. 157.
844 Seuffert a. a. O., S. 155.
845 Ebd.
846 Vgl. ebd., S. 155/156.
847 Ebd., S. 157.
848 Ebd.
849 Vgl. ebd., S. 158. Das Phänomen des ‚abseitigen' Venedig findet sich in der Venedigliteratur im Fin de siècle häufig. Siehe dazu Corbineau-Hoffmann a. a. O., Kap. III.

6.4 Die Theatralität des negativen Bildungsromans

Die Grundelemente des Bildungsromans werden in *Andreas* in Frage gestellt, denn die fragile Identität der Hauptfigur wird im Laufe der Zeit nicht stabiler, wie dies in einem Bildungsroman der Fall sein sollte, sondern verliert sich immer mehr in einer inneren Haltlosigkeit.[850] Le Rider zieht die erschreckende Bilanz für Andreas' Werdegang. Demnach entpuppe sich die Lagunenstadt, wie im *Tod in Venedig* und sogar schon in den Memoiren des Casanova, als „ein Ort des Selbstverlusts, als Labyrinth, in dem sich Andreas verirrt, so dass der Bildungsroman in Wirklichkeit vom Zusammenbruch einer fragilen, stets von psychopathologischen Dissoziationsphänomenen bedrohten Persönlichkeit erzählt".[851] Wie schon verschiedentlich dargelegt, hängt der unheilvolle Einfluss Venedigs auf die Figuren unmittelbar mit der Theatralität der Stadt zusammen, aufgrund derer diese sich als ein verwirrendes Labyrinth konstituiert, aus welchem es kein Entrinnen mehr gibt.

Le Rider erklärt den Zusammenhang der verwirrenden Architektur des theatralen Venedig und Andreas' desorientiertem Wesen: „In Venedig verliert Andreas vollends seine Orientierungspunkte: Die Gässchen, Plätze und Kanäle gleichen einander, er läuft im Kreis, ohne dass es ihm auffällt, die Fassaden unterscheiden sich kaum von den Hinterseiten der Gebäude, die Häuser und Kirchen haben einen doppelten Eingang und ermöglichen es den Frauen, sich aus dem Staub zu machen (…)."[852]

6.5 Die Theatralität der bröckelnden Fassade eines „realistischen" Venedig: Vergleich mit anderen Werken der Venedigliteratur

Auffallend ist, dass das Venedig-Bild in *Andreas*, genau wie in Manns *Tod in Venedig*, die „gesamte" Stadt umfasst. Es wird ein „realistisch geschautes Bild" gezeigt:[853] So sind „kleine Höfe mit spärlichen Gärten" zu sehen, „das Milieu armseliger Häuser" und „abgelegene Plätze mit einsamen Kirchen".[854] In dieser Hinsicht unterscheidet sich dieses Venedig grundsätzlich von dem Bild der Stadt, das Hofmannsthal in *Der Abenteurer und die Sängerin* gestaltete. Dort wird Venedig als eine Stadt der Lebens- und Sinnengenüsse gefeiert.[855]

---

850 Vgl. le Rider a. a. O., S. 131.
851 Ebd., S. 136.
852 Ebd., S. 131.
853 Seuffert a. a. O., S. 158.
854 Ebd.
855 Vgl. ebd., S. 148.

Der *Andreas*-Roman steht für die neue Einstellung Hofmannsthals, sich mit dem „realistischen" Venedig als Schauplatz vertraut zu machen und von dem körperlosen Ideal der Märchenstadt zu distanzieren.[856] In diesem Sinne konstituiert sich auch die Theatralität der Stadt durch die Armseligkeit einer gleichfalls bröckelnden und dennoch rätselhaft reizvollen Kulisse. Die Baufälligkeit der Häuser, welche die kleinen düsteren Kanäle säumen, löst in Andreas Betroffenheit aus, wobei die Verwitterung der Steine und Anlegestellen in ihrer theatralen Aussagekraft die Verderbnis der venezianischen Sitten symbolisiert.[857]

Hofmannsthal kultivierte den Verfall, ähnlich wie Mann, zu einer speziellen, theatral anmutenden Ästhetik, für die Venedig, die Hauptstadt der „Decadence", wie geschaffen schien. Dabei ist zu bedenken, dass Manns *Tod in Venedig* 1912 veröffentlicht wurde, also etwa im gleichen Zeitraum, in dem Hofmannsthal *Die wunderbare Freundin*, den Hauptteil des *Andreas*-Romans, schrieb.[858] Seuffert behauptet, dass Hofmannsthal und Mann die einzigen Dichter im Fin de siècle seien, welche in ihren Werken ein „realistisches" Bild Venedigs entworfen hätten.[859] Ein Bild, wie gesagt, das im Rahmen der in dieser Arbeit untersuchten Theatralitätstheorien, eben aufgrund des offen dargestellten Verfalls, zugleich Theatralität impliziert. Dass jedoch die beiden Autoren die einzigen Dichter im Fin de siècle gewesen sein sollen, die ein „realistisches" Venedig entworfen hätten, trifft so nicht zu.

So beschreibt Rilke in seiner Erzählung *Szene aus dem Ghetto in Venedig* vor allem die unschönen Bereiche der Lagunenstadt und deutet das „wirkliche Venedig"[860] nur an, was dessen theatralischen Reiz aber umso stärker hervortreten lässt: „(…) die Stadt der Paläste, der Abenteuer, der Masken und der blassen Lagunennächte, die wie keine anderen Nächte sonst, den Ton von heimlichen Romanzen tragen."[861] In Opposition dazu beschreibt Rilke die auffallend hohen Häuser und die Armut des jüdischen Ghettos.[862]

---

856 Vgl. ebd., S. 158.
857 Vgl. Le Rider a. a. O., S. 132.
858 Zum Zeitraum der Entstehung und Veröffentlichung vom *Tod in Venedig* siehe den Beitrag von Herbert Wieser, in: *Kindlers Neues Literaturlexikon* a. a. O., S. 83.
859 Vgl. Seuffert a. a. O., S. 158.
860 Rainer Maria Rilke: *Geschichten vom lieben Gott*, „Szene aus dem Ghetto in Venedig". In: ders.: *Lyrik und Prosa*, Lizenzausgabe für die Europäische Bildungsgemeinschaft, Stuttgart o.J., S. 56.
861 Ebd.
862 Vgl. Schenk a. a. O., S. 438.

Zu erwähnen ist auch Arthur Schnitzler mit seiner Novelle *Casanovas Heimfahrt*,[863] welche im Jahr 1918 erschien. Während darin der alternde Casanova in einem Traum das romantische nächtliche Venedig und die Liebesabenteuer, die er dort einst erlebte, heraufbeschwört, muss er gegen Ende der Novelle bei strömendem Regen durch die „armseligen Straßen"[864] der nüchternen und ausgesprochen hässlichen venezianischen Vorstadt gehen, um zum Hafen zu gelangen. Von dort aus nimmt er ein Marktschiff nach Venedig: „Der Himmel war trüb; Dunst lag auf den Lagunen; es roch nach faulem Wasser; nach feuchtem Holz; nach Fischen (...)."[865] In Venedig angekommen, wird Casanova gleich mit weiteren Unannehmlichkeiten konfrontiert: Denn dort bleibt ihm aus Geldmangel nichts anderes übrig, als in einer schäbigen Pension, dessen Besitzer sich ihm gegenüber auch noch äußerst rüpelhaft benimmt, ein trostloses Zimmer zu beziehen, „mit der Aussicht auf die fensterlose Mauer eines gegenüberliegenden Hauses".[866]

Ausgehend von der Theatralität Venedigs und der Eigenschaft der Stadt als Kulisse, zeigt sich diese hier in einer überaus düsteren Weise, indem sie zugleich das trostlose und illusionslose Dasein des alternden Casanova offenbart.

7. Die vielschichtige Theatralität der Venedig-Gedichte Rainer Maria Rilkes

Rilke setzte sich in seinem literarischen Schaffen, ähnlich wie Hofmannsthal, sehr intensiv mit dem Phänomen Venedig auseinander. So ließ er zum Beispiel in seinen Roman *Die Aufzeichnungen des Malte Laurids Brigge* venezianische Passagen einfließen und auch die Erzählung *Szene aus dem Ghetto in Venedig* veranschaulicht das Interesse des Autors an der Lagunenstadt.[867]

Fast noch stärker jedoch trifft dies auf die Gedichte „Venedig I-IV"[868] von den *Ersten Gedichten* aus dem Jahre 1897 zu und außerdem auf die zwischen 1907 und 1908 entstandenen Venedig-Gedichte, zu denen die Sonette „Spätherbst in Venedig", „San Marco", „Ein Doge" und die in unterschiedlicher Versform

---

863 Arthur Schnitzler: *Casanovas Heimfahrt*, Stuttgart 2003.
864 *Casanovas Heimfahrt*, S. 113.
865 *Casanovas Heimfahrt*, S. 113.
866 *Casanovas Heimfahrt*, S. 114.
867 Vgl. Reichel a. a. O., S. 125.
868 Rainer Maria Rilke: *Sämtliche Werke*, hrsg. vom Rilke-Archiv in Verbindung mit Ruth Sieber-Rilke, Frankfurt am Main 1955, Bd. I: *Advent* (1897), darin *Erste Gedichte*: „Fahrten. Venedig I-IV", S. 116–118.

geschriebenen Gedichte „Venezianischer Morgen", „Die Laute", „Bildnis" und „Der Abenteurer" gehören.[869] Die beiden letzteren hier erwähnten Gedichte schließlich, also „Bildnis" und der aus zwei Teilen bestehende „Abenteurer" grenzen den ganzen Komplex ein.[870] Zuzurechnen ist dieser Venedig-Zyklus der Sammlung von *Der neuen Gedichte anderer Teil*[871]. Das Sonett „Die Kurtisane"[872] hingegen, obwohl ebenfalls ein venezianisches Gedicht, und zeitlich nur wenig früher als Rilkes Venedig-Dichtungen aus *Der Neuen Gedichte anderer Teil*, nämlich im März 1907 entstanden, gehört nicht zu diesem Zyklus und ist den *Neuen Gedichten* zugeordnet.[873] Das Interessante ist, dass sich die beiden Gedichtkreise, also „Venedig I-IV" und die venezianischen Gedichte aus den *Neuen Gedichten* und *Der Neuen Gedichte anderer Teil* nicht nur in ihrer formalen und stilistischen Form voneinander unterscheiden, sondern auch ein völlig unterschiedliches Bild von der Lagunenstadt und deren Theatralität vermitteln.[874]

Als Rilke im Jahre 1897 zum erstenmal Venedig besuchte, vermerkte er seine Eindrücke dazu in einer Tagebuchnotiz.[875] Einen äußerst theatralischen Effekt erreicht der Autor damit, indem er die Paläste Venedigs als schöne Frauen personifiziert:

> Florenz erschließt sich nicht wie Venedig dem Vorübergehenden. Dort sind die hellen, heiteren Paläste so vertrauensselig und beredt, und wie schöne Frauen verharren sie immerfort am Spiegel des Kanals und sorgen, ob man ihnen das Altern nicht anmerkt.

---

869 Vgl. Reichel a. a. O., S. 125.
870 Vgl. Requadt a. a. O., S. 204.
871 Rainer Maria Rilke: *Der Neuen Gedichte anderer Teil* (1907–1908). In: ders.: *Sämtliche Werke* a. a. O., darin:
„Bildnis", S. 608.
„Venezianischer Morgen", S. 609.
„Spätherbst in Venedig", S. 609/610.
„San Marco", S. 610/611.
„Ein Doge", S. 611.
„Die Laute", S. 611/612.
„Der Abenteurer", S. 612–614.
Die beiden Gedichte „Ein Doge" und „Bildnis" werden in dieser Arbeit nicht eingehender untersucht, da dies hinsichtlich einer venezianischen Theatralität nicht so lohnenswert erschien wie bei den anderen Gedichten des Zyklus.
872 Rainer Maria Rilke: „Die Kurtisane", in: ders.: *Neue Gedichte* (1903–1907). In: ders.: *Sämtliche Werke* a. a. O., S. 526.
873 Zu dem Entstehungsdatum des Gedichtes siehe: Brigitte L. Bradley: R. M. Rilkes *Neue Gedichte. Ihr zyklisches Gefüge*, Bern 1967, S. 121.
874 Vgl. Reichel a. a. O., S. 125.
875 Vgl. Schenk a. a. O., S. 440/441.

Sie sind glücklich in ihrem Glanz und haben wohl nie andere Wünsche gehabt, als schön zu sein und alle Vorzüge dieses Besitzes zu zeigen und zu genießen. Deshalb geht der Flüchtigste beschenkt von ihnen, reicher wenigstens um dieses unvergleichliche goldene Lächeln der festlichen Fronten, das zu jeder Stunde des Tages in irgendeiner Nuance wach bleibt und nachts der etwas zu süßen Melancholie weicht, welche in den venezianischen Erinnerungen jedes hastigsten Italienfahrers Raum gewann.[876]

7.1 Die Theatralität der Totenstadt: „Venedig I–IV"

Sein erster Venedigbesuch veranlasste Rilke, die Gedichte „Venedig I-IV" zu verfassen. „In der Manier impressionistischer Stimmungslyrik"[877], so Reichel, „beschreiben die Verse (…) eine von Armut, Krankheit und Tod gezeichnete Stadt".[878] Laut Corbineau-Hoffmann sind diese frühen Venedig-Gedichte Rilkes mit der Thematisierung eines erlebenden Ich „in einer wenngleich verschwimmenden, so doch konkreten Realität" noch stark von der Tradition Byrons beeinflusst.[879] Insofern es auch hier die für die Venedigliteratur der Romantik und des Fin de siècle paradigmatische Todessymbolik, in welcher sich zugleich die Theatralität der vom Verfall bedrohten Stadt zu erkennen gibt. Auch die Gondel erscheint in diesem Zusammenhang als theatralisch konnotiertes Todessymbol und dies insbesondere deshalb, als diese bereits in „Venedig I" mit einem Sarg verglichen wird, wozu auch das Farbadjektiv „schwarz" beiträgt, das in den Versen leitmotivisch verwendet wird.[880] Den ganzen Gedichtzyklus fährt die Gondel

---

876 Rainer Maria Rilke, *Tagebücher aus der Frühzeit*, Leipzig 1942, darin: „Florenzer Tagebuch" (1898), S. 25.
877 Reichel a. a. O., S. 125.
878 Ebd.
879 Corbineau-Hoffmann a. a. O., S. 409.
880 Vgl. Reichel a. a. O., S. 125. Hinsichtlich der Gondel als Sarg-Metapher vgl. auch: Schenk a. a. O., S. 436/437 und Koppen a. a. O., S. 230. Schenk verweist darauf, dass die Gondel-Sarg-Metapher in der Venedig-Dichtung schon in Goethes *Venetianischen Epigrammen* auftaucht. Darin ist zu lesen:
Diese Gondel vergleich' ich der sanft einschaukelnden Wiege,
Und das Kästchen darauf scheint ein geräumiger Sarg.
Recht so! Zwischen der Wieg' und dem Sarg wir schwanken und schweben.
Auf dem großen Kanal sorglos durchs Leben dahin.
(in: *Hamburger Ausgabe in 14 Bänden*, 1948, Bd. I, S. 174–185).
Auch bei Lord Byron findet sich in seiner Erzählung *Beppo* schon die gleiche theatralische Metapher, sowie bei Platen in seinem Venedig-Epigramm *Doppelte Bestimmung* und in einem Brief Richard Wagners an Mathilde Wesendonk. Sie erscheint aber auch bei Franz Werfel in seiner Erzählung *Verdi* und, wie wir schon festgestellt haben, in

wie ein Trauerzug an den maroden Palästen der „Marmorstadt" vorbei, begleitet von einem „fernen Ave", während das lyrische Ich sich mit einem „toten Kaiser" identifiziert.[881]

> Fremdes Rufen. Und wir wählen
> eine Gondel, schwarz und schlank:
> Leises Gleiten an den Pfählen
> einer Marmorstadt entlang.[882]
> (Venedig I)
> (…)
> Und der schwarze Pfad wird leiser,
> fernes Ave weht die Luft,-
> traun: ich bin ein toter Kaiser,
> und sie lenken mich zur Gruft.[883]
> (Venedig I)

Die theatrale Todes- und Verfallssymbolik setzt sich in den Venedig-Gedichten II und III fort, wobei sich unwillkürlich der Gedanke aufdrängt, dass Venedig als Schauplatz prunkvoller Feste und Empfänge zu einer Stätte von völliger Lethargie degeneriert ist.[884]

> Immer ist mir, dass die leisen
> Gondeln durch Kanäle reisen
> irgend jemand zum Empfang.
> Doch das Warten dauert lang,
> (…)[885]
> (Venedig II)

Den Eindruck des Niedergangs zeigt sich auch in der Beschreibung von Armut und menschlichem Elend:

> (…),
> und das Volk ist arm und krank,
> und die Kinder sind wie Waisen.[886]
> (Venedig II)

Manns *Tod in Venedig*, auch wenn diesen letzteren beiden Werken das Rilke-Gedicht zeitlich vorausgeht. Siehe: Schenk a. a. O., S. 436/437. Vermerk in Fussnote.
881 Vgl. Reichel., S. 125.
882 „Venedig I" in *Erste Gedichte*, a. a. O., S. 116.
883 Ebd.
884 Vgl. Reichel a. a. O., S. 125.
885 „Venedig II", S. 116.
886 Ebd.

> Ein Volk von Sklaven
> drängt sich im Hafen
> um nüchterne Feste.[887]
> (...)
> Im Gassennetze
> Betteln die Niedern.[888]
> (Venedig III)

Die folgenden Zeilen zeugen von der Sehnsucht nach einer lebendigen, heiteren und prunkvollen Vergangenheit, welche gerade im Rückblick und ausgehend von der traurigen Gegenwart einer von Tod, Verfall und Armut geprägten Stadt, ihr theatrales Potential entfaltet.[889]

> Lange harren die Paläste
> auf die Herren, auf die Gäste,
> und das Volk will Kronen sehn.
> Auf dem Markusplatze stehn
> möchte ich oft und irgendwen
> fragen nach dem fernen Feste.[890]
> (Venedig II)

Gleichfalls theatral erscheint die Erinnerung an die einstigen Herren des venezianischen Senats in ihren berühmten purpurroten Amtsroben, die ehemals die Geschicke der Lagunenstadt bestimmten, und nun nicht mehr existieren:

> Sag mir, weißt du
> noch von den Toten,
> die hier geboten
> in köstlichen Kronen?
> Wo sie jetzt wohnen,
> die Purpurroten?[891]
> (Venedig III)

---

887   „Venedig III", S. 117.
888   Ebd.
889   Vgl. Schenk a. a. O., S. 437.
890   „Venedig II", S. 116/117.
891   „Venedig III", S. 117/118.

7.2 Die Theatralität der „willensstarken" Stadt. „Spätherbst in Venedig" und „San Marco"

Wie in Rilkes Venedig-Gedichten aus den Jahren 1907 und 1908 zu sehen ist, veränderte sich seine Sicht auf die Lagunenstadt grundlegend.[892] In den *Neuen Gedichten* und *Der neuen Gedichte anderer Teil* kommen teilweise magisch wirkende, theatralische Farbeindrücke aber auch die effektvolle theatralische Wirkung des Goldes, als das edelste und kostbarste Metall, zur Geltung, vor allem in der „Kurtisane", in der das Gold als Metapher für die Kurtisane und Venedig zugleich gilt. Theatralische Farbwirkungen entstehen aber auch im „Venezianischen Morgen", in dem die Stadt Opale trägt, die niemals die gleiche Farbe ausstrahlen.[893] Mit diesen kostbaren Steinen schmückt Rilke Venedig und drückt damit zugleich die Vieldeutigkeit der Stadt aus,[894] eine für die Theatralität Venedigs paradigmatische Eigenschaft, durch welche sich diese, durchaus auch im Sinne von Doppeldeutigkeit, im Wesentlichen bestimmt.

Die theatrale Vieldeutigkeit der Stadt zeigt sich in Rilkes Venedig-Gedichten dieser Zeit aber in noch ganz anderer und für die Décadence-Literatur im Fin de siècle überraschenden Weise, wie dies unter anderem in dem Sonett „Spätherbst in Venedig" deutlich zum Vorschein kommt. Paul Requadt bemerkt dazu: „Gegenüber den vagen, erlebnishaften Venedig-Gedichten von 1897 stellt sich die Stadt jetzt mit scharfen Einzelzügen dar."[895] Zunächst jedoch steht die Todes- und Verfallssymbolik der Lagunenstadt noch im Vordergrund:[896]

> Nun treibt die Stadt schon nicht mehr wie ein Köder,
> der alle aufgetauchten Tage fängt.
> Die Paläste klingen spröder
> an deinen Blick. Und aus den Gärten hängt
>
> der Sommer wie ein Haufen Marionetten
> kopfüber, müde, umgebracht.
> (…)[897]

---

892 Vgl. Schenk a. a. O., S. 440, und Reichel a. a. O., S. 125.
893 Vgl. Seuffert a. a. O., S. 125.
894 Vgl. ebd.
895 Requadt a. a. O., S. 198, auch zitiert bei Schenk a. a. O., S. 440.
896 Vgl. Schenk a. a. O., S. 444.
897 „Spätherbst in Venedig" in: *Der neuen Gedichte anderer Teil*, a. a. O., S. 609/610.

Dann aber kommt es zu einer radikalen Kehrwende. Die Lagunenstadt verharrt nicht länger in einem Zustand der Schwäche und Todesnähe, sondern wird von einer kämpferischen Kraft und Energie durchdrungen, die an das mächtige „historische" Venedig gemahnt.

> (...)
> Aber vom Grund aus alten Waldskeletten
> steigt Willen auf: als sollte über Nacht
>
> der General des Meeres die Galeeren
> verdoppeln in dem wachen Arsenal
> um schon die nächste Morgenluft zu teeren
>
> mit einer Flotte, welche ruderschlagend
> sich drängt und jäh, mit allen Flaggen tagend,
> den großen Wind hat, strahlend und fatal.[898]

Auch wenn in Venedig deutliche Spuren des Verfalls zu erkennen sind, sei die „Fülle der Aktion", wie Rilke einmal hinsichtlich der politischen Vergangenheit der Adriametropole erwähnt, trotz des geschichtlichen Untergangs der Stadt, noch gegenwärtig.[899] Insofern ist in die Erschließung imaginärer bzw. theatraler Räume Venedigs auch ein solch kraftvolles Bild der Stadt mit einzubeziehen, welches dessen theatralisch-poetische Relevanz zugleich bestätigt, auch wenn dies angesichts der Todes- und Décadence-Symbolik Venedigs ein wenig befremdlich erscheinen mag. Andererseits aber thematisiert Rilke das kraftvolle Venedig vergangener Zeiten eben angesichts der verfallenden theatralischen Kulisse der Stadt, womit er dieser wiederum als Symbol des Todes und der Décadence gerecht wird.

Das Sonett „San Marco" beinhaltet, gleichfalls wie der „Spätherbst in Venedig", die Umwälzung der Stadt. Im „Spätherbst" wird die „Verwandlung ins Strahlende, das zugleich großes Schicksal ist",[900] gerühmt, die letzten Zeilen des Gedichtes zeigen jedoch, dass dies „im großen Wind (...) strahlend und fatal" geschieht, was bedeutet, dass zugleich das Verhängnis mit einbezogen ist.[901] Diese Tendenz ist auch insofern relevant, als die bröckelnde, theatralische Kulisse der Stadt eine grundsätzliche Disposition zum Verhängnis beinhaltet, wie dies an verschiedenen Beispielen in dieser Arbeit bereits erläutert wurde.

---

898 Ebd., S. 610.
899 Vgl. Reichel a. a. O., S. 125/126.
900 Hans Berendt: *Rainer Maria Rilkes Neue Gedichte. Versuch einer Deutung*, Bonn 1957, S. 296.
901 Vgl. ebd.

„San Marco" hingegen besingt eine Verwandlung von der Dunkelheit des Staates in den Glanz und „die heile Helle des Ausblicks".[902] Demnach stellt sich die Frage, ob und inwiefern sich hier der unheilvolle Einfluss der Theatralität Venedigs auswirkt. Denn dass sich dieser auswirkt, ist aufgrund des Charakters der theatralen Stadt nicht auszuschließen. Im Falle von „San Marco" kann dies nur bedeuten, dass die von der Theatralität der Stadt ausgehende Bedrohung untergründig und nicht fassbar, aber dennoch stets gegenwärtig ist, was darauf schließen lässt, dass die Verwandlung Venedigs mit der „heilen Helle des Ausblicks" eine Illusion ist, in der sich der eigentlich gefahrvolle und wiederum illusionistische Charakter der theatralen Lagunenstadt vermittelt.

7.3 Die theatrale Personifizierung Venedigs als verführerische Frau: „Die Kurtisane", „Venezianischer Morgen" und „Die Laute"

In dem Sonett „Die Kurtisane" betont Rilke die Unvergänglichkeit Venedigs.[903] Einen besonderen theatralischen Effekt erreicht der Autor, indem er die Stadt in dem Bild der eleganten Geliebten porträtiert und Venedigs Eigentümlichkeiten mit denen der Kurtisane vergleicht.[904] Dies zeigt sich unter anderem in der unheimlich wirkenden „lautlosen Gefahr der Augen" der Kurtisane, welche sowohl die subtile theatrale Unberechenbarkeit der Frau als auch die der Stadt suggeriert.[905] Insofern ist es auch hier die der Theatralität inhärente Eigenschaft einer untergründigen Gefahr, welche die Atmosphäre in dem Sonett bestimmt.

> Venedigs Sonne wird in meinem Haar
> ein Gold bereiten: aller Alchemie
> erlauchten Ausgang. Meine Brauen, die
> den Brücken gleichen, siehst du sie
>
> hinführen ob der lautlosen Gefahr
> der Augen, die ein heimlicher Verkehr
> an die Kanäle schließt, so daß das Meer
> in ihnen steigt und fällt und wechselt. (…)[906]

Die folgende Feststellung Corbineau-Hoffmanns über das Sonett ist hinsichtlich der impliziten Theatralität der Sprache besonders relevant. So konstatiert die Autorin, dass die Rede der Kurtisane das Unheimliche „im Moment des

---

902 Vgl. ebd.
903 Vgl. Reichel a. a. O., S. 126.
904 Vgl. ebd.
905 Vgl. Corbineau-Hoffmann a. a. O., S. 408.
906 „Die Kurtisane" in *Neue Gedichte*, a. a. O., S. 526.

Sprechens" erfasse und zugleich – übertragen auf die von Venedig „domestizierten Gezeiten des Meeres" – die „mythische Dauer" der Zeit.[907] „Statt (…) aber diese Gefahr in der Zeit zu entfalten und zu erklären, konzentriert Rilke jenes Unheimliche im Moment des Sprechens: Die Rede der Kurtisane, aus der das Gedicht besteht, gibt der Gegenwart und dem grammatischen Präsens Dauer."[908]

Die Selbstbeschreibung der Kurtisane gleicht durchgängig im ganzen Sonett hindurch einer Erläuterung ihres eigenen Portraits, wobei Haare, Brauen, Augen, Hand und Mund der Frau erwähnt werden.[909] Gleichzeitig jedoch zeigt sich in der äußerst theatralischen Personifizierung Venedigs als Kurtisane eine entsprechend theatralisch-symbolische Verdichtung des Charakters der Stadt.[910]

Ein wesentliches theatralisches Element, das in dem Sonett die Personifizierung Venedigs als Kurtisane bestimmt, ist die Thematisierung des Goldes bzw. des goldenen Glanzes, sinnbildend für den Reichtum und Prunk der Stadt. Das Gold gilt somit als theatralische Metapher für die Kurtisane und Venedig zugleich. Brigitte L. Bradley weist darauf hin, dass die Sonne, die dem Haar der Kurtisane einen goldenen Glanz verleiht, dahingehend gedeutet werden könnte, dass sie, „die ja nicht nur Licht, sondern auch Wärme spendet, wie ein Schmelzofen tatsächliches Gold in ihrem Haar erzeugen" werde.[911] Mit dem „edlen Metall" sei „wie in einem anderen Gedicht Rilkes, *Das Gold*, ein Absolutes gemeint, das hier in einem Vorgang kosmischen Ausmaßes für die Realität gewonnen werden soll".[912] Zugleich erinnere „die erwähnte Alchimie an die Bemühungen, neben der Goldbereitung auch ein lebensverlängerndes Elixier zu finden".[913] Das Bestreben, ein solches zu entdecken, sei „für die der Gold-Metapher unterlegte Sinngebung ausschlaggebend".[914] Bradley macht auf den Zusammenhang mit dem Oheim im *Malte* aufmerksam, der sich mit Alchimie beschäftigte und in der

---

907 Corbineau-Hoffmann a. a. O., S. 408.
908 Ebd.
909 Vgl. Bradley a. a. O., S. 121.
910 Der Vergleich Venedigs mit einer schönen Frau erscheint auch bei Gabriele d'Annunzio: „Die Stadt und das Weib sind beide verführerisch und unergründlich." Siehe: *Feuer*, Roman in zwei Bänden, autorisierte Übertragung von M. Gagliardi, Berlin 1925, Bd. I, S. 33. Originalversion: *Il fuoco*, Milano 1951, S. 65: „La città e la donna, entrambe tentatrici e profonde (…)." Deutscher Text auch zitiert bei Seuffert a. a. O., S. 126.
911 Bradley a. a. O., S. 121.
912 Ebd.
913 Ebd.
914 Ebd.

Lage war, Leichen „auf eine geheimnisvolle Art"[915] zuzubereiten, „so dass sie der Verwesung widerstanden".[916] Dem Ganzen liege der Wunsch zugrunde, „die Bedingtheit der organischen Materie zu überwinden".[917] Eine ähnliche Aussage, so Bradley weiter, gälte für das Sonett. Die Rede der Kurtisane könne dahingehend gedeutet werden, „dass sich im organischen Bereich, den sie versinnbildlicht, die absolute Unvergänglichkeit verwirklichen werde".[918]

Eine solchermaßen symbolhafte Bedeutung des Goldes prädestiniert es geradezu als hochgradig theatralische Metapher. Zudem lässt sich der Gedanke der absoluten Unvergänglichkeit, welcher der Gold-Metapher, laut Bradley, zugrunde liegt, mit Corbineau-Hoffmanns These einer theatralisch konnotierten, mythischen Dauer der Zeit verbinden. Dabei bezieht sich die Autorin gleichfalls auf die Unvergänglichkeit des goldenen Haares der Kurtisane. „Und selbst das Haar gewinnt – in utopischer Zukunft – die Kostbarkeit und Dauerhaftigkeit des Goldes. So ereignet sich der Sieg der Kunst über die Natur, *aller Alchemie erlauchten Ausgang.*"[919] Die Ausführungen von Bradley aber auch Corbineau-Hoffmanns verweisen auf die „Unvergänglichkeit" der Kurtisane aufgrund ihres goldenen Haares, welches als theatralische Metapher auch auf die „Unvergänglichkeit" Venedigs und dessen prunkvolle Schönheit hindeutet. Dies lässt sich mit der verfallenden „Hauptstadt der Décadence" insofern vereinbaren, als diese ihr theatrales Potential im Wesentlichen aus der niemals sich erschöpfenden Erinnerung einer ehemals glanzvollen Vergangenheit bezieht. Die Stadt macht nun nicht mehr, wie in den früheren Dichtungen „Venedig I–IV", einen lethargischen und lebensmüden Eindruck, sondern erscheint „unverwundbar", „geschmückt" und „erholt".[920]

Insofern zeigt sich in der Unterschiedlichkeit des Venedig-Bildes in Rilkes Dichtungen auch das imaginäre Potential des theatralen Raumes Venedig. Nicht dieser, als Frau verkörperten Stadt, droht der Tod, sondern den Menschen, die ihrer Schönheit nicht gewachsen sind.[921] Selbstverständlich ist es auch die in dem Sonett sich vermittelnde Erotik einer schönen Frau, die als Personifizierung Venedigs, sich über ein erhebliches Maß von Theatralität bestimmt und dies

---

915 Ebd. Bradley bezieht sich auf Rainer Maria Rilkes Roman: „Die Aufzeichnungen des Malte Laurids Brigge". In: *Sämtliche Werke*, Bd. V, Frankfurt am Main 1966.
916 Ebd.
917 Bradley a. a. O., S. 121/122.
918 Ebd., S. 122.
919 Corbineau-Hoffmann a. a. O., S. 408.
920 Vgl. Reichel a. a. O., S. 126.
921 Ebd.

umso mehr, da die verführerische Schönheit der Frau, genauso wie die theatrale Kulisse Venedigs, die Macht besitzt, ins Verderben zu stürzen.

> (…) Wer
> mich einmal sah, beneidet meinen Hund,
> weil sich auf ihm oft in zerstreuter Pause
> die Hand, die nie an keiner Glut verkohlt,
>
> die unverwundbare, geschmückt, erholt –.
> Und Knaben, Hoffnungen aus altem Hause,
> gehen wie Gift an meinem Mund zugrund.[922]

Die beiden letzen Strophen führen dem Leser die Einsamkeit der Frau vor Augen.[923] Alle Welt beneidet den Hund, den ihre Hand, „die nie an keiner Glut verkohlt", berührt, jedoch ist ihr bewusst, dass die jungen Männer, die sie begehren, wegen ihrer Schönheit unweigerlich ins Verderben stürzen.[924] Die Kurtisane bleibt davon scheinbar ungerührt, aber da sie sich niemals ganz hingibt, bleibt sie eine Ausgeschlossene.[925] Hans Berendt schreibt dazu: „So wird die stete Hingabe an die Welt mit ihrem *heimlichen Verkehr* durch die Kanäle der Stadt zum Gift der Lüge, zum tötenden Verhängnis: Kein Schuldbewusstsein bekennt das Gedicht, es stellt nur die Tatsache fest, dass zwischen der Welt und der Kurtisane eine Unheilsbeziehung für die Welt, und damit auch für die Einsame waltet."[926] Das als Kurtisane personifizierte Venedig offenbart sich hier mit seinen aus der Theatralität der Stadt sich ergebenden Konsequenzen des Verderbens, des Unheils aber auch der Einsamkeit der schönen Frau selbst.

Das Gedicht „Venezianischer Morgen" gibt Venedigs „verwirklichte Unwirklichkeit"[927] wieder. Eine für die Theatralität der Stadt wesentliche Eigenschaft, welche die Grenze zwischen Fiktion und Wirklichkeit verwischt erscheinen lässt und insofern auf die dekonstruktive Tendenz der Theatralität verweist. Es handelt sich aber auch um ein Phänomen, das sich anhand des Konzeptes der Heterotopie von Foucault beobachten lässt und zwar im Sinne von „tatsächlich realisierten Utopien". Die in dem Gedicht „verwirklichte Unwirklichkeit" vermittelt sich durch theatralische Farbwirkungen, indem die Stadt Opale trägt, die niemals die gleiche Farbe ausstrahlen. Wie vorhin schon erwähnt, schmückt

---

922 „Die Kurtisane" a. a. O., S. 526.
923 Vgl. Berendt a. a. O., S. 152.
924 Vgl. Bradley a. a. O., S. 122.
925 Vgl. Berendt, a. a. O., S. 152.
926 Ebd.
927 Ebd., S. 206.

Rilke Venedig mit diesen kostbaren Steinen, womit er zugleich die theatrale Vieldeutigkeit der Stadt ausdrückt.[928]

In dem Gedicht beschreibt Rilke die Stadt, wie in der „Kurtisane", mit der theatralisch konnotierten Figur einer reizvollen Frau, deren luxuriösen Lebenstil die „fürstlich verwöhnten Fenster" genauso wie die Opale, die sie trägt, versinnbildlichen.[929] Im Sinne der Theatralität Venedigs spielen die Fenster aber auch insofern eine Rolle, als sich durch sie für die Stadt in diesem Gedicht erst ihr theatraler Raum erschließt. Ebenso haben die Fenster die Funktion eines Spiegels, in dem die schöne Frau sich betrachtet und die Stadt sich zugleich als Parallelwelt spiegelt.[930] Insofern besteht wiederum ein Zusammenhang mit dem Konzept der Heterotopie, da dem Spiegel innerhalb einer heterotopen Inversion eine entscheidende Funktion bei der Wahrnehmung eines virtuellen Raumes, in diesem Fall Venedigs, zukommt.

Es ist anzunehmen, dass zu Rilkes Aufzeichnungen aus seinem Florentiner Tagebuch ein theatralischer Bezug besteht, in denen er die prunkvollen Paläste am Canal Grande mit schönen Frauen vergleicht, die sich im Wasser spiegeln:[931]

Venezianischer Morgen

Fürstlich verwöhnte Fenster sehen immer,
was manchesmal uns zu bemühn geruht:
die Stadt, die immer wieder, wo ein Schimmer
von Himmel trifft auf ein Gefühl von Flut,

sich bildet ohne irgendwann zu sein.
Ein jeder Morgen muß ihr die Opale
erst zeigen, die sie gestern trug, und Reihn
von Spiegelbildern ziehn aus dem Kanale
und sie erinnern an die andern Male:
dann giebt sie sich erst zu und fällt sich ein

wie eine Nymphe, die den Zeus empfing.
Das Ohrgehäng erklingt an ihrem Ohre;
sie aber hebt San Giorgio Maggiore
und lächelt lässig in das schöne Ding.[932]

---

928 Ebd.
929 Vgl. Schenk a. a. O., S. 446.
930 Vgl. ebd.
931 Rilke: „Florenzer Tagebuch" a. a. O., S. 25. Dazu siehe oben.
932 „Venezianischer Morgen" in: *Der neuen Gedichte anderer Teil*, a. a. O., S. 609.

Auch in dem Gedicht „Die Laute" ist Venedig, wie schon in der „Kurtisane" und im „Venezianischen Morgen", eine verführerische Frau, welche in theatralischer Disposition die Stimmung des Gedichtes bewirkt. Requadt schreibt, bei jenen „Venedig"-Gedichten Rilkes lasse sich eben im Sinne dessen davon sprechen, weil diese dafür zwei Bedingungen erfüllten: Erstens personifiziere Rilke darin die Stadt, und zweitens führe er die Kurtisane ein und bringe so die traditionelle „dissoluteness" Venedigs zum Ausdruck.[933] Beide Elemente sind in jenen Gedichten auf die Theatralität der Stadt zurückzuführen und konstituieren sich zugleich durch diese, indem sie sich in der Personifizierung Venedigs als schöne Frau bzw. als Kurtisane miteinander verbinden.

„Die Laute" fällt durch kühne theatralische Metaphern auf.[934] Tullia, die in diesem Gedicht beschrieben wird, war im 16. Jahrhundert eine der berühmtesten Kurtisanen Venedigs.[935] Sie ist bei Rilke gleichsam die Repräsentantin der Stadt, um deren Selbstverwirklichung es hier geht.[936] Die Laute, auf der Tullia spielt, ist das tragende Sinnbild des Gedichts.[937] Obwohl es die Laute ist, die spricht, kann dabei von der Person – also der Kurtisane – ausgegangen werden:[938]

Die Laute

Ich bin die Laute. Willst du meinen Leib
beschreiben, seine schön gewölbten Streifen:
sprich so, als sprächest du von einer reifen
gewölbten Feige. Übertreib

das Dunkel, das du in mir siehst. Es war
Tullias Dunkelheit. In ihrer Scham
war nicht so viel, und ihr erhelltes Haar
war wie ein heller Saal. Zuweilen nahm

sie etwas Klang von meiner Oberfläche
in ihr Gesicht und sang zu mir.

---

933 Vgl. Requadt a. a. O., S. 194.
934 Vgl. Berendt a. a. O., S. 298.
935 Siehe Berendt a. a. O., S. 298. Bei der Kurtisane handelt es sich um Tullia d'Arragona. Berendt erwähnt, dass ihr Leben sogar beschrieben wurde in dem „Dialogo della Signoria Tullia d'Arragona della infinità d'Amore". Berendt verweist dazu (S. 384, Anm. 65) auf den Aufsatz von F. Hindermann: „Literarische Kurtisanenbilder", *Atlantis*, 26 (1954), S. 128–130, hier: S. 129.
936 Vgl. Requadt a. a. O., S. 209.
937 Vgl. Berendt a. a. O., S. 298.
938 Vgl. Requadt a. a. O., S. 211.

Dann spannte ich mich gegen ihre Schwäche,
und endlich war mein Inneres in ihr.[939]

Der in dem Gedicht vorkommende Satz, „ihr erhelltes Haar war wie eine heller Saal", ist als Anspielung darauf zu verstehen, dass Tullias Haar gebleicht oder blond gefärbt war, wie dies bei den Kurtisanen, aber auch bei den Damen der höheren Gesellschaft in Venedig üblich war.[940] Insofern erscheint hier wieder, wie in der „Kurtisane", die theatralische Gold-Metapher in Form des goldenen Haares. Zudem ruft dieser Satz Assoziationen an die heiteren, theatralischen Maskenfeste hervor, wie sie in den Zeiten vor dem Fall der Republik in venezianischen Palästen gefeiert wurden. Die „schön gewölbten Streifen" erinnern an die vielen Brücken, welche die Kanäle Venedigs miteinander verbinden und das theatralische Erscheinungsbild der Stadt mitbewirken.[941] Die „reife gewölbte Feige" wiederum lässt an die süße Überreife der Stadt und deren Eigenschaft als bröckelnde theatralische Kulisse denken, wohingegen die in dem Gedicht erwähnte Dunkelheit ihrer Gassen deren verhängnisvolle Seite und dies bezeichnenderweise im Sinne der venezianischen Theatralität symbolisiert.[942] An den gleichfalls theatralisch konnotierten Gesang der Gondolieri in den Kanälen Venedigs erinnern folgende Zeilen: „Zuweilen nahm / sie etwas Klang von meiner Oberfläche / in ihr Gesicht und sang zu mir."[943]

Requadt hat nachgewiesen, dass das Bild der Laute auf Hofmannsthals Drama *Der Abenteurer und die Sängerin* zurückgeht, von dem in dieser Arbeit bereits ausführlich die Rede war.[944] Wie er erklärt, offenbare sich sowohl bei Rilke als auch bei Hofmannsthal im Bild der Laute die Verwirklichung der Persönlichkeit durch die Musik, die ja grundsätzlich theatralisch konnotiert ist und auch in einem theatralischen Bezug zu Venedig steht.[945] In dem Kapitel über Hofmannsthals Drama wurde dies in Bezug auf Vittorias Gesang bereits angesprochen und auch die entsprechende Stelle zitiert, in welcher jene sich als Sängerin mit einer Laute vergleicht.

---

939 „Die Laute" in: *Der neuen Gedichte anderer Teil* a. a. O., S. 611/612.
940 Vgl. Berendt a. a. O., S. 298.
941 Vgl. ebd.
942 Vgl. ebd.
943 Vgl. ebd.
944 Vgl. Requadt a. a. O., S. 240. Siehe bei Schenk, S. 442.
945 Vgl. ebd.

7.4 Venezianisch-theatralische Casanova-Figur im Totenreich. „Der Abenteurer"

In dem zweiteiligen Gedicht „Der Abenteurer" widmet sich Rilke – wie auch Hofmannsthal in seinem Drama *Der Abenteurer und die Sängerin* – dem Casanova-Thema.[946] Berendt jedoch argumentiert, Rilke hätte sich mit seinem Gedicht auf einen anderen großen Frauenhelden, Don Juan, bezogen. Dies zeige sich schon durch die beiden Gedichte „Don Juans Kindheit" und „Don Juans Auswahl", welche in *Der neuen Gedichte anderer Teil* kurz nach dem „Abenteurer" folgen.[947] Auch wenn diese Feststellung nicht von der Hand zu weisen ist, kann davon ausgegangen werden, dass Rilke beim „Abenteurer", zusätzlich zur Figur des Don Juan, das Casanova-Motiv im Sinn hatte, da dieses Gedicht als letztes seiner venezianischen Gedichte den Venedig-Zyklus abrundet und Casanova, als eine spezifisch venezianische Figur, beinahe zwangsläufig für den „Abenteurer" in Frage kommen muss. Ganz abgesehen davon, dass auch der „Abenteurer" aus Hofmannsthals Drama als Casanova-Figur wiederum Rilke zu seinem um ca. acht Jahre später entstandenen Gedicht inspiriert haben dürfte.

Der Abenteurer

Wenn er unter jene welche *waren*
trat: der Plötzliche, der *schien*,
war ein Glanz wie von Gefahren
in dem ausgesparten Raum um ihn,

den er lächelnd überschritt, um einer
Herzogin den Fächer aufzuheben:
diesen warmen Fächer, den er eben
wollte fallen sehen. Und wenn keiner

mit ihm eintrat in die Fensternische
(wo die Parke gleich ins Träumerische
stiegen, wenn er nur nach ihnen wies),
ging er lässig an die Kartentische
und gewann. Und unterließ

nicht, die Blicke alle zu behalten,
die ihn zweifelnd oder zärtlich trafen,
und auch die in Spiegel fielen, galten.
Er beschloß, auch heute nicht zu schlafen

---

946 Vgl. Schenk a. a. O., S. 442/443.
947 Vgl. Berendt a. a. O., S. 299.

> wie die letzte lange Nacht, und bog
> einen Blick mit seinem rücksichtslosen
> welcher war: als hätte er von Rosen
> Kinder, die man irgendwo erzog.[948]

Eine Verbindung mit den Toten zeigt sich schon am Anfang:[949] „Wenn er unter jene, welche *waren*, / trat: der Plötzliche…". Der „Abenteurer" wird also als Erscheinung im Totenreich eingeführt,[950] als „der Plötzliche, der *schien*". Mit dem Wort „schien" ist zugleich auch das Scheinen als Leuchten im jenseitigen Raum gemeint, wie aus den folgenden Zeilen hervorgeht:[951] „War ein Glanz wie von Gefahren / in dem ausgesparten Raum um ihn". Dies lässt außerdem an die Gefahr der Doppelbödigkeit denken, welche der Theatralität Venedigs zugrunde liegt und verweist auf den schillernden, kein Risiko scheuenden Charakter des „Abenteurers".

Bei Rilkes poetischer Schöpfung handelt es sich, wie bei Hofmannsthals „Abenteurer", um eine theatralisch konnotierte Casanova-Figur und ist auch in diesem Fall als Kontrastfigur zum lebensmüden, aber gleichfalls theatralisch konnotierten, Décadent bzw. „Ästhetendandy" zu sehen. Die Casanova-Figur zeichnet sich zwar, im Gegensatz zum Décadent, durch kompromisslose Lebensbejahung aus, allerdings besteht zwischen beiden, wie schon in der Untersuchung zu Hofmannsthals Drama erwähnt, eine Affinität zum Tod. Rilke beruft sich darauf, indem er seinen „Abenteurer" im Totenreich auftreten lässt, und dem Gedicht so eine gespenstische Spannung verleiht. Die Nähe zum Tod, welche sich hier in der Figur des „Abenteurers" manifestiert, ist wiederum mit dem verfallenden theatralischen Venedig als Totenstadt konkordant, selbst wenn diese in dem Gedicht gar nicht zur Sprache kommt. Dies ist allerdings auch nicht nötig, weil der „Abenteurer" als Casanova-Figur eben eine grundlegende Affinität mit der Lagunenstadt besitzt. Außerdem setzt das Todes-Motiv im „Abenteurer" die Theatralität des verfallenden Venedig voraus.

Den Raum, der gerade noch eine trennende Funktion hatte, beschreitet der „Abenteurer" nun, um „einer Herzogin den Fächer aufzuheben: / diesen warmen Fächer", den sie, gebannt durch seinen Willen, fallen ließ. Dies weckt unmittelbar den Eindruck an theatralisch konnotierte, erotische Erlebnisse in der Lagunenstadt.[952] Der „Abenteurer" bewegt sich also sozusagen als „Geist" in

---

948 „Der Abenteurer", Teil I, in: *Der neuen Gedichte anderer Teil*, a. a. O., S. 612/613.
949 Vgl. Berendt a. a. O., S. 299.
950 Vgl. ebd.
951 Vgl. ebd.
952 Vgl. ebd.

dem „warmen" Bereich Leben.[953] Als solcher hat er die Fähigkeit, *die Parke ins Träumerische steigen* zu lassen.[954] Insofern bewegt sich „der Abenteurer" zwischen einer fiktiven und einer wirklichen Welt, welche wiederum auf Venedig als die Stadt Casanovas verweist und zwar in dem Sinne, als es sich bei der Lagunenstadt, gemäß des Konzeptes der Heterotopie von Foucault, um eine „tatsächlich realisierte Utopie" handelt. Zudem ist hier die „strukturale Theatralität" mit der Erschaffung einer fiktionalen Wirklichkeit relevant.

Das Spiegel-Motiv des Gedichtes hingegen lässt gleichfalls an das theatralische Venedig, den Ort erotischer Erlebnisse des „Abenteurers" denken, bzw. an eine „tatsächlich realisierte Utopie", einschließlich einer heterotopen Inversion mit der Wahrnehmung eines virtuellen Raumes im Sinne von Foucaults Heterotopie-Konzept. Alle *Blicke*, welche der „Abenteurer" beobachtet, auch diejenigen, welche von den Spiegeln zurückgeworfen werden, merkt er sich. Diese Eindrücke fesseln ihn so stark, dass er beschließt, „auch heute nicht zu schlafen, / wie die letzte lange Nacht".[955] Vielmehr will er durch seinen *rücksichtslosen Blick* einen anderen Blick *biegen*. Der Blick des „Abenteurers" wirkt demnach, „als hätte er von Rosen / Kinder die man irgendwo erzog". Unter den Rosen sind die Frauen zu verstehen, die der „Abenteurer" verführte.[956]

Berendt konstatiert, mit dem „Abenteurer" hätte Rilke eine „neue Metapher für sich selbst"[957] gefunden. „In rücksichtsloser Wahrhaftigkeit" gäbe er „ein Bild von sich selbst, von seinen Schwächen und von seiner Stärke des dichterischen Vermögens".[958] Die Rose als Metapher war es auch, mit der Rilke in seinem Gedicht „Die Rosenschale" eine persönliche Intention ausdrückte in Verbindung mit der gelben Rose, die er von der Gräfin Gneisenau erhalten hatte.[959] Die „Transparenz des Abenteurerbildes als Selbstbekenntnis"[960] werde dadurch, so Berendt, zusätzlich bereichert.

---

953 Vgl. ebd.
954 Vgl. ebd.
955 Vgl. ebd.
956 Vgl. ebd.
957 Ebd., S. 298.
958 Ebd.
959 Vgl. ebd., S. 299. Siehe auch: August Stahl: *Rilke-Kommentar zum lyrischen Werk*, München 1978, S. 216. Dort ist zu lesen, dass Rilke wahrscheinlich durch eine Rose, die er von der Gräfin Gneisenau erhalten hatte, dazu angeregt wurde, das Gedicht „Die Rosenschale", das zu den *Neuen Gedichten* gehört, zu schreiben. Siehe Berendt, S. 299.
960 Berendt a. a. O., S. 299.

Im zweiten Teil des Gedichtes erhält der „Abenteurer" eine noch tiefere Dimension.[961] Wie Berendt argumentiert, zeige sich dabei Rilkes „Selbstbekenntnis" als „ein übersinnliches Erkennen, eine Fähigkeit, sich erkennend und mitlebend im Reich der Toten zu bewegen".[962] Das Todes-Motiv verweist hier indirekt abermals auf die verfallende, theatralische Kulisse Venedigs und dies in äußerst konsequenter Weise, welche den „Abenteurer" nun vollends zu einer jenseitigen Figur werden lässt. Insofern erscheint die Lebensbejahung des theatralischen Casanova-Typus beinahe schon als Farce und der einstige Gegensatz zum Décadent ist nicht mehr von Gültigkeit. Es entsteht gar die Vermutung, dass es sich bei dem „Abenteurer", als eine nur mehr jenseitige Figur unter Toten, um eine extreme Variante des Décadent und damit eine in diesem Sinne hochtheatralische Figur handelt.

Um auf die Gedanken Berendts über die Verbindung Rilkes mit dem Reich der Toten im zweiten Teil des Gedichtes zurückzukommen, argumentiert dieser, dass der Dichter hier „in seine unterbewussten Kräfte"[963] hinabsteige, „in *sein unterstes Verließ*, von dem aus er die Kommunikation nun nicht mehr mit den Dingen des Hiesigen, sondern mit den Toten herstellt".[964] Die letzten Zeilen fassten „die gelungene Verwandlung der Todeserfahrung in die dichterische Gestaltung zusammen".[965] Die „Düfte der Gruft" verwandelten sich zu „einem Duft der Luft, der neue Möglichkeiten für Gestaltung und Sinngebung der Toten"[966] in sich berge: „(…); denn er [der „Abenteurer"] mußte nur einmal die Gruft / solcher Aufgegebener durchschreiten, / und die Düfte ihrer Möglichkeiten / lagen wieder in der Luft."[967] Auf diese Weise bekenne das Doppelgedicht, so Berendt, „ohne jede Einschränkung die gelungene Verwandlung des Lebens ins Gedicht und des Todes ins Gedicht".[968] Insofern ist die Lebensbejahung des „Abenteurers" auch hier im Reich der Toten noch präsent, was die Vermutung, es handle sich bei diesem um eine extreme Variante des Décadent, zwar schwächt, aber keineswegs aufhebt.

---

961 Vgl. ebd.
962 Ebd., S. 298.
963 Ebd., S. 299.
964 Ebd.
965 Ebd., S. 300.
966 Ebd.
967 „Der Abenteurer", Teil II, in: *Der neuen Gedichte anderer Teil* a. a. O., S. 614, auch zitiert bei Berendt a. a. O., S. 300.
968 Berendt, S. 300.

8. Die Theatralität Venedigs und der „Einbruch der modernen Welt" in den Romanen „Die Rote" von Alfred Andersch, „Wer war Edgar Allan?" von Peter Rosei und „Mistlers Abschied" von Louis Begley

Lag der Fokus der Venedigliteratur der Romantik auf der Vergegenwärtigung einer glanzvollen Vergangenheit und konzentrierte sie sich im Fin de siècle auf die Erschließung innerer und äußerer Räume, öffnet sich die *zeitgenössische Venedigliteratur*[969] „den Problemen der Zeit und den Wechselfällen der Geschichte".[970] Corbineau-Hoffmann bemerkt dazu: „In einer Epoche der Weltkriege und Zerstörungen bedeutet dies eine Gefahr, mit der verglichen sich das Ende der Republik fast idyllisch ausnimmt."[971] Die Folge ist, dass „zivilisatorische Bedrohungen" auf Venedig projiziert werden.[972] In der Venedigliteratur von der Nachkriegszeit bis zur Gegenwart finde, so Corbineau-Hofmann, ein „Einbruch der modernen Welt" statt, welche „mit ihren vielfältigen, fast alle Lebensbereiche umfassenden Zerstörungen, für Venedig einen besonders markanten Einschnitt"[973] bedeute, „bringt er doch zur Anschauung, dass selbst ein entlegen-marginaler Ort (…) dem Eingriff moderner Zivilisation nicht entgeht".[974] In diesem Zusammenhang ist wesentlich, dass jene Bedrohungen genauso „die Identität des Subjekts, des Themas und des Textes" betreffen.[975] Hinsichtlich der Theatralität Venedigs eröffnen sich, aufgrund ihrer doppeldeutigen Wandlungsfähigkeit, in diesem Sinne gleichfalls neue Wege.

Die drei Romane *Die Rote*[976] von Andersch, *Wer war Edgar Allan?*[977] von Rosei und *Mistlers Abschied*[978] von Begley weisen jeweils sehr differenzierte theatralische Aspekte auf, zugleich jedoch zeigt sich, als ein exemplarisches Kennzeichen

---

969 Mit „zeitgenössisch" ist in dieser Untersuchung der Zeitraum ab dem Ende des Zweiten Weltkriegs bis in die Gegenwart gemeint. Die hier vorgestellten Werke der zeitgenössischen Venedigliteratur umfassen den Zeitraum vom Ende der fünfziger Jahre bis ungefähr Ende der neunziger Jahre.
970 Corbineau-Hoffmann a. a. O., S. 419.
971 Ebd.
972 Ebd., S. 448.
973 Ebd.
974 Ebd.
975 Ebd.
976 Alfred Andersch: *Die Rote*, Zürich 2007.
977 Peter Rosei: „Wer war Edgar Allan?". In: *Wer war Edgar Allan? Von hier nach dort. Das schnelle Glück. Drei Romane*, Stuttgart 1992.
978 Louis Begley: *Mistlers Abschied*, Frankfurt am Main 1998.

zeitgenössischer Venedigliteratur, die Lagunenstadt durchgehend als ein Ort existentieller Bedrohung. Jeder der Protagonisten der drei vorgestellten Romane befindet sich zudem in einer persönlichen Lebenskrise, die aber jeweils völlig anders geartet ist. Venedig als Bühne bzw. als theatraler Raum bestimmt hier, wie schon in der Venedigliteratur im Fin de siècle, die jeweilige situative Gegebenheit und die innere Befindlichkeit der fiktionalen Gestalten, gleichzeitig aber eröffnen sich, wie dies ebenfalls schon im Fin de siècle zu beobachten ist, insbesondere dem abgelegenen Venedig neue Qualitäten. So argumentiert Corbineau-Hoffmann: „Das entlegene Venedig offenbart eine objektivierte, dem Gegenstand inhärente Bedrohung, die zwar ihrem Ursprung nach eine Projektion des Ich sein könnte, aber dennoch als ein Spezifikum des Ortes dargestellt wird."[979]

In der *Roten* zeigt sich die Theatralität Venedigs in schockierender Weise, indem durch sie die Schrecken des Holocausts wie Geister der Vergangenheit heraufbeschworen werden. Vor diesem bedrohlich-theatralen Hintergrund erscheint auch die Situation der Heldin Franziska brisant, die in den gefährlichen Kampf zwischen einem ehemaligen Nazi und seinem Opfer hineingezogen wird, der auch ihr eigenes Leben in Gefahr bringt. Die der Theatralität Venedigs implizierten Eigenschaften des Gefahrvollen sowie des Reizvollen offenbaren sich ebenfalls in der *Roten*, und dies nicht nur in Venedig selbst, sondern auch in der verführerischen Anziehungskraft der Protagonistin. Ein Aspekt, der im Wesentlichen dafür verantwortlich ist, dass Franziska in eine außerordentlich gefährliche Lage gerät.

Das Romangeschehen ist, wie Venedig selbst, von Desillusionierung bestimmt, was aber mit der Theatralität der Stadt keinesfalls im Wiederspruch steht, da hier die Desillusion vor dem Hintergrund der theatralen Illusion Venedigs entsteht. Daraus lassen sich wiederum Rückschlüsse ziehen auf die „strukturale" Theatralität, die eine fiktionale Wirklichkeit erzeugt und somit eine Unterscheidung zwischen Fiktion und Wirklichkeit obsolet werden lässt. Insofern ist der mit der Desillusion verknüpfte illusorische Aspekt in die Theorie der „strukturalen" Theatralität integriert, welche sich durch diesen ausdrückt.

Im Gegensatz zu der *Roten* zeigt sich in dem Roman *Wer war Edgar Allan?* Theatralität eher indirekt, aber dadurch nicht weniger gefährlich. Auch hier gerät der Held unter den unwillkürlichen Einfluss der theatralen Lagunenstadt und lässt von ihr gewissermaßen sein Leben bestimmen. Dies allerdings um den Preis, dass sein Ich sich immer mehr auflöst und er sich völlig darin verliert, in

---

[979] Corbineau-Hoffmann a. a. O., S. 425.

fremde Persönlichkeiten zu schlüpfen. In diesem Fall ist wiederum die Theorie Plessners, wonach der Mensch sein Selbst erst durch Inszenierung erlangt, relevant. Dies allerdings in dem Sinne, wie dies ähnlich im Falle Aschenbachs im *Tod in Venedig*, aber auch bei dem Helden des *Andreas*-Romans untersucht wurde, was bedeutet, dass eine konstituierende Inszenierung des Selbst bei der im Übrigen namenlosen Hauptfigur in *Wer war Edgar Allan?* scheitern muss. Alkohol- und Drogenexzesse begünstigen deren weiteren Verfall, wobei Venedig und dessen Theatralität, die zugleich für die abgründige Doppelbödigkeit der Stadt steht, als der eigentliche Auslöser der ruinösen Entwicklung des Helden im Vordergrund stehen. Die Theatralität Venedigs ist hier wieder in Bezug auf die Kulissen- bzw. Maskenhaftigkeit der Stadt zu betrachten.

In dem dritten vorgestellten Roman hingegen, *Mistlers Abschied*, handelt es sich, ähnlich wie bei Franziska, der *Roten*, um eine vordergründig sehr starke Persönlichkeit, den erfolgreichen und wohlhabenden Geschäftsmann Thomas Mistler, der aber unheilbar an Krebs erkrankt ist und sich nach Venedig flüchtet, da er mit der Lagunenstadt sehr vertraut ist. Mistler, der Pragmatiker, wird kein „Opfer" Venedigs, gerät aber dennoch unter den Einfluss der Theatralität der Stadt, indem er, in Anbetracht seines eigenen baldigen Todes bei der Betrachtung einer grausamen Tizian-Darstellung in der venezianischen Gesuiti Kirche, seinen zermürbenden Märtyrer-Assoziationen freien Lauf lässt. Hinsichtlich der zahlreichen intertextuellen Bezüge zu Manns *Tod in Venedig* steht Mistler während seines Aufenthaltes in der Lagunenstadt sein eigener Tod ständig vor Augen, was wiederum auf eine Affinität mit deren Theatralität verweist, die ja im wesentlichen auf der bröckelnden Kulisse der Stadt, als einem Sinnbild für Tod und Sterben, beruht.

9. Die theatrale Bühne Venedig in Anbetracht der Nachwirkungen des Zweiten Weltkriegs. Alfred Andersch' Roman „Die Rote"

9.1 Trügerische Illusion und existentielle Bedrohung in der theatralen Lagunenstadt

In Anbetracht des Hintergrundes der Handlung, der von Kriegsereignissen und deren moralischer Infragestellung bestimmt wird, bekommt Venedig als theatralischer Ort eine hochsignifikante Bedeutung.[980] Dies ist vor allem deshalb der Fall, da die Nachwirkungen der Schrecken des Zweiten Weltkriegs,

---

980 Vgl. Corbineau-Hoffmann a. a. O., S. 508.

insbesondere des Holocausts, im Roman die allgegenwärtige Grundstimmung einer existentiellen und auch moralischen Bedrohung hervorrufen. Die der Theatralität Venedigs inhärente Eigenschaft des Märchenhaften und Glanzvollen, welche Andersch ebenfalls thematisiert, erscheint deshalb zwiespältig und bestätigt wiederum den theatralen, doppelbödigen Charakter der Stadt. Manchmal führt die theatrale Zwiespältigkeit in dem Roman aber auch zur Ironie, wie sich aus der folgenden Bemerkung von Peter Demetz schließen lässt. Er äußert sich darin bezüglich der Entscheidung von Andersch, die Handlung seines Romans in der Lagunenstadt spielen zu lassen. „Venedig mit seiner osszilierenden Vergangenheit und seiner Mischung aus *calamari* und *high life* bietet dem arbeitenden Romancier eine bessere Chance, abstrakte Situationen mit didaktischen Obertönen zu vermeiden."[981]

Der freudlosen Ehe mit einem erfolgreichen Geschäftsmann und ihrer – von ihm geduldeten – Liebesaffäre mit dessen Chef überdrüssig, bricht die rothaarige, attraktive Dolmetscherin Franziska, als sie mit ihrem Mann gerade im vornehmen Cafe Biffi in Mailand sitzt, einen Streit vom Zaun. Sein, ihrer Meinung nach, sehr steifes Kunstverständnis lässt ihn in ihren Augen als einen „widerlichen Ästheten"[982] erscheinen und sie nimmt die Auseinandersetzung zum Anlass, von einem Moment auf den anderen „Schluss"[983] mit ihm zu machen. Daraufhin lässt Franziska ihren ratlosen Mann im Cafe sitzen, eilt, mit nur wenig Geld in der Tasche, zum Bahnhof, und steigt in den nächstbesten *Rapido* nach Venedig. „*Wieso Venedig? Was habe ich in Venedig zu tun? Aber es ist wie im Roulette, ich habe auf Zero gesetzt und es ist eine Farbe herausgekommen. Irgendwohin ist Zero. Herausgekommen war Venedig. Vermutlich gab es keinen Ort der Null hieß.*"[984] Immerhin kennt Franziska die Stadt, zu der sie aber in einem ambivalenten Verhältnis steht. „*Mag ich Venedig eigentlich? (…) Nein eigentlich nicht. Es gibt keine Bäume und kein Gras in Venedig. Nur Häuser, künstlerische Häuser und gewöhnliche Häuser. Die gewöhnlichen sind mir lieber. Und das Wasser hab ich gern, die Kanäle, selbst dort, wo sie voller Unrat sind und stinken. Und das offene Wasser, die Lagune. Dort, wo Venedig an die Lagune grenzt, mag ich es sehr gerne.*"[985]

---

981 Peter Demetz: „Alfred Andersch". In: *Über Alfred Andersch*, Zürich 1987, dritte vermehrte Auflage, S. 10–19, hier S. 14.
982 *Die Rote*, S. 24.
983 *Die Rote*, S. 26.
984 *Die Rote*, S. 12. Die Gedanken Franziskas, die aus unterschiedlich langen Passagen, aber manchmal auch aus einzelnen Worten bestehen, sind in dem Roman durch Kursivdruck deutlich gemacht.
985 *Die Rote*, S. 34.

Franziskas überstürzte Reise nach Venedig vor dem Hintergrund ihrer Ehemisere und ihre ambivalenten Gedankenassoziationen über die Stadt lassen auch deren Theatralität in einem eher nüchternen Licht erscheinen. Zugleich aber ist Franziskas gespaltene Haltung gegenüber Venedig ein Hinweis auf dessen trügerischen Illusionismus, welcher unmittelbar auf die Theatralität der Stadt zurückzuführen ist. Dies zeigt sich auch, als Franziska, nach ihrer Ankunft in Venedig, in den Schaufenstern des Bahnhofs die kitschigen Andenken betrachtet, die dort ausgestellt sind. Deren Anblick macht ihr zum erstenmal die Unsinnigkeit ihres planlosen Handelns bewusst. *„Es ist idiotisch gewesen, nach Venedig zu fahren, jeder andere Ort wäre richtiger gewesen als ausgerechnet dieses verkitschte Sightseeing-Zentrum, in dem es nichts gibt als Touristen und Nepp."*[986]

Karl Markus Michel argumentiert über Franziskas spontane Flucht in die Lagunenstadt. „Großartig diese Exposition. Das vergangenheitsträchtige Venedig, beliebter literarischer Ort für Abenteuer und Bewährungen aller Art, und mitten darin eine extravagante Frau, die sich von ihrer Vergangenheit gelöst hat und ein neues Leben beginnen will."[987] Die Bemerkung Michels verweist unwillkürlich auf die Bedeutung Venedigs als theatraler Raum und seine kausale Disposition als Bühne.

9.2 Venedig als Falle: Marginalität und „theatrale" Heterotopie

Zunächst ist Franziska froh, als sie in Venedig dem homosexuellen Engländer O'Malley begegnet und sich rasch eine Freundschaft mit ihm zu entwickeln beginnt. Dieser allerdings sucht den Kontakt mit ihr nur deshalb, da er Franziska als „Lockvogel" für einen lange gehegten Rachplan benutzen möchte, der sich gegen seinen Widersacher, den ehemaligen Nazi Kramer, richtet.[988] In Anbetracht der belastenden Nazi-Vergangenheit Kramers und der, im Verhältnis zur Entstehungszeit des Romans im Jahre 1958, noch nicht lange zurückliegenden Gräuel des Holocausts, wird Venedig zu einer Bühne mit teilweise apokalyptischen Dimensionen von einer geradezu geisterhaften Theatralität. Für Franziska entwickelt sich die Stadt so unvorhergesehen zu einem gefährlichen Schauplatz und einer unentrinnbaren Sackgasse, worin sie in die kriminellen Machenschaften von O'Malley und Kramer verwickelt wird.

O'Malley hatte einst moralisch versagt, als er während des Zweiten Weltkriegs dem sadistischen Nazi Kramer in die Hände fiel, der ihn dazu brachte,

---

986 *Die Rote*, S. 35.
987 Karl Klaus Michel: „Die Rote". In: *Über Alfred Andersch*, a. a. O., S. 97–101, hier: S. 98.
988 Ebd., S. 99.

zum Verräter zu werden, was einem Landsmann von ihm das Leben kostete.[989] Ausgerechnet in Venedig trifft O'Malley seinen einstigen Peiniger wieder, der dort untergetaucht ist, da er aufgrund einflussreicher Beziehungen zu korrupten Wirtschaftsbossen nicht befürchten muss, auf italienischem Boden verhaftet zu werden. O'Malley ist besessen von dem Gedanken, sich für den Ehrverlust, den er durch Kramer erlitten hat, zu rächen und möchte ihn töten. Franziska wird von O'Malley ganz bewusst in den Racheakt involviert, da er der Meinung ist, dass es ihr, ganz im Gegensatz zu ihm, gelingen würde, „von Kramer ernst genommen zu werden".[990] Sie wird also unfreiwillig zur Mitwisserin des Komplottes und somit eine Bedrohung für Kramer, der von Interpol gesucht wird.

Als sie, da sie dringend Geld braucht, bei einem jüdischen Juwelier ihren Ring versetzen will, lauert ihr Kramer vor dem Laden auf und fordert sie auf, ihn wegen einer Unterredung ins Cafe Quadri zu begleiten. Franziska weiß, dass es *„keinen Zweck hat sich zu weigern"*[991]. Als sie Kramer im Cafe gegenübersitzt, teilt er ihr unverhohlen mit, dass er eine „Organisation, einen verschworenen Haufen"[992] hinter sich hat, was es ihm erlaubt, zu verhindern, dass sie Venedig verlässt. „Luigi und ein paar andere (…), sie wollen irgendeinen kleinen Zwischenfall provozieren, ihnen die Handtasche wegreißen oder etwas dieser Art, um Sie zu hindern, abzureisen. Es hätte polizeiliche Erhebungen gegeben, Sie wären erst einmal festgehalten worden. Diese Jungens tun für Geld einfach alles."[993] Die Venedigkennerin Franziska begreift, dass die Lagunenstadt, aufgrund von deren isolierter Lage, welche die Möglichkeit, diese zu betreten und zu verlassen, begrenzt, für sie zu einer gefährlichen, unentrinnbaren Falle geworden ist, die es Kramer leicht ermöglicht, seine Drohung wahr zu machen. Sie bekommt Panik. In diesem Gefühl des Ausgeliefertseins und der Auswegslosigkeit Franziskas zeigt sich zugleich die gefährliche Seite der Theatralität Venedigs. Die bereits in verschiedenen Zusammenhängen angesprochene Masken- bzw. Kulissenhaftigkeit der Stadt und deren theatrale Eigenschaften lässt solch eine Schlussfolgerung zu. Im Übrigen erweist sich in diesem Zusammenhang das Konzept der Heterotopie insofern relevant, als hier Venedig, aufgrund seiner besonderen Position als Wasserstadt, zugleich als auswegslose Falle prädestiniert ist, was gleichfalls auf den theatralen Charakter der Stadt zurückzuführen ist.

---

989 Vgl. ebd. S. 98.
990 *Die Rote*, S. 249.
991 *Die Rote*, S. 200.
992 *Die Rote*, S. 203.
993 *Die Rote*, S. 201.

Während Franziska im Cafe Quadri Kramer gegenübersitzt, sucht sie in Gedanken verzweifelt nach einem Ausweg, um aus Venedig zu entkommen. „(…) Heute vor dem Dunkelwerden muss ich aus Venedig heraus sein. Nach Einbruch der Dunkelheit wird es gefährlich für mich."[994] Gedanklich geht Franziska verschiedene Fluchtmöglichkeiten durch. „*Bahnhof und Piazzale Roma abgeschnitten, welche Wege gab es noch, aus Venedig heraus, Schiffe?, einfach ein Boot über die Lagune mieten, sich irgendwo am Festland absetzen lassen?, aber er würde sie gar nicht mehr aus den Klauen lassen.*"[995]

Jedoch erweist sich nicht nur für Franziska das theatrale Venedig als Falle, sondern auch für Kramer und O'Malley. Auf der theatralen, „heterotopen" Bühne der Stadt offenbart sich die Auswegslosigkeit ihrer von Hassliebe geprägten Beziehung.[996] Die Gedanken Franziskas geben dies wieder. „*Sie sind zusammen in einem Käfig, der Venedig heißt, er, und dieser große weiße Böse [Kramer].*"[997]

9.3 Der theatrale „Zauber" Venedigs

Immer wieder hebt Andersch die gefahrvolle, unheimliche Stimmung der Stadt hervor, wie der Autor dies Franziska gleich nach ihrer Ankunft in Venedig registrieren lässt. Geschickt baut er dabei theatralische, für Venedig typische Merkmale ein, vor welchen sich die Übermacht der düsteren und gleichfalls theatralischen Atmosphäre der nächtlichen Lagunenstadt umso stärker abhebt.

> „(…), *der Canal Grande ist ja ganz dunkel, ich habe ihn noch nie bei Nacht gesehen, in der Nacht und im Winter, im Sommer strahlen sie ihn vielleicht an, aber im Winter ist er dunkel, sie hörte nichts als das Rauschen der Bugwelle, und sie blickte auf die dunklen Paläste links und rechts, undeutliche Massen zwischen dem Schwarz des Wassers und dem undurchsichtigen nebeldurchschleierten sternlosen Blaugrau des Himmels. Es gab Lichthöhlen in den Palästen, einen Hausflur, der mit glühendrotem Samt ausgeschlagen war, ein paar matt erleuchtete Bögen in den Erdgeschossen, einmal sogar ein erleuchtetes Zimmer, ein Kristall-Lüster, der eine Frau beleuchtete, die sich zum Hintergrund des Raumes hin bewegte, da und dort große Laternen, schwarzes Eisen, zu Dolchen geformt, mit eisengrauem Licht die Einmündung eines Rio bedeckend, aber sonst Dunkelheit, Einsamkeit, vielleicht Feindschaft, auf jeden Fall Schweigen.*"[998]

Resigniert stellt Franziska fest, dass es in ihrer Situation „*das einfachste gewesen wäre, in Mailand unterzutauchen, statt hier in diese stumme schwarze Stadt

---

994 *Die Rote*, S. 208.
995 *Die Rote*, S. 202.
996 Michel a. a. O., S. 98.
997 *Die Rote*, S. 124.
998 *Die Rote*, S. 36.

zu kommen, in diese ausgestorbene Stadt, eine Stadt ohne Massen"[999] und *„es war falsch hierher zu fahren, voller Menschen ist Venedig ein Museum, und ohne Menschen ist es unmenschlich".*[1000] Doch trotz ihres Gefühls des Verlorenseins in der „eisigen, winterstarren Stadt"[1001], kann sich Franziska deren theatralischer Faszination nicht entziehen, als sie, auf der Suche nach einem bezahlbaren Hotel, nachts bei Dunkelheit unbeabsichtigt auf die beleuchtete Piazza San Marco kommt. Dabei ist es gerade die von der Stadt ausgehende bedrohliche Kälte und Feindseligkeit, die ihrer Theatralität eine besondere Wirkung verleiht. Ganz bewusst setzt Andersch die Mittel des Theaters ein, indem er die nächtliche Piazza San Marco als eine faszinierende Theaterbühne beschreibt. Dies gelingt dem Autor auch deshalb so gut, weil er, neben der Verwendung theatralischer Metaphern, geschickt das Licht einsetzt, das ja ein theatralisches Grundelement und Voraussetzung jeder Inszenierung am Theater ist. Eine auffallend theatralische Intensität stellt sich zudem mit der differenzierten Beschreibung der Beleuchtung sowohl des Platzes, der für ihn so typischen Prokurazien, der Kirche und des Dogenpalastes ein.

In den kursiv gedruckten Gedanken Franziskas spricht Andersch die spezielle theatrale Disposition der Szene auch ganz direkt an, indem er die sich ergänzende Differenz von „Zuschauerraum" und „Bühne" hervorhebt. Zudem wird die bezwingend-theatralische Atmosphäre, die Andersch erzeugt, durch Franziskas emotionale Reaktion bestätigt.

> *Vielleicht habe ich nie etwas Schöneres in einer Stadt gesehen, gerade jetzt, wo es mich nichts angeht, muss es mir passieren, dass ich in einer Januar-Nacht auf die Piazza San Marco gerate.* Sie musste sich einen Augenblick lang zwingen, nicht in Tränen auszubrechen. In jedem Bogen der Prokurazien hing eine Kugellampe, eine Kette von hundert runden Lampen an drei Seiten vom Campanile bis zum Torre dell'Orologio um den breiten, fast menschenleeren Marmorteppich des Platzes, der in der Mitte dunkel war und nach den Rändern zu heller wurde, inmitten des Platzes konnte man sich in Nacht verbergen, während die gelben Lampen in den Prokurazien die silbern durchsichtige Nebelluft einer adriatischen Meeres- und Januar-Nacht zart zersprühten. Sie ging (...) auf die Kirche zu, die dunkle orientalische Höhle und Woge, *seltsam, dass sie San Marco nicht beleuchten,* aber sie begriff, *man kann nicht gleichzeitig die Bühne und den Zuschauerraum beleuchten, sie müssten die Lampen in den Prokurazien löschen, wenn sie die Kirche anstrahlten, die alte glühende Ikone, so lassen sie das Geheimnis schlafen.* (...) der Anblick des Dogenpalastes (...), der Wechsel von dem gelben symmetrischen Rechteck aus Lampenkreisen zu der großen tollen goldenen Fläche des Palastes, der seine Front

---

999   *Die Rote*, S. 37.
1000 *Die Rote*, S. 40.
1001 *Die Rote*, S. 39.

wie einen Schiffsbug gegen die Nacht und das Meer erhob. Kandelaber erleuchteten ihn, geschmiedete Leuchten mit Gläsern, die schwach violett gefärbt waren, rosaviolette Gläser glühten bei Nacht die gelben und roten Marmorziegel der Palastfassade in kaltes, fast weißes Gold um, in eine Tafel aus glühendem eisigen Stolz (…)."[1002]

Dass die theatralische Schönheit Venedigs auf dem illusionistischen Charakter der Stadt beruht, der sich allerdings in Desillusion offenbart, zeigt sich unter anderem, als Franziska einen Ring veräußern will, den sie von ihrem Ehemann bekommen hatte. Der Erzähler kommentiert dies mit folgenden Worten. „Er war ein winziger falscher Trost, eine Täuschung aus Gold und Spektralfarben, ein Juwel und also eine Illusion, wie Venedig selbst."[1003] Diese Zeilen geben auch die illusionslose Grundstimmung der Protagonistin wieder, die sich durch den ganzen Roman zieht.

9.4 Apokalyptische Vision und Endzeitgedanken. Venedig als Bühne für Auschwitz

Desillusion und Illusion erscheinen in dem Roman, aufgrund der Theatralität der Lagunenstadt, unlösbar miteinander verknüpft und entsprechen einander. Besonders deutlich tritt dies hervor, als sich Venedig als Bühne für die Schrecken des Holocausts manifestiert.[1004] Dabei handelt es sich um die Szene, die folgt, als Kramer Franziska zwingt, mit ihm ins Cafe Quadri zu gehen. Andersch lässt Masken auftreten, seit jeher ein typisches theatralisches Attribut des venezianischen Karnevals, die er hier jedoch als Gasmasken im Zweiten Weltkrieg interpretiert.[1005] „(…) im Quadri war es fast leer, sie setzten sich an einen Tisch am Fenster, Franziska sah hinaus in die weiße Luft, in der die Passanten gleich Schatten hin und her gingen, Masken, wie die venezianischen Maskenspieler auf den grauen Rokokodekorationen des Antico Caffe Quadri, unter denen sie saß, um Kramer zuzuhören."[1006] Die enttarnende Eigenschaft der Maske, die anhand der Theorien von Simmel und Deleuze in dieser Arbeit schon verschiedentlich diskutiert wurde, bekommt hier düstere Relevanz und dies insbesondere deshalb, weil Andersch in dem winterlichen Venedig, wie in einer apokalyptischen Vision, Auschwitz heraufbeschwört.[1007] Die Nazi-Ereignisse der Vergangenheit wenden

---

1002 *Die Rote*, S. 39/40.
1003 *Die Rote*, S. 48.
1004 Vgl. Corbineau-Hoffmann a. a. O., S. 509.
1005 Vgl. ebd.
1006 *Die Rote*, S. 200/201.
1007 Vgl. Corbineau-Hoffmann a. a. O., S. 509.

sich dabei, wie Corbineau-Hoffmann konstatiert, ins „Allgemein-Existentielle", was wiederum auf die Theatralität der Stadt zurückzuführen ist.[1008]

> Draußen in der weißen Watteluft, gingen die grauen Masken über den Markusplatz, *vielleicht gehen sie alle in die Gaskammern, unwissend unter dem Blick des Mörder-Gottes, vielleicht ist auch Gott nur ein Mörder, was ist das für eine Schöpfung, die uns alle zum Tode bestimmt hat, durch die Bögen der Prokurazien gehen sie alle in hundert Todeskammern (…), o Gott, das ist die Sekunde des äußersten letzten Zweifels an Dir, warum hast Du Kramer geschaffen, warum die Gaskammern, die Todeszellen von Auschwitz und Venedig, die weisse Watteluft, die Gleichgültigkeit an den Toren der Todeslager, untern den dunklen Bögen der Prokurazien?*"[1009]

Die düstere Vision Franziskas bezieht sich auf die Gräuel des Holocausts, evoziert gleichzeitig aber auch Endzeitgedanken.[1010] Davon ausgehend verweist Corbineau-Hoffmann mit Franziskas „gedanklicher Konstruktion eines Mördergottes" auf jeglichen Verlust einer an christlichen Vorgaben von Menschlichkeit sich ausrichtenden moralischen Instanz.[1011]

Venedig als Stadt der Maskierungen ist nicht unbeteiligt, denn Franziskas Gaskammer-Vision scheint durch die Gasmasken des Krieges mitbestimmt. Sogar die Bögen der Prokurazien erinnern an Todeszellen, Venedig wird in einem Atemzug mit Auschwitz genannt. Doch das vielfache Morden der Nazizeit, erklärbar nur durch die gedankliche Konstruktion eines Mördergottes, ist nicht nur historische Reminiszenz; es reicht über seinen Ort hinaus, transzendiert seine Zeit und führt zu einer illusionslosen Interpretation des Sterbens, die keinen Unterschied mehr macht zwischen Mord und natürlichem Tod, so als würden die Menschen von ihrem Gott ermordet.[1012]

Die von Corbineau-Hoffmann angeführte „illusionslose Interpretation des Sterbens" entspricht wiederum der Desillusion in dem illusionierenden, theatralischen Venedig.

9.5 Die Theatralität der „Roten"

Hinsichtlich der Theatralität Venedigs kommt in der *Roten* auch der Haarfarbe der Protagonistin eine entscheidende Bedeutung zu, wie dies ja bereits der Titel des Romans suggeriert. Die theatrale Wirkung von Franziskas rotem Haar äußert sich zum einen als sexuelles Signal für begehrliche Männeraugen, erfasst

---

1008 Vgl. ebd.
1009 *Die Rote*, S. 209.
1010 Vgl. Corbineau-Hoffmann a. a. O., S. 509.
1011 Vgl. ebd.
1012 Vgl. ebd.

als theatralische Botschaft aber auch weitreichendere Zusammenhänge des Romans. Als sich Franziska noch auf dem Bahnhof in Mailand befindet, zeigt sich bereits die theatralisch-sexuelle Signalwirkung ihres roten Haares und löst bei dem Beamten, der ihr eine Fahrkarte nach Venedig verkauft, anstößige Gedankenassoziationen aus. „*Eine Ausländerin. Irgendwohin. Sie sind verrückt oder Huren oder beides. Eine Ausländerin, die irgendwohin fahren will um ein Rapido-Billet nach Venedig zu bezahlen. (…). Eine verrückte Hure. Wie ihre Haare flattern. Eine Rothaarige. Keine Italienerin lässt ihre Haare so flattern.*"[1013] Ähnliche Phantasien erregt Franziska gleich darauf in dem Rapido nach Venedig, wo sie von einem „älteren italienischen Geschäftsmann" beobachtet wird. „*(…) diese Ausländerinnen sind ja verrückt, vielleicht hat sie eine Wohnung in Mailand und einen Geliebten in Venedig oder umgekehrt, die Rothaarigen sollen ja schärfer sein als die anderen (…).*"[1014] Franziska ist sich der erotischen Wirkung ihrer roten Haare bewusst und kommentiert dies in ihren Gedanken nicht ohne Ironie auf ihre eigene Sinnlichkeit. „Sie wusste, was diese Burschen dachten, *una rossa, die Rothaarigen sind scharf, aber dies war nicht zu ändern, so waren die Männer nun einmal, und sie hatten nicht einmal unrecht, ich bin scharf, ich lasse mich leicht verführen, wenn der Mann es richtig anstellt, und deshalb habe ich mich immer nur schwer verführen lassen, aber die Wahrheit ist, dass ich richtig scharf darauf bin, es ist so ein wunderbares Vergnügen (…).*"[1015]

Franziska setzt ihre Sinnlichkeit durchaus gezielt ein. Haben schon die roten Haare an sich einen theatralischen Effekt, ist Franziska in der Lage, diesen durch einen geschickt inszenierten Auftritt noch zu betonen. Dies ist in einer Szene zu beobachten, in der sie mit Patrick eine heruntergekommene Kneipe in der Giudecca betritt, wo sich ausschließlich Männer befinden. Es handelt sich jedoch um kein „Schwulenlokal", wie Franziska schon auf den ersten Blick feststellt.

(…) sie beschloss, das Lokal zu provozieren, sie zog ihren Mantel aus, so dass ihr türkisfarbenes Twinset unter ihren roten Haaren im kalten Licht der Bar zu leuchten begann, setzte sich mit einer sicheren Bewegung auf einen der Barhocker und holte die Schachtel mit den englischen Zigaretten, die sie sich von Patrick hatte schenken lassen, heraus, sandte einen Blick in die Runde der jungen, gut aussehenden Gesichter, fasste eine der zwei Hände, die sich ausstreckten, um ihr Feuer zu geben, beim Gelenk, brachte das Feuerzeug vor die Spitze der Zigarette und nickte den sie wieder zurückziehenden schmutzigen Fingernägeln zu, während sie den Rauch ausstieß.[1016]

1013 *Die Rote*, S. 13.
1014 *Die Rote*, S. 16.
1015 *Die Rote*, S. 64.
1016 *Die Rote*, S. 172.

Die hier zitierte Szene erweckt den Eindruck einer Inszenierung mit einer starken theatralischen Wirkung. Verantwortlich dafür sind die Ausschmückungen von Details, so als Franziska ihren Mantel auszieht und sich lässig an die Bar setzt, sowie die erotische Wirkung dieser Handlung auf die sie umgebenden Männer, ihr Blickkontakt zu diesen und auch die Betonung retardierender Momente, als Franziska ihre Zigaretten herausholt und sich eine davon von einem der Männer anzünden lässt.

Die theatralisch-erotische Konnotation ihrer roten Haare betont Franziskas Wirkung als femme fatale, jedoch ist dies nicht der einzige Aspekt, der sich mit den roten Haaren der Protagonistin in Verbindung bringen lässt. Vielmehr zeigt sich in diesen auch die theatralische Symbolkraft Venedigs und lässt diesbezüglich an die sagenhafte Schönheit der „Märchenstadt" denken.

Das Bild von der Wirkung der roten Haare Franziskas entsteht in den Gedanken eines sensiblen Musikers, des Violinisten Fabio Crepaz vom Fenice-Orchester, als er Franziska auf dem Campanile begegnet. Er hatte sich spontan auf den Turm begeben, da „ideales Campanile-Wetter"[1017] herrschte, „Wetter, wie es nur ein- oder zweimal im Jahr eintraf".[1018] Auf der zugigen Aussicht des Turms beobachtet er neben sich Franziska, die er nicht kennt. Die Gedanken Fabios, in denen er Franziskas rotes Haar sehr poetisch beschreibt, lassen zugleich Rückschlüsse auf die Theatralität Venedigs zu. „Verirrten Windstößen gelang es von Zeit zu Zeit, einige Strähnen ihres Haares zu bewegen, sie besaß glatte Haare, die ungefähr bis zur Mitte ihres Halses reichten, und der Wind blies sie manchmal als dünnen, strähnig aufgelösten Vorhang über ihr Profil, wo sie, wenn sie in den Bereich des Sonnenlichts gerieten, aufleuchteten, durchstrahlte Fäden aus einem dunklen Rot, das Fabio nicht zu bestimmen vermochte."[1019]

In der hier zitierten Textstelle sind intertextuelle Bezüge zu Rilkes Venedig-Gedichten „Die Laute", „Die Kurtisane" und „Venezianischer Morgen" zu erkennen. Darin erscheint die venezianische Kurtisane als Allegorie der Stadt. Besonders hebt Rilke das „goldene" Haar der Kurtisane hervor, dem er, als einem wesentlichen Teil ihrer erotischen Macht, Ausdruck verleiht. Zugleich beruft er sich auf den theatralischen Effekt des „goldenen" Haares, das so auch zu einer theatralischen Metapher für Venedig wird. In ähnlicher Weise verhält es sich mit dem roten Haar Franziskas, welches sich in der zitierten Szene ebenfalls zu einer theatralischen Metapher für Venedig versinnbildlicht.

1017 *Die Rote*, S. 160.
1018 *Die Rote*, S. 160.
1019 *Die Rote*, S. 162/163.

Die Wahrnehmungen Fabios zeigen noch in weiterer Hinsicht ein betont theatralisches Element und zwar in der symbolhaften Verbindung von Franziskas rotem Haar mit dem Meer. Zudem knüpft dies unmittelbar an die hochtheatralische Gründungssage Venedigs an, nach der die Stadt wie Aphrodite Anadyomene aus den Fluten entstieg.[1020] Fabios Vision reicht aber über Venedig hinaus, indem sie sich auf die Schaffung der Welt überhaupt bezieht, die im biblischen Sinne mit dem Meer ihren Anfang nahm. Dabei entwickeln Franziskas Haare in Fabios metaphorischen Gedanken eine außergewöhnliche Kraft von theatralischer Imagination, die eine Berührung mit der transzendentalen Welt erkennen lassen. Außerdem ist der Vergleich mit einem zutiefst musikalischen Vorgang naheliegend, der ebenfalls auf die Theatralität Venedigs zurückzuführen ist, wie in dieser Arbeit anhand von Hofmannsthals Drama *Der Abenteurer und die Sängerin* bereits untersucht wurde.

(…), der Wind strömte im gleichen Augenblick, in dem sie aus der Nische herausgetreten war, in ihre Haare und fegte sie mit einer einzigen Bewegung glatt nach hinten, so dass sie eine flache Welle aus dunklem Rot bildeten, und es war die Form dieser Welle, die sich vom Scheitel ihres Kopfes herab ein wenig senkte, um dann wieder nach oben zu streben und in einem Gespinst aus durchstrahltem Rot zu enden wie Schaum, wie der Schaum eines Meeres aus dunklem Rot, es war die unbezwinglich leise, lakonische und zuletzt fächerartig aufgelöste Bewegung dieser Welle aus dunklem, aber nicht schwarzdunklem, sondern nur mit Schwarz, mit Kohle versetztem pompejanischem Rot, das ein wenig eingesunken war, nur im transparenten Gespinst der Ränder aufleuchtete, diese zu einem Zeichen, zu einem Signal gebannte Bewegung eines Flugpartikels aus einem pompejanischen Meer vor einem Hintergrund aus reinstem Azur, das der Himmel über Venedig anzubieten vermochte – sie war es, die in Fabios Augennerven eindrang wie eine Strophe.[1021]

9.6 Theatrales Doppelgängerspiel: Eine zweite Rothaarige

Der Signalwirkung von Franziskas rotem Haar verleiht Andersch zusätzliche Evidenz durch das Auftauchen einer weiteren Rothaarigen. Der theatralische Effekt, der bereits von der rothaarigen Franziska ausgeht, wird durch die Anwesenheit

---

1020 In der Untersuchung dieser Arbeit zu Hofmannsthals Drama *Der Abenteurer und die Sängerin* ist ebenfalls von dieser Gründungssage die Rede, wobei auf das Motiv der anadyomenischen – also flutensteigenden Venezia – verwiesen wird. Nachzulesen in dem Kapitel „Die Verschmelzung Vittorias und ihres Gesangs mit dem theatralen Venedig". Der „Abenteurer" wiederum gibt in dem Drama eine von ihm selbst erschaffene, sehr erotische Version zum besten.

1021 *Die Rote*, S. 164/165.

ihrer vermeintlichen „Doppelgängerin" noch betont. Ausgehend von der aus der Doppelung entstehenden, theatralen Wirkung lassen sich weiterführende Gedankenassoziationen eines Doppelgänger- und Maskenspiels verfolgen, welches wiederum in einem kohärenten Bezug zum theatralen Maskenwesen Venedigs steht.

Als Franziska ihrer, um einiges jüngeren Doppelgängerin, zum ersten Mal begegnet, vergleicht sie sich in Gedanken mit ihr, wobei die roten Haare der jungen Frau und davon ausgehend die Farbe Rot überhaupt im Fokus stehen. Die Präsenz der roten Farbe könnte im Übrigen auch eine Anspielung auf die farbenprächtigen Werke des venezianischen Malers Tizian und sein berühmtes Tizianrot bedeuten. Da die theatralische Faszination Venedigs auch auf die ehemalige Existenz einer ursprünglich mächtigen Kunstmetropole zurückzuführen ist, ist den Werken der großen venezianischen Maler, wie Tizian, Tintoretto und Veronese, eine konstituierende Bedeutung bei der späteren Theatralisierung der Stadt nach dem Fall der Republik bis in die Gegenwart zuzusprechen. Aus diesem Grund erscheinen auch die Gedanken Franziskas entsprechend theatralisch konnotiert. *„Eine junge Mondäne, aber noch nicht erstarrt, noch frisch, rothaarig wie ich, mit dem hellroten Lippenstift geschminkt, dem hellen Rot der Jungen, eine Beauté, die roten Haare windzersaust, niemals kommen wir Roten mit unseren Haaren zurecht, ob sie auch einmal so durch die Dunkelheit fahren wird wie ich, achtzehntausend Lire in der Tasche und nichts vor sich, (…)."*[1022]

Es bleibt nicht bei dieser einzigen Begegnung der beiden rothaarigen Frauen, denn Andersch lässt jene schon am nächsten Tag, dem zweiten Tag von Franziskas Venedig-Aufenthalt, erneut zufällig, diesmal beim „Fünf-Uhr-Tee", in dem Luxushotel Pavone aufeinandertreffen. Dabei handelt es sich um eine hochtheatralische Szene, hervorgerufen zum einen durch die Beschreibung, welche der äußeren Erscheinung der jungen Rothaarigen einen dramatischen Akzent verleiht, zum anderen durch die Gedanken Franziskas, in denen sie sich ausmalt, wie sich die junge Frau in einem theatralischen Verwandlungsprozess auf die günstigste Weise selbst inszenieren könnte. Franziska richtet ihre Aufmerksamkeit, wie schon in der ersten Szene mit ihrer Gegenspielerin, auf deren roten Haare, womit sie unwillkürlich auch auf sich selbst verweist. „(…) *eine Beauté in einem dunkelroten, fast schwarzen Nachmittagskleid mit einem recht gewagten Ausschnitt, sie ist noch zu jung für einen solchen Ausschnitt, und sie sollte die Haare offen tragen, nicht aufgesteckt, sie sollte die junge Romantische darstellen, nicht*

1022 *Die Rote*, S. 38.

die junge Mondäne, windzersaust, wie gestern abend, sahen ihre Haare eigentlich besser aus (...)."[1023]

Dass bei der jungen Frau, ebenso wie bei Franziska, wesentlich die roten Haare für deren sexuelle Anziehungskraft verantwortlich sind, ist an dem Verhalten von zwei jungen Männern zu beobachten, mit denen sie sich beim Fünf-Uhr-Tee, zusammen mit einem älteren Herrn, im „Pavone" trifft. Hier setzt Andersch verstärkt auf die Theatralität der Inszenierung, indem er die Schönheit der jungen Frau zum Anlass nimmt, die beiden jungen Männer vor ihr eine parodistische und zugleich auch ernst gemeinte Komödie aufführen zu lassen, die aufgrund ihrer chargierenden Darsteller an die „Commedia dell'arte" erinnert. Diese Form des Theaters mit festgelegten Charakteren entstand in Italien im 16. Jahrhundert und wurde in Venedig vor allem in den Stücken Carlo Goldonis und Carlo Gozzis umgesetzt.[1024] In dem Fall der zwei jungen Männer dient dazu der vornehme Saal des Hotel Pavone als passende Bühne. „Die junge Rothaarige (...), umgeben von zwei jungen und einem älteren Herrn, eindeutig Filmbranche, zwei Schauspielerkollegen und ein Produzent, die Jungen spielten dem kleinen Saal ihre reizende und ganz echte Bewunderung des schönen Mädchens vor, der eine chargierte tiefe, nur mühsam zurückgehaltene Verzauberung, der andere sachliches, kameradschaftliches Verständnis."[1025]

Es ist zweifellos so, dass die theatralische Wirkung von Franziskas rotem Haar durch das Auftauchen der zweiten rothaarigen Frau und der Art, wie Andersch sie auffällig in Szene setzt, noch intensiviert wird. Dies geschieht zum einen durch die reflexionsartige Doppelung und zum anderen dadurch, dass beide Frauen in ihrer Attraktivität und ihrem Auftreten etwas bewusst Inszeniertes haben.

Die Frauen erregen das sexuelle Interesse eines Mannes, der sich ebenfalls in dem Saal des Hotels Pavone befindet, und abwechselnd Franziska, wie sie sehr wohl wahrnimmt, und dann wieder deren rothaarige Gegenspielerin beobachtet. Auch er nimmt eine Rolle innerhalb eines dramaturgischen Konzeptes ein, aufgrund dessen der Autor die Szene wie in einem inszenatorischen Akt darstellt. *„Es ist sehr schwer, sich zwischen einer Jungen und einer Frau in mittleren Jahren zu entscheiden, besonders wenn sie beide schön und rothaarig sind, man müsste mit beiden zusammen ins Bett gehen, eine vergleichende Studie in Rothaarigkeit*

1023 *Die Rote*, S. 84.
1024 Siehe dazu Henning Mehnert: *Commedia dell'arte. Struktur – Geschichte – Rezeption*, Stuttgart 2003.
1025 *Die Rote*, S. 84.

und der hellen Haut der Rothaarigen und der berühmten Sinnlichkeit der Rothaarigen, ich bin ein Schwein, nein, ich bin kein Schwein, ich bin ganz natürlich."[1026]

Für Andersch sind die theatralischen Auftritte im Rahmen einer Inszenierung in dem Saal des „Pavone" jedoch noch nicht abgeschlossen, denn während Franziska an den aufdringlichen Blicken des „kleinen und fetten"[1027] Mannes auf sie dessen sexuelle Wünsche erkennt und voller Abscheu für sich registriert, wird sie in ihren Gedanken unterbrochen, „durch den leisen dramatischen Auftritt einer jungen Frau"[1028], dessen Zeugin sie wird. Die junge Frau strömt einen schillernden Zauber aus, der in hochtheatralischer Metaphorik wiederum auch für Venedig gilt.

> Eine große, schwarzhaarige, blasse, *nicht besonders schön, aber anziehend, etwas zu weiche träge Lippen;* sie ging mit unsicheren, unmerklich kreiselnden Schritten auf den Tisch (…) zu, die Herren am Tisch erhoben sich, offensichtliches Erstaunen (…). Maria [die Frau] ließ sich den Mantel nicht abnehmen, einen weichen, leichten, sehr hellen Mantel im Charleston-Stil mit einem dunkleren runden Pelzkragen, aus einem langhaarigen kostbaren Pelz, der unter einer Bewegung, in einem Atemhauch, sich öffnete wie Gefieder oder Wassersträhnen, bernsteinfarben unter dem leuchtenden Nachtschwarz ihres, gleichfalls im Charleston-Stil gewellten, halblangen Haares, sie lehnte sich nicht zurück in ihrem Sessel, sie saß gespannt und geistesabwesend (…).[1029]

Hier drängt sich wieder der Vergleich mit venezianischen Kurtisanen der Renaissance oder des Rokoko auf, wie sie von Rilke, als theatralisierte Personifikationen Venedigs, in seinen Gedichten „Die Kurtisane", „Die Laute" und „Venezianischer Morgen", thematisiert werden. Gleichfalls lässt sich dieser Aspekt auf Franziska und ihre rothaarige Gegenspielerin übertragen, denn auch in diesen Frauen erscheint Venedig theatralisch personifiziert.

9.7 Die theatralisch-verbrecherische Maske Kramers

9.7.1 Die Maske Kramers als Pendant zur venezianischen Maske

Andersch setzt Theatralität nicht nur dazu ein, um den Auftritt schöner Frauen wirkungsvoll zu demonstrieren und die eindruckvolle Kulisse Venedig und deren symbolträchtige Wirkung zu veranschaulichen, sondern auch unter dem Aspekt einer verbrecherischen Maske, hinter der sich der ehemalige Nazi Kramer versteckt.

1026 *Die Rote*, S. 87.
1027 *Die Rote*, S. 88.
1028 *Die Rote*, S. 88.
1029 *Die Rote*, S. 88/89.

Der Autor inszeniert bei Kramer ein makabres Maskenspiel, indem er die Persönlichkeit des ehemaligen Kriegsverbrechers fast ausschließlich über die Maske identifiziert und mit dieser verschmelzen lässt, so zum Beispiel, als er mit Franziska im Cafe Quadri sitzt. In dieser Hinsicht erweist sich wiederum die anhand der Konzeptionen von Simmel und Deleuze entwickelte Schlussfolgerung von der Demaskierung der Maske als relevant und zudem die von Soeffner vertretene These, wonach auch der „moderne Schauspieler" Träger einer Maske sei, somit sein Körper als Maske fungiere und er, laut eines Zitats von Plessner, *„die Verkörperung einer (…) Figur mit dem eigenen Leib"* zu leisten habe.[1030] Wie in diesem Zusammenhang im theoretischen Teil erwähnt, betrifft das Tragen einer Körper-Maske aber auch genauso das allgemein gesellschaftlich vorgegebene Rollenrepertoire und selbstverständlich die fiktiven Figuren eines Romans, wie in diesem Fall Kramers, wobei bei ihm die Maske auf sein Gesicht konzentriert ist. Dieses tritt, aufgrund seines maskenhaften Charakters, sehr prägnant in Erscheinung und wirkt abstoßend und unheimlich zugleich.

Die Szene erhält durch Darstellungen von Rokokomasken an den Wänden des Cafes Evidenz, die wie ein heiteres Pendant zu der lebendig gewordenen, düsteren Maske Kramers, als eine Personifizierung des Bösen wirken. „Wieder lächelte er, weiße Maske unter den grauen Rokokomasken des Quadri, (…),"[1031] oder „zum erstenmal an diesem Vormittag sah er sie böse an; seine Augen, die Löcher in der weißen Maske, zogen sich zusammen."[1032] Einmal beobachtet Franziska, wie sich Kramer hinter seiner vermeintlichen Maske spontan zu verstecken versucht. *„Er tarnt sich wieder, er stülpt wieder die Maske über."*[1033] Während Franziska gedanklich das abstoßende Wesen Kramers und seines Äußeren über sein Gesicht als Maske definiert, beruft sie sich auch auf den Abscheu O'Malleys gegenüber Kramer. *„‚Ein großer vollblütiger Mann', hat Patrick gesagt, ‚intelligent, zynisch und vollblütig, er war das Leben selbst, und das Leben ist, wie sie ja wissen, Franziska, intelligent, zynisch und bluterfüllt', ach was, er ist nur noch eine Pappmaske mit rötlichen Augen und einem fetten Mund, wahrscheinlich ist er einfach alt geworden, ein alter Albino in einem alten grauen bösen Rokoko-Cafe, der mir Angst machen will, (…)."*[1034]

1030 Soeffner: „Die Wirklichkeit der Theatralität", a. a. O., S. 238. Der Autor zitiert aus: Plessner 1982, S. 410.
1031 *Die Rote*, S. 203.
1032 *Die Rote*, S. 205.
1033 *Die Rote*, S. 208.
1034 *Die Rote*, S. 206.

9.7.2 Die Maske Kramers in Kohärenz zur theatralen Maskenhaftigkeit Venedigs

Die Maske Kramers als pervertiertes Pendant zur venezianischen Maske ist wiederum mit dem maskenhaften Charakter der theatralen Stadt kohärent, welchen Kramer für seine Tarnung nutzt. Ein Anliegen, das allerdings, ausgehend von Deleuzes' und Simmels Konzeptionen, nur vordergründig gelingen kann. Die Tatsache, dass sich Kramer in Venedig so sicher fühlt und nicht im Geringsten zu fürchten braucht, als Kriegsverbrecher ausgeliefert und bestraft zu werden, muss sich insofern als Trugschluss erweisen, als die Maskenhaftigkeit Venedigs, in Anbetracht der aus den Konzeptionen von Deleuze und Simmel zu schließenden Erkenntnis, ja auf Demaskierung beruht.

In dieser Hinsicht erscheint das tödliche Ende Kramers – er wird von O'Malley umgebracht – durchaus evident. O'Malley tötet Kramer in der Kajüte seines Bootes mit vergiftetem Bier, das er diesem zu trinken gibt. Dies geschieht im Beisein Franziskas, die gehofft hatte, mit O'Malleys Hilfe aus Venedig fliehen zu können. Ohne ihr Wissen hatte dieser jedoch auch Kramer auf sein Boot bestellt, mit der Absicht, ihn in Gegenwart Franziskas zu ermorden. Mit dem Erscheinen Kramers durchschaut Franziska schlagartig den mörderischen Plan O'Malleys, wobei sie zuerst glaubt, dieser wolle Kramer erschießen.

In Anbetracht von Kramers düsterer Gesichts-Maske und dessen unmittelbar bevorstehenden Ermordung hat Franziskas visionärer Gedanke von der „Gipsmaske, die in Stücke zerfällt" gerade in diesem furchterregenden Moment, hinsichtlich der theatralen Aussage, auch einen Anflug von Ironie. „Kramer blieb am Ende der Treppe stehen, eine Statue in einem unförmigen Wintermantel aus undefinierbarer Farbe, eine Statue aus schmutzigem Beton mit einem großen weißen Gipsgesicht, *jetzt wird Patrick schießen, es ist die Gelegenheit für ihn, wenn Patrick jetzt schießt, wird nicht mehr geschehen, als dass die Gipsmaske in Stücke zerfällt,* sie blickt eine endlose Sekunde lang auf die Maske, wartete, dass sie zerfallen würde, aber sie zerfiel nicht, sie bewegte sich vielmehr vorwärts, bis sie in den Lichtkreis der Kajütenlampe geriet."[1035]

Eine besonders widerwärtige Beschreibung der Maske Kramers findet während seines Todeskampfes statt, den das von O'Malley mit Gift versetzte Bier auslöst. Die heftige Dramatik der Todesszene verströmt, trotz ihrer Abscheulichkeit, eine intensive theatralische Präsenz, die im Wesentlichen auf der entsprechenden In-Szene-Setzung der Maske Kramers beruht.

1035 *Die Rote*, S. 243.

(…), während der Stuhl, auf dem Kramer gesessen hatte, umfiel, während die weiße Pappmaske herunterrutschte, bis sie sich nur noch knapp über der Tischkante befand, während die kleinen rötlichen Augen weit aufgerissen einen qualvollen Blick über die Platte aus Teakholz sinken ließen, während der große, rote, in die Maske eingeschnittene Mund sich öffnete, Bläschen von Bierschaum zu erbrechen versuchte, einen Kranz von Bierschaum um die auseinanderklaffenden Lippen bildete, bis er hinter der Tischkante versank, bis die weiße Maske verschwand, indes das Bierglas auf dem Boden der Kajüte langsam ausrollte.[1036]

9.8 O'Malley, Franziska und Kramer im dramaturgisch-theatralen Kontext

In den Kontext des Maskenhaften fällt auch O'Malley, allerdings tritt dies bei ihm in ganz anderer Weise in Erscheinung. Bei ihm ist es vor allem sein Blick, von dem eine verwirrende Tiefgründigkeit und zugleich ein gewisse Widersprüchlichkeit ausgeht, womit er sich von der „weißen Maske" Kramers erheblich unterscheidet, die dessen wahre, erschreckende Persönlichkeit klar erkennbar werden lässt.

Der Blick und das Auftreten O'Malleys lassen auf Doppeldeutigkeit und theatralische Wandlungsfähigkeit schließen, die sich sowohl auf die letztlich undurchsichtige und unberechenbare Persönlichkeit seiner Figur und zugleich auf das Wesen der Lagunenstadt bezieht. Als Franziska O'Malley beim Fünf-Uhr-Tee im „Pavone" zum ersten Mal sieht, fällt ihr die Doppeldeutigkeit seines Blickes und seiner Erscheinung sofort auf. *„Oh das ist ein kleiner Teufel, in seinem Blick ist etwas Besonderes, etwas Charmant-Freches, und dahinter noch mehr, etwas alte Zauberei, etwas schwarze Magie, schade, dass ich die Farbe seiner Augen von hier aus nicht erkennen kann, sie müssen grau sein, das ist einer der sehr viel weiß, der alles erfährt, mit einem Blick, mit einem Blick ohne Hemmungen, vielleicht mit dem bösen Blick. (…) er sieht aus wie ein Engländer, (…) von der (…) sehr sympathischen Art."*[1037]

Die Beziehung zwischen O'Malley, Kramer und sich selbst malt sich Franziska in ihren Gedanken wie eine parodistische Inszenierung aus, deren männliche Hauptdarsteller Masken tragen. Dabei stellt sich heraus, dass sie O'Malley, wegen seines rachsüchtigen und zugleich feigen Verhaltens gegenüber Kramer, verachtet.

Dumm nur, dass solche Versager wie Patrick alle Tragödien in Farcen verwandeln. (…) ein alternder Gangster und sein kluger, reflektierender Kommentator, ein Verbrecher und

---

1036 *Die Rote*, S. 248.
1037 *Die Rote*, S. 92.

ein Ästhet, aneinandergebunden, sich eine Parodie auf Untat und Rache, auf Schuld und Sühne vorspielend, doch die Szene verwandelt sich wieder einmal, die Farce wendet sich ins Böse; weil ich auf die Bühne gekommen bin, droht das Spiel ernst zu werden, mit mir ist die Drohung aufgetreten, die Furcht davor, dass ich die Masken herunterreißen werde; und deshalb bin ich bedroht.[1038]

9.9 Zwischen Illusion und Desillusion: Fabio Crepaz und die Theatralität des Theaters La Fenice

Es existieren noch weitere theatralische Bezüge im Roman. So ist der schachernde jüdische Kaufmann, der Franziska für viel zu wenig Geld ihren Ring abkaufen will, eine Anspielung auf die Figur des Shylock in Shakespeares Drama *Der Kaufmann von Venedig*. Franziska resümiert darüber. *"So ein Jude. Shylock in Venedig (…). Shylock hat ja alles, was er tat, um seiner Tochter willen getan."*[1039]

Auf ein sehr spezielle Art mit einer theatralischen Konnotation versehen, ist die Figur des Fabio Crepaz, einem Geiger im Orchester des Theaters La Fenice. Ursprünglich war er während des Zweiten Weltkriegs Revolutionär gewesen und hatte sich viele Jahre lang mit voller Überzeugung gegen den Faschismus eingesetzt, schließlich aber resigniert aufgegeben. Nach dem Krieg wollte er Karriere als Violinist machen, was jedoch ebenfalls nicht funktionierte. *"Es war schon unglaublich, dass es noch zum Fenice-Orchester gereicht hatte."*[1040] In seinen politischen Gesinnungen und als Solomusiker gescheitert, erscheint Crepaz' Arbeit im Fenice-Orchester, die er eher freudlos verrichtet, *"sehr ähnlich der halben Leidenschaft zu einem jungen Mädchen",*[1041] in einem entsprechend fragwürdigen Licht.

Dies wiederum lässt entsprechende Rückschlüsse auf Venedigs Theatralität zu, durch welche sich das desillusionierende Leben des Musikers, als eine Folge seiner Illusionen, bestimmt. Wie vorhin bereits angesprochen, beinhaltet die der Theatralität inhärente Eigenschaft des Illusorischen zugleich die Desillusionierung. Dies zeigt sich im Übrigen auch bei Crepaz' *"Gelegenheitsgeliebter"* Giulietta, einer erfolglosen Sängerin, die er am Theater La Fenice kennen gelernt hat und bezeichnenderweise in einem *"verrotteten kleinen Palazzo"*[1042] wohnt.

1038 *Die Rote*, S. 184/185.
1039 *Die Rote*, S. 200.
1040 *Die Rote*, S. 74.
1041 *Die Rote*, S. 74.
1042 *Die Rote*, S. 74.

Dass in dem eher nüchternen Leben des Fabio Crepaz der illusorische Zauber der Theatralität Venedigs, wenn auch auf sehr rudimentäre Weise, dennoch präsent ist, zeigt sich in einer Szene kurz vor Ende des Romans, als er sich nach einer Probe noch im Theater befindet, und dessen Atmosphäre aufnimmt.

> Der eiserne Vorhang war heruntergelassen worden, und der Zuschauerraum des Fenice war dunkel, Fabio konnte nur die Umrisse der Logen erkennen, da und dort einen Schimmer auf den vergoldeten Schnitzereien der Brüstungen als Reflex der zwei oder drei Orchesterlämpchen, die noch über den Pulten brannten. Es roch nach Staub, nach Kulissen, nach dem Parfüm alter Leidenschaften, nach Grazie. Fabio legte seine Geige in den Kasten und ließ ihn neben seinem Pult zurück, als er das Theater verließ. In zwei Stunden begann die Abendvorstellung. Das Leben auf dem Platz vor dem Theater traf ihn nach solchen Minuten immer wie etwas Ungewohntes.[1043]

In Anbetracht von Barthes' Theorie, nach der sich Theatralität gerade durch das Fehlen einer institutionalisierten Bühne konstituiert, scheint demnach seine theatralische Konzeption in dieser Szene im Theater nicht aufzugehen. Allerdings ist es hier so, dass auf der in dieser Szene vorhandenen Bühne der eiserne Vorhang heruntergelassen und der Zuschauerraum verlassen ist. Insofern bildet der leere Saal des Theaters eine „Szene" für Imaginationen, die auf ehemals stattgefundene Theateraufführungen und auf den das Theater La Fenice umgebenden theatralischen Mythos zurückzuführen sind. Dies ist insbesondere deshalb der Fall, als sich in diesem traditionsreichen und noch den Glanzzeiten Venedigs entstammenden Haus auch der theatralische Glanz der Stadt erschließt.

Ausgehend von diesen Überlegungen ist zudem die von Fischer-Lichte propagierte These, nach der zwischen Theater und Theatralität eine Nähe besteht, in Betracht zu ziehen, allerdings eher im beschränkten Maße. Denn Fischer-Lichtes Überlegungen berufen sich, wie dies im theoretischen Teil dargelegt wurde, definitiv auf Aufführungssituationen am Theater, die ja im leeren La Fenice in diesem Moment nicht gegeben sind.

9.10 Illusionistische Theatralität: Das nächtliche und musikalische Venedig

Wie schon erwähnt, offenbart sich in der auf Theatralität beruhenden Illusion zugleich die Desillusion. Dies macht sich Franziska kritisch bewusst, als sie das nächtliche Venedig im Schein der Lichter betrachtet und sich über die „verdammten Illuminationen" erregt. Die Täuschung durch eine theatralisch-illusionistische

---

1043 *Die Rote*, S. 242.

Vorstellung Venedigs bezieht Franziska aber auch auf sich selbst und ihre unbefriedigende Beziehung zu ihrem Ehemann und ihrem Geliebten.

> (…), die künstlichen Paradiese sind nur in der Vorstellung schön, sie sind verdammte Illuminationen für Unbefriedigte, sie sind nicht die Sache selbst, sondern überhaupt nur die Illumination der Sache, nicht die Front einer Kirche von Palladio oder irgendwem, sondern nur ihre Beleuchtung, die sie überirdisch schön macht, weiß und strahlend, während die Kirche in Wirklichkeit schmutzig weiß ist, alt, die Farbe blättert von ihr ab, ein paar Architrave haben gelitten, aber nur so, wie sie ist, ist sie wirklich schön, eine Sache, die nicht illuminiert, sondern geliebt wird. Ob mich einmal jemand lieben wird, wirklich lieben, und das heißt: erkennen, wie ich wirklich bin? Sie haben immer nur ihre Beleuchtung auf mich projiziert, keiner hat mich erkannt.[1044]

Ebenfalls paradigmatisch für eine durch Beleuchtung hervorgerufene theatralische Illusion ist eine Szene, in der Franziska und O'Malley durch das nächtliche Venedig spazieren. Als ein Inbegriff von venezianischer Theatralität wird die Szene zudem von klassischem Operngesang begleitet, der aus dem Radio oder von der Schallplatte ertönt.[1045] Die Oper ist in Venedig traditionell sehr beliebt und geht unter anderem auf den Opernkomponisten Claudio Monteverdi zurück, der im 17. Jahrhundert in der Lagunenstadt lebte und arbeitete.[1046] Andersch betont die theatralische Metaphorik der Szene, indem er den Reiz des nächtlichen Venedig beschreibt und gleichzeitig mit der Musik verschmelzen lässt. Dass es sich dabei ausgerechnet um die Arie „Una furtiva lacrima" aus Donizettis Oper *Der Liebestrank* handelt, in der ein junger Mann die Liebe zu seiner Angebeteten besingt, hat in seiner sanften Melancholie zusätzlich theatralische Evidenz und fügt sich insofern ergänzend in den Kontext der szenischen Theatralität ein.

> Auf der (…) Seite des Kanals stand ein Palast, eines seiner Fenster war erhellt, und sie hörten Gesang, von Instrumenten begleitet. Sie blieben stehen und lauschten. Donizetti, sagte Franziskas Begleiter. Es war ein Spätkonzert von Radio Italia, oder vielleicht war es eine Schallplatte, und ein lyrischer Tenor sang eine Arie aus Donizettis *Elisir d'Amore*. Sie gingen unwillkürlich in die Töne hinein, bis sie am Rande des Kanals standen, auf den weißen Granitsteinen, zwei Stufen führten zu einem Pfad, an dem eine Gondel festgemacht war, und Franziska setzte sich, trotz der Kühle, auf die oberste Stufe und hörte zu, während Patrick O'Malley neben ihr stehen blieb. (…), der Tenor sang unglaublich weich und doch präzis die Worte ›Una furtiva lacrima‹, der Liebestrank mischte sich in

---

1044 *Die Rote*, S. 170.
1045 Diesbezüglich lässt sich wiederum an die Sängerin Vittoria in Hofmannsthals Drama *Der Abenteurer und die Sängerin* anknüpfen und auch an das „musikalische" Venedig Richard Wagners und Friedrich Nietzsches.
1046 Siehe dazu in dem folgenden Kapitel dieser Arbeit „Die Theatralität Venedigs im historischen Kontext" zu „Geschichtliche Hintergründe und theatrale Disposition".

das schwarze Wasser des Kanals, die verstohlene Träne rann über das Antlitz der Nacht. Als er geendet hatte, wurde der Lautsprecher abgeschaltet, das Licht erlosch.[1047]

Andersch kommt noch ein weiteres Mal auf klassische Musik zurück und zwar in Form von Claudio Monteverdis Oper *L'Orfeo*, an deren Vorbereitung zur Aufführung auch der Violinist Fabio Crepaz beteiligt ist. Die Orchesterproben verlaufen für Crepaz jedoch ausgesprochen unbefriedigend, da sie hauptsächlich von den eitlen Allüren des Dirigenten und der Sänger bestimmt werden, die für Crepaz' musikalisches Feingefühl eine Zumutung bedeuten. Dabei fällt auf, dass Crepaz' musikalischer Anspruch ihn zweifellos als großen Kenner der Musik Monteverdis auszeichnet, während er sich zugleich, in Anbetracht seines gescheiterten Lebens, mit dem Mythos des Orpheus – der ja ebenfalls ein Gescheiterter ist, da er den Fehler begeht, sich in der Unterwelt nach Eurydike umzudrehen – und der Musik Monteverdis, identifiziert. Die Identifikation mit dem Orpheus-Mythos und der Musik Monteverdis sowie die Aussichtslosigkeit, die daraus abgeleitete Erkenntnis gegenüber dem ignoranten Dirigenten durchzusetzen, prädestinieren Crepaz als eine tragische Figur, dessen Scheitern innerhalb des theatralischen Konzeptes der aufzuführenden Oper zur Geltung kommt.

10. Die Theatralität des „schönen" und „verwahrlosten" Venedig in Peter Roseis Roman „Wer war Edgar Allan?"

10.1 Das Labyrinth der Gassen als theatrale Ursache für den Ich-Verlust des namenlosen Helden

Peter Roseis Roman *Wer war Edgar Allan?* zeichnet das düstere Portrait eines verbummelten Studenten, der sinnlos in den Tag hineinlebt und sich in den ärmlichen Vierteln Venedigs, wo er eine entsprechende Unterkunft bewohnt, exzessiven Alkohol- und Drogenräuschen hingibt. Ein Lebensstil, den sich der junge Mann deshalb leisten kann, weil er von seinem Vater mit monatlichen Zuwendungen unterstützt wird. Die Entscheidung, sein Medizinstudium abzubrechen und in Venedig Kunstgeschichte zu studieren, war allerdings nur „ein bloßer Vorwand für ein Verhalten, das im Grunde nichts anderes als Flucht war"[1048], wie sich der Protagonist selbst von Anfang an eingestand, was sein Vater „als ein Akt der Resignation"[1049] auch zuließ. „Er hatte sich damit abgefunden,

---

1047 *Die Rote*, S. 106.
1048 *Wer war Edgar Allan?*, S. 8.
1049 *Wer war Edgar Allan?*, S. 8.

dass aus mir, seinem Sinn nach, nichts Rechtes werden würde. Sollte er sich damit quälen, mein Missraten aus nächster Nähe mit anzuschauen?"[1050] Die unansehnlichen Gassen Venedigs, durch die er streift, sowie die düsteren Kneipen, in denen er verkehrt, stehen in Analogie zu dem verwahrlosten Studenten.[1051]

Indem sich der Protagonist unter dem Vorwand eines Kunstgeschichtsstudiums in Venedig niederlässt, begibt er sich zugleich auf eine Reise in sein Inneres.[1052] Dabei spielt auch Venedigs Theatralität eine wichtige Rolle, die sich in diesem Roman meist in subtiler und hintergründiger Form erschließt und für das Seelenleben des labilen Helden eine unberechenbare Gefahr bedeutet. In diesem Sinne erscheint auch die Szene vor einem wesentlich ernsteren Hintergrund, in welcher der Ich-Erzähler, als er die touristischen Sehenswürdigkeiten Venedigs einmal direkt schildert, dies nicht ohne Ironie in Anspielung auf einen „touristischen Diskurs" tut, womit er aber dennoch die glanzvolle Seite des theatralischen Venedig klar repräsentiert.[1053] „Jedesmal beeindruckt mich der Anblick der beiden Kirchen, Il Redentore und Le Zitelle, die wahrhaft königlich die bescheidenen Häuserfluchten der Wasserseite überragen. Sie werden übrigens, ebenso wie San Giorgio Maggiore, Palladio zugeschrieben."[1054] Die gelegentlichen Besuche des Protagonisten im eleganten, historischen Cafe Quadri wiederum sind eine Reminiszenz auf das theatralische Rokoko-Venedig. Das berühmte „traditionelle" Venedig, und somit auch das Cafe Quadri, thematisiert Rosei in dem Roman als elegantes Pendant zu den Elendsvierteln, allerdings meist nur in äußerst rudimentärer Form; ein Phänomen, das in der zeitgenössischen Venedigliteratur häufig zu beobachten ist.[1055] Diese Reduktion einer Darstellung des „traditionellen" Venedig im Vertrauen auf die grundsätzliche Disposition der Stadt als poetisches Subjekt, mit einer gleichzeitigen Hinwendung zum abseitigen Venedig, ist bereits in der Venedigliteratur im Fin de siècle zu beobachten.[1056]

Die Theatralität des „traditionellen" Venedig aber prädestiniert dieses, wiederum ausgehend von den aus den Konzeptionen von Simmel und Deleuze resultierenden Erkenntnissen, als eine vordergründig tarnende Kulisse, hinter

---

1050 *Wer war Edgar Allan?*, S. 8.
1051 Vgl. Corbineau-Hoffmann a. a. O., S. 436.
1052 Vgl. ebd.
1053 Vgl. ebd.
1054 *Wer war Edgar Allan?*, S. 11.
1055 Vgl. Corbineau-Hoffmann a. a. O., S. 436.
1056 Vgl. ebd., S. 518/519. Die Autorin erklärt die Gründe und Ursachen der reduzierten Venedigdarstellung in der zeitgenössischen Venedigliteratur, wobei sie sich auf die „Zerstörung des Referenzbezuges" beruft.

der sich ein überaus bedrohliches Venedig befindet, dessen unübersichtliche und verwirrende Gassen die seelische Verfassung des Helden widerspiegeln. Die Lagunenstadt mutiert für ihn so zu einem Ort topographischer Beliebigkeit,[1057] in der er sich wie in einer „Choreographie des Zufalls"[1058] bewegt. Die Alkohol- und Drogenexzesse des Protagonisten, die oft darin enden, dass er an Orten aufwacht, von denen er nicht mehr weiß, wie er dorthin gekommen ist, tragen ebenfalls zu einer „Ortlosigkeit im weiteren Sinne" bei.[1059]

Bartens argumentiert, Venedig in Roseis Roman sei der „Gegensatz von Peripherie und Zentrum"[1060], der „auf einer einzigen Erzählebene topographisch angesiedelt"[1061] sei, womit sie den örtlichen Gegensatz der Armenviertel und des eleganten Teils der Stadt hervorhebt, in denen der Protagonist abwechselnd verkehrt. In den oppositionellen topographischen Gegebenheiten Venedigs drückt sich, hier wiederum anhand des im theoretischen Teils dieser Arbeit vorgestellten Konzeptes der Heterotopie von Foucault, welches insbesondere in der ebenfalls in dieser Arbeit thematisierten Untersuchung über Manns *Tod in Venedig* Verwendung findet, die spezifisch widersprüchlich erscheinende Theatralität der Stadt aus, welche dem Protagonisten aber nicht nur sein Doppelleben ermöglicht, sondern für ihn auch die unausweichliche Gefahr von Identitätsverlust und Persönlichkeitsspaltung bedeutet, der er schließlich nicht mehr entrinnen kann.

In diesem Zusammenhang ist auch die Theorie Plessners zu beachten und dies, ähnlich wie bei Gustav von Aschenbach im *Tod in Venedig* und Andreas Ferschengelder in Hofmannsthals Roman, in der Weise, dass es der Hauptfigur nicht gelingt, ihr Selbst durch Inszenierung zu konstituieren. Ausgehend von den an der These Fischer-Lichtes über die dreistellige Relationierung des Schauspielers und an der Theorie Plessners angelehnten Überlegungen Soeffners und seiner These von einer „Abspaltung des Ich" in zwei Subjekte erscheinen diese, in Anbetracht des alarmierenden Identitätsverlusts der Figur, zusätzlich relevant. Ein Identitätsverlust liegt im Übrigen auch in der Namenlosigkeit des Helden begründet. Zudem sei hier auf die aus dem Konzept der Mimesis und

---

1057 Vgl. Corbineau-Hoffmann a. a. O., S. 438.
1058 Vgl. ebd. Die Autorin verwendet das Zitat aus Roseis Roman in folgender Ausgabe: *Wer war Edgar Allan?* – Roman, Reinbek, 2. Aufl.1980., S. 21. In der in dieser Untersuchung verwendeten Ausgabe befindet sich das Zitat auf S. 23.
1059 Corbineau-Hoffmann a. a. O., S. 438.
1060 Daniela Bartens: „Stadt ist, wo noch keiner war. Stadt und städtische Strukturen im Werk Peter Roseis". In: *Peter Rosei*, hg. von Gerhard Fuchs und Günter A. Höfler, Graz-Wien 1994, S. 91–168, hier S. 128.
1061 Ebd.

der strukturalen Theatralität sich erschließende „Zwiespältigkeit des Selbst" bzw. das „Verhältnis des Einzelnen und Welt in ihrer Gebrochenheit" verwiesen.

Ensberg beschreibt die Gefahren, die dem Protagonisten aufgrund seines verlotterten Lebenswandels unterschwellig drohen und denen er ausgeliefert ist: „Den oft ziellosen Streifzügen des Protagonisten durch Venedig entspricht die Reise in abgründige Bewusstseinsregionen unter dem Einfluss von Alkohol und Drogen. Sie führt in eine Welt der Träume, der Halluzinationen und Assoziationen."[1062] Der einzige Halt, der in den unübersichtlichen Gassen Venedigs auszumachen ist, sind die venezianischen Straßennamen und Orte und die einiger vereinzelter Personen.[1063] Gleichzeitig jedoch verweisen diese innerhalb des topographischen Raumes Venedig auch auf ein ausgeklügeltes System einer gefährlichen Drogenorganisation.[1064] Da der Protagonist die Rauschmittel, welche er bestellt, in Verstecken an unterschiedlichen Stellen des ganzen Stadtgebietes abholen muss, setzt dies zwar eine genaue Ortskenntnis voraus, gleichzeitig jedoch kommt er dadurch in den Besitz von Drogen, durch deren Konsum er sich physisch und psychisch ruiniert.[1065] Die Orts-, Straßen- und Personennamen geben also nur scheinbar Halt und wenn sie es vordergründig doch tun, dann nur, um ins Verderben zu führen.[1066] Daraus lässt sich schließen, dass es nicht die Drogen sind, die letztlich den Untergang des Protagonisten herbeiführen, sondern die undurchdringlichen Gassen Venedigs, die in ihrem labyrinthischen Charakter zugleich die abgründige und doppelbödige Gefahr der Theatralität der Stadt offenbaren. Dieser Aspekt lässt sich angesichts des im theoretischen Teil erarbeiteten Konzeptes eines theatralen Raumes und der damit verbundenen Eigenschaft der Unbegrenztheit sowie der daraus resultierenden dekonstruktiven Theatralität, verdeutlichen.

In diesem Zusammenhang ist wesentlich, dass der komplex und heterogen gestaltete Text des Romans mit seinen zum Teil alptraumhaft sich offenbarenden Visionen und einer oft nur noch am Rande wahrnehmbaren und sehr marginal beschriebenen Realität in seiner Ausprägung nicht nur auf den geistigen Verfall des Protagonisten hinweist, sondern gleichfalls Assoziationen an

---

1062 Peter Ensberg: „Poe auf der Spur. *Wer war Edgar Allan?* Von Peter Rosei". In: *Experimente mit dem Kriminalroman. Ein Erzählmodell in der deutschsprachigen Literatur des 20. Jahrhunderts,* hg. von Wolfgang Düsing, Frankfurt am Main 1993, S. 205–221, hier: S. 206.
1063 Vgl. Corbineau-Hoffmann a. a. O., S. 438.
1064 Vgl. ebd.
1065 Vgl. ebd.
1066 Vgl. ebd., S. 438/439.

das labyrinthische Gassengewirr Venedigs weckt.[1067] Gleich am Anfang macht der Erzähler klar, dass ihm „jener vergangene Lebensabschnitt"[1068] in Venedig „selbst als verworren und undurchsichtig erscheint"[1069]. Dies zeigt sich auch in der Unübersichtlichkeit und Lückenhaftigkeit seiner Aufzeichnungen.[1070] „An Material lagen mit ein Packen von tagebuchartigen Notizen einerseits, sowie Bruchstücke meiner damaligen schriftstellerischen Versuche andererseits vor; dazu verschiedene Papiere, wie Briefe, Bankquittungen etc."[1071]

Die Sprache, die mit Brüchen und zahlreichen Fremddiskursen durchsetzt ist, gibt sehr deutlich die in diesem Roman tief verankerten Identitätsproblematiken des Protagonisten wieder und auch der häufige und unstete Wechsel zwischen Ich- und Er-Form unterstützt den Eindruck des Zweifels, was wiederum in Analogie zu der Differenz zwischen dem heiter-„königlichen" und dem verkommen-abgelegenen Venedig steht.[1072] Die Identitätskrise des Protagonisten betrifft insofern, laut Corbineau-Hoffmann, auch Venedig selbst.[1073] Dies ist ein Gedanke, der in dieser Untersuchung bisher noch nicht angesprochen wurde. Denn demnach zeigt sich in der Venedig und den Helden verbindenden Identitätskrise, die sich, so Corbineau-Hoffmann, zu einer Bedeutungskrise ausweitet, ein daraus sich erschließendes, enormes theatralisches Potential.[1074] Dabei ist es so, dass Venedig als theatralischer Ort aus seiner Identitätsproblematik im Sinne seiner Doppeldeutigkeit und Zwiespältigkeit stets profitiert, während sie für den Helden des Romans verhängnisvolle Folgen hat.

Angesichts der aus den Konzeptionen von Deleuze und Simmel erarbeiteten Thesen wirkt sich die aus der theatralen Stadt resultierende Maskenhaftigkeit in der Weise aus, dass die abgründige Gefahr ihrer labyrinthischen Gassen nur vordergründig von ihrem schönen, „heiteren" Antlitz versteckt wird, auch wenn dieses wiederum nur marginal thematisiert, jedoch als existent vorausgesetzt wird. Insofern bedeutet dies für das traditionelle, „schöne" Venedig, dass es als Kulisse die Abgründe der Stadt und seiner labyrinthischen Gassen geradezu

---

1067 Vgl. ebd., S. 438.
1068 *Wer war Edgar Allan?*, S. 7.
1069 *Wer war Edgar Allan?*, S. 7.
1070 Vgl. Ensberg (1993), a. a. O., S. 219.
1071 *Wer war Edgar Allan?*, S. 7.
1072 Vgl. Corbineau-Hoffmann a. a. O., S. 439.
1073 Ebd.; die Autorin äußert sich in ihrer Abhandlung sehr ausführlich über die Hintergründe zur Identitätsproblematik des namenlosen Helden und Venedigs in Roseis Roman.
1074 Vgl. ebd.

garantiert. Wie einen Sog scheint den Helden diese Gefahr, die sich in der Lagunenstadt eben wegen ihrer exemplarisch kulissenhaften Maskenhaftigkeit manifestiert, anzuziehen. Wie die Drogen, die er nimmt, und von denen er weiß, dass sie ihn zerstören, stellen die undurchsichtigen Viertel Venedigs für ihn zwar einerseits eine gefährliche Bedrohung dar, andererseits sind sie für ihn aber auch Schutz. Allerdings einer, welcher sich aufgrund des demaskierenden Aspekts der Maskenhaftigkeit und den damit verbundenen Folgen als Trugschluss erweisen muss und zwar in der Hinsicht, dass eben die schöne, theatralische Fassade Venedigs die gleichzeitige Existenz der heruntergekommenen Stadt und deren Gefahr verdeutlicht, die sie vordergründig verbirgt.

Insofern ist auch die Konsequenz für den Helden nachvollziehbar, die darin besteht, dass er zwar in den undurchsichtigen Vierteln Venedigs, ohne aufzufallen, seinen völlig haltlosen Lebenswandel führen kann, dies jedoch um den Preis der Zerstörung seiner Ich-Existenz. Die nicht berechenbare Gefahr der unbewussten Triebe, von denen der Protagonist beherrscht wird, fasst Ensberg wie folgt zusammen: „Die Darstellung des chaotisch-kreativen Spiels der Phantasie, die Erschließung unbewusst traumhafter Kräfte und der Hinweis auf die aus innerer Zerrissenheit resultierende Gefährdung des Menschen werden wesentliche Aspekte der Entwicklung des Ich und seines notwendigerweise unerfüllten Strebens nach Synthese und transzendentaler Geborgenheit."[1075]

10.2 Verwirrendes theatrales Maskenspiel. Edgar Allan als „Alter Ego"?

Analog zu den gegensätzlichen Vierteln Venedigs fällt die theatralische Wandlungsfähigkeit des Protagonisten auf. In den Elendsvierteln legt er keinerlei Wert auf seine äußere Erscheinung und läuft ungepflegt und mit zerlumpter Kleidung herum – was er allerdings nicht nur aus Nachlässigkeit tut, sondern weil er auf diese Weise in den heruntergekommenen Gegenden der Stadt, sozusagen unter seinesgleichen, nicht weiter auffällt. Die zerlumpte Kleidung ist für ihn also wie eine Maske oder ein Kostüm, mit dem er seine wahre Identität, als welche er aus einem gutbürgerlichen Hause stammt und dementsprechend mit genügend finanziellen Mitteln ausgestattet ist, verbergen kann, um ungehindert in den Tag hineinleben und sich seinen Drogen- und Alkoholräuschen hingeben zu können.

Ausgehend von den anhand der Theorien von Deleuze und Simmel entwickelten Überlegungen vom demaskierenden Effekt der Maske ist es gerade das Verwandlungsspiel, in welchem sich der Verlust der Persönlichkeit des Helden

---

1075 Ensberg (1993) a. a. O., S. 205.

erst offenbart. Dies gilt insofern, als dieser, im Gegensatz zu seiner sonstigen zerlumpten Erscheinung, an manchen Nachmittagen als elegant gekleideter Herr auf den Luxusmeilen Riva degli Schiavoni und Ponte delle Pagli spaziert und sich ins vornehme Cafe Quadri begibt. Auch dort zeichnet sich der Protagonist durch theatralische Wandlungsfähigkeit aus, denn aufgrund seiner guten Manieren, seines gepflegten Erscheinungsbildes und einer mühelosen Selbstkontrolle fällt er in dem Cafe zunächst nicht weiter auf, so dass er sicher sein kann, dass seine Anonymität gewahrt bleibt. Der Protagonist wird jedoch in seiner selbstbewussten Verwandlungskunst erschüttert, als er in dem Cafe eines Tages den geheimnisvoll-dubiosen Edgar Allan kennen lernt. Dieser scheint, wie der Protagonist selbst, seine ‚wahre' Persönlichkeit hinter der Fassade eines vornehmen Herrn zu verbergen und gleich bei jenem ersten Treffen, dem bald noch weitere im Cafe Quadri folgen werden, fühlt der Protagonist sich auf mysteriöse Weise in seinem theatralen Maskenspiel von dem unheimlichen Fremden durchschaut.[1076] In diesem Zusammenhang erscheint die demaskierende Eigenschaft der Maske gleichfalls evident.

Im Übrigen lassen sich hier Verbindungen mit der sonst in der Venedigliteratur im Fin de siècle auftauchenden, theatralisch konnotierten Figur des Décadent herstellen, welche sich auch in dem namenlosen Helden in Roseis Roman manifestiert. Dieser ähnelt dem Décadent in seinem labilen Charakter, seiner Herkunft aus gutbürgerlichem Haus und seinem snobistischen Auftreten im Cafe Quadri.

Der namenlose Held verdächtigt Edgar, einem Drogensyndikat anzugehören, von dem er selbst bald darauf seine Rauschmittel bezieht, die er regelmäßig konsumiert. Um ihm auf die Schliche zu kommen, fängt der Protagonist an, Edgar nachzuspionieren, allerdings mit wenig Erfolg. Seine Bemühungen lassen einen undurchschaubaren Sumpf aus Kriminalität und Drogen erahnen, der für den Protagonisten zwar letztendlich folgenlos bleibt, jedoch der Desorientierung und Richtungslosigkeit seines Wesens keinen Einhalt gebietet.[1077] Insofern verstrickt sich der Protagonist immer weiter in die undurchsichtigen Machenschaften, von denen er glaubt, dass sie mit Edgar Allan in Verbindung stehen.

Bartens veranschaulicht, wie sich in dem „unversöhnlichen Nebeneinander" von Zentrum und der Peripherie Venedigs die verwirrende Beziehung des Protagonisten mit dem rätselhaften Fremden Edgar Allan darstellt, was wiederum Rückschlüsse auf die gleichfalls verwirrende, theatrale Präsenz der Stadt zulässt.

1076 Vgl. Ensberg (1993) a. a. O., S. 214.
1077 Vgl. ebd., S. 221.

Gezwungenermaßen ergeben sich dabei auch dramatische Konsequenzen für die geistige Zerrüttung des Helden. Bei ihrer Argumentation bezieht sich Bartens unter anderem auf die Schriften von Jacques Derrida:

> Die Bewegung ins Zentrum ist (…) von vornherein nur als Ausflug geplant. Die beiden Welten stehen unversöhnt nebeneinander, das Zentrum kann dem Exzentriker (…) nicht dauerhaft Heimat werden, da ebenso gilt, *dass das Zentrum nicht in der Gestalt eines Anwesenden gedacht werden kann, dass es keinen natürlichen Ort besitzt, dass es kein fester Ort ist, sondern eine Funktion, eine Art von Nichtort.* Der Weg von der Peripherie ins Zentrum ist nicht mehr räumliche Suchbewegung, sondern Spiel mit Möglichkeiten in einem *System, in dem das zentrale, originäre oder transzendentale Signifikat niemals absolut, außerhalb eines Systems von Differenzen, präsent ist.* So wird denn gerade der zur *touristischen Zone* verkommene *ehemalige Sitz der Macht*, das räumliche Zentrum, doppelbödig zum Auslöser der stärksten Dezentrierung des Ich. Der Ich-Erzähler trifft genau im Cafe Quadri auf Edgar Allen, jene mysteriöse Doppelgängerfigur, deren Verfolgung und detektivische *Beschattung* ihn selbst in einen Schatten verwandelt, wobei oder weil das Geheimnis des Fremdem offen bleibt, und das heißt räumlich gesprochen, dass er weder dem Zentrum noch der Peripherie eindeutig zuzuordnen ist.[1078]

In der Beziehung des Protagonisten zu der rätselhaften Figur des Edgar Allan erreicht das Spiel der theatralischen Verwandlung seinen Höhepunkt. Jedoch sieht sich der Protagonist in seiner Fähigkeit, von einer Rolle in die nächste zu schlüpfen, gegenüber Edgar an seine Grenzen angelangt. Misstrauisch beobachtet er seinen Gesprächspartner im Cafe Quadri und versucht diesen in seinen Gesprächen mit ihm, wegen seiner vermeintlichen Zugehörigkeit zu dem Verbrecher- und Drogensyndikat, zu entlarven und die Hintergründe seiner Motive und seines Handelns zu erforschen.

Edgar lässt sich jedoch nicht in die Karten schauen. Er gleicht dem Protagonisten in seinem eleganten und charmanten Auftreten, das er in dem Cafe ihm gegenüber an den Tag legt, so dass unwillkürlich das Doppelgängermotiv ins Spiel kommt. Ebenso wie der Protagonist scheint sich auch Edgar hinter einer vornehmen, undurchdringlichen Maske, mit der er sich in genau der schauspielerischen Bravour wie sein Gegenspieler bewegt, zu verstecken.

[1078] Bartens a. a. O., S. 128/129. Die Autorin zitiert aus folgenden Werken. Jacques Derrida: „Die Struktur, das Zeichen und das Spiel im Diskurs der Wissenschaften vom Menschen". In: J. D.: *Die Schrift und die Differenz*, Frankfurt am Main 1985, S. 422–442, hier: S. 424. Michel Butor: *Die Stadt als Text*, Graz/Wien 1992, S. 25. Philip Fisher: „City Matters: City Minds. Die Poetik der Großstadt in der modernen Literatur". In: Klaus R. Scherpe (Hrsg.): *Die Unwirklichkeit der Städte. Großstadtdarstellungen zwischen Moderne und Postmoderne*, Reinbek 1988, S. 106–128, hier: S. 112 und 117.

Doch verhält es sich mit Edgar noch komplexer, da nicht nur dessen Charakter und dessen Absichten völlig im Unklaren bleiben, sondern dessen Existenz überhaupt in Frage gestellt wird. Insofern ist auch das Maskenspiel zwischen dem namenlosen Helden und seinem Gegenspieler nicht so ohne weiteres zu bestimmen. Ob es sich wirklich als solches abspielt oder der Protagonist nicht einfach Opfer seiner eigenen wahnhaften Einbildungen geworden ist, bleibt letzten Endes sowohl für ihn selbst als auch für den Leser unklar.[1079] Dabei ist zu beachten, dass die in dem theatralen Maskenspiel mit seinem vermeintlichen Gegenspieler sich abzeichnende Identitätsproblematik des namenlosen Helden sich hier in unverkennbarer Konsequenz verdeutlicht.

Dies lässt sich anhand mehrerer Anhaltspunkte im Roman nachweisen. Zum Beispiel, als der Held schwer betrunken eine Kneipe betritt, in der er, ebenfalls betrunken und in nachlässiger Kleidung wie er, Edgar zu sehen meint. Auch andere Begebenheiten des Romans lassen auf eine Persönlichkeitsspaltung des Ich-Erzählers schließen. So verfolgt er, nach einem ihrer Treffen im Cafe Quadri, Edgar heimlich und beobachtet, dass er in einem trostlosen Hafenviertel in einer schäbigen Unterkunft absteigt: „Er wohnt wie du, dachte ich, nicht anders; ein Doppelleben."[1080] Ein andermal jedoch muss der Ich-Erzähler feststellen, dass Edgar Allan einen eleganten Palazzo am Canal Grande bewohnt: „Allan? Dort oben? War das Quartier in der Calle Donà bloße Tarnung, ein Unterschlupf?"[1081]

Das wirre Beziehungsgeflecht um den Protagonisten, seinen vermeintlichen Gegenspieler Edgar Allan und zu guter Letzt auch Edgar Allan Poe verweist auf eine dichte Intertextualität, die im Text durchgängig zu finden ist.[1082] Schon der Titel des Romans ist eine Anspielung auf den englischen Autor. Und auch sein Inhalt zeigt mit der Beschreibung von traumhaft-visionären Bildern einer der Realität entrückten Welt und den Wahnzuständen des Helden, welche durch Rauschmittel hervorgerufen werden, eine direkte Verbindung zu Poe.[1083]

Inwiefern die wahnhaften Assoziationen des Helden und die verwirrende Abgründigkeit seiner Beziehungen wiederum auf die Theatralität Venedigs zurückzuführen sind, verdeutlicht sich in der folgenden Argumentation Ensbergs. Er spricht dabei insbesondere den Aspekt der Entgrenzung an, durch welchen sich wiederum Theatralität innerhalb des semantischen Raumes erst konstituiert. In Anbetracht der von Ensberg angesprochenen, extrem halluzinatorischen

---

1079 Corbineau-Hoffmann a. a. O., S. 437.
1080 *Wer war Edgar Allan?*, S. 75.
1081 *Wer war Edgar Allan?*, S. 79.
1082 Vgl. Corbineau-Hoffmann a. a. O., S. 437.
1083 Vgl. ebd.

Beziehungskonstellationen, welche unter dem rauschhaften Einfluss von Drogen entstehen, sowie der sich auflösenden und ineinander übergleitenden Figuren und den daraus resultierenden, verheerenden Folgen einer inneren und äußeren Desorientierung des Helden – also dem erzählenden Ich – handelt es sich hierbei um eine extreme Theatralisierung sowohl der Figuren als auch des Ortes, so dass in diesem Fall der dekonstruktive Aspekt der Theatralität äußerst evident ist.

> Edgar Allan, Edgar Allan Poe und das erzählende Ich sind in ein unüberschaubares Beziehungsgeflecht verwickelt. Der halluzinative, die traditionellen Kategorien von Raum und Zeit entgrenzende, Charakter der Wahrnehmungen führt notwendigerweise auch zur Entgrenzung der Persönlichkeiten, deren Konturen verschwimmen, ineinander übergehen, ohne dass eine zuverlässige Identifizierung erfolgen könnte. Die assoziative, subjektive, durch Drogenkonsum entstellte und ständig schwankende Wahrnehmungsweise lässt konstante Beurteilungen nicht zu. Ein Schattenreich von Beziehungen entsteht, in dem die Außenwelt die Desorientierung des Erzählers abbildet. Das Chaos der Innenwelt schlägt sich in konfusen Außenwelten nieder.[1084]

Angesichts der krankhaft übersteigerten Einbildungskraft des Protagonisten, mit der er sich womöglich seinen Gegenspieler selbst erschafft, lässt sich daraus auf eine nicht unerhebliche theatralische Konsequenz schließen, denn ohne dass es dem Helden bewusst ist, bedeutet dies demzufolge, dass er den Fremden in einer schauspielerischen Meisterleistung selbst verkörpert und sich mit ihm dabei vollkommen identifiziert. Insofern kommt es ihm gar nicht mehr in den Sinn, dass es sich um eine Phantasiegestalt seines „Alter Ego" handeln könnte. Die natürliche Distanz zur Figur des Edgar Allan ist demnach aufgehoben, da der Held in der Lage ist, ihr eine Authentizität zu verleihen, der er selbst bedingungslos verfällt. Da mag es paradox erscheinen, dass dennoch eine Distanz entsteht, dies allerdings in der Weise, dass der Held, eben aufgrund seiner kompromisslosen Identifizierung mit Edgar Allan als einer fremden Figur, diesen auch als eine solche betrachtet. Von der Theorie Plessners ausgehend liegt aber eben darin die Problematik des Ich-Verlusts des Helden, dass er sich in der Verkörperung seines „Alter Ego" als Fremder konstituiert und eben nicht sein Selbst. Dies hat zur Folge, dass die „eigene" Persönlichkeit des Helden, je öfters er sich mit den anderen, vermutlich seiner Phantasie entsprungenen Persönlichkeiten, also Edgar Allan bzw. einer Art Edgar Allan Poe-Variante, in einem inszenierenden Akt identifiziert, immer mehr zugrunde geht, wobei er sich in die von ihm geschaffenen Persönlichkeiten aufspaltet.

1084 Peter Ensberg: „Einfach unterwegs sein. Zur Wahrnehmungsproblematik und zum Problematischen der Wahrnehmung bei Peter Rosei". In: *Peter Rosei* a. a. O., S. 33–63, hier: S. 36/37.

In diesem Zusammenhang ist im Übrigen auch die von Kramer und Dünne aufgestellte Theorie einer phänomenalen und semiotischen Verkörperung von großer Relevanz, da hier der Held, in Analogie zu dem von ihm geschaffenen und verkörperten „Alter Ego", jeweils auch die Konstituierung des theatralen Raumes mitbestimmt.

11. Ein Todkranker in der theatralen ‚Nekropole': „Mistlers Abschied" von Louis Begley

11.1 Mistlers „Lieblingsstadt". Intertextuelle und theatrale Referenzen zu Thomas Manns „Tod in Venedig"

Mistlers Abschied erzählt die Geschichte eines unheilbar an Krebs erkrankten Mannes von sechzig Jahren, der nach der niederschmetternden Diagnose beschließt, nach Venedig zu reisen. Es ist für ihn naheliegend, „seine Flucht zu inszenieren"[1085], da seine Frau Clara für einige Tage abwesend ist. Weder ihr noch ihrem gemeinsamen erwachsenen Sohn Sam erzählt Mistler von seiner tödlichen Krankheit. Dass er in seinem todkranken Zustand ausgerechnet in die Lagunenstadt reist, hängt damit zusammen, dass er schon oft in Venedig gewesen ist und die Stadt gut kennt. „Er wollte nach Venedig fahren. Das war der einzige Ort auf der Erde, an dem nichts ihn störte. Dazu benötigte er weder Erkundung noch Planung. Er wusste, in welchem Hotel er wohnen und welches Zimmer er bestellen wollte; er wusste ebenfalls, wie man die taubenfütternden Touristen auf dem Markusplatz umging und auch die Horden, die wie ein hässliches Schiff im Schlepptau des Lotsen einem geschwätzigen, polygotten Menschen mit grellbuntem aufgespanntem Regenschirm folgen."[1086] Wie Mistler selbst sagt, ist Venedig „seine Lieblingsstadt"[1087], in die er sich nun als Todkranker flüchtet. Er macht sich allerdings nichts darüber vor, dass er bald sterben muss und in diesem Sinne fragt er sich: „Diese Reise, seine harmlose Lüge, die Sehnsucht, etwas nicht bestimmbares zu finden, was sollte das Ganze?"[1088]

Der Autor des Romans, Louis Begley, der selbst häufig nach Venedig reist und ein ausgezeichneter Kenner dieser Stadt ist, erklärt in seinem Buch *Venedig unter vier Augen*, warum er seinen Roman, neben Mistlers Heimat New York,

---

1085 *Mistlers Abschied*, S. 31.
1086 *Mistlers Abschied*, S. 30.
1087 *Mistlers Abschied*, S. 44.
1088 *Mistlers Abschied*, S. 48.

ausgerechnet in Venedig spielen lässt.[1089] Dabei spricht er Mistlers Konflikte mit seinem Sohn an, welche dieser sich in Venedig bewusst macht und in ihm den Wunsch nach deren Lösung hervorrufen. Außerdem lässt die Argumentation Begleys Rückschlüsse auf die Theatralität Venedigs in seinem Roman zu und zwar aufgrund dessen, dass für Mistler keine andere Stadt „eine Hintergrundmusik von solcher Schönheit"[1090] darstelle, einschließlich mit dem daraus sich ergebenden „dramatischen Gegensatz zwischen innerer und äußerer Realität".[1091] Denn dieser ist wiederum auf die Doppeldeutigkeit Venedigs zurückzuführen, welche zugleich ein charakteristisches, theatralisches Merkmal der Stadt ist.

> Mistler hat Venedig, das er liebt, vor Augen. Er sieht es deutlich und ist bewegt und erheitert. Aber er ist in einem Stadium, da alles, was seinen unerledigten Arbeiten – vor allem seiner Beziehung zu seinem Sohn – äußerlich ist, nur eine ironische Hintergrundmusik seiner Gedanken sein kann. Aber kein gewöhnlicher Ort, überhaupt kein Ort außer Venedig hätte eine Hintergrundmusik von solcher Schönheit bieten können, und nur Venedig erlaubt einen so dramatischen Gegensatz zwischen innerer und äußerer Realität.[1092]

Es zeigt sich nur allzu deutlich, dass diese wahrscheinlich letzte Reise Mistlers nach Venedig in einem direkten Bezug zu Manns *Tod in Venedig* und seinem Venedigreisenden Aschenbach steht. Wie diesen zieht es auch Mistler in die Lagunenstadt als Fahrt in den Tod. Ulrich Greiner spielt in seiner Rezension über Begleys Roman darauf an, wobei er zudem auf die Nähe zu Motiven in Daphne du Mauriers Novelle *Dreh dich nicht um* verweist, die unter dem Titel *Wenn die Gondeln Trauer tragen* verfilmt wurde.

> Venedig ist schön, das wissen wir alle, erst recht der Tod in Venedig. Es zeugt von der Souveränität und von der Risikofreude Begleys, dass er die Nähe zu Thomas Mann und zu all den obligaten *Trauer muss die Gondel tragen* – Assoziationen mutwillig heraufbeschwört.[1093]

1089 Louis Begley, Anka Muhlstein: *Venedig unter vier Augen*, aus dem Amerikanischen von Christa Krüger und aus dem Französischen von Grete Osterwald, Hamburg 2003.
1090 Ebd., S. 166/167.
1091 Ebd.
1092 Ebd.
1093 Ulrich Greiner: „Mitten im Leben: *Mistlers Abschied*: Weshalb Louis Begleys neuer und nunmehr fünfter Roman ein bedeutendes Werk ist. Rezension". In: *Literatur auf Zeit Online*, www.zeit.de, 1998. Die Rezension Greiners findet sich auch in seiner folgenden Sammlung von Literaturkritiken und Essays: *Mitten im Leben. Literatur und Kritik*, Frankfurt am Main 2000, unter „Louis Begley", S. 201–207. Greiner

Auch Begley selbst bekennt, dass *Der Tod in Venedig* für seine schriftstellerische Arbeit an seinem Roman eine wichtige Quelle der Inspiration gewesen sei. Dabei sieht er Gemeinsamkeiten zwischen Mistler und Aschenbach, aber auch Gegensätze und dies insofern, als der Roman zwar die Wahrscheinlichkeit suggeriert, dass Mistler in Venedig letztendlich den Tod finden wird, sich ihm in der Lagunenstadt aber auch „ein klareres Bild von seinem Leben", eröffnet.

> Natürlich hatte ich die Romane meiner großen Vorgänger im Kopf, insbesondere Thomas Mann, denn in gewisser Weise würde ich gegen ihn schreiben. Mein Mistler mag einmal ein Schriftsteller gewesen sein, hat aber nach einem entmutigenden Anfang aufgegeben. Auf seine Weise arbeitete er an einem Illusionismus eigener Machart genauso hart wie Aschenbach und hielt sich ebenso wie dieser an eine Form apollinischer Disziplin, die geeignet war, ihm auf seinem Arbeitsgebiet glänzenden Erfolg zu verschaffen. Aschenbach kam nach Venedig mit der Hoffnung, neue Kräfte zu sammeln, und fand auf dem Lido den Tod; Mistler sah in New York seinem Tod ins Auge und fand in Venedig ein klareres Bild von seinem Leben.[1094]

In den folgenden Zeilen Begleys vermittelt sich der theatrale Charakter der Bühne Venedig:

> Ich will meine Beschreibungen Venedigs nicht mit den Schriften meiner Vorgänger vergleichen, und ich hatte nicht das Gefühl, ich müsse meine Texte an ihren messen. Ich wusste, der Versuch, die *Stadt der öffentlichen Ausstellung* auf meinen Buchseiten lebendig werden zu lassen, würde mir Freude machen.[1095]

Begley beschwört mit seinem literarischen Schachzug, Mistler zu einer letzten Reise nach Venedig aufbrechen zu lassen, die Todesstadt herauf und so konstituiert sich die Geschichte im offensichtlich letzten Abschnitt seines Lebens, aufgrund seiner dramatischen Todesnähe und seines gleichzeitigen Aufenthaltes in der Lagunenstadt, hochgradig theatralisch.

---

    bezieht sich auf Daphne du Mauriers Novelle: „Dreh dich nicht um". In: dies., *Neun Meisterwerke subtiler Spannung*, Bern/ /München/ Wien 1995, Originaltitel: „Don't look now", London 1971.
1094 Louis Begley, Anka Muhlstein a. a. O., S. 164/165.
1095 Ebd. Hier bezieht sich Begley auf eine Bemerkung des amerikanischen Autors Henry James, mit dem er sich in seinem Buch *Venedig unter vier Augen* befasst. James war, wie Begley, ein häufiger Venedigbesucher und schrieb unter anderem einen im Jahr 1902 erschienenen Venedigroman: *Die Flügel der Taube*, Frankfurt am Main 1985, Originaltitel: *The wings of the dove*, hrsg. von J. Bayley und P. Crick, Harmondsworth 1986. Siehe Begley, Muhlstein: Kapitel „Romane und Venedig", S. 113–168.

Dies kündigt sich schon mit Mistlers Anreise zu der Lagunenstadt an, die im Übrigen der von Aschenbach sehr ähnlich ist. Wie dieser lässt sich Mistler über das Meer nach Venedig bringen. Es ist für ihn selbstverständlich, in die von ihm oft besuchte Stadt mit dem Wassertaxi zu kommen und das Auftauchen der Inseln „in Vorfreude und ohne Neugier"[1096] zu erwarten. Der theatralische Charakter dieser Anreise über das Meer kommt aber erst dadurch zur Geltung, als Mistler sich wegen des grellen Lichts gezwungen sieht, eine Sonnenbrille aufzusetzen, durch welche es ihm überhaupt erst möglich wird, die herannahende Stadt zu erblicken. Die Anreise im Wassertaxi, welche es Mistler durch seine dunkle Sonnenbrille erlaubt, die verschiedenen, berühmten Sehenswürdigkeiten der Stadt zu betrachten, betont die geradezu feierliche Theatralität der Szene.

> Die Sonne blendete Mistler. Er setzte die dunkle Sonnenbrille auf, und als hätte diese Geste magische Kraft, wurden im selben Augenblick der Turm von Madonna dell'Orto und die Fondamenta Nuove sichtbar und rückten näher. San Michele lag vor ihnen. Das Boot fuhr langsamer. Mistler erkannte erst den Umriß von Santa Maria della Miseracordia, dann Il Gesuiti und die Einfahrt ins Arsenal. (…)Palastfassaden tauchten geheimnisvoll auf und verschwanden, als das Boot sich in die Seitenkanäle einfädelte. Sie kamen am Hotel Metropole vorbei, San Giorgio lag genau vor ihnen. Als sie in den Canal Grande einbogen, tauchte die Dogana und dann Santa Maria della Salute auf, im Glanz von Blau, Gelb und Weiß.[1097]

11.2 Gescheiterte Konstituierung des Selbst durch Inszenierung. Mistler als „tragische Gestalt"

Mistler ist in seinem Beruf als Werbetexter sehr erfolgreich und hat es zu Wohlstand und Ansehen gebracht. Doch obwohl ihn seine Arbeit erfüllt, ist er resigniert und wird das Gefühl nicht los, sein Leben verfehlt zu haben. Eigentlich hatte er Romanschriftsteller werden wollen, verfolgte seine schriftstellerischen Pläne jedoch nicht zielstrebig genug und zweifelte an seinem Talent. Sein alter Bekannter Barney, dem Mistler zufällig in Venedig begegnet, ist seinerseits ein begabter Schriftsteller, wenn auch nur mit mäßigem Erfolg. Mistler gesteht ihm seine Selbstzweifel: „Ich hab's verkackt. Der Roman, den ich schrieb, war schlecht. Das dachtest du auch. Wenn nicht, hast du es mir jedenfalls nie mitgeteilt. Außerdem hatte ich das Gefühl, ich hätte das Letzte aus mir herausgeholt. Mehr war da nicht. Ich hatte nicht mehr zu

---

1096 *Mistlers Abschied*, S. 48.
1097 *Mistlers Abschied*, S. 48/49.

erzählen."[1098] Ebenso pragmatisch wie seiner gescheiterten Schriftstellerlaufbahn steht Mistler der Ehe mit seiner Frau Clara gegenüber, die er geheiratet hatte, „weil nichts dagegen sprach"[1099]. Obwohl nach außen hin mit beruflichem Erfolg gesegnet und in seinem bürgerlichen Dasein verankert, ist Mistler also eine tragische Figur und dies nicht nur aufgrund seiner tödlichen Krankheit, sondern auch wegen seines „verfehlten" Lebens. Hinsichtlich der Theorie Plessners lässt dies wiederum Vergleiche zu mit der Figur des Gustav von Aschenbach in Manns *Tod in Venedig*, aber auch dem Helden von Hofmannsthals *Andreas*-Roman sowie dem namenlosen Helden aus Roseis Roman *Wer war Edgar Allan?*. Denn wie diesen gelingt es auch Mistler nicht, der von Plessner propagierten These gerecht zu werden, nach welcher der Mensch sein Selbst erst durch Inszenierung erlangt und somit einer „Abständigkeit zu sich selbst" bedarf. Sein beruflicher Erfolg und sein Glück bei Frauen können nicht darüber hinwegtäuschen, dass es Mistler nicht wirklich gelungen ist, sein Selbst durch Inszenierung zu konstituieren. Die von Soeffner vertretene These einer „Abspaltung des Selbst" in zwei Subjekte und der auf dem Konzept der Mimesis beruhende „Zwiespalt des Menschen mit sich ", sowie das daraus resultierende „Verhältnis zwischen Einzelnem und Welt in seiner Gebrochenheit", werden auch bei Mistler in negativer Auswirkung offenbar. Insofern findet zum einen sein von latenter Tragik bestimmtes Wesen in der gleichfalls von latenter Melancholie umwehten Stadt des Todes seine Entsprechung, verweist aber in seiner Gespaltenheit auch auf die der Theatralität Venedigs implizierte Gefahr der Doppelbödigkeit.

Die Tatsache des verfehlten Lebens bei Begleys Romanfiguren stellt Greiner in seiner Rezension über *Mistlers Abschied* generell in den Werken des Autors fest.

> Thema aller Bücher ist das verfehlte Leben: verfehlt, weil ein fremdes Gesetz, das dem eigenen inneren Gesetz widerspricht und es aufhebt, zu einer entfremdeten Lebensweise zwingt. Dieses Gesetz muss nicht das Rassengesetz sein. Es genügt das Gesetz des Erfolgs, des vorgegebenen Weges. Dessen Wirkung ist weit weniger verheerend und glücklicherweise selten tödlich, aber es führt den, der ihm nicht widersteht, in jene Erbärmlichkeit hinein, der Mistler am Ende nicht ausweichen kann.[1100]

1098 *Mistlers Abschied*, S. 189.
1099 *Mistlers Abschied*, S. 70.
1100 Ulrich Greiner: (Rezension) *Literatur auf Zeit Online* a. a. O., und in: *Mitten im Leben* a. a. O., S. 206/207.

11.3 Die Theatralität zermürbender Märtyrer-Assoziationen

11.3.1 Theatralische Identifikation mit der Darstellung des Tizian-Gemäldes „Die Leiden des heiligen Laurentius"

Auf eine sehr dramatische Weise theatralisch sind Mistlers Märtyrerassoziationen, denen er beim Betrachten eines Bildes von Tizian in der Gesuiti Kirche in Venedig Ausdruck verleiht. Im Allgemeinen lässt sich Mistler von seiner Krankheit nicht aus der Fassung bringen, geht besonnen und pragmatisch mit ihr um. Dies ändert sich jedoch schlagartig, als er mit seiner Geliebten Lina in der Gesuiti Kirche ein Gemälde Tizians besichtigt, das Folterszenen des heiligen Märtyrers Laurentius zeigt. Dieser hatte sich geweigert, dem christlichen Glauben abzuschwören, weshalb er auf dem Rost gebraten wird. Mistler identifiziert sich mit dessen Leiden und drückt dies, ohne dabei auf seine Begleiterin Rücksicht zu nehmen, mit blasphemischen und gottesverachtenden Bemerkungen aus. Seine Verzweiflung über seine Krebserkrankung und die Gewissheit seines eigenen baldigen Todes versteckt er hinter einer gehörigen Portion Zynismus, mit dem er seine blasphemischen Äußerungen von sich gibt. „Sie tun die Arbeit des Herrn. Ganz vertieft sind sie, die Folterknechte und der Heilige. (…) Ist es ein malerischer Effekt, eine elektrische Entladung beim Gewitter, oder ist es der heilige Geist, der durch die Wolken späht und aufpasst, dass das Werk des Herrn auch ordentlich gerät?"[1101] Zweimal muss Mistler ein Fünfhundertlirestück in einen Münzapparat werfen, damit das Gemälde einige Minuten beleuchtet wird, allerdings von „Scheinwerfern, (welche) dermaßen schlecht eingestellt (sind), dass sie an einem solchen Nachmittag nur das Gegenteil bewirken".[1102] Dieser lächerliche Umstand steht im Kontrast zu den theatralisch-dramatischen Vorgängen, welche das Gemälde dokumentiert.

Mistler beschreibt Lina die Hintergründe der Legende um den heiligen Laurentius, indem er dessen Geschichte wie die Inszenierung einer Tragödie schildert. Dabei sind seine detaillierten Ausführungen über die Qualen des Heiligen weiterhin von einem bitteren Zynismus geprägt, was allerdings nicht verwundert, denn bezeichnenderweise ist auf dem Gemälde zu sehen, wie einer der Folterknechte dem Märtyrer mit einer „riesigen Fleischgabel" in die Leber sticht.[1103] Dies ist in Bezug auf Mistler, der unheilbar an Leberkrebs erkrankt ist,

---

[1101] *Mistlers Abschied*, S. 128.
[1102] *Mistlers Abschied*, S. 126.
[1103] *Mistlers Abschied*, S. 128.

im theatralischen Sinne hochsignifikant, da es offensichtlich ist, dass er sich in dem Leid des Märtyrers wiedererkennt.

> Er war ein glühender Christ, der das Pech hatte, in der Regierungszeit des berüchtigten Kaisers Dezius zu leben, eines Rohlings, der die Zeituhr gern zurückgedreht hätte. Dezius war ein heidnischer Fundamentalist. Im Römischen Reich gab es mehr und mehr Christen. Alle, die er erwischen konnte, stellte er vor die Wahl, entweder dem christlichen Glauben abzuschwören oder das Martyrium auf sich zu nehmen. Laurentius wurde in der Nacht zu Dezius gebracht, und Dezius sagte: Opfere den Göttern, oder die Nacht wird für dich in Qualen enden. Laurentius antwortete ungefähr: Meine Nacht ist nicht aus Finsternis gemacht. Sie ist in ewiges Licht getaucht. Das fand Dezius nicht komisch und er befahl zur Strafe den Grill. Kannst du es erkennen? Dieses Gerät das aussieht, wie ein Feldbett ohne Matratze? Der Mann, der darauf liegt und so elend aussieht, das ist der Heilige, und der Mann, der ihn anscheinend an den Schultern hält und eigentlich genauso unglücklich aussieht wie Laurentius – wahrscheinlich wegen der Hitze – , das muss einer der Folterknechte sein. Dann haben wir hier noch den hilfreichen Burschen, der am Boden kauert und ordentlich in die Kohlen bläst, damit sie auch heiß bleiben, und der stramme Typ mit der riesigen Fleischgabel auf der anderen Seite, der piekt Laurentius in die Leber.[1104]

11.3.2 Anklage und Blasphemie: Theatralische Entsprechungen

Seinen Zynismus über die Darstellung Tizians weitet Mistler mit blasphemischen Äußerungen auf die Kreuzigungsgeschichte Jesu aus. Dabei klagt er den „himmlischen Vater" einer gewissenlosen Grausamkeit und Ungerechtigkeit an und setzt, wie im Falle des heiligen Laurentius, das Leid Jesu Christi unwillkürlich mit dem seinen gleich, womit sich die düstere, theatrale Dynamik der Szene fortsetzt.

> Mir fällt im Moment kein einziges Bild von der Kreuzigung oder der Kreuzabnahme ein, auf dem der Vater oder der heilige Geist zu sehen ist. Und an den früheren Stationen sind sie auch nicht zu sehen – wenn der Sohn ausgepeitscht oder mit Dornen gekrönt wird oder wenn er das Kreuz durch die Via Dolorosa schleppt. Sie sind nicht da. Man fragt sich warum? Himmlische Prüderie? Oder ist es Achtung für die Logik derer, die voll des Glaubens sind? Die Sorge, dass der Glaube überstrapaziert wird und zerbricht, wenn der Himmlische Vater tatsächlich zugesehen hätte, wie seinem Sohn solches angetan wurde, und er nicht Einhalt gebot? Nicht einmal, als er den gemarterten Leib seines Sohnes unmittelbar vor Augen hatte?[1105]

1104 *Mistlers Abschied*, S. 127/128.
1105 *Mistlers Abschied*, S. 129.

Mistler betrachtet auch die vielgerühmte Gerechtigkeit Jesu Christi mit bitterem Zynismus und klagt ihn der gleichen Grausamkeit an wie Gottvater. Zugleich verweist er damit auf die verzweifelte Hoffnungslosigkeit seiner eigenen Situation, wobei seine hochemotionalen Gedanken von einem entsprechend theatralischen Ausdruck sind. „Natürlich, beim jüngsten Gericht ist der Sohn immer da, auf dem Thron sitzend, Gerechtigkeit austeilend, was für die meisten Menschen gleichbedeutend mit Höllenqualen ist – und der Vater sieht zu. Warum sieht der Vater zu? Um aufzupassen, dass der Sohn nicht Erbarmen zu spüren beginnt, wenn Er sich erinnert, was der Vater Ihm antun ließ? Oder um die Gerechtigkeit Seines Sohnes samt ihren Folgen zu besiegeln?"[1106]

Im Folgenden findet noch einmal eine Steigerung der theatralen Intensität statt, als Mistlers Begleiterin Lina ihm erzählt, dass ihr eigener Vater an Leberkrebs gestorben ist. Ohne es zu ahnen, bringt sie Mistler auf diese Weise dazu, sich noch mehr in seine Märtyrer-Gedanken hineinzusteigern. Dies bestimmt dann auch die weitere hitzige Diskussion zwischen dem Paar, in die Mistler seine Krankheit mit einbezieht. Allerdings redet er von sich in der dritten Person, da er sich Lina gegenüber nicht offenbaren will.

> Denk dir einen Mann mit Leberkrebs. Ist es nicht Gottes Wille, dass er die Krankheit haben soll? Natürlich, du kannst sagen, er müsse eben im Voraus für seine Sünden büßen. (…) Warum wird er bestraft, bevor er vor den Richter kommt? Er lebt noch, er könnte noch bereuen. Ha! Du müsstest die passenden Prozeduren für Reue und Vergebung besser kennen als ich. Also, warum wartet man nicht wenigstens, bis der Kerl verurteilt wurde, bevor man ihm das Schalentier in den Leib setzt? Oder warum röstet man den Heiligen, der kein schlechter Mensch war? Ich kenne die Standardantwort. Er wird zum größeren Ruhm Gottes geröstet.[1107]

Mistler verleiht seiner Gottesverachtung auch nach dem Verlassen der Gesuiti Kirche Ausdruck, sehr zum Missfallen Linas, die ihn deswegen kurze Zeit später verlassen wird. Auch hier erscheint Mistlers Schilderung von Folter und Qualen, die er als Kunstkenner auf den Bildern in Kirchen regelmäßig betrachtet, in einer düsteren Theatralität, die aber gerade daher ihre eindrucksvolle Wirkung bezieht. Mistler treibt seinen beißenden Zynismus und seine Blasphemie auf die Spitze, indem er Jesus Christus eine ursächliche Schuld am Holocaust zuschreibt und ihn bezichtigt, mit dem „Satan", als dem personifizierten Bösen, gemeinsame Sache zu machen.

1106 *Mistlers Abschied*, S. 129.
1107 *Mistlers Abschied*, S. 130/131.

> Ich sehe mir diese Bilder von Folter und Totschlag an, weil sie so gut gemalt sind, nicht weil der Inhalt oder die Aussage mir gefallen. Ich hasse den Inhalt, und ich hasse die Aussage. Ich denke daran, wie das Christentum gekidnappt worden ist, so dass Liebe und Vergebung in den Kirchen keinen Platz mehr haben, weil sie über und über vollgehängt sind mit Bildern, auf denen man alles sieht, was Menschen sich gegenseitig an Qualen antun können. Davon nehme ich Jesus Christus nicht aus, Seine Wunden sind noch offen, und schon sitzt Er auf dem Richterstuhl, verurteilt die Sünder und schickt sie ins Konzentrationslager, die Satan verwaltet.[1108]

Die Märtyrer-Darstellung Tizians findet ihre theatralische Entsprechung in den niederländischen Kreuzigungsbildern, über die Mistler ebenfalls auf bemerkenswerte Weise Bescheid weiß und die ihn abermals als Kunstkenner ausweisen. Seine Faszination für die theatralisch-leidvollen Heiligendarstellungen bekommt in Anbetracht seiner unheilbaren Krebserkrankung apokalyptischen Charakter, während diese im Allgemeinen durch die sich vermittelnde pflichteifrige Art der dargestellten Helfershelfer, welche die „Arbeit des Herrn" ausführen, an das protestantische Arbeitsethos Mistlers erinnern.[1109] „Besonders die niederländischen Kreuzigungsbilder gefallen mir, auf denen man rings um das Kreuz geschäftige, schwer arbeitende Männchen sieht, die unglaublich konzentriert am Werk sind. Eifrige Schweinsäuglein, rote Hüte über die Ohren gezogen, mit einem Strick unter dem faltigen Kinn zusammengebunden. Jede scheußliche Furche und Warze siehst du genau. Und was haben sie vor? Sie hämmern eifrig Nägel in Jesu Füße."[1110]

Gegen Ende des Romans betritt Mistler noch einmal die Gesuiti Kirche, um sich Tizians Gemälde anzusehen. Trotz des Zynismus, mit dem er auch diesmal das Ritual mit dem Münzapparat zu kommentieren pflegt – „der Geschäftsgeist des himmlischen Vaters regte sich, jedenfalls leuchteten für tausend Lire die Halogenlampen auf"[1111] – erfreut er sich nun mit dem interessierten Blick eines Kunstkenners an der Märtyrerdarstellung. Am Ende dieses Besuches in der Kirche spielt sich allerdings eine Szene ab, in der sich bereits Mistlers Tod ankündigt. Es fällt ihm auf, dass er beim Betrachten des Gemäldes nichts mehr empfindet, so dass er es mit einer „leeren Bühne" vergleicht. Ein Gedanke, der sich wiederum mit der leeren Bühne Venedig, insbesondere kurz nach dem Fall der Republik, und deren Todessymbolik verbinden lässt. „Dann ging das Licht aus. Mistler hatte keine Münzen mehr, um es wieder in Gang zu setzen.

1108 *Mistlers Abschied*, S. 146.
1109 *Mistlers Abschied*, S. 128.
1110 *Mistlers Abschied*, S. 147.
1111 *Mistlers Abschied*, S. 250.

Außerdem hatten seine Augen sich an die Dunkelheit gewöhnt. Er wusste nicht warum, aber er konnte trotz fehlender Beleuchtung das Gemälde gut erkennen. Was er sah, bewegte ihn jedoch nicht. Er hätte genauso gut auf eine leere Bühne schauen können."[1112]

11.4 Inszenierung des Todes auf der Toteninsel San Michele

Wie aus dem theoretischen Teil dieser Untersuchung hervorgeht, beruht die Theatralisierung des literarischen Venedig auf einer Öffnung imaginärer bzw. theatraler Räume, was wiederum erst nach der Entmachtung Venedigs in der verlassenen und verfallenden Stadt in dieser Weise möglich wurde. Die Theatralität Venedigs bedarf also der verfallenden Stadt und ihrer Eigenschaft als Todessymbol, was durchaus auch die „zeitgenössische" Venedigliteratur betrifft, selbst wenn die Stadt heutzutage keineswegs verlassen ist, sondern täglich von einer Unmenge Touristen bevölkert wird. Dies ändert aber nichts an dem weiteren Verfall Venedigs, welcher bis heute auf die Verlassenheit der Stadt nach dem Ende der Republik zurückzuführen ist. Insofern erscheint Venedig auch in *Mistlers Abschied* unwillkürlich als theatralische Totenstadt und die Aussicht des Protagonisten auf seinen baldigen Tod erhält so eine entsprechend theatralische Relevanz. In diesem Sinne bestimmen die Todesgedanken Mistlers auch die Szene auf der Friedhofsinsel San Michele.

Als Lina, die von Beruf Fotografin ist, Mistler bittet, von ihm Bilder machen zu dürfen, willigt er ein. Im Bewusstsein seines baldigen Todes wählt er für die Aufnahmen die Friedhofsinsel San Michele. Da Mistler Lina bisher nichts über seine tödliche Krankheit erzählt hat, weiß sie auch nicht seine hinter Sarkasmus versteckten Andeutungen richtig einzuschätzen, als er Motive für die Fotos vorschlägt, die sich allesamt auf seinen Tod beziehen. „Der Wunsch, allem, was er sagte oder tat, seinen Tod als verborgenen Subtext zu unterlegen, war unwiderstehlich geworden",[1113] so der Erzähler.

Während Mistler sich mit Lina über die bevorstehenden Fotoaufnahmen unterhält, inszeniert er in Gedanken auf makabre, theatralische Weise bereits seinen eigenen bevorstehenden Tod. Dabei orientiert und vergleicht er sich zynisch mit den berühmten Künstlern, welche auf San Michele begraben liegen, indem er diese in *tableaux mourants* – als düsteres Pendant zu den sogenannten *tableaux vivants* – nachstellen möchte. „Ich habe mir gedacht, wir könnten an den Gräbern von Strawinsky und Diaghileff *tableaux mourants* inszenieren.

1112 *Mistlers Abschied*, S. 251.
1113 *Mistlers Abschied*, S. 96.

Eigentlich Zeit, deutlich zu machen, dass die Photographie ein Gesellschaftsspiel ist. Ich helfe Dir, mich in Positur zu stellen. Ezra Pound liegt auch dort begraben: Möchtest du mich als Pound präsentieren? Pound wird jetzt geachtet. Ich habe mehr Ähnlichkeit mit ihm als Diaghileff und Strawinsky."[1114] Der theatralisch-makabre Eindruck wird noch durch eine zynische Anspielung Mistlers auf Manns *Tod in Venedig* betont. Davon ausgehend scheut er sich nicht, seine düstere Inszenierung auch vermarktend auf die Zeit nach seinem Tod auszudehnen, wobei er sich selbst als geschäftstüchtigen Kunstkenner karikiert.

> Wenn sie [Lina] sich darauf einließ und wenn ihre Photos eine gewisse Originalität, etwas Schräges hatten (…), dann konnte man vielleicht aus gegebenem Anlaß eine elegante, in Sepia gehaltene Broschüre machen: *Der Tod in Venedig: Ein Bildbericht*, mit einer kurzen Einleitung des verstorbenen Thomas Hooker Mistler III., warum nicht? Vorausgesetzt natürlich, die Rechtsinhaber an Thomas Manns Erzählung erhoben keine Einwände. Nahaufnahmen von seinem Gesicht, Photos, auf denen man ihn zwischen den Gräbern und so weiter herumspringen sah, würden abwechseln mit Anschauungsmaterial, das zeigte, wie derweil die Leber verrottete. Die medizinischen Bilder konnte man von Katz Imaging Associates in der East 72nd Street beziehen, mit freundlicher Genehmigung der Erben des besagten Mister Mistler (…). In Anbetracht des bescheidenen Ruhms, den er zu Lebzeiten erworben hatte, des öffentlichen Interesses am Krebs in seinen mörderischsten Formen und vor allem angesichts der barbarischen Schaulust der Menschen von heute könnte die Broschüre ein rasanter Erfolg werden. Eine Ausstellung im Museum of Modern Art (…) war durchaus im Bereich des Möglichen.[1115]

Der Plan einer großangelegten Inszenierung seines Todes und seines Vermächtnisses für die Nachwelt ist von Mistler selbstverständlich nicht ernst gemeint, sondern lediglich Ausdruck seiner bitteren Ironie, die ihn auch zu dem sehr theatralischen Kommentar verleitet, mit einer „letzten Verbeugung"[1116] vom Leben Abschied nehmen zu wollen. Ganz abgesehen davon aber erweist sich dieses abstruse Vorhaben von vornherein als undurchführbar, da sich nicht nur die Fotografin Lina als unfähig, sondern auch San Michele als Fotomotiv für ungeeignet herausstellt. „Aus den *tableaux vivants* oder *mourants* wurde nichts, denn die bescheidene Kirche San Michele, die Gräber berühmter Künstler und kniehohes Unkraut – Lina war auf der Insel gewesen und hatte ein genaues Bild von ihr, auch wenn sie ein charakteristisches Merkmal des Eilands nicht erwähnte, dass es nämlich umgeben war von einer Wolke aus Gestank, vielleicht Hundekot,

---

1114 *Mistlers Abschied*, S. 95.
1115 *Mistlers Abschied*, S. 96.
1116 *Mistlers Abschied*, S. 97.

woran Mistler sich von seinem letzten Besuch her deutlich erinnerte – waren das Gegenteil dessen, was sie wollte."[1117]

11.5 Theatralische Todessymbolik im Bucintore-Ruderclub

Eine weitere Reminiszenz an den *Tod in Venedig* ist Mistlers Besuch in dem Bootshaus des Bucintore Ruderclubs, der sich, gleichfalls als die Ankündigung seines eigenen Todes, teilweise wie die Inszenierung einer schwarzen Messe ausnimmt. Für einen intertextuellen Bezug spricht auch Mistlers Grundstimmung in der Szene, die in etwa den Gefühlen Aschenbachs in Manns Novelle entspricht. Dies vermittelt sich durch die metaphorische Sprache des Erzählers, die von theatralischer Melancholie bestimmt wird. „Wie das Geläut der Vesperglocken, das gleichsam noch den Tag beweint, der scheidet, und den Pilger mit Liebe quält, so erfüllte ihn der Geruch von Lack und frischem Holz mit heftiger Sehnsucht."[1118]

Die Boote, die Mistler daraufhin zu sehen bekommt, sind für ihn gleichsam Todesfahrzeuge, mit denen er sich, in Anbetracht seines eigenen baldigen Todes, auf geheimnisvolle Weise verbunden fühlt. „Er verharrte, um die schnittigen Rennboote und die Ruder-Achter zu bewundern, die auf ihren Gestellen schliefen, mythische Wesen, die er so geliebt hatte."[1119] Die Boote spielen auf die venezianischen Gondeln an und dies insbesondere deshalb, weil hier, wie bei Mann, das Motiv des Todesboten ins Spiel kommt. Inwiefern die venezianische Gondel aufgrund ihrer phänomenalen und semiotischen „Körperlichkeit" die Konstituierung des theatralen Raumes der Bühne Venedig mitbestimmt, wurde anhand der Untersuchung zum *Tod in Venedig* bereits angesprochen.

Besitzen die Todesboten in Manns Novelle allesamt eine auffallende, einander ähnelnde und zum Teil abstossende Physiognomie, handelt es sich dagegen bei der von Begley geschaffenen Gestalt um einen „kleinen, dunkelhäutigen Mann in marineblauen Trainingshosen und einem roten T-Shirt mit dem Clubwappen",[1120] wobei dieser in der Szene dennoch wie ein Todesbote erscheint. „Wieder ein Mohr, dachte Mistler",[1121] der eben von einem Treffen mit seiner Jugendliebe „Bunny", die er zufällig in Venedig wiedergetroffen hatte, kommt. Er hatte ihr als Geschenk zwei kostbare Leuchter aus altem Glas geschenkt, welche

---

1117 *Mistlers Abschied*, S. 98.
1118 *Mistlers Abschied*, S. 280/281.
1119 *Mistlers Abschied*, S. 281.
1120 *Mistlers Abschied*, S. 281.
1121 *Mistlers Abschied*, S. 281.

mit „winzigen Mohren an goldenen Drähten"[1122] geschmückt waren, was Mistler wohl zu diesem Vergleich angeregt hatte – der Mann stellt sich aber als Inder heraus. Aufgrund seines exotischen Aussehens verfügt dieser ebenfalls über eine auffallende Physiognomie, wenn auch auf ganz andere Weise als die Todesbooten im *Tod in Venedig*. Davon ausgehend ist hier erneut das in dieser Untersuchung mehrmals herausgearbeitete Konzept der Maskenhaftigkeit relevant, welches insbesondere auch hinsichtlich der Todesboten in Manns Novelle entsprechend thematisiert wurde.

Nach kurzem Zögern beschließt Mistler, eines der Rennboote zu kaufen. Der Inder verhält sich ihm gegenüber aber vorerst zurückhaltend, ein Verhalten das er sich, seiner Funktion als Todesboote gemäß, allerdings leisten kann, denn schließlich ist Mistler ein ganz sicherer Todeskandidat. Dann aber macht er ihm ein Angebot für den Kauf eines Bootes, das nicht deutlicher auf seine „letzte Fahrt", wie es bei Mann heißt, hinweisen könnte.[1123] „Gedrungen und schwarzglänzend wie ein Sarg lag das Boot im Hinterraum."[1124] So als ob es dort schon länger für Mistler bereitgestanden hätte, stellt es für diesen das theatralische Todessymbol in der gleichfalls theatralischen Stadt des Todes schlechthin dar, das direkt auf die Gondelfahrt Aschenbachs in den Tod verweist und zudem auf die Kohärenz mit der venezianischen Gondel als Todessymbol. Die symbolträchtigen Worte des indischen Bootsverkäufers scheinen dies zu bestätigen. „Der Eigner wollte es schwarz haben, wie eine Gondel. Er starb letztes Jahr. Jetzt gehört es mir."[1125]

Der weitere Verlauf der Szene erinnert an eine Begegnung Aschenbachs mit einem ganz bestimmten seiner Todesbooten im *Tod in Venedig*. In diesem Fall ist an dem Verhalten des indischen Bootsverkäufers eine Parallele mit dem hässlichen Matrosen auf dem Schiff zu erkennen, der Aschenbach eine Fahrkarte nach Venedig verkauft und ihn daraufhin einen Zettel unterschreiben lässt, der von dem Matrosen wiederum mit einem Stempel bestätigt wird. Dieser unheimliche, theatralisch-inszenatorische Vorgang hat etwas von einem Pakt mit dem Teufel, der von Aschenbach als Preis für eine verbotene Liebe seine Seele und somit seinen Tod verlangt.[1126] Die Quittung, die Mistler ausfüllt und mit seiner Unterschrift bestätigt,

---

1122 *Mistlers Abschied*, S. 256.
1123 Vgl. *Der Tod in Venedig*, a. a. O., S. 26/27.
1124 *Mistlers Abschied*, S. 282.
1125 *Mistlers Abschied*, S. 282.
1126 Siehe zur Untersuchung über den *Tod in Venedig* in dieser Arbeit. Kapitel: „Venedigs theatralische Attribute" zu „Die Verkörperung der Todesgestalten in ihrer Maskenhaftigkeit".

hat ebenfalls etwas von einem Kontrakt, zumal der Bootsverkäufer die Transaktion in ein „großes Buch" einträgt. Dabei drängt sich der Gedanke auf, dass auch Mistler in einem inszenierten, theatralischen Akt mit seiner Unterschrift einen Pakt mit dem Teufel eingeht, vor dessen Folgen er nun nicht mehr entrinnen kann und den er mit dem Preis seines Todes bezahlen muss. Dies wiederum lässt vermuten, dass sein rein am äußeren Erfolg orientiertes Leben so im Nachhinein seinen Tribut fordert. Die Szene, in der er dem Bootsbauer die Quittung unterschreibt, ist theatralisch besonders eindrucksvoll, weil Begley ihr bei aller Unheimlichkeit fast etwas Würdevolles und Feierliches verleiht, zumal diese Zeilen den Roman abschließen. „Der Bootsbauer setzte sich an die andere Seite des Schreibtisches in dem Zimmer, das schwarz war wie das Boot; seine Augen glühten. Er beobachtete Mistler beim Schreiben. Dann trug er mit langsamen Bewegungen die Transaktion in ein großes Buch ein. Mit freundlichem aber ernstem Gesicht händigte er Mistler eine Quittung aus. Alles war vollständig in Ordnung. Mistler hatte seinen Obolus entrichtet. Diesmal würde er nicht schwarzfahren."[1127]

Begley selbst äußert sich zwar bedeckt über diese Szene, spielt aber auch auf Selbstmordabsichten seines Protagonisten an. „Der Verkauf findet statt, Mistlers Obolus wechselt den Besitzer. Der Leser ist Zeuge der Vorbereitung einer Aktion geworden, die früher oder später, in ein paar Monaten vielleicht Mistlers Abgang sein mag oder nicht."[1128]

11.6 Die Theatralität der Vergänglichkeit in der ehemals glanzvollen Stadt Venedig

Begley lässt in seinen Roman immer wieder typisch venezianisch-theatralische Elemente einfließen. Dies zeigt sich auch, indem er die Stadt als Gemälde eines berühmten venezianischen Malers beschreibt. „(…) Himmel über dem Kanal: Wolken in den Grau- und Rosatönen Tiepolos bilden einen Halbkreis über dem Turm von San Trovaso."[1129]

An anderer Stelle bemerkt Mistler, als er in Venedig zu Besuch bei seiner ehemaligen großen Liebe „Bunny" ist, dass in deren Wohnung ein Couchtisch mit einer „Tischplatte aus einem großen, trüb gewordenen Spiegel"[1130] steht. Der Spiegel ist ein sehr typisches venezianisches Symbol und als solches überaus theatralisch konnotiert. Dass es sich um einen trüben Spiegel handelt, ist nicht nur eine

---

1127 *Mistlers Abschied*, S. 283/284.
1128 Louis Begley, Anka Muhlstein a. a. O., S. 163.
1129 *Mistlers Abschied*, S. 234/235.
1130 *Mistlers Abschied*, S. 233.

Anspielung auf die verblasste große Liebe Mistlers mit „Bunny", sondern auch auf die Vergänglichkeit Venedigs und des Lebens überhaupt, die sich hier wiederum auf den nahenden Tod Mistlers bezieht. Die in dem trüben venezianischen Spiegel sich offenbarende Vergänglichkeit vermittelt insofern eine Theatralität, welche sich aus den ehemals glanzvollen Zeiten Venedigs erschließt. Auch dass „Bunny" ausgerechnet im „Piano nobile"[1131] eines alten venezianischen Palazzos wohnt, das aber „eher schäbig" ausgestattet ist, verweist auf den Glanz früherer Zeiten, der vor dem Hintergrund des unwiderruflich Vergangenen in theatralischer Melancholie erscheint. Ein Aspekt, welcher bereits in der Venedigliteratur der Romantik festzustellen ist und diese im Wesentlichen bestimmte.[1132]

Mistler beschließt, der offenbar nicht wohlhabenden „Bunny" zwei kostbare venezianische Leuchter zu schenken, um ihrem „enttäuschenden Wohnzimmer einen Hauch echter Vornehmheit"[1133] zu geben, selbst auf die Gefahr hin, sie könnte seine „großzügige Geste im Grunde genommen arrogant, herablassend und unpassend"[1134] finden. Die Beschreibung der Leuchter aus dem 18. Jahrhundert ist zugleich eine Reminiszenz an frühere Zeiten des dekadenten, hochtheatralischen Rokoko-Venedig, wobei die an den Leuchtern angebrachten, in farblicher Vielfalt kostümierten Mohren, in diesem Sinne auch als Verweis auf die theatralischen Maskenfeste des Karnevals verstanden werden können. „Unter einer Arkade (…), stand im Schaufenster eines Geschäfts (…), ein unglaublich kunstvoll gearbeitetes Paar Leuchter (…). Sie waren meergrün und goldgesprenkelt, und ihre Arme – er zählte zehn – waren Aufhänger für winzige Mohren (…), mit Pumphosen, Westen und Turbanen in je verschiedenen Farbkombinationen. In ihren milchweißen Händen hielten sie gläserne Kerzen."[1135] Wie Mistler von dem Verkäufer erfährt, handelt es sich bei den Leuchtern um „ganz seltene Stücke", die eigens „zur Hochzeit eines Mitglieds der Albrizzifamilie hergestellt" worden seien, „unmittelbar bevor Napoleons Armee Venedig besetzte".[1136] Aufgrund der Worte des Verkäufers, mit denen dieser zugleich die dramatischen Ereignisse um den

---

1131 Beim „Piano nobile" handelt es sich um die repräsentativen Räumlichkeiten eines venezianischen Palazzos, die sich dort im ersten und zweiten Stock befinden. Siehe dazu den aufwendigen Bildband von Giuseppe Mazzariol und Attilia Dorigato: *Paläste in Venedig*, Köln 1998, S. 9.
1132 Siehe dazu: Corbineau-Hoffmann a. a. O.; Einleitung und insbesondere Kap. II. „Venedig zur Zeit der Romantik – Ecriture der Geschichte und Kunstcharakter des Ortes".
1133 *Mistlers Abschied*, S. 256.
1134 *Mistlers Abschied*, S. 256.
1135 *Mistlers Abschied*, S. 255/256.
1136 *Mistlers Abschied*, S. 257.

endgültigen Niedergang der Lagunenrepublik heraufbeschwört, bekommen die Leuchter eine außergewöhnlich theatralische Relevanz.

Die Theatralität des ehemals glanzvollen Venedig vermittelt sich in dem Roman auch, als Mistlers Freund Barney, der bei „Bunny" als Logiergast wohnt, anfängt, von einer rauschenden Party in einem venezianischen Palazzo zu erzählen, einschließlich venezianisch-theatralischer Szenerien, wie seine nächtliche Gondelfahrt bei Fackelschein auf dem Weg zur Party. Indem Barney aber im selben Atemzug von Wassertaxis berichtet, mit denen die anderen Gäste angereist kamen, entlarvt er mit Ironie die Heraufbeschwörung der glanzvollen venezianischen Vergangenheit als Illusion.

> Baby es war Wahnsinn. Auf der Kanalseite flammte der Palazzo im Schein der Kronleuchter, Fackeln brannten in den zauberhaften Haltern am Gondelsteg, und an der Einfahrt in den Rio hingen rubinfarbene Banner mit dem Wappen der Ferreti Venier von allen Fenstern herab! Maud Rodman bat mich, sie auf den Ball zu führen. Ich sagte, na gut, Schätzchen, nur musst du unbedingt für diesen Abend eine Gondel mieten. Herrliches Wetter! Kein Windhauch! Du konntest hören, wie das Ruder ins Wasser tauchte und wieder herausglitt. Gleich beim Anlegen sah ich, wie recht ich gehabt hatte – die anderen kamen alle mit dem Wassertaxi. Eine ganz andere Wirkung. Übrigens wundert es mich, dass Enrico nicht auf die Einladungen geschrieben hat: *Die Gäste werden gebeten, zu Fuß oder mit der Gondel zu kommen.*[1137]

Der desillusionierende Aspekt setzt sich noch fort, indem Barney in seine Erzählung ziemlich abrupt den Tod ins Spiel bringt, der wiederum als signifikanter Hinweis auf Mistlers baldiges Ableben zu verstehen ist. Dabei bedient sich Begley eines theatralischen Mittels, wie es deutlicher kaum sein könnte, indem er nämlich Barneys Begleiterin Maud als Tod kostümiert auftreten lässt. Es ist in diesem Zusammenhang bezeichnend, dass auf der Party, wie in einer Theatervorstellung, ein „Publikum" anwesend ist, das dem Tod zu seinem Auftritt applaudiert. In Anbetracht der tödlichen Krankheit Mistlers wirkt dieses von Barney erzählte, theatralische und eigentlich amüsante Partyerlebnis wie eine düstere Prophezeiung.

> Ich hatte einen entsetzlichen Nachmittag, musste mit Maud von Laden zu Laden pilgern und ihr helfen, eine Maske für den Ball zu finden. Unglaublich! Am Ende habe ich gesagt, Baby, keine Sorge, dein Gesicht ist perfekt, wie es ist, es ist eine Totenmaske. Wirf dein schwarzes Cape um und geh als Schnitter Tod! Sie hat gelacht und gelacht. Kurz vor der Party ging ich zu ihr (…) und half ihr, so lange Reispulver aufzulegen, bis sie aussah, wie Marcel Marceau, nur tot. (…) als wir vom Landesteg in den Ballsaal schritten, haben alle applaudiert. Was für eine Szene![1138]

1137 *Mistlers Abschied*, S. 238.
1138 *Mistlers Abschied*, S. 238/239.

V. Schlussbetrachtung

Ziel dieser Untersuchung ist es gewesen, anhand der darin vorgestellten Theatralitätstheorien sowie den Positionen zur Maskenhaftigkeit, den Versuch zu unternehmen, eine Theatralität in der Venedigliteratur – was, wie wir gesehen haben, zugleich die Funktion der Lagunenstadt als Bühne impliziert – nicht nur zu entdecken, sondern auch eingehend zu begründen und deren spezifische Besonderheit zu artikulieren. Um diesem Anspruch gerecht zu werden, erwies es sich als wichtig, das Phänomen der Theatralität im Interesse des literarischen Venedig von verschiedenen Perspektiven aus zu betrachten. Zunächst fand eine Annäherung an die Lagunenstadt von der historischen Position aus statt, um deren grundsätzlich theatrale Disposition aufgrund ihres beeindruckenden geschichtlichen Hintergrundes, und dies insbesondere in Anbetracht ihres exotischen und „kulissenhaften" Stadtbildes, und deren außergewöhnlich reizvollen Lage zwischen Land und Meer darzustellen.

Die historische Rückwendung geschah allerdings unter dem Gesichtspunkt eines für Venedig überaus bedeutsamen und tragischen Ereignisses, als die Herrschaft der ehrwürdigen *Serenissima* mit dem Einmarsch der Truppen Napoleons im Jahre 1797 schlagartig und für immer endete. Doch so gravierend sich der Untergang der einstmals mächtigen Republik nach über tausendjähriger Herrschaft auch ausnahm, entpuppte sich dieser zugleich als Initiation für die fiktionale Venedigliteratur und zwar in der Weise, als die Lagunenstadt nicht, wie bisher, ohne jeden Bezug zu fiktionalen Konstruktionen zu sein schien und somit als Ort der Handlung auch jeder andere hätte in Frage kommen können; sondern Venedig bewirkte nun, aufgrund seiner Verlassenheit und seines allmählichen Verfalls, die Eröffnung imaginärer Räume und wurde so zu einem poetischen Subjekt, das sich als solches auch in dem Schicksal seiner fiktionalen Gestalten und des lyrischen Ichs wiederspiegelt.

Auf diesen prozessualen Vorgang ist zurückzuführen, dass sich Venedig vor allem im Fin de siècle zu einem Symbol des Todes entwickelte, was sich aber bereits auch in der Romantik in den Dichtungen Byrons und Platens ankündigt hatte. Doch während in deren Werken noch der Verlust der einstmals glanzvollen Lagunenrepublik im Vordergrund steht, befasst sich die Venedigliteratur im Fin de siècle nicht länger mit einer unwiderruflich verlorenen Vergangenheit. Stattdessen konzentriert sie sich nun verstärkt auf eine differenzierende Räumlichkeit Venedigs und verleiht dieser als einem subtil-bedrohlichen Element Ausdruck, in welchem sich, aufgrund der in dieser Arbeit vertretenen theoretischen Positionen zur Theatralität, auch dessen theatrale Konstituierung und seine Affinität zur Maskenhaftigkeit offenbart. Diese Tendenz setzt sich in der Venedigliteratur von der Nachkriegszeit bis zur Gegenwart in einer fast noch radikaleren Form fort, indem die der Lagunenstadt inhärente Bedrohung sich zu einer allgemein-existentiellen ausweitet.

Um die Theatralität in der Venedigliteratur konkreter zu erfassen, erwies sich, neben der historischen Komponente, die Auseinandersetzung mit Theatralitätstheorien, welche unter anderem im Rahmen eines in der Einleitung dieser Arbeit näher beschriebenen Schwerpunktprogramms unter der Leitung von Fischer-Lichte entwickelt worden waren, als äusserst relevant. Denn jene Theorien erlauben es, Theatralität von verschiedenen Standpunkten aus zu betrachten und diese jeweils miteinander in Bezug zu setzen, und zwar bevorzugt in der Absicht, den theatralen Charakter Venedigs so weniger im Sinne eines an der Kunstform Theater orientierten Begriffes zu erklären, sondern vielmehr als eine an anthropologischen und kulturerzeugenden Prinzipien sich ausrichtenden Konstante, welche umso mehr zur Geltung kommt, als sie sich von repräsentativen Vorgaben bewusst distanziert. Eine ähnliche Position vertritt auch Neumann, wenngleich dieser sie vor allem auf eine Bedeutungsproduktion der Sprache bezieht, deren impliziter Theatralität er in letzter Konsequenz gar einen dekonstruktiven Charakter zuschreibt und dies insbesondere deshalb, da er jene eben von der Abwesenheit eines jeglichen institutionellen Rahmens in Form einer Bühne abhängig macht. Matala de Mazza und Pornschlegel wiederum entwickeln das aus der Antike entstammende Konzept der Mimesis insofern weiter, als sie in dem aus der mimetischen Darstellung entstehenden Raum zwischen symbolischer Welt und „Wirklichkeit" mit den dort sich bildenden Zeichen und einer daraus folgernden „fiktionalen" Realität eine „strukturale" Theatralität entdecken, welche den prinzipiell grenzauflösenden Charakter des theatralen Prinzips bestätigt. Eine These, welche wiederum mit der von Kramer und Dünne entworfenen theatralen Raumkonstitution konform geht, die ihre imaginären Möglichkeiten auf der semantischen Bühne ausschließlich daraus gewinnt, dass die verfallende und geheimnisvolle Lagunenstadt erst als solche zu einem theatralen Ort von einer erheblich poetischen Relevanz werden konnte. Dieser Umstand findet innerhalb der in dieser Arbeit vorgestellten Konzeptionen von Maskenhaftigkeit nach den Theorien von Deleuze und Simmel gleichfalls Bestätigung, wenngleich diesbezüglich theatralische Konnotationen in den noch zu Zeiten der Republik in Venedig stattfindenden Maskenfesten während des Karnevals ihren Ursprung haben.

In Anbetracht der genannten theoretischen Überlegungen ergeben sich Möglichkeiten, dem Begriff der Theatralität nicht nur durch Definitionen näher zu kommen, sondern diesen auch in Kategorien zu unterteilen, mit denen wiederum deren auswirkende Konsequenzen erfasst und zur Venedigliteratur in Bezug gesetzt werden können. Dabei ist es ein zentrales Anliegen dieser Untersuchung, eine spezifisch venezianische Theatralität, die mit dem Phänomen der Maskenhaftigkeit auf das engste zusammenhängt, nachzuweisen, und zwar insofern, als diese sich, neben zahlreichen in der Arbeit thematisierten Aspekten, vor allem aus einer komplexen theatralen Räumlichkeit – womit in erster Linie die Undurchdringlichkeit der Gassen in der Lagunenstadt gemeint ist – erschließt.

Nachdem sich der methodische Teil hauptsächlich mit theoretischen Konzeptionen von Theatralität und partieller gleichzeitiger Bezugssetzung zur Venedigliteratur befasst hatte, wurde im inhaltlichen Teil in umgekehrter Weise verfahren. Anhand verschiedener Werke der fiktionalen Venedigliteratur von der Romantik bis annähernd in die Gegenwart sollte mit Hilfe der Theorien zur Theatralität und Maskenhaftigkeit, sowie Foucaults Konzept der Heterotopie, und dies insbesondere unter dem Merkmal einer im methodischen Teil erarbeiteten, spezifisch venezianischen Theatralität, jenen Aspekten nun im Detail auf den Grund gegangen werden. Die Zielsetzung bestand hierbei, in einer eingehenden Untersuchung die Theatralität des jeweiligen fiktionalen Venedigtextes in allen Facetten und damit auch das geheimnisvolle Phänomen der in vielerlei Hinsicht theatralisierten Lagunenstadt zu erfassen.

Abschließend zu dieser Untersuchung lässt sich sagen, dass die Erforschung der Theatralität in der Venedigliteratur zwar die Problematik der Zusammenführung zweier Themenbereiche birgt, gleichzeitig jedoch bedeutet diese eine überaus produktive Synthese, welche nicht nur bei zahlreichen Aspekten der fiktionalen Venedigliteratur gänzlich neue Erkenntnisse zulässt, sondern es eröffnen sich auch für den weitläufigen Bereich der Theatralität neue Dimensionen. Unter Einbeziehung des literarischen Venedig-Sujets erstrecken sich diese nicht nur über eine grundsätzliche Affinität der Theatralität zur Maskenhaftigkeit, wie an den Theorien von Deleuze und Simmel dargestellt wird, sondern jene erschließen sich auch mit dem Konzept der Heterotopie. Eine wesentliche Rolle der räumlich-theatralischen Ausrichtung im Rahmen des semantischen Venedigtopos stellen dabei, wie ausführlich untersucht, die fiktionalen Figuren dar, durch deren „Agieren" eine solchermaßen spezifisch venezianische Raumkonstitution erst entsteht, was wiederum mit der Theorie Plessners in verschiedenen Werken der Venedigliteratur vor allem im Fin de siècle und auch in der Nachkriegszeit bis annähernd zur Gegenwart nachgewiesen werden kann. Dabei ist insbesondere jener Aspekt, nach welchem der Mensch sein Selbst erst durch Inszenierung erlangt, von besonderer Relevanz. Denn den, laut Plessner, dafür erforderlichen Abstand zu sich selbst sind die in dieser Arbeit behandelten „negativen" Helden, so zum Beispiel Gustav von Aschenbach in Manns *Tod in Venedig* oder Hofmannsthals Romanfigur *Andreas*, eben nicht in der Lage wiederum durch eine Konstituierung ihres Selbst zu überwinden, sondern sie zerbrechen an diesem. Von jenem Standpunkt aus betrachtet, erscheint Plessners Theorie unter ganz neuen Gesichtspunkten, indem diese nicht nur dem Phänomen der Theatralität innerhalb des semantischen Raumes Venedig durch die fiktionalen agierenden Figuren Evidenz verleiht, sondern auf dieser Basis auch entscheidende weitere Erkenntnisse zulässt. Nicht zuletzt deshalb, aber auch ausgehend von den in dieser Arbeit erörterten Theorien zur Theatralität und Maskenhaftigkeit überhaupt, lässt sich die Schlussfolgerung ziehen, dass eine „theatrale" Herangehensweise an das literarische Venedigthema ein breites Spektrum an Möglichkeiten beinhaltet, diesem von verschiedenen Perspektiven aus zu begegnen und die fiktionale Venedigliteratur als solche in entsprechend umfassenden Zusammenhängen zu betrachten.

VI. Bibliographie

Literatur zu den Theatralitätstheorien

Erika Fischer-Lichte (Hrsg.): „Theatralität – Theater als kulturelles Modell in den Kulturwissenschaften". In: *Theatralität und die Krisen der Repräsentation*, Germanistische Symposien, Berichtsbände, XXII, gedruckt mit Unterstützung der Deutschen Forschungsgemeinschaft, Stuttgart 2001, Einleitung, S. 1–19.

Erika Fischer-Lichte: *Semiotik des Theaters*. Drei Bände, Tübingen 1983, 4. Band 1999.

Erika Fischer-Lichte: *Das DFG-Schwerpunktprogramm „Theatralität"*. In: *Inszenierung von Authentizität*, hrsg. von Erika Fischer-Lichte und Isabel Pflug (Theatralität, Bd. 1), Tübingen und Basel 2000, S. 9–26.

Erika Fischer-Lichte et al. Hrsg.: *Verkörperung* (Theatralität, Bd. 2), Tübingen/Basel 2001, S. 75–89.

Erika Fischer-Lichte: „Einleitung: Theatralität als kulturelles Modell". In: *Theatralität als Modell in den Kulturwissenschaften*, hrsg. von Erika Fischer-Lichte und Christian Horn (Theatralität, Bd. 6), Tübingen und Basel 2004, S. 7–26.

Erika Fischer-Lichte: „Diskurse des Theatralen". In: *Diskurse des Theatralen*, hrsg. von Erika Fischer-Lichte, Christian Horn, Sandra Umathum und Matthias Warstat (Theatralität, Bd. 7), Tübingen 2005, „Einleitung" S. 11–30.

Erika Fischer-Lichte: „Theatergeschichte als Körpergeschichte". In: *Theater im Prozess der Zivilisation*, Tübingen und Basel 2000, S. 9–21.

Gabriele Klein: „Körper und Theatralität". In: *Diskurse des Theatralen*, hrsg. von Erika Fischer-Lichte, Christian Horn, Sandra Umathum und Matthias Warstat (Theatralität, Bd. 7), Tübingen 2005, S. 35–45.

Kirsten Kramer, Jörg Dünne: „Einleitung. Theatralität und Räumlichkeit". In: *Theatralität und Räumlichkeit. Raumordnungen und Raumpraktiken im theatralen Mediendispositiv*, hrsg. von Jörg Dünne, Sabine Friedrich und Kirsten Kramer, Würzburg 2009, S. 15–29.

Kirsten Kramer, Jörg Dünne, Sabine Friedrich: „Vorwort" von *Theatralität und Räumlichkeit. Raumordnungen und Raumpraktiken im theatralen Mediendispositiv*, hrsg. von Dünne, Friedrich, Kramer, Würzburg 2009, S. 9–14.

Ethel Matala de Mazza, Clemens Pornschlegel (Hrsg.): *Inszenierte Welt. Theatralität als Argument literarischer Texte*, Freiburg im Breisgau 2003, „Einleitung", S. 9–23.

Dieter Mersch: „Körper zeigen". In: Erika Fischer-Lichte et al. Hrsg.: *Verkörperung* (Theatralität, Bd. 2), Tübingen/Basel 2001, S. 75–89.

Gerhard Neumann, Caroline Pross, Gerald Wildgruber (Hrsg.): *Szenographien*, Freiburg im Breisgau 2000, „Einleitung", S. 11–32.

Gerhard Neumann: „Theatraliät der Zeichen. Roland Barthes' Theorie einer szenischen Semiotik". In: *Szenographien*, hrsg. von Gerhard Neumann und Caroline Pross, Freiburg im Breisgau 2000, S. 65–112.

Hans-Georg Soeffner: „Die Wirklichkeit der Theatralität". In: Erika Fischer-Lichte (Hrsg.), *Theatralität als Modell in den Kulturwissenschaften*, Tübingen und Basel 2004, S. 235–246.

Gerald Wildgruber: „Die Instanz der Szene im Denken der Sprache". In: Gerhard Neumann, Caroline Pross, Gerald Wildgruber (Hrsg.): *Szenographien*, Freiburg im Breisgau 2000, S. 35–63.

Quellen- und Forschungsliteratur des methodischen Teils

Aristoteles: *Poetik*, übersetzt und herausgegeben von Manfred Fuhrmann, Stuttgart 1991.

Roland Barthes: „Le lettres frances". In: *Œuvres complètes*, Édition établi et présentée par Éric Marty. Tome II 1966–1937, Paris 1993–95.

Roland Barthes: „Le plaisir du texte". In: ders. *Œuvres complètes*, Édition établi et présentée par Éric Marty. Tome II 1966–1973, Paris 1993–95.

Roland Barthes: „Mythologies". In: *Œuvres complètes*, Édition établi et présentée par Éric Marty, Tome I 1942–1965, Paris 1993–95.

Roland Barthes: „Théorie du Texte" in der „Encyclopaedia Universalis", 1973. In *Œuvres complètes*, Tome II, 1966–1973, Paris 1993–95, S. 1677–1689.

Elizabeth Burns: *Theatricality. A study in convention in theatre and everyday life*, London 1972.

Cornelius Castoriadis: *Gesellschaft als imaginäre Institution. Entwurf einer politischen Theorie*, Frankfurt am Main 1990.

Michel de Certeau: „Pratiques d'espace". In: ders.: *L'invention du quotidien 1*, hrsg. von Luce Giard, Paris 1990, S. 139–191.

Gilles Deleuze: *Differenz und Wiederholung*, München 1992, aus dem Französischen übersetzt von Joseph Vogl.

Jacques Derrida: „La double séance". In: ders.: *La dissemination*, Paris 1972, S. 199-317.

Nikolaj Evreinov: *Teatr dlja sebja* (Theater für sich selbst), Teil I, St. Petersburg 1915.

Nikolaj Evreinovs: „Apologija teatral'nosti" (1908). In: ders.: *Teatr kak takavoj* (Theater als solches), St. Petersburg 1912. S. 15-24.

Joachim Fiebach: „Brechts Straßenszene. Versuch über die Reichweite eines Theatermodells". In: *Weimarer Beiträge*. Heft 2, 1978, S. 123-147.

Joachim Fiebach: *Die Toten als die Macht der Lebenden. Zur Theorie und Geschichte von Theater in Afrika*, Berlin 1986.

Michel Foucault: „Des espaces autres". In: ders.: *Dits et écrits 1954-1968*, hrsg. D. Defert/ F. Ewald, 4 Bände, Paris 1954, Bd. IV, S. 752-762.

Michel Foucault, W. Seitter: „Andere Räume". In: *Aisthesis. Wahrnehmung heute oder die Perspektiven einer anderen Ästhetik*, hrsg. K. Barck u. a., Leipzig 1990, S. 34-46.

Michel Foucault: *Les mots et les choses*, Paris 1966.

Michel Foucault: *Surveiller et punir*, Paris 1976.

Sigmund Freud: „Jenseits des Lustprinzips. Massenpsychologie und Ich-Analyse. Das Ich und das Es". In: *Gesammelte Werke*, Bd. XIII., Frankfurt am Main 1976.

Georg Fuchs: *Der Tanz*, Stuttgart 1966.

Algirdas Julian Greimas: *Sémantique structurale. Recherche de méthode*, Paris 1972.

Stephan Günzel: „Einleitung" [Teil I: Physik und Metaphysik des Raums] und Jörg Dünne: „Einleitung" [Teil IV: Soziale Räume]. In: Jörg Dünne, Stephan Günzel (Hrsg.): *Raumtheorie. Grundlagentexte aus Philosophie und Kulturwissenschaften*, Frankfurt am Main 2006, S. 19-43 und S. 289-303.

Jörg Dünne, Stephan Günzel: *Raumtheorie. Grundlagentexte aus Philosophie und Kulturwissenschaften*, Frankfurt am Main 2006, Text 5, Albert Einstein: „Raum, Äther und Feld in der Physik" (1930), S. 94-101.

Anselm Haverkamp: „Auswendigkeit, Das Gedächtnis der Rethorik". In: *Gedächtniskunst. Raum -Bild - Schrift. Studien zur Menmotechnik,* hrsg. von ders./Renate Lachmann, Frankfurt a. M. 1991, S. 25-52.

Georg Wilhelm Friedrich Hegel: Werke 12. *Vorlesungen über die Philosophie der Geschichte*. Frankfurt am Main 1970, (Theorie Werkausgabe), Kapitel „Die Elemente des griechischen Geistes".

Wolfgang Iser: *Das Fiktive und das Imaginäre. Perspektiven literarischer Anthropologie*, Frankfurt am Main 1993.

Susanne Lüdemann: „Die Nachahmung der Gesellschaft". In: *Konturen des Unentschiedenen*. Hrsg. von Jörg Huber und Martin Heller. Basel/Frankfurt am Main 1997, S. 79–98.

Stéphane Mallarmé: „Divagations" (1897). In: ders.: *Igitur, Divagations, Un coup de dés*, hrsg. von Y. Bonnefoy, Paris 1976, S. 67–340.

Maurice Merleau-Ponty: *Phänomenologie der Wahrnehmung*, Berlin 1965.

Helmuth Plessner: „Zur Anthropologie des Schauspielers" (1948). In: *Gesammelte Schriften*, Bd. VII, hrsg. von Günter Dux und Odo Marquard. Frankfurt am Main 1982, S. 399–418.

Helmuth Plessner: *Die Stufen des Organischen und der Mensch*, Berlin, New York 1975 [1928].

Helmuth Plessner: „Soziale Rolle und menschliche Natur". In: *Gesammelte Schriften*, hrsg. von Günter Dux und Odo Marquard, Bd. X, Frankfurt am Main 1985, S. 227–240.

Helmar Schramm: *Theatralität und Denkstil. Studien zur Entfaltung theatralischer Perspektiven in philosophischen Texten des 16. und 17. Jahrhunderts*, Berlin 1995.

Walter Schulz: *Der gebrochene Weltbezug*, Stuttgart 1994.

Milton Singer (Hrsg.): *Traditional India: Structure and Change*, Philadelphia 1959.

Lucien Tesnière: *Eléments de syntaxe structurale*, Paris 1959.

Rainer Warning: „Heterotopie und Epiphanie". In: *Heterotopien als Räume ästhetischer Erfahrung*, München 2009, S. 11–41.

Radiovortrag

Michel Foucault: „Les hétérotopies", Radiovortrag vom 7. Dezember 1966, sowie „Le corps utopique" vom 21. Dezember 1966, jeweils über den Kulturkanal „France Culture".

Quellenliteratur des historischen und inhaltlichen Teils

Alfred Andersch: Die Rote, Zürich 2007.

Gabriele d'Annunzio: Feuer, Roman in zwei Bänden, autorisierte Übertragung von M. Gagliardi, Berlin 1925, Bd. I., Originaltitel: *Il fuoco*, Milano 1951, Roman in zwei Bänden.

Louis Begley: Mistlers Abschied, aus dem Amerikanischen von Christa Müller, Frankfurt am Main 1998, Originalausgabe: *Mistler's Exit*, New York 1998.

Louis Begley, Anka Muhlstein: Venedig unter vier Augen, aus dem Amerikanischen von Christa Krüger und aus dem Französischen von Grete Osterwald, Hamburg 2003.

George Gordon Lord Byron: „Childe Harold's Pilgrimage", Canto IV, Strophe III. In: *The works of Lord Byron*, hrsg. von Ernest Hartley Colerige, Bd. II, London und New York 1899.

George Gordon Lord Byron: „Ode on Venice". In: *The works of Lord Byron*, hrsg. von Ernest Hartley Colerige, Bd. IV, London und New York 1901.

George Gordon Lord Byron: „Beppo", in: ders.: *Sämtliche Werke*, Bd. I, in der Übersetzung von Otto Gildemeister und Alexander Neidhardt, überarbeitet, nach der historisch-kritischen Ausgabe ergänzt und mit Anmerkungen herausgegeben von Siegfried Schmitz, o. J.

Giacomo Girolamo Casanova: Histoire de man vie, 3 Bände, Paris 1993 und die deutsche Übersetzung: *Geschichte meines Lebens*, hrsg. von Heinz von Sauter und Erich Loos, erstmals nach der Urfassung ins Deutsche übersetzt von Heinz von Sauter, Berlin 1985.

François-René Vicomte de Chateaubriand: „Mémoires d'outre-tombre". In: Jochen Reichel (Hrsg. und Kommentator): *Der Tod von Venedig. Ein Lesebuch zur literarischen Geschichte einer Stadt*, Berlin 1991.

Johann Wolfgang Goethe: „Venetianische Epigramme". In: Hamburger Ausgabe (1948), Bd. I, S. 174–185.

Johann Wolfgang Goethe: Italienische Reise, Hamburger Ausgabe, herausgegeben und kommentiert von Herbert von Einem, München 1988.

Carlo Goldoni: Goldoni über sich selbst und die Geschichte seines Theaters, aus dem Französischen übersetzt von G. Schaz. 3 Teile. Leipzig im Verlage der Dykischen Buchhandlung, 1788.

Friedrich Hebbel, Sämtliche Werke, hrsg. von Richard Maria Werner, Bd. VI und VII. Berlin 1904.

Hugo von Hofmannsthal: „Der Abenteurer und die Sängerin". In: ders.: *Gesammelte Werke*, Bd. I, hrsg. von Herbert Steiner, Frankfurt am Main 1953.

Hugo von Hofmannsthal: *Andreas*, Stuttgart 2000.

Hugo von Hofmannsthal: „Andreas". In: ders.: *Sämtliche Werke*, kritische Ausgabe, hrsg. von Manfred Pape, Bd. 30, Frankfurt am Main 1982.

Henry James: *Die Flügel der Taube*, Frankfurt am Main 1985, Originaltitel: *The wings of the dove*, hrsg. von J. Bayley und P. Crick, Harmondsworth 1986.

Thomas Mann: „Der Tod in Venedig". In: ders.: *Frühe Erzählungen 1893–1912*. In: ders.: *Große kommentierte Frankfurter Ausgabe. Werke – Briefe – Tagebücher*, hrsg. von Heinrich Detering, Eckhard Heftrich und Hermann Kurzke, in Zusammenarbeit mit dem Thomas-Mann-Archiv der ETH, Zürich, Bd. 2.1, Frankfurt am Main 2004.

Thomas Mann: „Betrachtungen eines Unpolitischen". In: ders.: *Große kommentierte Frankfurter Ausgabe. Werke – Briefe – Tagebücher*, hrsg. von Heinrich Detering, Eckhard Heftrich und Hermann Kurzke, in Zusammenarbeit mit dem Thomas-Mann-Archiv der ETH Zürich, Bd. 13.1, Frankfurt am Main 2009.

Thomas Mann: „Von deutscher Republik", Rede aus dem Jahr 1922. In: Thomas Mann, *Gesammelte Werke* in zwölf Bänden, hier Bd. XI, Frankfurt am Main 1960, S. 442.

Thomas Mann: Briefe an Paul Amann. 1915–1952, Lübeck 1959.

Daphne du Maurier: „Dreh dich nicht um". In: dies.: *Neun Meisterwerke subtiler Spannung*, Bern/München/Wien 1995, Originaltitel: „Don't look now", London 1971.

Friedrich Nietzsche: *Gesammelte Briefe*, Bd. I., hrsg. von Peter Gast und Dr. Arthur Seidl, Berlin und Leipzig 1900.

Friedrich Nietzsche: *Gesammelte Briefe*, Bd. IV., hrsg. von Peter Gast, Leipzig 1908.

Friedrich Nietzsche: „Ecce Homo". In: ders.: *Werke in drei Bänden*, hrsg. von Karl Schlechta, Bd. II, München 1966.

Friedrich Nietzsche: „Jenseits von Gut und Böse". In: ders:, *Werke in drei Bänden*, Bd. II.

August von Platen: *Sämtliche Werke*, Bd. I, hrsg. von Karl Goedeke, Stuttgart o. J.

August von Platen: *Gesammelte Werke*, Bd. II., hrsg. von Karl Goedeke, Stuttgart o. J.

Rainer Maria Rilke: *Sämtliche Werke*, hrsg. vom Rilke-Archiv in Verbindung mit Ruth Sieber-Rilke, Frankfurt am Main 1955, Bd. I: *Advent* (1897), darin: *Erste Gedichte*, darin: „Fahrten. Venedig I–IV", *Der Neuen Gedichte anderer Teil* (1907–1908), darin:

„Spätherbst in Venedig", S. 609/610.

„San Marco", S. 610/611.

„Ein Doge", S. 611.

„Venezianischer Morgen", S. 609.

„Die Laute", S. 611/612.

„Bildnis", S. 608.

„Der Abenteurer", S. 612–614.

Neue Gedichte (1903–1907), darin:

„Die Kurtisane", S. 526.

Rainer Maria Rilke: *Tagebücher aus der Frühzeit*, Leipzig 1942, darin: „Florenzer Tagebuch" (1898).

Rainer Maria Rilke: *Geschichten vom lieben Gott*, „Szene aus dem Ghetto in Venedig". In: ders.: *Lyrik und Prosa*, Stuttgart o. J.

Rainer Maria Rilke: „Die Aufzeichnungen des Malte Laurids Brigge". In: ders: *Sämtliche Werke*, Bd. V, Frankfurt am Main 1966.

Peter Rosei: „Wer war Edgar Allan?". In: *Wer war Edgar Allan? Von hier nach dort. Das schnelle Glück. Drei Romane*, Stuttgart 1992.

Peter Rosei: *Wer war Edgar Allan?* – Roman, Reinbek, 2. Aufl.1980, (1. Aufl. Salzburg 1977).

Arthur Schnitzler: *Casanovas Heimfahrt*, Stuttgart 2003.

Torquato Tasso: *Gerusalemme liberata*. Poema eroico, hrsg. von Angelo Solerti, 3 Bände, Verlag Barbèra, Firenze 1895/96. Deutsche Ausgabe: *Befreites Jerusalem*, hrsg. von Dietrich Gries, 4 Bände, Verlag Frommann, Jena 1800–1803.

Richard Wagner an Mathilde und Otto Wesendonk: Tagebuchblätter und Briefe, herausgegeben von Dr. Julius Kapp, Leipzig 1915.

Richard Wagner: *Mein Leben*, hrsg. von Martin Gregor-Dellin, München 1994 (1. Aufl. 1963).

Richard Wagner: *Mein Leben*, 2 Bände, München 1911.

Forschungsliteratur des inhaltlichen Teils

Richard Alewyn: *Über Hugo von Hofmannsthal*, Göttingen 1967.

Daniela Bartens: „Stadt ist, wo noch keiner war. Stadt und städtische Strukturen im Werk Peter Roseis". In: *Peter Rosei*, hrsg. von Gerhard Fuchs und Günter A. Höfler, Graz-Wien 1994, S. 91–168.

Guri Ellen Barstad und Marie-Theres Federhofer (Hrsg.): *Dilletant, Dandy und Décadent*, Hannover 2004.

Roger Bauer: *Die schöne Décadence. Geschichte eines literarischen Paradoxons*, Frankfurt am Main 2001.

Hans Berendt: *Rainer Maria Rilkes Neue Gedichte. Versuch einer Deutung*, Bonn 1957.

Ernst Bertram: *Nietzsche. Versuch einer Mythologie*, Bonn 1965, das Kapitel „Venedig".

Brigitte L. Bradley: *R. M. Rilkes Neue Gedichte. Ihr zyklisches Gefüge*, Bern 1967.

Michel Butor: *Die Stadt als Text*, Graz/Wien 1992.

Ernst Robert Curtius: „Hofmannsthal und die Romanität". In: *Die neue Rundschau*, Bd. 11., 1929.

Peter Demetz: „Alfred Andersch". In: *Über Alfred Andersch*, Zürich 1987, dritte, vermehrte Auflage, S. 10–19.

Jacques Derrida: „Die Struktur, das Zeichen und das Spiel im Diskurs der Wissenschaften vom Menschen". In: J.D.: *Die Schrift und die Differenz*, Frankfurt am Main 1985, S. 422–442.

Peter Ensberg: „Poe auf der Spur. Wer war Edgar Allan? Von Peter Rosei". In: *Experimente mit dem Kriminalroman. Ein Erzählmodell in der deutschsprachigen Literatur des 20. Jahrhunderts*, hrsg. von Wolfgang Düsing, Frankfurt am Main 1993, S. 205–221.

Peter Ensberg: „Einfach unterwegs sein. Zur Wahrnehmungsproblematik und zum Problematischen der Wahrnehmung bei Peter Rosei". In: *Peter Rosei*, hrsg. von Gerhard Fuchs und Günther A. Höfler, Graz-Wien 1994, S. 33–63.

Philip Fisher: „City Matters: City Minds. Die Poetik der Großstadt in der modernen Literatur". In: Klaus R. Scherpe (Hrsg.): *Die Unwirklichkeit der Städte. Großstadtdarstellungen zwischen Moderne und Postmoderne*, Reinbek 1988, S. 106–128.

Ulrich Greiner: „Mitten im Leben: *Mistlers Abschied*: Weshalb Louis Begleys neuer und nunmehr fünfter Roman ein bedeutendes Werk ist". Rezension. In: *Literatur auf Zeit Online*, www.zeit.de, 1998.

Ulrich Greiner: *Mitten im Leben*. Literatur und Kritik, Frankfurt am Main 2000, unter „Louis Begley", S. 201–207.

Julia S. Happ: *Literarische Dekadenz. Denkfiguren und poetische Konstellationen bei Thomas Mann, Hugo von Hofmannsthal und Rainer Maria Rilke* (Diss.), St. John's College, Oxford 2009.

Hans Hinterhäuser: „Tote Städte". In: ders.: *Fin de siècle. Gestalten und Mythen*, München, 1977, S. 45–76.

Federico Hindermann: „Literarische Kurtisanenbilder", *Atlantis*, 26 (1954), S. 128–130.

Corinna Jäger-Trees: *Aspekte der Dekadenz in Hofmannsthals Dramen und Erzählungen des Frühwerks* (Diss.), Bern und Stuttgart 1988.

Helmut Jendreiek: *Thomas Mann. Der demokratische Roman*, Düsseldorf 1977.

Dieter Kafitz: *Décadence in Deutschland. Studien zu einem versunkenen Diskurs der 90er Jahre des 19. Jahrhunderts*, Heidelberg 2004.

Erika Kaufmann: *Wiederkehr und Abwandlung als Gestaltungsprinzip in Hugo von Hofmannsthals Dramen* (Diss.), Freiburg im Breisgau 1966.

Thomas Koebner: „Casanovas Wiederkehr im Werk von Hofmannsthal und Schnitzler". In: *Akten des Internationalen Symposiums „Arthur Schnitzler und seine Zeit". Jahrbuch für Internationale Germanistik*, Band 13, hg. von Giuseppe Farese, Bern 1985, S. 127–136.

Erwin Koppen: *Dekadenter Wagnerismus. Studien zur europäischen Literatur des Fin de siècle*, Berlin und New York 1973.

Herbert Lehnert: *Thomas Mann. Fiktion, Mythos, Religion*, Stuttgart 1965.

Frederick Alfred Lubich, *Die Dialektik von Logos und Eros im Werk von Thomas Mann*, Heidelberg 1986.

Mathias Mayer: *Hugo von Hofmannsthal*, Stuttgart 1993.

Karl Klaus Michel: „Die Rote". In: *Über Alfred Andersch*, Zürich 1987, dritte vermehrte Neuausgabe, S. 97–101.

Hans W. Nicklas: *Thomas Manns Novelle Der Tod in Venedig. Analyse des Motivzusammenhangs und der Erzählstruktur*, Marburg 1968.

Reinhard Pabst: *Thomas Mann in Venedig. Eine Spurensuche*, Frankfurt am Main und Leipzig 2004.

Walter Pabst: „Satan und die alten Götter in Venedig". In: *Euphorion* 49, Heidelberg 1955, S. 335–339.

Hellmuth Petriconi: *Das Reich des Untergangs. Bemerkungen über ein mythologisches Thema*, Hamburg 1958.

Gerhard Pickerodt: *Hofmannsthals Dramen. Kritik ihres historischen Gehalts*, Stuttgart 1968.

Jochen Reichel (Hrsg. und Kommentator): *Der Tod von Venedig. Ein Lesebuch zur literarischen Geschichte einer Stadt*, Berlin 1991.

Paul Requadt: *Die Bildersprache der deutschen Italiendichtung*, Bern/München 1962.

Jacques le Rider: *Hugo von Hofmannsthal. Historismus und Moderne in der Literatur der Jahrhundertwende*, aus dem Französischen übersetzt von Leopold Federmair, Wien 1997.

Martin Schlappner: *Thomas Mann und die französische Literatur. Das Problem der Décadence* (Diss.), Bern 1950.

Martin Erich Schmid: *Symbol und Funktion der Musik im Werk Hugo von Hofmannsthals*, Heidelberg 1968.

Friedrich Schröder: *Die Gestalt des Verführers im Drama Hugo von Hofmannsthals* (Diss.), Frankfurt am Main 1988.

August Stahl: *Rilke-Kommentar zum lyrischen Werk*, München 1978.

Wolfgang Stammler: *Deutsche Literatur vom Naturalismus bis zur Gegenwart*, Breslau 1928.

Emil Sulger-Gebing: „Hugo von Hofmannsthal. Eine literarische Studie". In: *Breslauer Beiträge zur Literaturgeschichte*, hrsg. von Max Koch und Gregor Sarrazin, Leipzig 1905.

Eckart von Sydow: *Die Kultur der Dekadenz*, Dresden 1921.

Benno von Wiese: *Die deutsche Novelle von Goethe bis Kafka, Interpretationen I*, Düsseldorf 1956.

Herbert Wieser zum „Tod in Venedig" in: *Kindlers Neues Literaturlexikon*, München 1990.

Ruprecht Wimmer: „Eröffnung der Davoser Literaturtage 2004. Liebe und Tod – in Venedig und anderswo". In: *Thomas-Mann-Studien*, hrsg. vom

Thomas-Mann-Archiv der eidgenössischen technischen Hochschule in Zürich, Band 33, Frankfurt am Main 2005.

Waltraud Wiethölter: *Hofmannsthal oder die Geometrie des Subjekts. Psychstrukturelle und ikonographische Studien zum Prosawerk*. Studien zur deutschen Literatur, Band 106, hrsg. von Wilfried Barner und Richard Brinkmann, Tübingen 1990.

Zur Venedigliteratur im Allgemeinen

Angelika Corbineau-Hoffmann: *Paradoxie der Fiktion. Literarische Venedig-Bilder 1797–1984* (Habil.), Berlin, New York 1993.

Bernard Dieterle: *Die versunkene Stadt. Sechs Kapitel zum literarischen Venedig-Mythos* (Habil.), Frankfurt am Main 1995.

André Koeniguer: *Le thème de Venise dans la lettérature allemande – Etude comparative d'une mode littéraire*, Paris 1976.

Carlo Pellegrini: *Venezia nelle letterature Moderne. Atti del Primo Congresso dell' Associazione Internazionale di Letteratura Comparata*, Venedig 1955.

Christiane Schenk: *Venedig im Spiegel der Décadence-Literatur des Fin de siècle* (Diss.), Frankfurt am Main 1987.

Thea von Seuffert: *Venedig im Erlebnis deutscher Dichter* (Diss.), Italienische Studien H. 2, Köln 1937, S. 142.

Georg Simmel: *Zur Philosophie der Kunst. Philosophische und kunstphilosophische Aufsätze*, Potsdam 1922, darin: „Venedig".

Literatur zu historischen und kunsthistorischen Fragen

J. Rives Childs: *Casanova. Die große Biographie*, aus dem Englischen von Deli Walter, München 1977.

Erik Forssman: *Venedig in der Kunst und im Kunsturteil des 19. Jahrhunderts*, Stockholm 1971.

Roberto Gervaso: *Giacomo Casanova und seine Zeit*. Aus dem Italienischen von Ute Stempel, München 1977.

Ingo Hermann: *Casanova. Der Mann hinter der Maske*, Berlin 2010.

Evelyn Korsch: *Bilder der Macht. Venezianische Repräsentationsstrategien beim Staatsbesuch Heinrich III (1574)*, Berlin 1913.

Franz Kurowski: *Venedig. Das tausendjährige Weltreich im Mittelmeer*, München/Berlin 1981.

Roberto Longhi: *Venezianische Malerei*, aus dem Italienischen von Heinz Georg Held, Klaus Wagenbach Verlag, Berlin 1995. Italienische Originalausgabe: *Viatico per cinque secoli pittura Veneziana*, Florenz 1975.

Philipp Longworth: *Aufstieg und Fall der Republik Venedig*, Übersetzung aus dem Englischen von Maximiliane von Meng, Wiesbaden 1976.

Giuseppe Mazzariol, Attilia Dorigato: *Paläste in Venedig*, Köln 1998.

Henning Mehnert: *Commedia dell'arte. Struktur – Geschichte – Rezeption*, Stuttgart 2003.

Pompeo Molmenti: *Die Venetianer*, autorisierte Übersetzung von M. Bernardi, Dritter Teil, Hamburg 1886.

Philipp Monnier: *Venedig im achtzehnten Jahrhundert*, München 1928.

Lothar Müller, Casanovas Venedig, Klaus Wagenbach Verlag, Berlin 1998.

Herbert Rosendorfer: *Venedig. Eine Einladung*, Köln 1999.

Ernst Rodenwaldt: *Pest in Venedig 1575–1577*, Heidelberg 1953.

G. Schaz: *Goldoni über sich selbst und die Geschichte seines Theaters*, aus dem Französischen übersetzt von G. Schaz. 3 Teile. Leipzig im Verlage der Dykischen Buchhandlung, 1788.

Hartmut Scheible: *Giacomo Casanova. Ein Venezianer in Europa*, Würzburg 2009, Kap. VIII, „Mythos Casanova und Wiener Fin de siècle".

Julius von Schlosser: *Venedig, Ferrara. Zwei Kapitel aus der Biographie einer Stadt*, Darmstadt 1958.

Hermann Schreiber: *Das Schiff aus Stein*, München 1992, S. 228/229.

MÜNCHENER STUDIEN ZUR LITERARISCHEN KULTUR IN DEUTSCHLAND

Herausgegeben von Oliver Jahraus
Gegründet von Renate von Heydebrandt, Georg Jäger und Jürgen Scharfschwerdt

Band 1 Karlheinz Well: Die ‚schöne Seele' und ihre ‚sittliche Wirklichkeit'. Überlegungen zum Verhältnis von Kunst und Staat bei Hegel. 1986.

Band 2 Ingrid Petrasch: Die Konstitution von Wirklichkeit in der Prosa Thomas Bernhards. Sinnbildlichkeit und groteske Überzeichnung. 1987.

Band 3 Ulrich Dannenhauer: Heilsgewißheit und Resignation. Solgers Theorie der absoluten Ironie. 1988.

Band 4 Stefan Dreyer: Schriftstellerrollen und Schreibmodelle im Exil. Zur Periodisierung von Lion Feuchtwangers Romanwerk 1933–1945. 1988.

Band 5 Jörg Theilacker: Der erzählende Musiker. Untersuchung von Musikererzählungen des 19. Jahrhunderts und ihrer Bezüge zur Entstehung der deutschen Nationalmusik. 1988.

Band 6 Ulrich Johannes Beil: Die Wiederkehr des Absoluten. Studien zur Symbolik des Kristallinen und Metallischen in der deutschen Literatur der Jahrhundertwende. 1988.

Band 7 Dieter Lehner: Individualanarchismus und Dadaismus. Stirnerrezeption und Dichterexistenz. 1988.

Band 8 Bernhard Kleinschmidt: Die „gemeinsame Sendung". Kunstpublizistik der Wiener Jahrhundertwende. 1989.

Band 9 Angelika Jodl: Der schöne Schein als Wahrheit und Parteilichkeit. Zur Kritik der marxistischen Ästhetik und ihres Realismusbegriffs. 1989.

Band 10 Michael Ansel: G.G. Gervinus' *Geschichte der poetischen National-Literatur der Deutschen*. Nationbildung auf literaturgeschichtlicher Grundlage. 1990.

Band 11 Angela Schmitt-Gläser: Politik und Roman. Der Zeitungsroman in der „Münchner Post" als Zeugnis der kulturpolitischen Verbürgerlichung der SPD. Eine Untersuchung für das Jahr 1930. 1991.

Band 12 Martin Huber: Text und Musik. Musikalische Zeichen im narrativen und ideologischen Funktionszusammenhang ausgewählter Erzähltexte des 20. Jahrhunderts. 1992.

Band 13 Frank Hafner: ‚Heimat' in der sozialistischen Gesellschaft. Der Wandel des DDR-Bildes im Werk Günter de Bruyns. 1992.

Band 14 Eckhard-Ehmke Sohns: Der Leser Carl Einsteins. Zu einer Kritik der Interpretation in den frühen Texten. 1992.

Band 15 Friederike Meyer: Gefährliche Psyche. Figurenpsychologie in der Erzählliteratur des Realismus. 1992.

Band 16 Oliver Jahraus: Das ‚monomanische' Werk. Eine strukturale Werkanalyse des Oeuvres von Thomas Bernhard. 1992.

Band 17 Dorothea Englert: Literatur als Reflexionsmedium für Individualität. Systemtheoretische Studien zur Funktion des ästhetischen Sinnangebots bei Schiller und Novalis. 1993.

Band 18 Christina Althen: Machtkonstellationen einer deutschen Revolution. Alfred Döblins Geschichtsroman „November 1918". 1993.

Band 19 Hans A. Kaufmann: Nation und Nationalismus in Schillers Entwurf „Deutsche Größe" und im Schauspiel „Wilhelm Tell". Zu ihrer kulturpolitischen Funktionalisierung im frühen 20. Jahrhundert. 1993.

Band 20 Matthias Nöllke: Daniel Spitzers *Wiener Spaziergänge*. Liberales Feuilleton im Zeitungskontext. 1994.

Band 21 Michael Günther: B = Börse + Bordell. Franz Richard Behrens. Wortkunst, Konstruktivismus und das Verschwinden der Lyrik. 1994.

Band 22 Heribert Kuhn: Das Bibliomenon. Topologische Analyse des Schreibprozesses von Robert Musils „Vereinigungen". 1994.

Band 23 Ethel Matala de Mazza: Dichtung als Schau-Spiel. Zur Poetologie des jungen Hugo von Hofmannsthal. 1994.

Band 24 Tobias Heyl: Zeichen und Dinge, Kunst und Natur. Intertextuelle Bezugnahmen in der Prosa Thomas Bernhards. 1995.

Band 25 Dieter Wenk: Postmodernes Konversationstheater. Wolfgang Bauer. 1995.

Band 26 Caroline Pross: Falschnamenmünzer. Zur Figuration von Autorschaft und Textualität im Bildfeld der Ökonomie bei Jean Paul. 1997.

Band 27 Claudia Streit: (Re-)Konstruktion von Familie im sozialen Roman des 19. Jahrhunderts. 1997.

Band 28 Nikolai Vogel: E. T. A. Hoffmanns Erzählung *Der Sandmann* als Interpretation der Interpretation. 1998.

Band 29 Julia Encke: Kopierwerke. Bürgerliche Zitierkultur in den späten Romanen Fontanes und Flauberts. 1998.

Band 30 Gerlinde Anna Wosgien: Literarische Frauenbilder von Lessing bis zum Sturm und Drang. Ihre Entwicklung unter dem Einfluß Rousseaus. 1999.

Band 31 Cornelia Voss: Textgestaltung und Verfahren der Emotionalisierung in der BILD-Zeitung. 1999.

Band 32 Birgit Roser: Mythenbehandlung und Kompositionstechnik in Christa Wolfs *Medea. Stimmen*. 2000.

Band 33 Maximilian Giuseppe Burkhart: Dekonstruktive Autopoiesis – Paradoxe Strukturen in Kleists Trauerspiel *Penthesilea*. 2000.

Band 34 Die Struktur medialer Revolutionen. Festschrift für Georg Jäger. Herausgegeben von Sven Hanuschek, Nina Ort, Kirsten Steffen und Rea Triyandafilidis. 2000.

Band 35 Melanie Klier: *Kunstsehen* – Literarische Konstruktion und Reflexion von Gemälden in E.T.A. Hoffmanns *Serapions-Brüdern* mit Blick auf die Prosa Georg Heyms. 2002.

Band 36 Anne-Cécile Foulon: *De l'art pour tous*. Les éditions F. Bruckmann et leurs revues d'art dans Munich ville d'art vers 1900. 2002.

Band 37 Simon Bunke: Figuren des Diskurses. Studien zum diskursiven Ort des unteren Figurenpersonals bei Fontane und Flaubert. 2005.

Band 38 Daniel Krause: *Postmoderne* – Über die Untauglichkeit eines Begriffs der Philosophie, Architekturtheorie und Literaturtheorie. 2007.

Band 39 Oliver Jahraus / Marcel Schellong / Simone Hirmer (Hrsg.): Beobachten mit allen Sinnen. Grenzverwischungen, Formkatastrophen und emotionale Driften. Eine Festschrift für Bernd Scheffer. 2008.

Band 40 Frank-Uwe Straßner: Gegenwart und Gegenwelten im Deutschlandbild Thomas Manns. 2010.

Band 41 Tanja Prokić / Anne Kolb / Oliver Jahraus (Hrsg.): Wider die Repräsentation. Präsens/z Erzählen in Literatur, Film und Bildender Kunst. 2011.

Band 42 Harald Münster: Das Buch als Axt. Franz Kafka differenztheoretisch lesen. 2011.

Band 43 Eun Ju Suh: Der Bildungsroman als Literarisches Opfer. 2011.

Band 44 Kay Wolfinger: Ein abgebrochenes Journal. Interpretationen zu Robert Walsers *Tagebuchfragment*. 2011.

Band 45 Marcel Schellong: Die Lesbarkeit der Musik. 2013.

Band 46 Thomas Erthel / Christina Färber / Nicolas Freund / Elisa Leroy / Ulrike Melzer / Tobias Unterhuber (Hrsg.): Spannungsfelder: Literatur und Gewalt. Tagungsband des 3. Studierendenkongresses der Komparatistik. 2013.

Band 47 Katja Lintz: Thomas Manns *Joseph und seine Brüder*. Ein moderner Roman. 2013.

Band 48 Barbara Neueder: Eugen Oker. Einer der bekannteren Unbekannten der bayerischen Literatur. 2015.

Band 49 Friederike Schlemmer: Venedig als Bühne. Seine Theatralität in der Literatur. 2015.

www.peterlang.de